全国导游人员资格考试系列教材

QUANGUO DAOYOU JICHU ZHISHI

全国导游基础知识

第10版

全国导游人员资格考试教材编写组◎编

北京·旅游教育出版社

图书在版编目（CIP）数据

全国导游基础知识 / 全国导游人员资格考试教材编写组编. -- 10版. -- 北京 : 旅游教育出版社, 2025. 7. -- (全国导游人员资格考试系列教材). -- ISBN 978-7-5637-4899-0

Ⅰ. F590.63

中国国家版本馆CIP数据核字第2025WZ3487号

全国导游人员资格考试系列教材

全国导游基础知识

（第 10 版）

全国导游人员资格考试教材编写组　编

责任编辑	李荣强
出版单位	旅游教育出版社
地　　址	北京市朝阳区定福庄南里 1 号
邮　　编	100024
发行电话	（010）65778403　65728372　65767462（传真）
本社网址	www.tepcb.com
E - mail	tepfx@163.com
排版单位	北京旅教文化传播有限公司
印刷单位	文畅阁印刷有限公司
经销单位	新华书店
开　　本	710 毫米 × 1000 毫米　1/16
印　　张	24
字　　数	361 千字
版　　次	2025 年 7 月第 10 版
印　　次	2025 年 7 月第 1 次印刷
定　　价	44.00 元

（图书如有装订差错请与发行部联系）

修订说明

作为专业的全国旅游教材出版机构，我社曾于1994年配合国家旅游局人教司编写出版了全国第一套导游人员资格考试教材。该套教材是全国诸多同类教材中历史最久、使用面最广、内容最权威的教材，对帮助广大考生学习导游专业知识、规范全国导游人员考试起到了积极的推动作用。为适应旅游业蓬勃发展的需要，我们不断对该套教材进行修订。该套教材因其权威性、实用性和先进性一直广受好评，畅销不衰。

为给国家和社会选拔出合格和更高素质的导游人才，国家旅游局从2016年起实行全国统一的导游人员资格考试制度。过去的几年里，我社在以往导游人员资格考试教材的基础上根据新大纲修订编写出新的教材。该套教材为考生顺利通过导游资格考试发挥了积极作用。今年，根据社会对考试情况的反馈，文化和旅游部又及时修订了大纲以适应新形势的发展要求。我社在前几年统编教材的基础上组织了一批有多年旅游行业管理、一线旅游院校教学、导游人才培训和丰富命题经验的专家组成教材编写组。编写组人员认真研究新大纲、讨论编写内容及体例，以服务考生为基本宗旨，严格按照新大纲修订编写了全国导游人员资格考试系列教材。

此套教材优点突出、特色鲜明，具体情况如下：

第一，教材编写与新大纲紧密贴合。此套教材完全根据国家新大纲规定科目编写，每本教材的框架也是根据大纲要求考生掌握的内容来制定的。此套教材根据大纲“了解”“熟悉”“掌握”三个层级对内容的要求确定重点与非重点，内容全面涵盖要点，细处高度契合大纲条目，论述详略得当，条目清楚，知识点明晰，便于考生识记，从容应考。

第二，编写团队由旅游业内一线专家和学者组成。作者是多年从事旅游行政管理、旅游院校教学和旅游人才选拔培训的一线人员，有着丰富的实践经验和深厚的理论修养。他们的编写态度严谨认真、精益求精。编审团队也是由社内最专业的编辑和社外专家组成，进一步保证了知识的准确性、权威性。

第三，教材内容既有三十多年专业导游人员资格考试教材的深厚积淀，又体现了与时俱进的时代特色和先进性。此套教材既秉承了原教材的优点，又紧紧抓住旅游业发展对导游人员素质提出的新要求，反映了国家旅游及相关行业的演变进程及新成果。

第四，教材备考体系全方位、立体化、高效能。根据新大纲的规定科目，我们的全国导游人员资格考试系列教材包括《政策与法律法规》《导游业务》《全国导游基础知识》《地方导游基础知识》。同时，我社还开发了与之配套的《全国导游人员资格统一考试模拟试题汇编》，来帮助考生梳理每个科目的核心内容和重要知识点，并进行同步强化练习，巩固掌握知识点。为了提高导游的实操能力，本次教材修订充分体现了立体化教材的特点，根据内容增加了随堂练、微课视频、法律法规文件、实操文本、经典图片等实用性的拓展知识。这些知识都是针对导游需要掌握的重点、难点而精心制作和遴选的，有助于打通教与学过程中的关键脉络。除此之外，我社还将在纸质书出版后，及时在“我是导游”小程序上推出与此配套的在线题库、在线模拟试卷、导游词，帮助考生随时随地利用碎片时间高效学习备考。

最后，感谢所有参与此套教材论证、编写的专家、学者，以及对此套教材提出宝贵意见的用户和读者！我们将以优质的服务、专业的知识为考生尽心竭力地服务，为国家导游人才的选拔和培养贡献自己的一份力量。

旅游教育出版社

2025 年 7 月

全国导游基础知识
在线题库

全真模拟冲刺试卷套装

CONTENTS

目 录

第一章 中国共产党成立以来的光辉历程与伟大成就 …… 1

第一节 中国共产党成立以来的光辉历程 …… 1

第二节 中国共产党历史上的重要会议和重大事件 …… 3

第三节 中国共产党的成功经验 …… 24

第四节 中华人民共和国成立以来取得的辉煌成就摘要 …… 27

第二章 中国旅游业发展概况 …… 40

第一节 中国旅游业发展简史 …… 40

第二节 中国旅游三大市场 …… 45

第三节 旅游行业发展趋势 …… 47

第三章 中国历史文化 …… 55

第一节 中国历史概述 …… 55

第二节 中国科技文化 …… 69

第三节 中国古代哲学 …… 77

第四节 中国书画艺术 …… 81

第五节 中国历史文化常识 …… 85

第四章 中国文学知识及旅游诗词、楹联、游记名篇赏析 …… 100

第一节 中国汉字的起源、演变及其规律 …… 100

第二节 中国古典文学 …… 105

第三节 中国现当代文学重要知识及重要名人名作 …… 115

第四节 中国对联与古诗词格律常识 …… 119

第五节　中国旅游诗词名篇赏析 …… 132
第六节　中国旅游名联赏析 …… 146
第七节　中国游记名篇赏析 …… 156

第五章　中国建筑艺术 …… 168
第一节　中国古代建筑艺术概述 …… 168
第二节　古城、古村镇与古长城 …… 177
第三节　宫殿与坛庙 …… 182
第四节　陵墓建筑 …… 188
第五节　中国著名的古楼阁、古塔、古桥 …… 192
第六节　古代水利工程 …… 198
第七节　中国近现代建筑的特点及当代著名建筑简介 …… 200
第八节　中西建筑流派风格比较 …… 204

第六章　中国园林艺术 …… 210
第一节　中国古典园林的起源、特色与分类 …… 210
第二节　中国古典园林的构成要素和造园艺术 …… 214
第三节　中国古典园林的常见构景手段 …… 218
第四节　中国盆景艺术 …… 220
第五节　中国现存的著名园林 …… 222
第六节　中国现代园林艺术 …… 226

第七章　中国饮食文化 …… 230
第一节　中国饮食文化概述 …… 230
第二节　中国主要菜系 …… 232
第三节　中国风味特色菜 …… 234
第四节　名茶与名酒 …… 239

第八章　中国传统工艺美术 …… 247
第一节　中国陶瓷器 …… 247
第二节　中国四大刺绣及其代表作 …… 252
第三节　漆器、玉器及景泰蓝工艺 …… 253
第四节　文房四宝、年画、剪纸和风筝 …… 257

第九章　中国民族与宗教知识 ······ 264
第一节　中国民族与宗教概况 ······ 264
第二节　中华民族共同体 ······ 265
第三节　汉族及其传统节日 ······ 268
第四节　佛　教 ······ 271
第五节　道　教 ······ 281
第六节　基督教 ······ 285
第七节　伊斯兰教 ······ 288

第十章　中国旅游景观 ······ 290
第一节　中国旅游地理概况 ······ 290
第二节　地貌旅游景观 ······ 291
第三节　水体旅游景观 ······ 302
第四节　气象、气候和天象旅游景观 ······ 310
第五节　动植物旅游景观 ······ 312

第十一章　中国主要客源国（地）和目的地国（地）概况 ······ 315
第一节　世界性旅游组织 ······ 315
第二节　亚洲主要客源国（地）和目的地国（地）概况 ······ 318
第三节　欧洲主要客源国（地）和目的地国（地）概况 ······ 340
第四节　美洲主要客源国（地）和目的地国（地）概况 ······ 361
第五节　大洋洲、非洲主要客源国（地）和目的地国（地）概况 ······ 368

经典图片

第一章 中国共产党成立以来的光辉历程与伟大成就

【学习目标】

熟悉中国共产党的发展历程（重要会议、重大事件和重要人物）；中华人民共和国成立以来取得的重大科技和建设成就。掌握中国共产党的成立，第一次国共合作，南昌起义，秋收起义，三湾改编，古田会议，红军长征，遵义会议，西安事变和抗日民族统一战线的形成，抗日战争，解放战争，中华人民共和国成立，抗美援朝，“三线”建设，改革开放，“一国两制”，脱贫攻坚、乡村振兴与全面建成小康社会，共建“一带一路”倡议等知识。

第一节　中国共产党成立以来的光辉历程

中国共产党自成立以来，始终把为中国人民谋幸福、为中华民族谋复兴作为自己的初心使命，始终坚持共产主义理想和社会主义信念，团结带领全国各族人民为争取民族独立、人民解放和实现国家富强、人民幸福而不懈奋斗，已经走过一百余年光辉历程。

一、新民主主义革命时期

1840 年鸦片战争爆发，中国逐渐沦为半殖民地半封建社会。1921 年到 1949 年，在洋务运动、戊戌变法、义和团运动、辛亥革命之后，中国共产党领导和带领着人民，开展了 28 年艰苦卓绝的斗争，完成了新民主主义革命，建立了中华人民共和国。

中国共产党带领着全国各族同胞，以“为有牺牲多壮志，敢教日月换新天”的豪情，打败了日本帝国主义，推翻了国民党反动统治，彻底结束了旧中国半殖民地半封建社会的历史，彻底结束了旧中国一盘散沙的局面，彻底废除了帝国主义列强强加给中国的不平等条约和帝国主义在中国的一切特权，实现了中国从几千年封建专制政治向人民民主的伟大飞跃。据不完全统计，从1921年至1949年，全国有名可查的革命烈士达370多万人，平均每天牺牲近370人。

中华人民共和国的成立标志着新民主主义革命的胜利，标志着中国人民从此站起来了。

二、社会主义革命和社会主义建设时期

1949年到1978年，通过不懈斗争，新生的人民政权赢得了国际社会的广泛认可，确立了社会主义基本制度，消灭了一切剥削制度，推进了社会主义建设。29年里，中国共产党不断探索什么是社会主义、怎样建设社会主义，完成了中华民族有史以来最为广泛而深刻的社会变革，为当代中国一切发展进步奠定了根本政治前提和制度基础，初步建立起独立的比较完整的工业体系和国民经济体系，为中国发展富强、中国人民生活富裕奠定了坚实基础，实现了中华民族由不断衰落到根本扭转命运、持续走向繁荣富强的伟大飞跃。

在这个时期，毛泽东同志提出把马克思列宁主义基本原理同中国具体实际进行“第二次结合”。以毛泽东同志为主要代表的中国共产党人，结合新的实际丰富和发展毛泽东思想，提出关于社会主义建设的一系列重要思想。毛泽东思想是马克思列宁主义在中国的创造性运用和发展，是被实践证明了的关于中国革命和建设的正确的理论原则和经验总结，是马克思主义中国化的第一次历史性飞跃。

三、改革开放和社会主义现代化建设时期

1978年党的十一届三中全会的召开，实现了新中国成立以来党的历史上具有深远意义的伟大转折，开启了改革开放和社会主义现代化建设新时期。以邓小平同志为核心的党的第二代中央领导集体，解放思想、实事求是，作出把党和国家工作中心转移到经济建设上来、实行改革开放的历史性决策，明确提出走自己的路、建设中国特色社会主义，制定“三步走”发展战略，确立社会主义初级阶段基本路线，深刻揭示社会主义本质，创立邓小平理论，在拨乱反正和改革开放中成功开创了中国特色社会主义。中国特色社会主义理论体系实现了马克思主义中国化的第二次飞跃。

改革开放和社会主义现代化建设的伟大成就举世瞩目，我国实现了从生产

力相对落后的状况到经济总量跃居世界第二的历史性突破，实现了人民生活从温饱不足到总体小康、奔向全面小康的历史性跨越，推进了中华民族从“站起来”到“富起来”的伟大飞跃。

四、新时代中国特色社会主义建设时期

党的十八大以来，以习近平同志为主要代表的中国共产党人，统筹把握中华民族伟大复兴战略全局和世界百年未有之大变局，创立了习近平新时代中国特色社会主义思想，统领伟大斗争、伟大工程、伟大事业、伟大梦想，统筹推进“五位一体”总体布局、协调推进“四个全面”战略布局，坚持完善和发展中国特色社会主义制度，推进国家治理体系和治理能力现代化，解决了许多长期想解决而没有解决的难题，办成了许多过去想办而没有办成的大事，推动党和国家事业取得历史性成就、发生历史性变革，推动中国特色社会主义进入新时代，并提出分两步实现第二个百年奋斗目标，以中国式现代化推进中华民族伟大复兴，实现了马克思主义中国化新的飞跃。

新时代以来的变化，深刻影响了中国，也深刻影响了世界。中国共产党在中国特色社会主义新时代团结带领中国人民迎来中华民族从富起来到强起来的伟大飞跃，迎来实现中华民族伟大复兴的光明前景。

第二节　中国共产党历史上的重要会议和重大事件

一、新文化运动

1915 年 9 月，陈独秀在上海创办《青年杂志》，并担任主编，李大钊是主要撰稿人并参与编辑工作，新文化运动由此发端。1916 年 9 月，《青年杂志》出版第二卷第一期时，迁往北京并改名为《新青年》。新文化运动提倡民主与科学，即“德先生”（Democracy）和“赛先生”（Science），反对封建文化，启发了人们的民主思想，推动了现代科学在中国的发展。李大钊是在中国举起十月革命旗帜的第一人，是中国最早的马克思主义传播者。他发表的《我的马克思主义观》系统地介绍了马克思主义理论，并产生了重大影响。

二、五四运动

五四运动的导火索是巴黎和会上中国外交的失败。1919 年 5 月 4 日，北京 13 所大专学校 3000 余学生在天安门前举行抗议集会，一场震惊中外的反帝爱

国运动在北京爆发。5月5日，北京学生总罢课，并通电全国，各地学生纷纷罢课响应。6月5日起，上海工人自发举行声援学生的罢工，反帝爱国运动迅速波及全国各地，以工人为主体的群众斗争迅猛发展，中国工人阶级开始以独立的姿态登上政治舞台。迫于压力，驻巴黎中国专使最终拒绝赴会签字，五四运动取得了重大胜利。

五四运动以彻底反帝反封建的革命性、追求救国强国真理的进步性、各族各界群众积极参与的广泛性，推动了中国社会进步，促进了马克思主义在中国的传播，促进了马克思主义同中国工人运动的结合，为中国共产党成立做了思想上、干部上的准备，为新的革命力量、革命文化、革命斗争登上历史舞台创造了条件，是中国旧民主主义革命走向新民主主义革命的转折点，并形成了以青年知识分子为先锋，以爱国、进步、民主、科学为主要内容的“五四精神”。

三、党的一大

最早酝酿在中国建立共产党的是陈独秀和李大钊。李大钊在北京大学成立了马克思学说研究会，陈独秀发起组织马克思主义研究会。1920年8月，陈独秀等在上海建立了中国第一个共产党早期组织，随后李大钊等也在北京建立共产党的早期组织。在李、陈二人所成立的共产党早期组织的联络推动下，各地党的早期组织纷纷建立，为中国共产党的成立奠定了基础。1920年8月，陈望道翻译的《共产党宣言》中文全译本出版，成为马克思主义在中国传播史上的一件大事。

1921年7月23日，中国共产党第一次全国代表大会在上海法租界望志路106号（今兴业路76号）召开。由于会场受到暗探注意和法租界巡捕搜查，最后一天的会议转移到浙江嘉兴南湖的游船上举行。党的一大确定党的名称为“中国共产党”，通过了中国共产党第一个纲领，毛泽东、董必武、陈潭秋等13人代表全国50多名党员出席了会议。党的一大决定设立中央局作为中央的临时领导机构，选举产生了以陈独秀为书记的中央局。党的一大宣告中国共产党正式成立。

四、党的二大和民主革命纲领的制定

1922年7月，中国共产党第二次全国代表大会在上海举行。出席大会的代表有12人，代表全国195名党员。党的二大指出党的最高纲领是实现社会主义、共产主义，但在现阶段的纲领，即最低纲领是打倒军阀，推翻国际帝国主义的压迫，统一中国为真正的民主共和国。大会指出，为实现反帝反军阀的革

命目标，必须联合全国一切革命党派，联合资产阶级民主派，组成“民主主义的联合战线”。大会制定了第一部《中国共产党章程》，通过《中国共产党第二次全国代表大会宣言》《中国共产党加入第三国际决议案》等文件，确认中国共产党是共产国际的一个支部。

9月14日—18日，安源路矿工人在毛泽东、李立三、刘少奇等的组织领导下，举行罢工斗争，取得胜利。

1923年2月4日—9日，在中国共产党领导下，京汉铁路2万余工人举行总罢工，成为工人运动第一次高潮的顶点。7日，反动军阀进行血腥镇压，造成“二七惨案”。

五、党的三大和国共合作的建立

中国共产党人从京汉铁路工人大罢工失败中认识到结成最广泛的统一战线的重要性。1923年6月，中国共产党第三次全国代表大会在广州举行。出席大会的代表有30多人，代表全国420名党员。党的三大正确估计了孙中山的革命立场和国民党进行改组的可能性，并决定共产党员以个人身份加入国民党，明确规定在共产党员加入国民党时，党必须在政治上、思想上、组织上保持自己的独立性。党的三大确定的建立国共合作革命统一战线的策略，促进了第一次国共合作的实现，迅速扩大了共产党活动的政治舞台，加快了中国革命的步伐，为波澜壮阔的第一次大革命做了准备。

党的三大第一次修订党的章程，首次规定新党员有候补期，首次规定党员可以“自请出党”，即自愿退党。

六、第一次国共合作

中共三大决定采取党内合作形式实行国共合作后，1924年1月，中国国民党第一次全国代表大会在广州召开，出席开幕式的代表中有共产党员20多人。国民党一大重新解释三民主义，确认了共产党员以个人身份加入国民党的原则。国民党一大事实上确立了联俄、联共、扶助农工三大革命政策，标志着第一次国共合作正式形成。

在共产党人建议下，国民党一大决定创办一所陆军军官学校，即黄埔军校。中国共产党从各地选派大批党团员和革命青年到黄埔军校学习。

国共合作实现后，工人运动得到恢复和发展，也促进了农民运动的发展。从1924年7月起，在广州开办六届农民运动讲习所，先后由共产党人彭湃、毛泽东等主持，培养了一批农民运动骨干。学生运动和妇女运动也得到了发展。

1925 年 5 月在广州举行的第二次全国劳动大会上，中华全国总工会成立。

七、党的四大

1925 年 1 月，中国共产党第四次全国代表大会在上海举行。

党的四大提出了无产阶级在民主革命中的领导权问题，提出了工农联盟问题，对民主革命的内容作出了更加完整的规定，指出在“反对国际帝国主义”的同时，既要“反对封建的军阀政治”，又要“反对封建的经济关系”。

党的四大还决定在全国范围内加强党的组织建设，扩大党员的数量，巩固党的纪律，明确规定以支部作为党的基本组织，对支部建设提出具体要求，规定有 3 名党员即可成立党支部。

5 月 30 日，中国共产党领导的反对帝国主义暴行的五卅运动在上海爆发，并迅速席卷全国，约 1700 万各阶层群众直接参加斗争，标志着大革命高潮的到来。1925 年 6 月至 1926 年 10 月，广州、香港爆发省港大罢工，这是中国工人运动史上持续时间最长的一次政治大罢工。

八、北伐战争

1926 年 7 月 1 日，国民革命军在广州誓师北伐，9 日北伐战争正式开始，目标直指受帝国主义支持的北洋军阀。在北伐进军过程中，通过共产党员在北伐军中不懈的政治工作和模范行动，广大官兵英勇作战，工农群众在共产党和国民党“左派”的组织领导下积极支持和配合北伐军作战。在不到 10 个月里，国民革命军便从广州打到武汉、南京和上海，打垮了吴佩孚、孙传芳两大军阀，革命势力从珠江流域一直推进到长江流域。国民革命军第四军，特别是党直接领导的叶挺独立团作为北伐军的先遣部队，取得两湖战场上的关键一战——汀泗桥、贺胜桥战役胜利，建立了不朽的功勋，赢得“铁军”的光荣称号。1927 年 3 月，长江以南地区完全为北伐军占领。1927 年 4 月 12 日，蒋介石在上海发动“四一二”反革命政变，逮捕并屠杀中国共产党党员和国民党“左派”。7 月，汪精卫以“分共”的名义，正式同共产党决裂，国共合作全面破裂，国共两党合作发动的大革命宣告失败。后武汉国民政府宣布迁都南京，宁汉合流。1928 年 4 月，国民党军队继续北伐，6 月占领北京，12 月张学良通电东北易帜。东北易帜标志着北伐的结束、南京国民政府完成“形式统一”以及北洋政府的正式结束。

九、党的五大

1927 年 4 月至 5 月，中国共产党第五次全国代表大会在武汉举行。大会批评陈独秀犯了忽略同资产阶级争夺领导权的右倾错误，还选举产生了党的历史上第一个中央纪律检查监督机构——中央监察委员会。

会后，中央政治局会议根据党的五大的要求，正式提出党内实行民主集中制的组织原则，首次把民主集中制明确写入党章，首次把党与青年团的关系写入党章，首次明确入党年龄须在 18 岁以上。

十、南昌起义

1927 年 7 月中旬，中共中央政治局临时常委会决定发动南昌起义，召开中央紧急会议讨论和决定大革命失败后的新方针。8 月 1 日，根据中共中央的决定，在以周恩来为书记的中共前敌委员会和贺龙、叶挺、朱德、刘伯承等的领导下，党所掌握和影响的国民革命军等武装 2 万余人，在南昌举行武装起义，占领了南昌。南昌起义打响了武装反抗国民党反动派的第一枪，标志着中国共产党独立领导革命战争、创建人民军队和武装夺取政权的开始。

十一、八七会议

1927 年 8 月 7 日，中共中央在汉口召开紧急会议（八七会议）。会议在中国革命的危急关头，总结了大革命失败的经验教训，就国共两党关系、土地革命、武装斗争等问题进行了讨论。会议着重批判了大革命后期以陈独秀为首的中央所犯的右倾机会主义错误，确定了土地革命和武装起义的方针，提出整顿队伍、纠正错误，“找到新的道路”的任务，选出以瞿秋白为首的新的中共中央临时政治局。八七会议标志着中国革命从此开始由大革命失败到土地革命战争兴起的历史性转变。

十二、秋收起义

八七会议后，党派出许多干部分赴各地，恢复和整顿党组织，发动武装起义。中共中央临时政治局派毛泽东以中央特派员身份到湖南传达八七会议精神，改组省委，领导秋收起义。1927 年 9 月 9 日，湘赣边界秋收起义爆发。由于强敌反扑，起义军在战斗中相继失利。毛泽东迅速命令起义部队第一、三团与第二团余部，到浏阳的文家市集合。9 月 19 日，毛泽东在文家市召开前委会议，放弃攻打长沙的计划，决定将部队转移到敌人力量薄弱的农村，寻找落脚点。从进攻大城市转向进攻农村，这是中国人民革命发展史上具有决定意义的新起点。

十三、三湾改编

1927 年 9 月 29 日，秋收起义军到达江西永新县三湾村，在毛泽东的领导下进行了改编，史称“三湾改编”。三湾改编的主要内容有三项：一是将已不足千人的部队由原来的一个师缩编为一个团；二是建立党的各级组织和党代表制度，党的支部建在连上，班排设党小组，连以上设党代表，营、团设党委，从而确立了“党指挥枪”的原则；三是成立各级士兵委员会，实行民主制度，在政治上实行官兵平等、经济公平，并初步酝酿出“三大纪律六项注意”。这些措施开始破除起义军中旧习气和不良之风，从政治上、组织上保证了党对军队的绝对领导，是建设无产阶级领导的新型人民军队最早的一次成功探索和实践。

十四、创建井冈山革命根据地

1927 年 10 月，毛泽东率领秋收起义部队到达井冈山，开始了创建井冈山农村革命根据地的斗争。1928 年 2 月，井冈山革命根据地初步形成。4 月，朱德、陈毅率领南昌起义保留下来的部队和湘南农军到达井冈山，与毛泽东领导的秋收起义部队会师。会师后两支部队合编为工农革命军第四军（后根据中共中央指示，改称红军第四军），朱德任军长，毛泽东任党代表。毛泽东、朱德在连续打退湘赣两省国民党军队的进攻中，概括出游击战争“敌进我退，敌驻我扰，敌疲我打，敌退我追”的基本原则。毛泽东、朱德领导的井冈山革命根据地的斗争在大革命失败后，集中体现了中国革命的正确方向。在井冈山革命根据地创建的过程中，毛泽东总结各地的斗争经验，提出了农村包围城市、武装夺取政权的思想，是马克思主义在中国的创造性的运用和发展，标志着中国化的马克思主义即毛泽东思想的初步形成。

十五、广州起义

1927 年 12 月 11 日，中共广东省委书记张太雷和叶挺、叶剑英等领导发动广州起义。起义军和工农群众同国民党军进行了英勇顽强的浴血奋战，但终因众寡悬殊，损失严重，起义主要领导人张太雷牺牲。广州起义是南昌起义的延续，虽以失败告终，但在激烈的炮火中，起义者首次公开打出工农红军的旗号，并诞生了中国第一个城市苏维埃政府——广州苏维埃政府。南昌起义、秋收起义、广州起义也被称为中国共产党领导的三大起义。

十六、党的六大

在共产国际的帮助下，1928 年 6 月至 7 月，中国共产党第六次全国代表大会在莫斯科近郊举行。大会通过关于政治、军事、组织、苏维埃政权等一系列问题的决议，以及经过修改的《中国共产党党章》，选举产生了新的中央委员会。大会指出，中国仍然是一个半殖民地半封建的国家，中国革命现阶段的性质是资产阶级民主革命；当前中国的政治形势是处于两个革命高潮之间，第一个革命浪潮已经过去，而新的浪潮还没有来到；党的总路线是争取群众。党的六大把工作中心从千方百计地组织暴动转到从事长期的艰苦的群众工作，确定以争取群众作为党的首要任务，把“左”倾作为主要危险来反对。这是党的工作方针的一次重要转变。

党的六大是在国内革命处于低潮、白色恐怖异常严重的情况下召开的，是中国共产党成立以来唯一一次在国外召开的全国代表大会。

十七、古田会议

1929 年 12 月，红四军党的第九次代表大会（古田会议）在福建省上杭县古田召开。大会根据中央“九月来信”的精神，总结了南昌起义以来红军的建设经验，批评了各种错误思想，坚持以无产阶级思想来建设党和人民军队。会议讨论并通过了多种决议案，其中最重要的是毛泽东起草的《关于纠正党内的错误思想》一文。决议案强调红军是“一个执行革命的政治任务的武装集团”，必须是党指挥枪，而不是枪指挥党。古田会议决议是中国共产党和红军建设的纲领性文献，后来对党和军队的建设发挥了重大作用。

十八、红军长征

1934 年 10 月，第五次反“围剿”失败后，中央主力红军为摆脱国民党军队的包围追击，被迫实行战略性转移，退出中央根据地，进行长征。1934 年 10 月 11 日，中央革命军事委员会发布命令，中革军委、红军总司令部和总政治部及其直属部队组成第一野战纵队，主力红军组成野战军，开始进行战略转移，拉开万里长征序幕——中央红军踏上二万五千里漫漫长征路。在党的坚强领导下，英雄的红军，血战湘江，四渡赤水，巧渡金沙江，强渡大渡河，飞夺泸定桥，鏖战独树镇，勇克包座，转战乌蒙山，克服重重艰难险阻，同敌人进行了大大小小无数次战斗，付出了巨大牺牲。1936 年 10 月，三大主力红军在甘肃会宁胜利会师，红军长征宣告胜利结束。

十九、遵义会议

1935 年 1 月 15 日—17 日，中共中央在遵义召开政治局扩大会议。会议批评第五次反“围剿”和长征以来中共中央在军事领导上的错误，肯定了毛泽东等关于红军作战的基本原则，增补毛泽东为中央政治局常委。3 月中旬，成立由毛泽东、周恩来、王稼祥组成的三人小组负责军事行动。遵义会议在红军第五次反“围剿”失败和长征初期严重受挫的历史关头召开，确立了毛泽东在党和红军中的领导地位，开始形成以毛泽东同志为主要代表的党的第一代中央领导集体，是中国共产党独立自主地运用马克思列宁主义基本原理制定自己的路线、方针和政策的会议，是中国共产党历史上一个生死攸关的转折点，标志着中国共产党从幼年走向成熟。

二十、一二·九运动

1935 年 12 月 9 日，在民族危机日益加深的形势下，北平爱国学生数千人，在中共北平临时工作委员会领导和组织下，冲破国民党政府的恐怖统治，举行了声势浩大的抗日救国示威游行，喊出了“反对华北自治运动”“打倒日本帝国主义”“停止内战，一致对外”等口号。16 日，北平学生和市民一万多人，在天桥召开市民大会。一二·九运动获得了全国人民热烈的支持和声援，掀起了全国抗日救国的新高潮。随后，天津、保定、太原、上海、武汉、广州等大中城市先后爆发学生的爱国行动，许多地方的工人也进行罢工，抗日救亡斗争发展成为全国规模的群众运动。一二·九运动揭露了日本吞并华北进而独占中国的阴谋，打击了国民党的妥协投降政策，极大地促进了中华民族的觉醒，标志着中国人民抗日救亡民主运动新高潮的到来。

二十一、瓦窑堡会议

1935 年 12 月 17 日—25 日，中共中央在陕北安定县（今子长市）瓦窑堡召开政治局扩大会议，即瓦窑堡会议。会议通过了《中央关于目前政治形势与党的任务决议》，毛泽东做了军事问题的报告，明确提出了党的基本策略任务是建立广泛的抗日民族统一战线，积极推进日益高涨的抗日救亡运动。27 日，毛泽东做了《论反对日本帝国主义的策略》的报告。瓦窑堡会议是从第五次反“围剿”失败到全民族抗战兴起过程中召开的一次重要会议，是土地革命战争到抗日战争转折时期召开的一次极为重要的会议，是遵义会议的延续和发展。这表明中国共产党已经善于总结过去革命失败的经验，学会从中国实际出发，把共产国际七大提出的关于建立反法西斯统一战线的总方针，创造性地运用来指导中国的革命运动。

二十二、西安事变

1936 年 12 月 12 日，以张学良为首的国民党东北军和以杨虎城为首的国民党第十七路军，为了停止内战、一致抗日，在多次进谏蒋介石无效反而遭到斥责后，被迫在西安扣留了前来部署"剿共"的蒋介石，发动了震惊中外的西安事变，并向全国通电，提出停止内战、一致对外等八项主张。中共中央以中华民族利益的大局为重，确定了和平解决事变的方针。17 日，以周恩来为首的中共代表团到达西安，与张、杨恳切会谈，并接见各方人士，坚决主张和平解决这次事变。事变的和平解决，推动了国共两党再次合作，实现团结抗日，中国由此实现了从国内战争到全国抗战的伟大转变。

二十三、卢沟桥事变与抗日民族统一战线

1937 年 7 月 7 日夜，卢沟桥的日本驻军在未通知中国地方当局的情况下，径自在中国驻军阵地附近举行所谓的军事演习，并诡称有一名日军士兵失踪，要求进入北平西南的宛平县城（今卢沟桥镇）搜查，被中国驻军严词拒绝，日军随即向宛平城和卢沟桥发动进攻。中国驻军第 29 军 37 师 219 团奋起还击，进行了顽强的抵抗。卢沟桥事变标志着日本帝国主义发动了全面侵华战争，中国则展开了全民族抗战。

卢沟桥事变的第二天，中共中央通电全国，号召中国军民团结起来，共同抵抗日本侵略者。全国各族各界人民热烈响应，抗日救亡运动空前高涨。8 月 22 日，红军改编为国民革命军第八路军（简称八路军）；接着，南方八省的红军游击队改编为国民革命军陆军新编第四军（简称新四军）。9 月 22 日，国民党中央通讯社发表《中共中央为公布国共合作宣言》；23 日，蒋介石发表谈话，实际承认共产党的合法地位。中共中央的宣言和蒋介石的谈话，宣告国共第二次合作的实现和中国抗日民族统一战线的形成。

二十四、百团大战

1940 年 8 月至次年 1 月，八路军在华北发动有 105 个团参加的"百团大战"。这次战役进行大小战斗 1820 余次，毙伤日伪军 25 800 余人，俘虏大批伪军和日军，破坏铁路 474 千米、公路 1500 多千米，车站、桥梁、隧洞 260 多处，摧毁了大量敌堡和据点，严重地破坏了正太铁路和井陉煤矿。这次战役给日伪军很大打击，坚定了全国人民抗战胜利的信心，提高了中国共产党和党所领导的军

队的威望，对坚持抗战、遏制妥协投降暗流、争取时局好转，起到了积极作用。

二十五、党的七大

1945 年 4 月 23 日至 6 月 11 日，中国共产党第七次全国代表大会在延安举行。大会通过毛泽东《论联合政府》政治报告、朱德《论解放区战场》军事报告和刘少奇《关于修改党章的报告》，选举产生新的中央委员会，确定“以马克思列宁主义的理论与中国革命的实践之统一的思想——毛泽东思想，作为自己一切工作的指针”。大会总结了武装斗争、统一战线和党的建设的经验，深刻地论述了进行新民主主义革命的“三大法宝”以及党的三大作风——理论和实际相结合、密切联系群众和自我批评（又称批评和自我批评）。大会通过的新党章规定，以毛泽东思想作为党的一切工作的指针，从而实现了马克思列宁主义基本原理同中国革命实际相结合过程中的第一次历史性飞跃。大会把毛泽东思想作为党的指导思想并写入党章。七大是中国共产党建党以后民主革命时期最重要的一次代表大会，全党在马克思列宁主义、毛泽东思想的基础上达到了空前的团结，为新民主主义革命在全国的胜利奠定了基础。

二十六、抗日战争胜利

1945 年 8 月 15 日，日本天皇裕仁以广播的形式发布《终战诏书》，日本无条件投降；9 月 2 日，日本代表在投降书上签字。9 月 3 日为中国人民抗日战争胜利纪念日。中国人民经过长达 14 年艰苦卓绝的斗争，终于取得了抗日战争的伟大胜利，宣告了世界反法西斯战争的完全胜利。中国人民抗日战争胜利是近代以来中国抗击外敌入侵的第一次完全胜利，成为中华民族走向复兴的转折点。经过 14 年的抗战，共产党领导的人民革命力量发展壮大，解放区面积近百万平方千米，人口达 1 亿，人民军队的主力发展到 120 余万人。民兵发展到 220 余万人，共产党员发展到 120 余万人，为争取新民主主义革命在全国的胜利奠定了坚实的基础。

二十七、解放战争

解放战争亦称第三次国内革命战争，是中国人民解放军在中国共产党的领导下，为推翻国民党统治、解放全中国而进行的战争，是一场事关中国前途命运的决战。

1946 年 6 月 26 日，国民党军队悍然进攻中原解放区，全面内战爆发。人民解放军中原军区部队成功突破国民党军重兵包围，完成战略转移，史称“中原突围”。全面内战爆发后，中国共产党领导解放区军民由战略防御转为战略进攻，1949 年 4 月，解放军横渡长江，解放南京，基本宣告了国民党统治的覆灭。1949 年 10 月 1 日，在解放军向全国进军途中，中华人民共和国在北京宣告成立。到 1950 年 6 月，残存在东北、华东、中南、西南、西北战场上的国民党军被全部歼灭，仅有少量人员逃往台湾。1951 年西藏和平解放。至此，解放军完成了解放全国大陆和近海岛屿的任务，中国人民解放军取得第三次国内革命战争胜利，统一了中国大陆。

二十八、三大战役

三大战役指 1948 年 9 月 12 日至 1949 年 1 月 31 日，中国人民解放军同国民党军进行的战略决战的辽沈战役、淮海战役、平津战役。三大战役历时 142 天，共争取起义、投诚、接受和平改编与歼灭国民党正规军 144 个师、非正规军 29 个师，合计共 154 万余人。在 139 天的作战中（辽沈与淮海两大战役之间有三天间隔），平均每天歼敌约一个正规师。国民党赖以维持其反动统治的主要军事力量基本上被消灭。三大战役的胜利，奠定了人民解放战争在全国胜利的基础。

三大战役中，淮海战役规模最大、歼敌最多、战况最激烈。

二十九、中华人民共和国成立

1949 年 9 月 21 日—30 日，中国人民政治协商会议第一届全体会议在北平举行，标志着新民主主义革命在全国的胜利。大会通过起临时宪法作用的《中国人民政治协商会议共同纲领》，选举毛泽东为中央人民政府主席；通过北平为中华人民共和国首都，改名为北京；决定采用公元纪年；以《义勇军进行曲》为代国歌；国旗为五星红旗。10 月 1 日，在解放军向全国进军途中，首都北京 30 万军民在天安门广场集会，隆重举行开国大典，毛泽东主席向全世界庄严宣告：“中华人民共和国中央人民政府今天成立了。”

新中国的成立，开辟了中国历史的新纪元，从此，中国结束了一百多年来被侵略被奴役的屈辱历史，真正成为独立自主的国家，中国人民从此站起来了，成为国家的主人。新中国的成立，壮大了世界和平、民主和社会主义的力量，鼓舞了世界被压迫民族和被压迫人民争取解放的斗争。

三十、抗美援朝

1950 年 6 月 25 日，中国近邻的朝鲜半岛爆发大规模战争。27 日，美国派出海军和空军武装干涉朝鲜内政，扩大朝鲜战争，并命令海军第七舰队向中国领土台湾沿海出动，决定以武力阻止中国人民解放台湾，并组成以美国军队为主的“联合国军”，扩大侵朝战争。10 月 8 日，毛泽东发出《给中国人民志愿军的命令》，命令中国人民志愿军“迅即向朝鲜境内出动，协同朝鲜同志向侵略者作战并争取光荣的胜利”，并任命彭德怀为中国人民志愿军司令员兼政治委员。19 日，中国人民志愿军到达朝鲜前线。从 10 月 25 日（10 月 25 日为抗美援朝纪念日）到 12 月 24 日，志愿军同朝鲜人民军一起，连续进行了两次战役，歼敌 5 万余人，于 12 月 6 日收复平壤，并把敌人赶回三八线附近，从而扭转了朝鲜的战局。经过两年的打打谈谈，1953 年 7 月，交战双方在《朝鲜停战协定》上签字。抗美援朝的胜利极大地增强了中国人民的民族自信心和自豪感，中国的国际地位空前提高，帝国主义从此不敢轻易地欺侮和侵犯中国。

三十一、党的八大

1956 年 9 月 15 日—27 日，中国共产党第八次全国代表大会在北京召开。这次大会是在我国社会主义改造基本完成，党面临着新的形势和任务的情况下召开的。大会宣布：社会主义的社会制度在我国已经基本建立起来，我国国内的主要矛盾已经是“人民对于建立先进的工业国的要求同落后的农业国的现实之间的矛盾，已经是人民对于经济文化迅速发展的需要同当前经济文化不能满足人民需要的状况之间的矛盾”。大会确定了经济、政治、文化和党的建设等方面的方针，强调加强人民民主专政，进一步扩大社会主义民主，健全社会主义法制，大力反对官僚主义；重申坚持以五项原则为基础的和平共处的外交政策，强调要坚持民主集中制和集体领导制度，反对个人崇拜，发展党内民主，加强党和群众的联系。

三十二、“三线”建设

随着我国周边形势日趋紧张，高度重视国家安全的毛泽东，从经济建设和国防建设的战略布局考虑，将全国划分为一、二、三线，提出“三线”建设问题。1964 年 10 月，中央提出“三线”建设总目标：采取多快好省的方法，在纵深地区建立起一个工农业结合、为国防和农业服务的比较完整的战略后方基地。据不完全统计，1964 年下半年至 1965 年，在西南、西北三线部署的新建、扩建和续建的大中型项目有 300 多个。总体上看，“三线”建设的实施，是推进我国现代化进程的重要步骤，为增强我国国防实力、改善生产力布局以及中国中西部地区工业化作出了极大贡献。

三十三、党的十一届三中全会

1978 年 12 月 18 日—22 日，党的十一届三中全会在北京举行。全会前召开了历时 36 天的中央工作会议。全会根据中央工作会议的精神，作出了把全党工作的着重点转移到社会主义现代化建设上来的战略决策。全会确立了解放思想、实事求是的思想路线，从根本上冲破了长期“左”倾错误的严重束缚，重新确立了马克思主义的思想路线、政治路线和组织路线，我国的改革开放由此拉开了序幕，邓小平理论也逐步形成和发展起来，党和人民踏上建设中国特色社会主义的伟大征程。十一届三中全会作为一个伟大的转折点载入党的光辉史册。

三十四、改革开放

党的十一届三中全会开启了改革开放和社会主义现代化的伟大征程。1978 年 11 月，安徽省凤阳县小岗村实行“分田到户，自负盈亏”的家庭联产承包责任制，拉开了中国对内改革的大幕。1979 年 7 月 15 日，中央正式批准广东、福建两省在对外经济活动中实行特殊政策、灵活措施，迈开了改革开放的历史性脚步。对外开放成为中国的一项基本国策、中国的强国之路，是社会主义事业发展的强大动力。改革开放建立了社会主义市场经济体制。

改革开放是当代中国命运的关键抉择，是发展中国特色社会主义和中华民族伟大复兴的必经之路，只有改革开放，才能发展中国，才能发展社会主义，才能发展马克思主义。改革开放的实质是：解放和发展社会生产力，提高综合国力，进一步解放人民思想，建设有中国特色的社会主义。改革开放是邓小平理论的重要组成部分，是中国社会主义建设的一项根本方针。改革包括经济体制改革和政治体制改革。经济体制改革即把高度集中的计划经济体制改革成为社会主义市场经济体制；政治体制改革包括发展民主，加强法制，实现政企分开、精简机构，完善民主监督制度，维护安定团结。开放，主要指对外开放，在广泛意义上还包括对内开放。改革开放是中国共产党在社会主义初级阶段基本路线的基本点之一，是中国走向富强的必经之路，对中国的经济发展有着巨大影响。

三十五、“一国两制”

“一国两制”构想最早是为解决台湾问题而提出的。1979 年 1 月 1 日，中华人民共和国全国人民代表大会常务委员会发表《告台湾同胞书》，表示在实现国家统一时，一定“尊重台湾现状和台湾各界人士的意见，采取合情合理的政策和办法”。1981 年 9 月 30 日，全国人民代表大会常务委员会委员长叶剑英发表谈话，进一步阐明解决台湾问题的方针政策。1982 年，邓小平首次提出“一个国家，两种制度”的概念。同年 12 月，五届全国人大五次会议通过的《宪法》第三十一条规定：“国家在必要时得设立特别行政区。在特别行政区内实行的制度按照具体情况由全国人民代表大会以法律规定。”

在“一国两制”伟大构想的指引下，1997 年 7 月 1 日零时，中国对香港恢复行使主权，中华人民共和国香港特别行政区正式成立；1999 年 12 月 20 日零时，中国对澳门恢复行使主权，中华人民共和国澳门特别行政区正式成立。

“一国两制”作为一项前无古人的伟大事业，从科学构想变成生动现实，从全面付诸实施到不断丰富完善，历经风雨砥砺前行，战胜各种艰难险阻，取得举世公认的成功。习近平总书记在党的二十大报告中也指出：“‘一国两制’是中国特色社会主义的伟大创举，是香港、澳门回归后保持长期繁荣稳定的最佳制度安排，必须长期坚持。”

三十六、党的十二大

1982 年 9 月 1 日—11 日，中国共产党第十二次全国代表大会在北京举行。大会明确提出把马克思主义的普遍真理同我国的具体实际结合起来，走自己的道路，建设有中国特色的社会主义的重大命题和“小康”战略目标。

大会制定了新党章，规定党中央不设主席只设总书记。规定中央和省一级设立顾问委员会。此后，党的全国代表大会每五年召开一次，实现了制度化。

三十七、党的十三大

1987 年 10 月 25 日至 11 月 1 日，中国共产党第十三次全国代表大会在北京召开。大会的突出贡献是系统阐述了社会主义初级阶段理论，明确了党在社会主义初级阶段的基本路线：领导和团结全国各族人民，以经济建设为中心，坚持四项基本原则，坚持改革开放，自力更生，艰苦创业，为把我国建设成为富强、民主、文明的社会主义现代化国家而奋斗。

三十八、党的十四大

1992 年 10 月 12 日—18 日，中国共产党第十四次全国代表大会在北京举行。大会确定我国经济体制改革的目标是建立社会主义市场经济体制，确立邓小平建设有中国特色社会主义理论在全党的指导地位，决定不再设立中央顾问委员会。十四届一中全会选举江泽民为中央委员会总书记。

三十九、党的十五大

1997年9月12日—18日，中国共产党第十五次全国代表大会在北京举行。大会首次使用“邓小平理论”这个概念，并把邓小平理论同马克思列宁主义、毛泽东思想一起，作为党的指导思想写入党章。马克思列宁主义同中国实际相结合有两次历史性飞跃，产生了两大理论成果。第一次飞跃的理论成果是被实践证明了的关于中国革命和建设的正确的理论原则和经验总结，它的主要创立者是毛泽东，称为毛泽东思想。第二次飞跃的理论成果是建设有中国特色社会主义理论，它的主要创立者是邓小平，称为邓小平理论。

大会系统、完整地提出并论述了党在社会主义初级阶段的基本纲领，明确规定：建设有中国特色社会主义的经济，就是在社会主义条件下发展市场经济，不断解放和发展生产力；建设有中国特色社会主义的政治，就是在中国共产党领导下，在人民当家作主的基础上，依法治国，发展社会主义民主政治；建设有中国特色社会主义的文化，就是以马克思主义为指导，以培育有理想、有道德、有文化、有纪律的公民为目标，发展面向现代化、面向世界、面向未来的，民族的科学的大众的社会主义文化。

四十、党的十六大

2002年11月8日—14日，中国共产党第十六次全国代表大会在北京举行。大会把“三个代表”重要思想同马克思列宁主义、毛泽东思想、邓小平理论一起，作为党必须长期坚持的指导思想写入党章，始终做到“三个代表”，是党的立党之本、执政之基、力量之源。大会指出，中国共产党是中国工人阶级的先锋队，同时是中国人民和中华民族的先锋队。十六届一中全会选举胡锦涛为中央委员会总书记。

四十一、党的十七大

2007年10月15日—21日，中国共产党第十七次全国代表大会在北京召开。胡锦涛代表第十六届中央委员会向大会做了题为《高举中国特色社会主义伟大旗帜，为夺取全面建设小康社会新胜利而奋斗》的报告，创造性地提出并深刻阐述中国特色社会主义理论体系，将科学发展观写入党章，是党的十七大的重大理论贡献。十七届一中全会选举胡锦涛为中央委员会总书记。

四十二、党的十八大

2012 年 11 月 8 日—14 日，中国共产党第十八次全国代表大会在北京召开。大会确定科学发展观同马克思列宁主义、毛泽东思想、邓小平理论、“三个代表”重要思想一道，是党必须长期坚持的指导思想。十八届一中全会选举习近平、李克强、张德江、俞正声、刘云山、王岐山、张高丽为中央政治局常委，选举习近平为中央委员会总书记。

四十三、党的十九大

2017 年 10 月 18 日—24 日，中国共产党第十九次全国代表大会在北京召开。习近平代表第十八届中央委员会向大会做了题为《决胜全面建成小康社会　夺取新时代中国特色社会主义伟大胜利》的报告。大会主题是：不忘初心，牢记使命，高举中国特色社会主义伟大旗帜，决胜全面建成小康社会，夺取新时代中国特色社会主义伟大胜利，为实现中华民族伟大复兴的中国梦不懈奋斗；指出中国共产党人的初心和使命，就是为中国人民谋幸福，为中华民族谋复兴。大会通过了关于《中国共产党章程（修正案）》的决议，将习近平新时代中国特色社会主义思想写入党章。大会选举产生了新一届中国共产党中央委员会和中国共产党中央纪律检查委员会。大会选举习近平、李克强、栗战书、汪洋、王沪宁、赵乐际、韩正为中央政治局常委，选举习近平为中央委员会总书记。

四十四、习近平新时代中国特色社会主义思想

党的十九大着眼于中国特色社会主义事业长远发展，郑重提出习近平新时代中国特色社会主义思想，并把这一思想确立为党必须长期坚持的指导思想，写进党章，实现了党的指导思想的又一次与时俱进。

2018 年 3 月 11 日，第十三届全国人民代表大会第一次会议通过《中华人民共和国宪法修正案》，将习近平新时代中国特色社会主义思想写入《中华人民共和国宪法》。2021 年 11 月 11 日，《中共中央关于党的百年奋斗重大成就和历史经验的决议》指出，党确立习近平同志党中央的核心、全党的核心地位，确立习近平新时代中国特色社会主义思想的指导地位，反映了全党全军全国各族人民的共同心愿，对新时代党和国家事业发展、对推进中华民族伟大复兴历史进程具有决定性意义。该决议还用“十个明确”对习近平新时代中国特色社会主义思想的核心内容做了进一步概括。

习近平新时代中国特色社会主义思想是对马克思列宁主义、毛泽东思想、

邓小平理论、“三个代表”重要思想、科学发展观的继承和发展，是马克思主义中国化最新成果，是党和人民实践经验和集体智慧的结晶，是中国特色社会主义理论体系的重要组成部分，是全党全国人民为实现中华民族伟大复兴而奋斗的行动指南，必须长期坚持并不断发展。在习近平新时代中国特色社会主义思想指导下，中国共产党领导全国各族人民，统揽伟大斗争、伟大工程、伟大事业、伟大梦想，推动中国特色社会主义进入了新时代。

四十五、党的十八大以来改革开放和社会主义现代化建设取得的十项历史性成就

党的十九大报告指出，十八大以来的五年，是党和国家发展进程中极不平凡的五年。党团结带领全国各族人民，面对世界经济复苏乏力、局部冲突和动荡频发、全球性问题加剧的外部环境，面对我国经济发展进入新常态等一系列深刻变化，坚持稳中求进工作总基调，迎难而上，开拓进取，取得了十项改革开放和社会主义现代化建设的历史性成就：经济建设取得重大成就，全面深化改革取得重大突破，民主法治建设迈出重大步伐，思想文化建设取得重大进展，人民生活不断改善，生态文明建设成效显著，强军兴军开创新局面，港澳台工作取得新进展，全方位外交布局深入展开，全面从严治党成效卓著。

四十六、中国特色社会主义进入新时代

党的十九大报告指出：经过长期努力，中国特色社会主义进入了新时代。这是我国发展新的历史方位，意味着近代以来久经磨难的中华民族迎来了从站起来、富起来到强起来的伟大飞跃，迎来了实现中华民族伟大复兴的光明前景；意味着科学社会主义在21世纪的中国焕发出强大的生机活力，在世界上高高举起了中国特色社会主义伟大旗帜；意味着中国特色社会主义道路、理论、制度、文化不断发展，拓展了发展中国家走向现代化的途径，给世界上那些既希望加快发展又希望保持自身独立性的国家和民族提供了全新选择，为解决人类问题贡献了中国智慧和中国方案。

中国特色社会主义进入新时代，我国社会主要矛盾已经转化为人民日益增长的美好生活需要和不平衡不充分的发展之间的矛盾。我国社会主要矛盾的变化是关系全局的历史性变化，对党和国家工作提出了许多新要求，但没有改变对我国社会主义所处历史阶段的判断，我国仍处于并将长期处于社会主义初级阶段的基本国情没有变，我国是世界最大发展中国家的国际地位没有变。

四十七、共建“一带一路”倡议

“一带一路”（The Belt and Road，B&R）是“丝绸之路经济带”和“21 世纪海上丝绸之路”的简称。2013 年秋，国家主席习近平在哈萨克斯坦和印度尼西亚先后提出共建“丝绸之路经济带”和“21 世纪海上丝绸之路”的合作倡议，即共建“一带一路”倡议。

共建“一带一路”倡议的战略目标是包括欧亚大陆在内的世界各国，构建一个政治互信、经济融合、文化包容的利益共同体、命运共同体和责任共同体。“一带一路”是中国与丝路沿途国家分享优质产能，共商项目投资、共建基础设施、共享合作成果，内容包括道路联通、贸易畅通、货币流通、政策沟通、人心相通等“五通”。

四十八、人类命运共同体

2017 年 10 月 18 日，习近平总书记在党的十九大报告中提出，坚持和平发展道路，推动构建人类命运共同体，同时倡导构建人类命运共同体，促进全球治理体系变革。2018 年 3 月 11 日，第十三届全国人民代表大会第一次会议通过的宪法修正案，将宪法序言第十二自然段中“发展同各国的外交关系和经济、文化的交流”修改为“发展同各国的外交关系和经济、文化交流，推动构建人类命运共同体”。

人类命运共同体的理念一经推出，迅速得到国际社会的广泛回应。在经济全球化背景下，一国发生的危机通过全球化机制的传导，可以迅速波及全球，危及国际社会整体。当今世界正面临着百年未有之大变局，国家之间如果互不合作，20 世纪二三十年代的冲突和战争就极有可能重演，给人类社会带来严重灾难。推动建设人类命运共同体，源自中华文明历经沧桑始终不变的“天下”情怀。从“以和为贵”“协和万邦”的和平思想，到“己所不欲，勿施于人”“四海之内皆兄弟”的处世之道，再到“计利当计天下利”“穷则独善其身，达则兼济天下”的价值判断……同外界其他行为体命运与共的和谐理念，可以说是中华文化的重要基因，薪火相传，绵延不绝。新时期，中国人民致力于实现中华民族伟大复兴的中国梦，追求的不仅是中国人民的福祉，更是各国人民共同的福祉，关于命运共同体的传统理念得到进一步发扬光大。人类命运共同体意识超越种族、文化、国家与意识形态的界限，为思考人类未来提供了全新的视角，为推动世界和平发展给出了一个理性可行的行动方案。

四十九、脱贫攻坚

中华人民共和国成立以来，中国共产党带领人民持续向贫困宣战。经过改革开放以来的努力，成功走出了一条中国特色扶贫开发道路，使 7 亿多农村贫困人口成功脱贫，为全面建成小康社会打下了坚实基础。中国成为世界上减贫人口最多的国家，也是世界上率先完成联合国千年发展目标的国家。

2015 年 11 月 23 日，中共中央政治局审议通过《关于打赢脱贫攻坚战的决定》，提出“十三五”期间的脱贫攻坚目标是到 2020 年实现农村贫困人口“两不愁、三保障”（不愁吃、不愁穿，义务教育、基本医疗、住房安全有保障）。11 月 29 日，《中共中央、国务院关于打赢脱贫攻坚战的决定》发布，提出“确保到 2020 年农村贫困人口实现脱贫，是全面建成小康社会最艰巨的任务”。2020 年 11 月 23 日，贵州省宣布所有贫困县摘帽出列，至此，全国 832 个国家级贫困县全部脱贫摘帽。

2021 年 2 月 25 日，全国脱贫攻坚总结表彰大会在京隆重举行，习近平总书记庄严宣告：我国脱贫攻坚战取得了全面胜利。经过全党全国各族人民共同努力，在迎来中国共产党成立一百周年的重要时刻，我国脱贫攻坚战取得了全面胜利，现行标准下 9899 万农村贫困人口全部脱贫，832 个贫困县全部摘帽，12.8 万个贫困村全部出列，区域性整体贫困得到解决，完成了消除绝对贫困的艰巨任务，创造了又一个彪炳史册的人间奇迹！

五十、乡村振兴与全面建成小康社会

改革开放之初，邓小平同志在规划中国经济社会发展蓝图时提出了小康社会的战略构想，并写入党的十二大报告。党的十三大确定我国经济发展战略部署大体分“三步走”：第一步，从 1981 年到 1990 年实现国民生产总值比 1980 年翻一番，解决人民的温饱问题；第二步，从 1991 年到 20 世纪末，使国民生产总值再增长一倍，人民生活达到小康水平；第三步，到 21 世纪中叶，人均国民生产总值达到中等发达国家水平，人民生活比较富裕，基本实现现代化。党的十五大把“三步走”战略的第三步进一步具体化，提出了三个阶段性目标：先用 10 年时间实现国民生产总值比 2000 年翻一番，使人民的小康生活更加富裕，形成比较完善的社会主义市场经济体制；再经过 10 年的努力，到建党 100 周年时，使国民经济更加发展，各项制度更加完善；到 21 世纪中叶建国 100 周年时，基本实现现代化，建成富强、民主、文明的社会主义国家。党的十六大、十七大、十八大、十九大，均针对发展难题和人民意愿，就全面建成小康社会进行了具体的部署和安排。2020 年，我国如期完成全面建成小康社会目标。

实现小康目标、全面建成小康社会，是改革开放以来中国共产党所领导的中国特色社会主义建设最基本的实践活动，在社会主义现代化建设中具有承前启后的意义。前一个阶段，中国社会实现了由贫困到温饱，由温饱到小康的历史性跨越；后一个阶段，在全面建成小康社会的基础上，奋斗十五年，基本实现社会主义现代化，继而再奋斗十五年，将我国建设成为社会主义现代化强国。

全面建成小康社会，是中国共产党向人民和历史作出的庄严承诺，是“两个一百年”奋斗目标的第一个百年奋斗目标，也是实现中华民族伟大复兴中国梦的关键一步。中国共产党带领全国人民经过艰苦卓绝的努力，全面建成小康社会取得伟大历史性成就，使中华民族数千年来的美好憧憬成为现实。

党的十九大报告正式提出乡村振兴战略，并写入党章。报告指出：农业农村农民问题是关系国计民生的根本性问题，必须始终把解决好“三农”问题作为全党工作的重中之重。要坚持农业农村优先发展，按照产业兴旺、生态宜居、乡风文明、治理有效、生活富裕的总要求，建立健全城乡融合发展体制机制和政策体系，加快推进农业农村现代化。

2018 年 9 月，党中央、国务院印发《乡村振兴战略规划（2018—2022 年）》，提出了乡村振兴“三步走”战略：到 2020 年，乡村振兴的制度框架和政策体系基本形成，各地区各部门乡村振兴的思路举措得以确立，全面建成小康社会的目标如期实现；到 2022 年，乡村振兴的制度框架和政策体系初步健全。到 2035 年，乡村振兴取得决定性进展，农业农村现代化基本实现。到 2050 年，乡村全面振兴，农业强、农村美、农民富全面实现。

2021 年 4 月 29 日，第十三届全国人民代表大会常务委员会第二十八次会议通过了《中华人民共和国乡村振兴促进法》，其中第二条明确提出乡村振兴包含产业振兴、人才振兴、文化振兴、生态振兴、组织振兴五个方面。

五十一、党的二十大

2022 年 10 月 16 日上午 10 时，中国共产党第二十次全国代表大会在北京人民大会堂开幕，习近平总书记代表第十九届中央委员会向大会做了题为《高举中国特色社会主义伟大旗帜　为全面建设社会主义现代化国家而团结奋斗》的报告。报告郑重提出，不断谱写马克思主义中国化时代化新篇章是当代中国共产党人的庄严历史责任。党的二十大报告对全面建成社会主义现代化强国“两步走”战略安排进行宏观展望，重点部署了未来五年的战略任务和重大举措，展现出一幅令人向往、催人奋进的壮美蓝图。

党的二十大报告以宽广的世界视野、长远的历史眼光，科学回答了新时代新征程全面建设社会主义现代化国家的若干重大问题，标志着中国共产党以中国式现代化全面推进中华民族伟大复兴在战略上更加成熟。特别是关于中国式现代化的领导力量、中国式现代化的中国特色、中国式现代化的本质要求、中国式现代化的重大原则等重要论述，构建了中国式现代化理论的基本框架，为推进中国式现代化提供了根本遵循。

党的二十大报告提出，全面建设社会主义现代化国家、全面推进中华民族伟大复兴，关键在党，强调中国共产党作为世界上最大的马克思主义执政党，必须解决好大党独有难题，解决好跳出历史兴亡周期率问题，始终赢得人民拥护、巩固长期执政地位，以党的自我革命引领社会革命，确保中国共产党永远不变质、不变色、不变味，在全面建设社会主义现代化国家新征程上考出好成绩、展现新气象新作为。

五十二、中国式现代化

中国式现代化，是中国共产党领导的社会主义现代化，既有各国现代化的共同特征，更有基于自己国情的中国特色。党的二十大报告指出：中国式现代化是人口规模巨大的现代化，中国式现代化是全体人民共同富裕的现代化，中国式现代化是物质文明和精神文明相协调的现代化，中国式现代化是人与自然和谐共生的现代化，中国式现代化是走和平发展道路的现代化。中国式现代化具有九个方面的本质要求：坚持中国共产党领导，坚持中国特色社会主义，实现高质量发展，发展全过程人民民主，丰富人民精神世界，实现全体人民共同富裕，促进人与自然和谐共生，推动构建人类命运共同体，创造人类文明新形态。

五十三、人类文明新形态

党的二十大报告明确了中国式现代化的本质要求，其中一个重要方面是“创造人类文明新形态”。习近平总书记指出，中国式现代化“是一种全新的人类文明形态”；“中国式现代化作为人类文明新形态，与全球其他文明相互借鉴，必将极大丰富世界文明百花园”。全面建成社会主义现代化强国、实现第二个百年奋斗目标，以中国式现代化全面推进中华民族伟大复兴的过程，也是一个不断丰富和发展人类文明新形态的过程。

在新中国成立特别是改革开放以来长期探索和实践的基础上，经过党的十八大以来在理论和实践上的创新突破，我们党成功推进和拓展了中国式现代化，创造了人类文明新形态，摒弃了现代化就是西方化、现代文明就是西方文明的错误认知，着力于物质文明、政治文明、精神文明、社会文明、生态文明协调发展，促进实现物质富裕、政治清明、精神富足、社会安定、生态宜人，在人类历史上第一次使五大文明协调发展成为可能。

第三节　中国共产党的成功经验

中国共产党百年历史积累了宝贵经验，这些经验弥足珍贵，概括起来有以下内容（摘录自《中共中央关于党的百年奋斗重大成就和历史经验的决议》）。

一、坚持党的领导

中国共产党是领导我们事业的核心力量。中国人民和中华民族之所以能够扭转近代以后的历史命运、取得今天的伟大成就，最根本的是有中国共产党的坚强领导。历史和现实都证明，没有中国共产党，就没有新中国，就没有中华民族伟大复兴。治理好我们这个世界上最大的政党和人口最多的国家，必须坚持党的全面领导特别是党中央集中统一领导，坚持民主集中制，确保党始终总揽全局、协调各方。只要我们坚持党的全面领导不动摇，坚决维护党的核心和党中央权威，充分发挥党的领导政治优势，把党的领导落实到党和国家事业各领域各方面各环节，就一定能够确保全党全军全国各族人民团结一致向前进。

二、坚持人民至上

党的根基在人民、血脉在人民、力量在人民，人民是党执政兴国的最大底气。民心是最大的政治，正义是最强的力量。党的最大政治优势是密切联系群众，党执政后的最大危险是脱离群众。党代表中国最广大人民根本利益，没有任何自己特殊的利益，从来不代表任何利益集团、任何权势团体、任何特权阶层的利益，这是党立于不败之地的根本所在。只要我们始终坚持全心全意为人民服务的根本宗旨，坚持党的群众路线，始终牢记江山就是人民、人民就是江山，坚持一切为了人民、一切依靠人民，坚持为人民执政、靠人民执政，坚持发展为了人民、发展依靠人民、发展成果由人民共享，坚定不移走全体人民共同富裕道路，就一定能够领导人民夺取中国特色社会主义新的更大胜利，任何想把中国共产党同中国人民分割开来、对立起来的企图就永远不会得逞。

三、坚持理论创新

马克思主义是我们立党立国、兴党强国的根本指导思想。马克思主义理论不是教条而是行动指南，必须随着实践发展而发展，必须中国化才能落地生根、本土化才能深入人心。党之所以能够领导人民在一次次求索、一次次挫折、一次次开拓中完成中国其他各种政治力量不可能完成的艰巨任务，根本在于坚持解放思想、实事求是、与时俱进、求真务实，坚持把马克思主义基本原理同中国具体实际相结合、同中华优秀传统文化相结合，坚持实践是检验真理的唯一标准，坚持一切从实际出发，及时回答时代之问、人民之问，不断推进马克思主义中国化时代化。习近平总书记指出，当代中国的伟大社会变革，不是简单延续我国历史文化的母版，不是简单套用马克思主义经典作家设想的模板，不是其他国家社会主义实践的再版，也不是国外现代化发展的翻版。只要我们勇于结合新的实践不断推进理论创新、善于用新的理论指导新的实践，就一定能够让马克思主义在中国大地上展现出更强大、更有说服力的真理力量。

四、坚持独立自主

独立自主是中华民族精神之魂，是我们立党立国的重要原则。走自己的路，是党百年奋斗得出的历史结论。党历来坚持独立自主开拓前进道路，坚持把国家和民族发展放在自己力量的基点上，坚持中国的事情必须由中国人民自己作主张、自己来处理。人类历史上没有一个民族、一个国家可以通过依赖外部力量、照搬外国模式、跟在他人后面亦步亦趋实现强大和振兴。那样做的结果，不是必然遭遇失败，就是必然成为他人的附庸。只要我们坚持独立自主、自力更生，既虚心学习借鉴国外的有益经验，又坚定民族自尊心和自信心，不信邪、不怕压，就一定能够把中国发展进步的命运始终牢牢掌握在自己手中。

五、坚持中国道路

方向决定道路，道路决定命运。党在百年奋斗中始终坚持从我国国情出发，探索并形成符合中国实际的正确道路。中国特色社会主义道路是创造人民美好生活、实现中华民族伟大复兴的康庄大道。脚踏中华大地，传承中华文明，走符合中国国情的正确道路，党和人民就具有无比广阔的舞台，具有无比深厚的历史底蕴，具有无比强大的前进定力。只要我们既不走封闭僵化的老路，也不走改旗易帜的邪路，坚定不移走中国特色社会主义道路，就一定能够把我国建设成为富强民主文明和谐美丽的社会主义现代化强国。

六、坚持胸怀天下

大道之行，天下为公。党始终以世界眼光关注人类前途命运，从人类发展大潮流、世界变化大格局、中国发展大历史正确认识和处理同外部世界的关系，坚持开放、不搞封闭，坚持互利共赢、不搞零和博弈，坚持主持公道、伸张正义，站在历史正确的一边，站在人类进步的一边。只要我们坚持和平发展道路，既通过维护世界和平发展自己，又通过自身发展维护世界和平，同世界上一切进步力量携手前进，不依附别人，不掠夺别人，永远不称霸，就一定能够不断为人类文明进步贡献智慧和力量，同世界各国人民一道，推动历史车轮向着光明的前途前进。

七、坚持开拓创新

创新是一个国家、一个民族发展进步的不竭动力。越是伟大的事业，越充满艰难险阻，越需要艰苦奋斗，越需要开拓创新。党领导人民披荆斩棘、上下求索、奋力开拓、锐意进取，不断推进理论创新、实践创新、制度创新、文化创新以及其他各方面创新，敢为天下先，走出了前人没有走出的路，任何艰难险阻都没能阻挡住党和人民前进的步伐。只要我们顺应时代潮流，回应人民要求，勇于推进改革，准确识变、科学应变、主动求变，永不僵化、永不停滞，就一定能够创造出更多令人刮目相看的人间奇迹。

八、坚持敢于斗争

敢于斗争、敢于胜利，是党和人民不可战胜的强大精神力量。党和人民取得的一切成就，不是天上掉下来的，不是别人恩赐的，而是通过不断斗争取得的。党在内忧外患中诞生、在历经磨难中成长、在攻坚克难中壮大，为了人民、国家、民族，为了理想信念，无论敌人如何强大、道路如何艰险、挑战如何严峻，党总是绝不畏惧、绝不退缩，不怕牺牲、百折不挠。只要我们把握新的伟大斗争的历史特点，抓住和用好历史机遇，下好先手棋、打好主动仗，发扬斗争精神，增强斗争本领，凝聚起全党全国人民的意志和力量，就一定能够战胜一切可以预见和难以预见的风险挑战。

九、坚持统一战线

团结就是力量。建立最广泛的统一战线，是党克敌制胜的重要法宝，也是党执政兴国的重要法宝。党始终坚持大团结大联合，团结一切可以团结的力量，调动一切可以调动的积极因素，促进政党关系、民族关系、宗教关系、阶层关系、海内外同胞关系和谐，最大限度凝聚起共同奋斗的力量。只要我们不断巩固和发展各民族大团结、全国人民大团结、全体中华儿女大团结，铸牢中华民族共同体意识，形成海内外全体中华儿女心往一处想、劲往一处使的生动局面，就一定能够汇聚起实现中华民族伟大复兴的磅礴伟力。

十、坚持自我革命

勇于自我革命是中国共产党区别于其他政党的显著标志。自我革命精神是党永葆青春活力的强大支撑。先进的马克思主义政党不是天生的，而是在不断自我革命中淬炼而成的。党历经百年沧桑更加充满活力，其奥秘就在于始终坚持真理、修正错误。党的伟大不在于不犯错误，而在于从不讳疾忌医，积极开展批评和自我批评，敢于直面问题，勇于自我革命。只要我们不断清除一切损害党的先进性和纯洁性的因素，不断清除一切侵蚀党的健康肌体的病毒，就一定能够确保党不变质、不变色、不变味，确保党在新时代坚持和发展中国特色社会主义的历史进程中始终成为坚强领导核心。

以上十个方面，是经过长期实践积累的宝贵经验，是党和人民共同创造的精神财富，必须倍加珍惜、长期坚持，并在新时代实践中不断丰富和发展。

第四节　中华人民共和国成立以来取得的辉煌成就摘要①

1949 年

10 月 1 日　中华人民共和国中央人民政府成立。首都定于北平，改名为北京；采用公元纪年；在国歌正式制定前，以《义勇军进行曲》为代国歌；国旗为五星红旗。每年的 10 月 1 日为中华人民共和国国庆日。

1950 年

5 月 1 日　中华人民共和国成立后制定的第一部法律——《中华人民共和国婚姻法》公布施行。

6 月 30 日　中央人民政府公布施行《中华人民共和国土地改革法》。到 1952 年底，除部分少数民族地区外，土地改革在中国大陆基本完成，封建土地所有制被彻底摧毁。

10 月 14 日　政务院作出《关于治理淮河的决定》。1951 年，毛泽东题词“一

① 改编自《中华人民共和国大事记（1949 年 10 月—2019 年 9 月）》。2020—2024 年的内容选自权威媒体报道。

定要把淮河修好”。到1957年冬，治淮工程初见成效。

1951年

5月23日　中央人民政府全权代表和西藏地方政府全权代表在北京签订《关于和平解放西藏办法的协议》(简称“十七条协议”)，宣告西藏和平解放。10月26日，人民解放军进藏部队进驻拉萨。

1952年

7月1日　成渝铁路建成通车，全长505千米，是中华人民共和国成立后完全采用国产材料自行修建的第一条铁路干线。

1953年

12月26日　鞍山钢铁公司三大工程——大型轧钢厂、无缝钢管厂、七号炼铁炉举行开工生产典礼。

1954年

6月28日、29日　周恩来在访问印度、缅甸期间，分别与印度总理尼赫鲁和缅甸总理吴努发表《联合声明》，共同倡导和平共处五项原则。

7月　南昌飞机制造厂试制成功初教-5教练机。

12月25日　康藏(后改为川藏)公路和青藏公路全线通车。

1955年

1月18日　人民解放军解放一江山岛。2月13日至26日，解放大陈岛及外围列岛。至此，浙江沿海岛屿全部解放。

9月　中国人民解放军开始实行军衔制度。朱德、彭德怀、林彪、刘伯承、贺龙、陈毅、罗荣桓、徐向前、聂荣臻、叶剑英被授予中华人民共和国元帅军衔。

1956年

6月30日　中国第一个自然保护区——广东鼎湖山国家级自然保护区建立。

7月13日　长春第一汽车制造厂试制成功第一批国产“解放”牌载重汽车。1958年5月、8月，第一辆国产“东风”牌轿车和“红旗”牌轿车相继下线。

1957年

4月25日　第一届中国出口商品交易会在广州举行(简称“广交会”)。此后，每年在广州举办春、秋季两次出口商品交易会。自2007年起改称中国进出口商品交易会。

10月5日　新藏公路建成通车，全长1179千米。

10月15日　武汉长江大桥举行通车典礼。这是中国在长江上修建的第一座铁路、公路两用桥梁。

1958 年

4 月 22 日　人民英雄纪念碑在天安门广场建成。

8 月 1 日　包兰铁路建成通车，全长 990 千米。

9 月 2 日　中国第一座电视台——北京电视台正式开播。1978 年 5 月 1 日改称中央电视台。

1959 年

4 月 5 日　容国团获得第二十五届世界乒乓球锦标赛男子单打冠军。这是中国运动员第一次在世界锦标赛中获得冠军。

8 月底　人民大会堂建成。它与同年建成的中国历史博物馆与中国革命博物馆、中国人民革命军事博物馆、民族文化宫、全国农业展览馆、北京工人体育场、北京火车站、钓鱼台国宾馆、民族饭店、华侨大厦并称为首都“十大建筑”。

9 月 26 日　中国石油地质勘探工作取得重大成果——发现大庆油田，结束了中国贫油的历史。在此前后，中国还开发建设了玉门油矿、胜利油田、大港油田等。

11 月 1 日　第一拖拉机制造厂在河南洛阳建成投产。

1960 年

4 月　新安江水电站开始发电，是中国自行设计、建造的第一座大型水电站。

5 月 25 日　中国登山队队员王富洲、贡布（藏族）、屈银华从北坡集体登上世界最高峰珠穆朗玛峰。人类第一次战胜珠峰北坡天险。

1962 年

6 月　1.2 万吨自由锻造水压机在上海研制成功。

1963 年

1 月 2 日　上海市第六人民医院为一位右手完全断离的病人成功实施世界首例断肢再植手术。

4 月 6 日　中国向阿尔及利亚派出援外医疗队。这是中国政府向非洲国家派遣的第一支医疗队。

1964 年

10 月 16 日　中国第一颗原子弹爆炸成功。中国政府发表声明：在任何时候、任何情况下，都不会首先使用核武器。中国掌握核武器，完全是为了防御。

1965 年

4 月 5 日　河南省林县红旗渠实现总干渠通水。林县人民自力更生、艰苦奋斗，建成“人造天河”红旗渠。

9 月 17 日　中国在世界上首次人工合成结晶牛胰岛素。

12 月 31 日　中国自主设计建造的第一艘万吨级远洋货轮“东风”号成功交付。

1966 年

1 月 1 日　兰新铁路正式运营，全长 1903 千米。

10 月 27 日　中国成功进行第一颗装有核弹头的地地导弹飞行爆炸。

1967 年

6 月 17 日　中国第一颗氢弹空爆试验成功。

9 月 5 日　中国政府和坦桑尼亚、赞比亚两国政府在北京签订关于修建坦桑尼亚—赞比亚铁路的协定。1976 年 7 月 14 日，坦赞铁路竣工，交接仪式在赞比亚举行。

1968 年

12 月 29 日　南京长江大桥全面建成通车。这是当时中国自行设计建造的最大的铁路、公路两用桥。

1969 年

9 月 23 日　中国成功进行首次地下核试验。

10 月 1 日　中国第一条城市地铁线路——北京地下铁道一期工程正式建成通车。

10 月 7 日　中国自行设计制造的第一套全自动长途电话设备生产成功。

1970 年

4 月 24 日　中国第一颗人造地球卫星发射成功。

7 月 1 日　成昆铁路建成通车，全长 1091 千米。

12 月 25 日　中共中央批准兴建长江葛洲坝水利枢纽工程。1988 年 12 月，工程全部建成。

1971 年

10 月 25 日　第二十六届联合国大会以压倒性多数的票数通过 2758 号决议，恢复中华人民共和国在联合国的一切合法权利，并立即把蒋介石集团的“代表”从联合国及其所属一切机构中驱逐出去。

12 月　中国自行研制的第一艘导弹驱逐舰交付使用，正式编入军队战斗序列。

1972 年

2 月 21 日—28 日　美国总统尼克松访问中国。中美双方在上海发表《联合公报》，标志两国关系正常化进程的开始。

1973 年

8 月 26 日　中国第一台每秒钟运算 100 万次的集成电路电子计算机试制成功。

1973 年　袁隆平等人在世界上首次培育成功强优势的籼型杂交水稻。

1974 年

8 月 1 日　中国自行设计制造的第一艘核潜艇命名为“长征一号”，正式编入海军战斗序列。人民海军进入拥有核潜艇的新阶段。

1975 年

7 月 1 日　宝成铁路建成通车，是我国第一条电气化铁路，全长 676 千米。

11 月 26 日　中国成功发射一颗返回式遥感人造地球卫星，并按计划顺利回收，成为继美国、苏联之后第三个掌握卫星回收技术的国家。

1976 年

3 月 30 日—5 月 22 日　万吨远洋科学调查船“向阳红 5 号”和“向阳红 11 号”在太平洋海域成功进行首次远洋科学调查。

6 月 6 日　新华社报道，中国第一座 10 万吨级现代化深水油港——大连新港建成。

7 月 6 日　滇藏公路建成通车，全长 716 千米。

1977 年

10 月 12 日　国务院批转教育部《关于 1977 年高等学校招生工作的意见》，决定从本年起，高等学校招生采取自愿报名、统一考试、择优录取的办法，恢复“文化大革命”中被废弃的高考制度。

1978 年

12 月 16 日　中美公布关于建立外交关系的联合公报，宣布自 1979 年 1 月 1 日起互相承认并建立外交关系。同日，美国宣布于 1979 年 1 月 1 日断绝同台湾当局的所谓“外交关系”。

1979 年

1 月 31 日　中共中央、国务院决定在广东蛇口建立全国第一个对外开放工业区——蛇口工业区。

1980 年

5 月 18 日　中国向太平洋预定海域发射第一枚运载火箭获得圆满成功。

1981 年

9 月 20 日　我国成功发射一组空间物理探测卫星，也是我国首次采用“一箭三星”的发射方式。

11 月 7 日—16 日　中国女排在日本大阪举行的第三届世界杯女子排球赛上七战七捷，首次获得世界冠军。

1982 年

10 月 12 日　我国首次以潜艇从水下向预定海上目标区发射运载火箭获得成功。

1983 年

12 月 6 日　由中国人民解放军国防科技大学研制成功的中国第一台亿次巨型计算机——“银河-1”计算机在长沙通过国家鉴定，填补了国内巨型计算机研制的空白。

1984 年

4 月 8 日　中国首次成功发射试验通信卫星东方红二号，成为世界上第五个掌握卫星通信能力的国家。

1985 年

2 月 20 日　中国第一个南极考察站——长城站在南极乔治王岛建成。此后，我国又陆续建成南极中山站、昆仑站、泰山站。

1986 年

7 月 8 日　中国国内卫星通信网正式建成。

1986 年，中国女排在世界杯、世界锦标赛和奥运会上 5 次蝉联世界冠军。

1988 年

9 月 14 日—27 日　中国自行研制的导弹核潜艇在东海海域进行水下发射运载火箭试验并取得成功。

10 月 16 日　中国第一座高能加速器——北京正负电子对撞机对撞成功。

1990 年

9 月 1 日　中国大陆兴建最早的高速公路——沈大高速公路（沈阳至大连）正式通车。到 2018 年底，全国高速公路通车里程突破 14 万千米。

9 月 22 日—10 月 7 日　第十一届亚洲运动会在北京举行。这是中国首次承办的综合性国际体育大赛。

1991 年

12 月 15 日　中国第一座自行设计、自行建造的核电站——秦山核电站并网发电。

1997 年

6 月 30 日午夜至 7 月 1 日凌晨　中英两国政府香港政权交接仪式在香港举行，宣告中国政府对香港恢复行使主权。中华人民共和国香港特别行政区成立。交接仪式后，举行中华人民共和国香港特别行政区成立暨特区政府宣誓就职仪式。中国人民解放军驻港部队于 7 月 1 日零时开始履行香港防务职责。

11 月 8 日　长江三峡水利枢纽工程成功实现大江截流。2012 年 7 月 4 日，三峡工程最后一台 70 万千瓦巨型机组正式交付投产。

1999 年

11 月 20 日　我国成功发射第一艘载人航天试验飞船神舟号。

2000 年

11 月 8 日　贵州省洪家渡水电站、引子渡水电站、乌江渡水电站扩机工程同时开工建设，我国西电东送工程全面启动。

2001 年

6 月 15 日　中国、俄罗斯、哈萨克斯坦、吉尔吉斯斯坦、塔吉克斯坦、乌兹别克斯坦 6 国元首共同签署《上海合作组织成立宣言》，在中国、俄罗斯、哈萨克斯坦、吉尔吉斯斯坦、塔吉克斯坦 5 国元首会晤机制的基础上正式建立上海合作组织，并将我国提出的以互信、互利、平等、协商、尊重多样文明、谋求共同发展为基本内容的“上海精神”写入成立宣言。2004 年 1 月，上海合作组织秘书处在北京成立。

6 月 29 日　青藏铁路开工典礼在青海格尔木和西藏拉萨同时举行。2006 年 7 月 1 日，青藏铁路全线建成通车。

2002 年

7 月 4 日　西气东输一线工程（新疆轮南至上海）开工典礼举行。此后又建设了西气东输二线工程、三线工程。

12 月 27 日　南水北调工程开工典礼在北京人民大会堂和江苏省、山东省施工现场同时举行。2013 年 11 月 15 日，南水北调东线一期工程正式通水。2014 年 12 月 12 日，南水北调中线一期工程正式通水。

2003 年

10 月 15 日—16 日　神舟五号载人飞船成功升空并安全返回，首次载人航天飞行获得圆满成功，中国成为世界上第三个独立掌握载人航天技术的国家。

2004 年

7 月 28 日　中国第一个北极科学考察站——黄河站在挪威斯匹次卑尔根群岛的新奥尔松建成并投入使用。2013 年 5 月 15 日，中国成为北极理事会正式观察员。

2006 年

5 月 20 日　长江三峡大坝全线建成，全长 2309 米，是三峡水利工程的重要组成部分。三峡水利工程全称为长江三峡水利枢纽工程，是世界上最大的水利枢纽工程。整个工程包括一座混凝重力式大坝、泄水闸、一座堤后式水电站、一座永久性通航船闸和一架升船机。工程分三期进行建设，总工期 18 年。在工程规模、科学技术和综合利用效益等许多方面都堪称世界级。

7 月 1 日　青藏铁路全线建成通车。青藏铁路是世界上海拔最高、线路最长的高原铁路，全长 1956 千米。

2007 年

4 月 14 日　中国成功发射第一颗北斗二号导航卫星，正式开始独立自主建设我国第二代卫星导航系统。2017 年 11 月 5 日，北斗三号第一、二颗组网卫星以"一箭双星"方式成功发射，标志着北斗卫星导航系统全球组网的开始。这是和美国全球定位系统（GPS）、俄罗斯格洛纳斯系统、欧洲伽利略卫星导航系统并列的全球卫星导航系统。2018 年 12 月 27 日，北斗三号基本系统宣告建成，并开始提供全球服务。

10 月 24 日　中国第一颗绕月探测卫星嫦娥一号发射成功，11 月 5 日进入环月轨道，标志着中国首次月球探测工程取得圆满成功。2010 年 10 月 1 日，嫦娥二号成功发射。2013 年 12 月 2 日，嫦娥三号发射成功并于 14 日在月面成功软着陆。2018 年 5 月 21 日，嫦娥四号中继星成功发射。2018 年 12 月 8 日，嫦娥四号探测器成功发射。2019 年 1 月 3 日，实现世界首次月球背面软着陆，并开展就位探测与巡视探测。

2008 年

8 月 1 日　中国第一条拥有完全自主知识产权、具有世界一流水平的高速铁路——京津城际铁路通车运营。到 2022 年 2 月底，中国高速铁路营业里程超过 4 万千米。

8 月 8 日—24 日、9 月 6 日—17 日　第 29 届夏季奥运会、第 13 届夏季残奥会先后在北京成功举办。这是中国首次举办夏季奥运会、残奥会。

9 月 27 日　神舟七号载人飞船实现宇航员空间出舱活动，中国成为世界上第三个独立掌握空间出舱技术的国家。

12 月 26 日　根据联合国安理会有关决议，中国人民解放军海军首批舰船编队赴亚丁湾、索马里海域执行护航任务。这是中国海军首次组织海上作战力量赴海外履行国际人道主义义务、首次在远海保护重要运输线安全。

2010 年

4 月 30 日　2010 年上海世界博览会举行开幕式。这是中国首次举办的综合性世界博览会。10 月 31 日，博览会闭幕。

2010 年，中国国内生产总值超过 40 万亿元，成为世界第二大经济体。

2012 年

4 月　雅西高速公路全线通车，全长 240 千米，被称为“云端上的高速公路”。该公路被国内外专家学者公认为国内乃至全世界自然环境最恶劣、工程难度最大、科技含量最高的山区高速公路之一。

6 月 18 日、24 日　神舟九号载人飞船与天宫一号目标飞行器先后成功进行自动交会对接和航天员手控交会对接。

6 月 27 日　蛟龙号载人潜水器最大下潜深度达到 7062 米。中国海底载人科学研究和资源勘探能力达到国际领先水平。

7 月 24 日　海南省三沙市成立大会暨揭牌仪式举行。三沙市管辖西沙群岛、中沙群岛、南沙群岛的岛礁及其海域，三沙市人民政府驻西沙永兴岛。

9 月 25 日　中国第一艘航空母舰辽宁舰正式交付海军。

2013 年

1 月 26 日　我国自主研制的运–20 大型运输机首次试飞取得圆满成功。2016 年 7 月 6 日，运–20 大型运输机正式列装空军航空兵部队。

10 月 31 日　西藏墨脱公路建成通车。至此，我国真正实现县县通公路。

12 月 14 日　嫦娥三号着陆月球表面预选区域。15 日，嫦娥三号着陆器和巡视器“玉兔”号月球车顺利互拍成像。我国探月工程第二步战略目标圆满完成，成为世界上第三个实现月球软着陆和巡视探测的国家。

2013 年　中国成为世界第一货物贸易大国，中国货物进出口总额为 4.16 万亿美元。

2014 年

7 月 15 日　金砖国家领导人第六次会晤在巴西举行，决定成立新开发银行并将总部设在中国上海，建立金砖国家应急储备安排。

11 月 19 日—21 日　首届世界互联网大会在浙江乌镇举行。会议确定乌镇为世界互联网大会永久会址。

2015 年

5 月 6 日　中国自主创新、拥有完整自主知识产权的第三代核电技术“华龙一号”首堆示范工程正式落户福清核电并开工建设。

7 月 31 日　国际奥委会第 128 次全会在马来西亚吉隆坡投票决定，北京获得第 24 届冬季奥林匹克运动会举办权。

10 月 9 日　华阳灯塔和赤瓜灯塔竣工发光仪式在南海华阳礁举行，填补了我国南沙水域民用导助航设施的空白。此后，渚碧灯塔、永暑灯塔和美济灯塔陆续建成发光并投入使用，维护了我国南海主权和海洋权益。

12 月 17 日　中国成功发射暗物质粒子探测卫星“悟空”。

12 月 25 日　亚洲基础设施投资银行正式成立。到 2019 年 7 月，亚投行成员数量已从 57 个增至 100 个。

2016 年

6 月 20 日　中国自主研制的全部采用国产处理器构建的“神威·太湖之光”超级计算机夺得世界超算冠军。

6 月 22 日—8 月 12 日　中国“探索一号”科考船在马里亚纳海域开展首次综合性万米深渊科考活动。其中，“海斗号”无人潜水器最大潜深达 10 767 米，中国成为第三个研制出万米级无人潜水器的国家。

8 月 16 日　中国成功发射世界首颗量子科学实验卫星“墨子号”。2017 年 6 月、8 月，“墨子号”卫星先后在国际上首次成功实现千公里级卫星和地面之间的量子纠缠分发、量子密钥分发和量子隐形传态。

9 月 25 日　具有中国自主知识产权的世界最大单口径巨型射电望远镜——500 米口径球面射电望远镜（FAST）在贵州平塘落成启动。

11 月 1 日　中国自主研制的新一代隐身战斗机歼–20 首次公开亮相参加中国珠海国际航展。不久，歼–20 开始列装空军作战部队。

2017 年

4 月 26 日　中国第一艘自主设计建造的航空母舰出坞下水。

5 月 5 日　中国自主研制的 C919 大型客机首飞成功。这是中国首款按照最新国际适航标准研制、具有完全自主知识产权的干线民用飞机。

5 月 18 日　南海神狐海域天然气水合物（又称可燃冰）试采成功。中国成为世界上首个成功试采海域天然气水合物的国家。

6 月 25 日　中国标准动车组被命名为“复兴号”并于 26 日投入运行。中国高速动车组技术实现全面自主化。

6 月 28 日　中国完全自主研制的新型万吨级驱逐舰首舰下水。

7 月 9 日　中国民航局为 ARJ21–700 飞机颁发生产许可证，这是我国喷气客机首张生产许可证。ARJ21–700 新支线飞机是我国首次按照国际民航规章自行研制、具有自主知识产权的中短程新型涡扇支线飞机。

2018 年

10 月 20 日　中国自主研制的大型灭火 / 水上救援水陆两栖飞机 AG600 在湖北荆门漳河机场成功实施首次水上试飞任务。

10 月 23 日　世界上最长的跨海大桥——港珠澳大桥开通仪式在广东省珠

海市举行。习近平总书记出席仪式。

2019 年

3 月 30 日　中国首个行政区域 5G 网络在上海建成并开始试用。6 月 6 日，工业和信息化部向 4 家运营商颁发 5G 牌照，中国通信行业进入 5G 时代。

4 月 23 日　中国人民海军成立 70 周年。

5 月 4 日　五四运动 100 周年。

10 月 1 日　中华人民共和国成立 70 周年。

12 月 17 日　第二艘航空母舰"山东舰"正式交付海军。

2020 年

7 月 23 日　首次火星探测任务天问一号探测器发射成功。

7 月 31 日　北斗三号全球卫星导航系统正式开通。

11 月 28 日　"奋斗者"号全海深载人潜水器成功完成万米海试并胜利返航，创造了中国载人深潜的新纪录。

12 月 17 日　嫦娥五号返回器携带月球样品安全着陆，中国探月工程"绕、落、回"三步走规划如期完成。

2021 年

1 月 1 日　《中华人民共和国民法典》正式实施，民法典是新中国第一部以法典命名的法律。

4 月 29 日　中国空间站天和核心舱发射成功，标志着我国空间站建造进入全面实施阶段。

5 月 15 日　天问一号探测器着陆火星，迈出了我国星际探测征程的重要一步，实现了从地月系到行星际的跨越，在火星上首次留下中国人的印迹。

6 月 17 日　神舟十二号载人飞船发射升空，与天和核心舱完成自主快速交会对接。3 名航天员先后进入天和核心舱，标志着中国人首次进入自己的空间站。3 名航天员开展了一系列创新性、突破性的科学试验和空间应用任务，在轨驻留 3 个月，于 9 月 17 日顺利返回。

10 月 16 日　神舟十三号载人飞船发射成功。3 名航天员先后进入天和核心舱，开启为期 6 个月的在轨驻留。

2022 年

2 月 4 日　北京冬奥会开幕，于 2 月 20 日胜利闭幕。北京成为世界上首座"双奥之城"。

3 月 4 日　北京冬季残疾人奥林匹克运动会开幕，于 3 月 13 日胜利闭幕。

5 月 5 日　中国共产主义青年团成立 100 周年。

6月5日　神舟十四号载人飞船发射成功。3名航天员先后进入天和核心舱，开启为期6个月的在轨驻留。

6月17日　中国第三艘航母福建舰下水。福建舰是我国完全自主设计建造的首艘弹射型航空母舰，采用平直通长飞行甲板，配置电磁弹射和阻拦装置，满载排水量8万余吨。

7月24日　搭载问天实验舱的长征五号B遥三运载火箭，在文昌航天发射场发射成功。25日3时13分，问天实验舱成功对接天和核心舱，神舟十四号航天员乘组顺利进入问天实验舱。

10月31日　中国空间站的第二个科学实验舱段——梦天实验舱成功发射，并于次日成功与之前发射的天和核心舱完成精准对接，随后梦天实验舱完成水平转位，与天和核心舱、问天实验舱形成三舱“T”字构型。12月2日晚，神舟十四号乘组与神舟十五号乘组移交了中国空间站的钥匙，完成了中国航天历史首次在轨交接，中国空间站正式开启长期有人驻留模式。

12月9日　编号为B-919A的全球首架C919大型国产客机交付首家用户——中国东方航空股份有限公司。这意味着中国民航运输市场首次拥有了中国自主研发的喷气式干线飞机。

2023年

5月28日　首架交付的C919大型客机完成首次商业飞行。

8月26日　中国新一代人造太阳“环流三号”，首次实现100万安培等离子体电流下的高约束模式运行，迈入国际前列。

10月26日　神舟十七号载人飞船发射成功，乘组由汤洪波、唐胜杰、江新林3名航天员组成。

11月1日　由自然资源部组织的中国第四十次南极考察队，开启为期5个多月的科考征程。此次考察将建设第五个南极科考站——秦岭站。2024年2月7日，秦岭站开站。

12月7日　位于四川凉山锦屏山隧道中部地下2400米处，世界最深、最大的极深地下实验室——中国锦屏地下实验室正式投入科学运行。实验室将助力我国在暗物质和核天体物理研究领域进入全球第一方阵，帮助人类更好认识宇宙。

2024年

1月　我国第三代自主超导量子计算机“本源悟空”正式上线运行，并向全球用户限时免费开放。这台量子计算机，搭载了72位自主超导量子芯片“悟空芯”，拥有198个量子比特，是目前我国最先进的可编程、可交付超导量子计算机。“本源悟空”不仅在算力上实现了质的飞跃，还搭载了我国首个量子计算机操作系统——本源司南 3.0 版本。

4 月 24 日　中国移动西藏公司在珠穆朗玛峰区域开通首个 5G–A 基站，标志着这座世界最高峰也迈入了 5G–A 时代。5G–A 网络将为珠峰景区的旅游、登山、科考、环保等活动，提供更强大的网络支持。

5 月 3 日　嫦娥六号从地球出发，历经 53 天的飞行，成功着陆在月球背面，并采集了珍贵的月球样品。这是人类历史上首次实现月球背面采样返回。

6 月 30 日　深中通道正式通车试运营。该工程横跨珠江口东西两岸，通车后，从深圳到中山的车程从 2 小时缩短至 30 分钟。作为一项国家重大工程，深中通道用了 7 年时间建成，创造了多个世界之最。

9 月 19 日　中国在西昌卫星发射中心用长征三号乙运载火箭，成功发射第 59、60 颗北斗导航卫星。

10 月 12 日　我国成功下线一台拥有完全自主知识产权的 26 兆瓦级风力发电机组。这个机组的单机容量创造了全球之最，其叶轮直径也是最长的，堪称全国产化的海上风电先锋。

10 月 30 日　神舟十九号载人飞船发射成功。

11 月 15 日　天舟八号飞船发射成功，为神舟十九号航天员乘组送去相应物资。

11 月 17 日　我国自主设计建造的首艘大洋钻探船“梦想”号，在广州正式入列。这艘钻探船采用“模块化”设计理念，攻克了多项世界级技术难题，以“小吨位”实现了“多功能”。它的最大钻深可达 11 000 米，有望助力全球科学家实现“打穿地壳、进入地球深部”的科学梦想。

随堂练

第二章 中国旅游业发展概况

【学习目标】

了解中国旅游业的发展概况；中国旅游业三大市场；中国旅游日；文旅融合、红色旅游、生态旅游、乡村旅游、冰雪旅游、低空旅游、智慧旅游、定制旅游、康养旅游、研学旅游、银发旅游等行业发展趋势。

第一节 中国旅游业发展简史

中国是世界文明古国之一，旅行活动的兴起同样居于世界前列。春秋战国时的老子、孔子二人，老子传道，骑青牛西去；孔子讲学周游列国。汉时张骞出使西域，远至波斯（今伊朗和叙利亚）。唐时玄奘取经到印度，明时郑和七下西洋，远至东非海岸，还有大旅行家徐霞客作了游记。

早在殷周之际，人们已经开始注意旅行的类别。《易经》中，专讲行商客贾的一卦就称为“旅”卦。东周时期，旅行分类更加清楚，东周人除了沿用殷周以来的说法，以“旅”称商旅，以“征”称军旅，以“归”称婚旅，以“巡”称天子之旅，以“迁”称迁徙之旅，特别是他们用“旅”字为中国旅游史引进了现代“旅游”的概念。

有关“旅游”一词，最早见于六朝。南朝时，沈约（441—513 年）《悲哉行》“旅游媚年春，年春媚游人”的诗句，用以专指个人意志支配的，以游览、游乐为主的旅行，以此区别于其他种种功利性的旅行。“旅游”一词在古诗词中有游行游览或长期寄居他乡之意。含旅行游览之意的诗词除沈约的《悲哉行》外，还有唐朝王勃《涧底寒松赋》中的“岁八月壬子，旅游于蜀，寻茅溪之涧”。含长期寄居他乡之意的诗词包括唐朝贾岛《上谷旅夜》中的“世难那堪恨旅游，龙钟更是对穷秋。故园千里数行泪，邻杵一声终夜愁”；唐朝尚颜《江上秋思》

中的“到来江上久，谁念旅游心。故国无秋信，邻家有夜砧”。

中国古代虽然旅游历史悠久，但旅游真正成为一个经济行业则是在近代。

一、中华人民共和国成立前旅游业的发展

1905 年，通济隆公司在香港设立分公司，一年后搬迁至上海，并升级为远东总部，又在香港、哈尔滨、北京、天津、西安等城市设立分号。“通济隆”主营西方人赴中国旅游及上海的侨民赴内地旅游，美国著名记者斯诺也是得到通济隆公司的帮助而进入延安，并撰写和出版了《红星照耀中国》(《西行漫记》)一书。

美国运通公司 1916 年在香港设立办事处开展银行和旅游业务，1918 年在上海设立办事处开展银行和旅游业务。

1923 年，陈光甫在自己创办的上海商业储蓄银行中设立旅行部，结束了外国公司包揽中国旅游业务的历史。1927 年，陈光甫将旅行部独立出来成立中国旅行社，并将银行各分行的旅行部划转为分社。1930 年，陈光甫又创办中国第一本旅游刊物《旅行》。在陈光甫的不懈努力下，中国旅行社从无到有，并迅速在与外国企业的竞争中站稳脚跟，从小到大，旅行社分支机构一度达到 100 多处，并设立了多处海外分支机构。由于发展条件不够成熟，加上战争的影响，近代旅游业并未获得大发展。

二、中华人民共和国成立后旅游业的发展

中华人民共和国成立后，党和国家领导人对于旅游业很重视，加上社会主义制度的优越性，为旅游业的发展提供了坚实的保障。伴随着新中国的成长，旅游业也得到快速发展。

(一) 改革开放前旅游业的发展

中华人民共和国成立至改革开放的 30 年，由于经济社会的发展水平和当时的国际政治环境，旅游业主要服务于外交工作的需要，以政治接待为主。1949 年，出于扩大统一战线和贯彻侨务政策等需要，华侨服务社作为第一家国营旅行社在厦门成立。1957 年，华侨服务社总社在北京成立。

1954 年，在周恩来总理的提议下，中国国际旅行社总社成立，“作为统一接待外宾食住行事务的管理机构，承办政府各单位及群众团体有关外宾事务接待等事项；并发售国际联运火车、飞机客票”。

1964 年，为了加强对旅游工作的领导和管理，国务院直属机构——中国旅行游览事业管理局成立。1971 年，周恩来总理亲自部署召开全国旅游工作会

议，提出“宣传自己，连接别人”的工作方针。其后，随着中美、中日恢复外交，美国、日本及其他西方国家的来华访问人员不断增加，为此华侨服务社总社于1973年恢复，并在次年加挂中国旅行社名称。

同时，为了更好地做好外宾接待工作，周恩来总理针对翻译导游人员还提出做到“三过硬”（思想过硬、业务过硬、外语过硬）和做好“五大员”（宣传员、调研员、服务员、安全员和翻译员）的指示。毛泽东、周恩来、刘少奇、邓小平等党和国家领导人还多次接见翻译导游人员代表。

在此期间，我国旅游工作一直属于民间友好往来的范畴，对于宣传中国的建设成就、加强国际友好往来，起到了重要的历史作用。然而，在此期间旅游设施总体规模很小，结构单一，旅游接待主要从政治影响考虑，旅游业还没有真正形成一个完整的产业。

（二）改革开放后旅游业的发展

与改革开放同频共振，中国旅游业的发展逐步回归到经济业务领域，迈入全面大发展的时期。时至今日，中国已成为世界上最大的旅游消费市场和第四大入境旅游市场。

1. *以入境旅游为主的起步阶段：1979—1991年*

1978年12月，中共十一届三中全会确定了工作重点向社会主义现代化建设转移，我国旅游业也因此进入了新的发展时期。中共中央和国务院领导十分重视和支持旅游事业的发展，1979年，75岁高龄的邓小平登临黄山，并发表“黄山讲话”，提出：“旅游事业大有文章可做，要突出地搞，加快地搞！”“黄山是个发展旅游的好地方，是你们发财的地方！”“要有点雄心壮志，把黄山的牌子打出去！”“黄山讲话”标志着中国旅游迈出了历史性的一步。

1981年，国家第一个关于旅游业发展的战略性文件——《国务院关于加强旅游工作的决定》（1981年国务院80号文件）发布。

1982年8月，中国旅行游览事业管理局更名为中华人民共和国国家旅游局，并于1983年2月首次在北京举办了中国国际旅游会议。

1983年10月，国家旅游局经过对多种方案的比较和研究，最终确定选用东汉的青铜器、国宝级文物“马踏飞燕”作为中国旅游业的图形标志。同年，香港、澳门对内地居民开放旅游后，广东地区的“港澳探亲游”成为出境游的开始。

1987年，国家旅游局和对外经济贸易部批准了丹东市至朝鲜新义州的自费旅游一日游活动，这是我国政府对公民自费边境旅游的最初正式许可。1988年至1990年，黑龙江、辽宁、吉林、内蒙古等省区的边境旅游也先后获得批准。

1990 年，国家首次评定五星级酒店，首批五星级酒店有三家，分别是广州白天鹅宾馆、广州中国大酒店、广州花园酒店。

在此期间，中国旅游业挟带其巨大的资源优势和国际市场积蓄多年的需求存量，领改革开放之先，受改革开放之惠，借改革开放之力，实行了在较低基点上的腾飞，景区、饭店、旅行社等也纷纷建立起来，旅游供给能力大大提高。同时，在入境旅游的基础上，出境旅游也依托港澳游、边境旅游进行了大胆的探索。

到 1991 年，我国旅游业接待入境旅游人数达到 3334.98 万人次，旅游创汇 28.45 亿美元，分别比 1978 年增长了 18.4 倍和 10.8 倍。

2. 从入境旅游到三大旅游市场深化发展阶段：1992—1997 年

1992 年，中共中央、国务院作出了《关于加快发展第三产业的决定》，明确提出旅游业是第三产业的重点。

1993 年，国务院办公厅转发国家旅游局《关于积极发展国内旅游业的意见》，对国内旅游工作提出“搞活市场、正确领导、加强管理、提高质量”的指导方针，极大地促进了国内旅游发展。

1995 年，国家实行每周“双休”的制度，极大地刺激了国内旅游的发展。

1996 年，《旅行社管理条例》出台，不再对旅行社投资主体的性质进行限制，民营企业投资环境得到极大改善。

1997 年，经国务院批准，国家旅游局、公安部发布《中国公民自费出国旅游管理暂行办法》，标志着中国出境旅游市场的形成。

1997 年，景区、饭店、旅行社均厚积薄发，掀开了新的发展篇章：黄山旅游在上海证券交易所成功上市，成为“中国旅游第一股”，紧随其后，峨眉山 A 也在当年登陆深圳证券交易所；中国第一家经济型酒店——锦江之星上海锦江乐园店开业。

从 1992 年第一个中国旅游年，到 1997 年第二个中国旅游年，旅游业的产业要素不断增强，旅游市场也形成了入境旅游、国内旅游、出境旅游同步发展的新局面。

3. 完全意义的经济产业地位的快速发展阶段：1998—2008 年

1998 年，中央经济工作会议明确提出将旅游业确定为国民经济新的增长点，真正实现了旅游业从外交事业到经济产业定位的转变。同年，旅游企业开始实施政企脱钩，实行完全市场条件下的“自主经营、独立核算、依法设立、自负盈亏”。国旅总社、国际饭店等国家旅游局直属企业与国家旅游局率先实施政企脱钩。

1999 年 9 月，国务院修订《全国年节及纪念日放假办法》，将中国全体公民法定节假日放假天数增加至 10 天，并通过调休形成春节、国庆等 7 天长假，打造旅游黄金周。统计数字显示，第一个“十一”黄金周全国出游人数就达到 2800 万人次，2000 年黄金周更是出现“井喷”趋势，达 5980 万人次。

2001 年，国务院发布《关于进一步加快旅游业发展的通知》，提出要树立大旅游的观念，标志着旅游业从经济产业定位又上升为综合性产业。2007 年，旅游业总收入达到 1.09 万亿元，首次突破 1 万亿元。

4. 全面融入国家战略的旅游强国建设阶段：2009 年至今

2009 年，国务院《关于加快发展旅游业的意见》提出，“把旅游业培育成国民经济的战略性支柱产业和人民群众更加满意的现代服务业”，标志着旅游业全面融入国家战略层面。

2011 年，国务院常务会议通过决议，将每年的 5 月 19 日定为“中国旅游日”。

2012 年，世界旅游城市联合会成立，成为首个总部落户中国、落户北京的国际性旅游组织。

2013 年，《中华人民共和国旅游法》颁布实施，意味着国民旅游权利被写入法律并得到充分保障，旅游市场秩序进一步规范。同年，国务院发布《国民旅游休闲纲要（2013—2020 年）》。

2014 年，国务院印发《关于促进旅游业改革发展的若干意见》。

2016 年 5 月，首届世界旅游发展大会在京举办，来自 107 个国家和 15 个国际组织的代表出席会议并发布《北京宣言》，这是首个由中国倡议、中国组织的世界旅游大会。

2017 年，由中国发起的世界旅游联盟成立，是中国第一个全球性、综合性、非政府、非营利国际旅游组织。

2017 年 9 月，中共中央办公厅、国务院办公厅印发了《建立国家公园体制总体方案》。2018 年，文化和旅游部成立。2019 年，国务院办公厅印发《关于进一步激发文化和旅游消费潜力的意见》。2022 年，《国民旅游休闲发展纲要（2022—2030 年）》印发。

党的十八大以来，新一轮改革大潮涌起，党中央、国务院出台一系列推进旅游业改革发展的政策措施，开启了旅游强国建设新篇章。与之对应的是，旅游业要素创新不断深化，旅游业与其他产业融合发展不断凸显，乡村旅游、研学旅游、体育旅游、冰雪旅游、红色旅游、网红经济、夜游经济等新业态不断涌现。同时，中国旅游业开始引领世界旅游业发展，体现大国责任和担当。

三、中国旅游业的标志与中国旅游日

（一）中国旅游业的标志

为了对外宣传我国旅游的形象，便于国际旅游市场对我国旅游的识别和扩大我国旅游的市场影响力，1983 年国家旅游部门在广泛征求意见后，将“马踏飞燕”确定为中国旅游业的标志。1985 年国家旅游局又以“马超龙雀”这个名称确定其为中国旅游业的图形标志。

（二）中国旅游日

中国旅游日（China Tourism Day）是在 2011 年 3 月 30 日国务院常务会议上通过的决议确定的，时间为每年的 5 月 19 日。它虽是一个非法定的节假日，但每年的这一天全国各地都要举行隆重的旅游节庆活动。

该节日起源于 2001 年 5 月 19 日，浙江宁海人麻绍勤以宁海徐霞客旅游俱乐部的名义，向社会发出设立“中国旅游日”的倡议，建议将《徐霞客游记》首篇《游天台山日记》开篇之日（5 月 19 日）定为中国旅游日。

第二节　中国旅游三大市场

从经济学的角度说，旅游市场是旅游产品供求双方交换关系的总和，反映的是由旅游产品供求所引起的各种经济现象和经济关系。从市场营销角度说，是指旅游产品的现实购买者和潜在购买者，即旅游产品的需求市场或客源市场。

按照经济学的理论，旅游市场由旅游市场主体、旅游市场客体和旅游市场中介三个要素构成。旅游市场主体指参与旅游产品交换的购买方和出售方，即旅游产品的消费者和供应者；旅游市场客体指可供交换对象，即旅游产品；旅游市场中介是指促成购买方和出售方完成交换的各种有形的和无形的媒介和桥梁，如价格、竞争、旅游信息、旅游中间商和其他中介机构以及旅游网站、旅游问讯服务中心等。

随着我国旅游业发展成为综合性的现代产业，我国旅游市场已形成了入境旅游、国内旅游和出境旅游三大市场三足鼎立的格局。因 2020 年以来旅游业受新型冠状病毒感染疫情影响很大，相关统计数据波动较大，不能真实反映旅游业的发展特点和趋势，故沿用 2019 年相关统计数据。

一、入境旅游市场

我国入境旅游市场由三大部分组成，即外国人（含外籍华人）、海外华侨和

港澳台同胞。与其他国家不同的是我国入境旅游市场目前还包括我国港澳台地区市场。我国入境旅游市场的主要特点如下。

（1）入境游客数量不断上升。入境旅游人次从 1978 年的 180.92 万人次增至 2019 年的 1.45 亿人次，增长 80 多倍。在这期间，我国国际旅游收入从 2.63 亿美元增至 1313 亿美元，增长 499 倍。2024 年，我国共接待入境游客 1.32 亿人次，基本恢复至疫情前水平。

（2）在客源构成上，港澳台地区的游客在我国入境游客总量中一直占主体部分。在外国游客中，亚洲国家游客一直占多数；更多来自匈牙利、保加利亚、波兰、墨西哥等新兴潜力客源市场的游客选择来华旅游。

（3）在入境游客中，外国游客的入境方式多为飞机，而港澳游客则多为徒步或乘汽车；外国游客中，男性游客约占三分之二；多数游客来华目的是观光休闲、从事商务活动与参加会议。

二、国内旅游市场

我国幅员辽阔，人口众多，经济的快速发展和假日的增多为我国国内旅游的发展奠定了坚实的基础。我国国内旅游市场的主要特点如下。

（1）规模宏大，发展速度快。经过几十年的发展，目前我国拥有世界上最大的国内旅游市场，2019 年我国国内旅游人次已达 60.1 亿，为 1984 年 2 亿人次的 30 倍。2024 年，国内居民出游 56.2 亿人次。

（2）散客旅游所占比重大。据统计，2019 年旅行社接待的游客数量仅为 1.85 亿人次，占国内旅游总量的 3.1%，且还在进一步下降之中。

（3）旅游消费水平低，但消费能力增长快。

三、出境旅游市场

出境旅游是我国居民的旅游需求从境内到境外的延伸，是我国经济发展和人民生活水平提高的表现，也是我国旅游业发展的必然结果。我国居民出境旅游包括三个部分，即出国旅游、边境旅游和港澳台旅游。出境旅游的主要特点如下。

（1）出境旅游规模不断扩大。1987 年我国出境旅游人数为 32.8 万人次，2019 年增至 1.55 亿人次，年均增长 19.85%，旅游者的足迹遍布世界 150 多个国家和地区，已成为位居世界第一位的旅游客源国。2024 年，内地居民出境旅游达 1.23 亿人次。

（2）在出境游客中，因私出境人次远远大于因公出境人次。如 2019 全年出境旅游达到9818.52万人次，因私出境占到93.67%；出游方式上，散客自助游和旅行社组织出游占比分别为71.2%和29.8%。七成多的游客选择自由灵活的自助游，充分说明中国公民出境旅游消费已逐步成熟和理性。

（3）东北亚和东南亚一直是我国居民出境旅游的主要目的地，如2019年在我国境外旅游目的地国家和地区中，位于前十位的国家和地区除美国外都位于东北亚和东南亚，其中排在首位的是中国香港。强劲的出游能力也使得东南亚国家的旅游业出现明显的中国化特征。除亚洲外，中国公民出境旅游目的地依次是欧洲、美洲、大洋洲、非洲。

（4）出境旅游消费增长较快。1982年我国居民出境旅游消费总额为6600万美元，而2019年上半年，中国境外旅行支出总额1275亿美元，稳居世界第一位。

第三节　旅游行业发展趋势

一、文旅融合

根据十三届全国人大一次会议审议的国务院机构改革方案，国家旅游局和文化部合并，成立文化和旅游部。2018年4月8日，新组建的文化和旅游部正式挂牌。社会各界纷纷表示："诗和远方终于走在了一起。"文旅深度融合一时成为社会广泛关注的焦点。"诗和远方"携手同行，文旅融合发展，构成新时代下的发展趋势。

文旅融合，文化是内容，旅游是场景。文旅融合观念和文旅运营思维已成为国家层面的战略思维。"文化是旅游的灵魂，旅游是文化的载体"，文旅在融合发展过程中，遵循"宜融则融，能融尽融，以文促旅，以旅彰文"的原则，这不仅有利于增加旅游收入，而且能开发文化资源、促进文化传播，提高我国软实力水平。

推动文化产业与旅游产业融合发展，是党中央、国务院作出的重大决策部署，是推动两个产业转型升级提质增效的重要途径，尤其在稳增长调结构促改革惠民生的背景下，进一步推动文化产业与旅游产业深度融合具有重要的意义。

一是进一步强化融合即是发展的理念。一方面，根据旅游市场的需求，通过对文化资源、文化遗产和文化传统进行深入的挖掘、整理和开发利用，融入旅游产品和服务当中，让游客在不断体验、感受和认知不同文化的过程中传播文化，有利于推动旅游目的地文化的交流和价值的实现，扩大文化影响力，增强文化软实力。另一方面，文化创意和设计服务与旅游产业的融合，是实现旅游产业提质升级的必然选择，只有将提升文化内涵贯穿到旅游发展的全过程，实现景点外观和文化内涵的统一，才能使旅游产业更具生命力、吸引力和竞争力。实践证明，推动文化产业与旅游产业融合发展，也是世界旅游发展的大趋势和国内外许多文化旅游业发达地区的成功做法。

二是进一步树立互促共赢理念。文化产业与旅游产业是现代服务业中两个极具发展潜力的产业门类，两者的内涵外延、功能作用具有明显差异，但同时又具有不可分割的联系。文化产业与旅游产业都是为人们提供精神消费服务的，两者具有天然的耦合性。文化是旅游的灵魂，旅游是文化的载体；文化提升旅游内涵，旅游实现文化价值。旅游是文化消费的重要形式、文化传承的重要渠道、文化形象的重要载体和文化繁荣的重要支撑。文化产业与旅游产业可以在融合发展中达到互促共赢，产生叠加放大效应。文化产业与旅游产业融合发展，应是一个以文化带旅游、以旅游促文化的过程，是一个既有经济效益又有社会效益的过程，是一个优势互补、相得益彰、互惠共赢的过程。所以，在推动两者融合发展过程中，不能只强调或偏重文化内容向旅游产业的植入，也不能单方面强调旅游产业向文化产业的空间拓展。树立互促共赢的理念，有助于两大产业的决策者和从业者以更加开放和积极的心态，主动自觉地推动两个产业的深度融合，而不必担心一个产业被另一个产业取代或吞并。

三是进一步强化一体化发展理念。文化产业与旅游产业的融合是一个长期发展的过程，不可能一蹴而就。推动两个产业长期持久地融合发展，必须进一步强化一体化发展理念，实现两个产业基础资源、生产要素、产业链各个环节的有效融合，实现理念、载体、市场的共享融通，形成一体化的组织结构、管理体制、发展规划和政策措施，做到你中有我、我中有你。一体化发展理念一方面要求立足当下，增强紧迫感，争取融合发展取得现实的实际效果；另一方面要求立足长远，持之以恒地推动融合发展，使两者不断地在发展中融合，在融合中发展，最终成为国民经济的支柱产业。强化一体化发展理念，要求进一步增强自觉性和紧迫感，不断在深度和广度上促进文化旅游相融合，既要将文化内涵贯彻到吃、住、行、游、购、娱各环节，用独特的文化品格和文化魅力诠释旅游，使旅游更具有吸引力，又要将旅游产业作为挖掘文化、优化文化、丰富文化和保护文化的重要途径，以旅游独特的宣传方式，更好地传播特色文化，借助旅游市场提升文化软实力。

二、智慧旅游

智慧旅游是一种将物联网、云计算、下一代通信网络、高性能信息处理、智能数据挖掘等技术应用于旅游体验、产业发展、行政管理等方面的形态，使旅游物理资源和信息资源得到高度系统化整合和深度开发激活，并服务于公众、企业、政府等主体的面向未来的全新的旅游形态。它以融合的通信与信息技术为基础，以游客互动体验为中心，以一体化的行业信息管理为保障，以激励产业创新、促进产业结构升级为特色。智慧旅游，就是利用移动云计算、互联网等新技术，借助便携的终端上网设备，让游客主动感知旅游相关信息，并及时安排和调整旅游计划。

三、定制旅游

定制旅游是指旅游企业根据游客的需求安排旅游行程中的食、住、行、游、购、娱等要素，让游客参与到旅游产品设计过程中，以满足游客对旅游体验的个性化追求，最终实现旅游价值的一种旅游方式。我国定制旅游产生于 20 世纪 80 年代，是随着定制研究的深入以及旅游业的繁荣融合而形成的新领域。

定制旅游可分为三种形式：①单项组合定制，如自由行的机票 + 酒店；②主题定制，如奢华旅游，有具体行程和主题，主要针对小众的特色旅游线路；③ C2B 定制，客人提出具体需求与商家对接。

从设计看，定制旅游是在精准的目标人群细分、兴趣细分、需求细分的基础上，整合能满足游客个性化需求的旅行供应商与跨行业资源的合作伙伴，遵循以客户体验价值为导向的产品设计原则，不仅关注产品的成本和销售价格，更关注游客的时间成本和体验成本，游客也将参与产品的设计与选择，按需定制，在前期组团中，更多的是提供顾问式服务，行程中的服务要素是灵活、周到、流畅、专业。

四、红色旅游

红色旅游主要是以中国共产党领导人民在革命和战争时期建树丰功伟绩所形成的纪念地、标志物为载体，以其所承载的革命历史、革命事迹和革命精神为内涵，组织接待旅游者开展缅怀学习、参观游览的主题性旅游活动。

为了更好地发挥爱国主义教育基地的作用，在“十二五”规划期间，中央决定将红色旅游内容进行拓展，将 1840 年以来 180 多年的中国近现代历史时期，在中国大地上发生的中国人民反对外来侵略、奋勇抗争、自强不息、艰苦奋斗，充分显示伟大民族精神的重大事件、重大活动和重要人物事迹的历史文化遗存，有选择地纳入红色旅游范围，更有利于传承中华民族先进文化和优良传统。

红色旅游是把红色人文景观和绿色自然景观结合起来，把革命传统教育与促进旅游产业发展结合起来的一种新型的主题旅游形式。其打造的红色旅游线路和经典景区，既可以观光赏景，也可以了解革命历史，增长革命斗争知识，学习革命斗争精神，培育新的时代精神，并使之成为一种文化。

红色旅游具有不可比拟的教育宣传功能，有利于加强和改进新时期爱国主义教育，切实增强“四个自信”。红色旅游能有效弘扬和传承中华民族精神，尤其是中国共产党在长期革命斗争中形成的建党精神、井冈山精神、长征精神、延安精神、西柏坡精神和太行精神等。红色旅游有助于推进革命老区经济社会的协调发展，提升老区人民生活水平。红色旅游有利于革命历史文化遗产的传承和保护。

目前，全国有不可移动革命文物3.6万多处，国有可移动革命文物超过100多万件（套）。从2004年到2019年，全国红色旅游资源不断扩充，越来越多的珍贵革命文物出现在游客面前，每年参加红色旅游的人次也从1.4亿增长到了14.1亿。

国家发展改革委、中宣部、财政部等14家部门联合印发了《全国红色旅游经典景区名录》，全国共300处景区入选。

五、生态旅游

世界自然保护联盟于1983年提出“生态旅游”的概念。1993年，国际生态旅游协会把其定义为：具有保护自然环境和维护当地人民生活双重责任的旅游活动。生态旅游的内涵更强调对自然景观的保护，是可持续发展的旅游。

近年来，我国生态旅游产品建设取得了令人瞩目的成绩，国家发展改革委、国家旅游局联合印发《全国生态旅游发展规划（2016—2025年）》，统筹和协调全国生态旅游发展;《国家生态旅游示范区建设与运营规范》国家标准和《绿色旅游景区》《国家绿色旅游示范基地标准》等行业标准先后推出，有效推动了生态旅游产品规范发展。在国家宏观政策和行业标准引导下，生态旅游产品类型不断丰富，产品数量不断增加，旅游主管部门会同生态环境部认定了超过100个国家生态旅游示范区，为各地生态旅游产品建设切实起到了示范引领作用。

党的二十大报告提出，倡导绿色消费，推动形成绿色低碳的生产方式和生活方式。生态旅游就是要在统筹生态环境保护和发展关系的过程中，发挥出

“生态产品”的优势，通过积极打造多元化生态旅游产品，推动生态资源与田园、文化、旅游、教育、互联网等产业深度融合，大力发展生态体验、生态科研、低碳旅游等方式，在提供更多优质生态产品以满足人民日益增长的优美生态环境需要的同时，扩大生态旅游产业规模，实现生态资源、生态科技、生态工程以及生态产品的旅游价值，最终引领生态产业全面发展，增加生态资产收益，创造就业机会，拓宽当地居民的增收渠道，实现在生态旅游供给中对环境资源的修复和保护，在生态旅游消费中加强对环境保护意识的传播和引导，在生态旅游再生产中为环境保护提供更多资金，从而形成生产—消费—再生产的良性循环，带动“绿水青山和金山银山”“环境保护和经济发展”“产业生态化、生态产业化”的有效转换。

六、乡村旅游

乡村旅游是以旅游度假为宗旨，以村庄野外为空间，以人文无干扰、生态无破坏，以游居乡野行为特色的村野旅游形式。乡村旅游有两个基本要素：一是乡村地区；二是乡村性。可分为观光型、体验型、休闲度假型、时尚运动型、健康疗养型、科普教育型和民俗文化型等七种类型。

2015 年中央一号文件提出，要积极开发农业多种功能，挖掘乡村生态休闲、旅游观光、文化教育价值。2015 年 5 月 19 日是第五个中国旅游日，国务院副总理汪洋在湖北恩施集中连片贫困地区调研旅游扶贫工作时强调，乡村旅游是基层和群众的创造，旅游扶贫是贫困地区脱贫攻坚的有效方式，是贫困群众脱贫致富的重要渠道。2016 年中央一号文件强调，大力发展休闲农业和乡村旅游。强化规划引导，采取以奖代补、先建后补、财政贴息、设立产业投资基金等方式扶持休闲农业与乡村旅游业发展。2018 年 10 月，国家发展改革委等 13 个部门联合印发《促进乡村旅游发展提质升级行动方案（2018 年—2020 年）》，提出“鼓励引导社会资本参与乡村旅游发展建设”，加大对乡村旅游发展的配套政策支持。此前，2018 年中央一号文件明确提出关于“实施休闲农业和乡村旅游精品工程”的要求。

大力发展乡村旅游，在解决“三农”问题、深化乡村振兴方面，具有独特的优势和直接效应：一是可以扩宽农民增收渠道；二是能有效吸纳农村剩余劳动力；三是显著提高农产品附加值、带动农村第三产业发展；四是改善农村人居环境、提高农民生活水平；五是切实促进城乡社会资源和文明对接，缩小城乡差异；六是有利于保护农村原生态文化，推进农耕文明实现可持续发展。为了更好地发展乡村旅游，凸显先进典型的带动作用，文化和旅游部联合国家发展改革委于2019年启动全国乡村旅游重点村名录建设。2021年，在联合国世界旅游组织第24届全体大会上，我国浙江余村和安徽西递村入选该组织“最佳旅游乡村”名单。截至2024年底，我国已有15个乡村入选该名单。另外，成都郫都区农科村是国家旅游局授牌的“中国农家乐发源地”。

乡村旅游业的发展与乡村振兴战略密不可分，两者处在相互影响的动态发展中，它们是一种既相互促进又相互制约的关系。乡村旅游业的发展不仅能使自身经济功能得到提升，同时也能对乡村其他功能起到推动作用。而随着乡村振兴战略的实施，其他各个功能对于乡村旅游业的发展既是一种加强，也是一种基础和条件。

通过构建乡村特色旅游，推动文化发展，全面打造美丽乡村、特色小镇、绿色城镇等乡村特色旅游项目的开发，让乡村变成人们向往的地方，实现乡村产业兴旺发展、生态宜居、乡风文明传承、环境治理有效、人们生活富裕的总目标，对促进乡村振兴战略，决胜全面建成小康社会起到重要的作用。

七、康养旅游

2016年1月，国家旅游局颁布了《国家康养旅游示范基地标准》，将康养旅游界定为：“通过养颜健体、营养膳食、修心养性、关爱环境等各种手段，使人在身体、心智和精神上都达到自然和谐的优良状态的各种旅游活动的总和。”该标准的出台，说明康养旅游已被社会和市场广泛认同，并成为一种新的旅游方式，纳入了我国旅游发展战略，从而进入了规范化发展的道路。

与传统旅游项目相比，康养旅游涵盖的要素更丰富，不仅包含休闲、观光，更多需要依托良好的自然生态环境、人文活动环境等资源条件，注重与医药保健、运动康体、养心养颜、健康膳食等形式相结合，达到强身健体、修身养性、医疗康复、延年益寿等目的。康养旅游能有效推动医院、酒店、交通、旅游景点、购物等相关产业要素的发展，是不同旅游业态与健康养生融合发展的结果。旅游不再追求步履匆匆、走马观花，而更倾向于养眼、养生、养心的康养慢时尚，将身心融入以健康养生为诉求的深度旅游中，享受好风景的“洗”眼、好空气的“洗”肺、好环境的“洗”心。与传统旅游形态相比，康养旅游具有滞留时间长、旅游节奏慢、消费能力强、重游率高、强身健体等特点，是传统旅游产业的升级版。

八、冰雪旅游

冰雪旅游是一种以冰雪资源为依托，开展各类冰雪活动和体验的旅游形式。它以冰雪运动、冰雪景观、冰雪文化为核心，吸引游客在冬季到冰雪覆盖的地区进行旅行和娱乐。冰雪旅游包括滑雪、滑冰、雪地摩托、冰雕观赏等多种活动，是冬季旅游的重要组成部分。

我国冰雪旅游起步相对较晚，但在冬奥会的强力刺激下，发展势头迅猛，根据中国旅游研究院《中国冰雪旅游发展报告（2024）》显示：我国冰雪旅游的大众化、现代化持续推进，冰雪旅游与冰雪文化、冰雪装备、冰雪运动深度融合形成的中国特色的冰雪国潮正在深度融入老百姓的日常生活中，冰雪游渐成新国潮。作为北京冬奥会后首个冰雪季，2022—2023 冰雪季全国冰雪休闲旅游市场实现了开门红。根据中国旅游研究院冰雪旅游课题组综合测算，2022—2023 冰雪季我国冰雪休闲旅游人数为 3.12 亿人次，冰雪休闲旅游收入为 3490 亿元，连续两个冰雪季实现了超过 3 亿人次的市场规模。随着大众冰雪旅游进程加快，我国冰雪旅游正在从土地、资本等基础要素驱动向创新、创意、科技和文化等高级要素驱动转变，品质和创新是未来我国冰雪旅游的主要动力。

九、研学旅游

研学旅游是由学校根据区域特色、学生年龄特点和各学科教学内容需要，组织学生通过集体旅行、集中食宿的方式走出校园，在与平常不同的生活中开阔视野、丰富知识，加深与自然和文化的亲近感，增加对集体生活方式和社会公共道德的体验。

研学旅游继承和发展了我国传统游学“读万卷书，行万里路”的教育理念和人文精神，成为素质教育的新内容和新方式，有助于提升中小学生的自理能力、创新精神和实践能力。

2013 年 2 月 2 日，国务院办公厅印发了《国民旅游休闲纲要（2013—2020 年）》，纲要中提出“逐步推行中小学生研学旅行”的设想。

2014 年 8 月 21 日，《关于促进旅游业改革发展的若干意见》中首次明确了“研学旅行”要纳入中小学生日常教育范畴——积极开展研学旅行。按照全面实施素质教育的要求，将研学旅行、夏令营、冬令营等作为青少年爱国主义和革命传统教育、国情教育的重要载体，纳入中小学生日常德育、美育、体育教育范畴，增进学生对自然和社会的认识，培养其社会责任感和实践能力。按照教育为本、安全第一的原则，建立小学阶段以乡土乡情研学为主、初中阶段以县情市情研学为主、高中阶段以省情国情研学为主的研学旅行体系。

2016 年，教育部等 11 部委印发《关于推进中小学生研学旅行的意见》，提出研学旅行的四大基本原则：教育性、实践性、安全性和公益性。同年，国家旅游局发布《研学旅行服务规范》。

2017 年 10 月，教育部印发《中小学综合实践活动课程指导纲要》。纲要指出，包括研学旅行在内的综合实践活动是普通高中课程方案规定的必修课程，与学科课程并列设置。

十、低空旅游

低空旅游，是指在低空空域，依托通用航空运输、通用航空器和低空飞行器，所从事的旅游活动。低空空域通常是指高度 1000 米以下的空间范围，部分地形特殊地区可延伸至 3000 米以内。低空旅游一般涵盖观光游览、飞行体验、短途运输、航空研学等形式。其核心是通过低空飞行视角为游客提供差异化的旅游体验，同时依托通用航空产业推动区域经济与文旅融合发展。目前，低空旅游的典型应用场景主要有观光体验、景区通勤以及主题旅游等。在旅游行业日益多元化和个性化的今天，低空旅游作为一股新兴力量正悄然崛起，成为旅游市场中备受瞩目的新赛道。

十一、银发旅游

银发旅游是指以中老年群体（通常指 50 岁以上）为主要服务对象，围绕其生理、心理及社会需求设计的旅游活动。随着我国老龄化进程的加快，银发旅游市场迎来了发展机遇。银发旅游通常是旅行到其常住地之外生活，连续停留时间短则数日、长则数月甚至以年计时，旅行距离一般跨越市界、省界甚至国界。银发旅游的主要特点集中体现在银发旅游者的心理特征与行为特征两个方面：就心理特征而言，银发旅游能满足老年群体的社交需求、怀旧需求、养生需求、求知需求与亲情需求，使其在旅游过程获得充实愉快的内心体验；就行为特征而言，银发旅游表现为务实消费、节奏舒缓和错峰出行，从而更符合老年群体的消费习惯、生理特点与时间优势。

随堂练

经典图片

考点速记

第三章 中国历史文化

【学习目标】

了解中国戏剧戏曲、中医中药、书画艺术的发展等常识，主要科技发明成果。熟悉中国不同历史时期的发展概况及主要成就，历史上的重大事件和重要人物，中国传统哲学思想。掌握中国历史的发展脉络，古代著名文化类型和代表性遗址。

第一节 中国历史概述

中国位于欧亚大陆的东部、太平洋的西岸，陆地国土面积为960万平方千米，在世界上仅次于俄罗斯和加拿大。中国地域辽阔、人口众多、历史悠久，是世界上四大文明古国（古代巴比伦、古代埃及、古代印度、古代中国）之一。根据“中华文明探源工程”的研究，中华文明拥有5000余年的历史，其有文字可考的文明史更是长达3700多年。中国古代经历了三个发展时期，即原始社会、奴隶社会、封建社会。漫长的封建社会被分为五个发展阶段：战国、秦、汉是封建社会形成和初步发展阶段；三国、两晋、南北朝是封建国家分裂和民族大融合阶段；隋、唐、五代是封建社会繁荣阶段；辽、宋、夏、金、元是民族融合进一步加强和封建经济继续发展阶段；明、清（鸦片战争前）是统一的多民族国家巩固和封建制度逐渐衰落阶段。鸦片战争后，中国进入近现代：其中从1840年中英鸦片战争到1919年五四运动前夕，是旧民主主义革命阶段；从1919年五四运动到1949年中华人民共和国成立，是新民主主义革命阶段。中国近现代史经历了清王朝晚期、中华民国临时政府时期、北洋军阀时期和国民政府时期，共109年。中国近现代史是中国半殖民地半封建社会逐渐形成到瓦解的历史。

一、中国境内的远古人类和文化现象

（一）中国境内远古人类及氏族公社

中国的原始社会，起自大约170万年前的元谋人，止于约公元前2070年夏王朝的建立。原始社会经历了原始人群和氏族公社两个时期。氏族公社又经历了母系氏族公社和父系氏族公社两个阶段。原始社会人类使用的工具主要是石器，考古界称为“石器时代”，考古学家将通过打制方式生产的石器叫旧石器，通过磨制方式生产的石器叫新石器，对应旧石器时代和新石器时代。

1. 原始人群

元谋人是已知的中国境内最早的人类。北京人是原始人群时期的典型代表。山顶洞人已经过着氏族公社的生活。

元谋人　学名元谋直立人，或称元谋猿人，是在中国发现最早的直立人化石。1965年发现于云南元谋上那蚌村附近，共计左右门齿两颗。伴随元谋人牙齿出土的，还有17件石制品，经研究鉴别，属旧石器，其类型包括尖状器、刮削器和砍砸器。元谋人的距今年代为170万年左右（有争议，或为约60万—50万年前），是属于旧石器时代早期的古人类。其可能生活在亚热带草原和森林环境中。

北京人　又名北京猿人、中国猿人北京种。北京人遗址是世界上出土古人类遗骨化石和用火遗迹最丰富的遗址。北京人是目前世界上发现的内涵最丰富、资料最齐全的直立人，先后发现五个比较完整的北京人头盖骨化石和一些其他部位的化石，还有大量的石器和石片，共十万件以上。

北京人生活在距今70万年至20万年前的北京西南周口店龙骨山一带，经考证，北京人已经能直立行走、打制石器、使用天然火、吃熟食。天然火的使用表明人类第一次成功支配一种自然力量。

山顶洞人　因发现于北京市周口店龙骨山北京人遗址顶部的山顶洞而得名，距今约3万年，属于旧石器时代晚期的人类化石。山顶洞人在打制石器时已掌握了磨制和钻孔技术，掌握了人工取火技术，会缝制衣裳，并从事集体的渔猎、采集劳动，共同生活并逐步进入氏族公社阶段。

2. 氏族公社

氏族公社是原始社会中，以生产资料公有制为基础、以血缘纽带和血统世系相联结的社会组织形式。人类社会经历了母系氏族公社和父系氏族公社两个阶段。长江流域的河姆渡氏族和黄河流域的半坡氏族是母系氏族公社的繁荣时期的代表。大汶口文化的中晚期反映了父系氏族公社的情况。

母系氏族公社 母系氏族公社，即建立在母系血缘关系上的社会组织，是按母系计算世系血统和继承财产的氏族制度，为氏族社会的第一阶段。氏族社会的早、中期为母系氏族。在母系氏族制前期，人类体质上的原始性基本消失，被称作“新人”，属于考古学上的旧石器时代的晚期；到母系氏族制后期，现代人形成，属于新石器时代的早期。

继山顶洞人之后，在距今7000—5000年前，中国的氏族公社进入繁荣时期。母系氏族公社最为著名的是浙江余姚的河姆渡氏族和陕西西安的半坡氏族。人们开始种植庄稼（河姆渡氏族主要种植水稻，证明中国是世界上最早种植水稻的国家；半坡氏族主要种植粟，即小米）、饲养家禽，有了原始的农业和畜牧业。氏族的居民已经会做彩陶和建造简单的房屋，过着定居生活。母系氏族公社中，女人在社会生活中受到尊重，成员之间也依母系血统约定亲属关系，氏族内人人平等。

父系氏族公社 父系氏族是以父系血缘为纽带组成的社会集团，成员之间依父系血统约定亲属关系。黄河下游的大汶口文化、山东的龙山文化、黄河上游的齐家文化、长江下游的良渚文化等均属于父系氏族社会文化的代表。

大汶口文化是分布于黄河下游一带的新石器时代文化。大汶口文化是山东龙山文化的源头。龙山文化，又名“黑陶文化”，是中国黄河中、下游地区新石器时代晚期的文化。齐家文化，是黄河上游地区以甘肃为中心的新石器时代晚期文化，并且已经进入铜石并用阶段。其名称来自其主要遗址齐家坪遗址。良渚文化是分布于钱塘江和太湖流域的新石器时代晚期文化。

父系氏族公社的晚期，也是传说中炎帝、黄帝和尧舜禹时期。生活在距今4000多年前的炎帝和黄帝，是黄河流域两个部落联盟的首领，他们曾联合打败了东方的蚩尤部落。两部落联盟联合，在不断争斗、融合中发展，形成了“华夏族”。所以中国人又称自己是“炎黄子孙”。黄帝之后又出现了尧、舜、禹三代圣贤，他们都是通过民主推举的“禅让”方法继承首领权位。约公元前2070年，禹死后，禹之子启利用权势废弃“禅让制”，登上王位，并建立了中国历史上第一个奴隶制国家——夏（有争议，有的观点认为，夏朝从禹开始）。

3. 远古文化遗存

（1）仰韶文化

仰韶文化，是指黄河中游地区一种重要的新石器时代彩陶文化，是中国新石器时代最重要的考古文化，其持续时间大约为公元前5000年至前3000年，主要分布在今天的甘肃省到河南省之间。因1921年首次在河南省三门峡市渑池县仰韶村发现而得名。仰韶文化以渭河、汾河、洛河等黄河支流汇集的关中豫西晋南为中心，北到长城沿线及河套地区，南达鄂西北，东至豫东一带，西到甘、青接壤地带。生产工具以较发达的磨制石器为主，有较发达的农业，作物为粟和黍，证明我国是世界上最早种植粟的国家。饲养家畜主要是猪、狗，也从事狩猎、捕鱼和采集。仰韶文化出土遗物中常有彩陶，也被称为彩陶文化。

仰韶文化最典型的代表是西安半坡遗址和临潼姜寨遗址。半坡遗址所出土的人面鱼纹陶盆为新石器时代前期陶器，多作为儿童瓮棺的棺盖来使用，是一种特制的葬具。现收藏于中国国家博物馆。

（2）龙山文化

龙山文化泛指中国黄河中、下游地区约新石器时代晚期的一类文化遗存，属铜石并用时代文化。

龙山文化因首次发现于山东省济南市历城县龙山镇（今属济南市章丘区）而得名，年代为公元前 2500 年至前 2000 年，分布于黄河中下游的河南、山东、山西、陕西等省。

龙山文化源自大汶口文化，为汉族先民创造的远古文明。考古学家多次对济南市历城县龙山镇城子崖遗址进行发掘，取得了一批以精美的磨光黑陶为显著特征的文化遗存。根据这些发现，考古学家把这些以黑陶为主要特征的文化遗存命名为“龙山文化”。

考古学家认为，华夏族（汉族前身）是在仰韶文化和龙山文化的基础上孕育的。

（3）良渚文化

良渚文化分布的中心地区在钱塘江流域和太湖流域，最大特色是所出土的玉器。挖掘自墓葬中的玉器包含有璧、琮、冠形器、玉镯、柱形玉器等诸多器型。此外，良渚陶器也相当细致。

良渚文化遗址核心地区位于浙江省杭州市余杭区西北部瓶窑镇。1936 年发现的良渚遗址，实际上是余杭区的良渚、瓶窑、安溪三镇之间许多遗址的总称，是长江下游良渚文化的代表性遗址。遗址总面积约 34 平方千米。

良渚遗址是人类早期文化遗址之一。2019 年 7 月 6 日，良渚古城遗址被列入《世界遗产名录》。

（4）广汉三星堆遗址

三星堆古遗址是迄今在西南地区发现的范围最大、延续时间最长、文化内涵最丰富的古城、古国、古蜀文化遗址，分布面积 12 平方千米，距今已有 5000 年至 3000 年历史。现有保存最完整的东、西、南城墙和月亮湾内城墙。三星堆古遗址被称为 20 世纪人类最伟大的考古发现之一，昭示了长江流域与黄河流域一样，同属中华文明的母体，被誉为“长江文明之源”。

三星堆文物是宝贵的人类文化遗产，在中国浩如烟海、蔚为壮观的文物群体中，属最具历史科学文化艺术价值和最富观赏性的文物群体之一。在这批古蜀秘宝中，有许多光怪陆离、奇异诡谲的青铜造型，有高 2.62 米的青铜大立人，有宽 1.38 米的青铜面具，更有高达 3.95 米的青铜神树等，均堪称独一无二的旷世神品。以流光溢彩的金杖为代表的金器，以满饰图案的边璋为代表的玉石器，亦多属前所未见的稀世珍品。

（二）文化现象

1. 图腾崇拜

图腾一词源自印第安语“Totem”，由严复翻译引入。伴随着氏族社会的诞生，人类产生了灵魂观念，并认为万物有灵，在崇拜自然物的时候，结合祖先崇拜，认为自己氏族的祖先由特定的动物、植物或其他生物转化而来，进而产生了图腾崇拜。主要从事渔猎和畜牧的氏族、部落多以动物为图腾，主要从事农业耕种的氏族、部落多以植物为图腾。图腾崇拜的对象既是本氏族的祖先，又是本氏族的保护神，还是本氏族的标志。例如，“天命玄鸟，降而生商。”（《诗经》），玄鸟便成为商族的图腾。《绎史》记载：“黄帝与炎帝战于阪泉之野，帅熊、罴、狼、豹、貙、虎为前驱，以雕、鹖、鹰、鸢为旗帜。”以上动物便成为黄帝部落的图腾。太昊部落以龙为图腾，传说中盘瓠狗首人身、伏羲和女娲蛇身人面，都与图腾崇拜有关。

2. 社稷崇拜

社稷崇拜从原始农业时代的土地崇拜和谷物崇拜发展而来，是远古自然崇拜的延续，社是土地之神，稷是百谷之神。《左传》记载：“国之大事，在祀与戎。”中国是农业大国，对农业祭祀高度重视，社稷是最高级别的农业祭祀。早在春秋时期，社稷便成为国家政权的代称，与宗庙并重。《周礼》规定“右社稷而左宗庙”，即后世帝王宫殿建筑所遵循的“左祖右社”原则。

3. 禅让制

禅让制是远古先民最高权力更替的一种制度，即统治者生前通过“让贤”的原则推选继承人，并把首领之位让给其的一种制度。“禅”意为“在祖宗面前大力推荐”，“让”指“让出帝位”。黄帝姓姬，禅位于嬴姓少昊；少昊禅位于黄帝的孙子颛顼；颛顼先传位于嫡长子（称“孺帝”），孺帝早夭，帝位由颛顼族子喾继承，帝喾是黄帝的曾孙；帝喾传位于儿子帝挚；帝挚禅位于异母弟伊祁姓的尧；帝尧禅位于姚姓的舜；帝舜禅位于姒姓的禹。禹的儿子启破坏了禅让制，改为世袭制。

4. 姓氏起源

中华姓氏是一种古老的文化形态，萌芽于原始社会的图腾崇拜。中国是第一个拥有姓氏的国家，拥有姓氏的历史超过了 5000 年。姓，起源于母系氏族时期；氏是姓的衍生，起源于父系氏族时期。姓是区分氏族的特定标志，是血统的标志。氏是姓的分支，代表着家庭或族群的称号。《国语·周语》云："姓者，生也，以此为祖，令之相生，虽不及百世，而此姓不改。族者，属也，其子孙共相连属；其旁支别属，则各自为氏。"姓表示宗族的起源出处，是原有的、大宗的族号；氏是后起的，是分支的，小宗的族号。先有姓，后有氏，姓大于氏，氏统于姓；姓是氏的源头，氏是姓的分支。姓与氏其本质上的区别在于：姓是血缘传承的标志，氏是社会地位和地域区分的符号。姓侧重于血缘关系，氏强调地域概念。西汉时期，姓氏逐渐合一。因氏族社会以母系氏族为先，故上古八姓"姬、姜、姚、嬴、姒、妘、妫、姞"皆为女字旁，反映了母系氏族公社"知母不知父"的情况。

二、夏、商、西周

夏、商、西周是中国历史上的奴隶社会。从约公元前 2070 年夏朝建立到前 771 年西周灭亡，历经 1000 多年。

约公元前 2070 年，夏启建立了中国历史上第一个王朝——夏。公元前 1600 年，黄河下游的商国在汤的率领下起兵攻夏，夏亡。汤建都于亳（今河南商丘），并勤于政事，提拔选用一批有才干的大臣，建起了强大的奴隶制国家——商。商建国后 300 年中曾多次迁都，直到公元前 1300 年盘庚迁殷（今河南安阳）才使都城稳定下来，又被人们称为殷商。20 世纪初，殷墟因发掘出甲骨文而闻名于世，先后出土有字甲骨约 15 万片。1961 年 3 月，殷墟被列入首批全国重点文物保护单位；2006 年 7 月，被列入《世界遗产名录》。1987 年 9 月 10 日，安阳殷墟景区正式对外开放。殷墟总体布局严整，以小屯村殷墟宫殿宗庙遗址为中心，沿洹河两岸呈环形分布。现存遗迹主要包括殷墟宫殿宗庙遗址、殷墟王陵遗址、洹北商城、后冈遗址以及聚落遗址（族邑）、家族墓地群、甲骨窖穴、铸铜遗址、手工作坊等。

商代的农业、畜牧业发达，青铜器冶炼和铸造技术也达到了很高的水平。代表作后母戊大方鼎（原称司母戊大方鼎，现收藏于国家博物馆），重达 832.84 千克，成为迄今为止我国考古界发现的最大的青铜器，在世界上亦属罕见。商代出现了成熟定型的文字——甲骨文，从此中国开始了有文字可考的历史。甲骨文是迄今为止中国已发现的古代文字中年代最早、体系较为完整的古文字。

甲骨文继承了远古时期陶文的造字方法，是殷商时期王室用于占卜记事而刻在龟甲兽骨上的文字，所以又被人们称为“殷墟文字”“殷契”。安阳殷墟出土的甲骨文超过15万片，整理出4000余个单字，并具备了汉字造字法的“四书”（象形、会意、指事、形声）。

商末，社会矛盾空前尖锐，而位于渭河流域的周国在文王的率领下励精图治，重视贤才吕尚（或称姜尚、姜太公、姜子牙），势力逐渐强大。文王死后武王即位，于公元前1046年，在牧野（今河南新乡牧野村）打败商军，商纣王自焚，商亡。

周文王和周武王先后建立都城丰京和镐京（在今西安市长安区沣河西侧和东侧，并称为“丰镐”），史称西周。西周在政治上实行分封制，农业经济上实行国家土地所有制，使周王朝成为疆域广大的国家。公元前841年，镐京发生“国人暴动”，人们赶走了贪财好利的周厉王，推举周公和召公共同执掌大权，史称“共和行政”。公元前771年，犬戎（西北地区少数民族）攻破镐京，杀死昏庸的周幽王，西周灭亡。

公元前770年，周平王迁都洛邑（今河南洛阳），东周开始。东周分为春秋、战国两个时期。公元前770年至前476年为春秋时期，我国的奴隶制走向瓦解。公元前475年至前221年为战国时期，我国的封建制社会逐步得以确立。

夏商周时期，社会得到明显发展和进步。夏商周时期是中国古代的青铜时代，青铜冶炼水平达到很高的程度，大量青铜器用于贵族的生活用具和礼器，在生产生活上发挥着重要作用。大盂鼎、毛公鼎、虢季子白盘、散氏盘被誉为西周青铜器“四大重器”。商周青铜器多附有铭文。毛公鼎的内壁铸有铭文32行共497字（另说499字、500字），是现存青铜器铭文中字数最多的。

夏商周时期，中国古代文化由神本文化开始向民本文化转变，同时也决定了中国文化和人文教育思想的发展方向。商代统治者强调天命，通过虔诚的祭祀和丰厚的祭品来祈求统治的延续，甚至推行“人牲和人殉”，即杀人祭祀和杀人殉葬。西周统治者通过反思，认为“周公吐哺，天下归心”，遂以商纣王为借鉴，提出“敬天、明德、保民”的人文教化思想，并逐步在祭祀和殉葬中以俑和六畜代替活人。

三、春秋战国

西周覆灭后，周平王即位，并将都城东迁至洛邑（今河南洛阳），史称东周。东周又被分为春秋和战国两个时期。“春秋”得名于鲁国的编年史书《春秋》，“战国”之名则因七大诸侯国之间的连年征战而得名。春秋战国时期是我国古代历史上战乱纷争的时期，也是奴隶社会土崩瓦解、封建社会初步形成的大变革时期。这一变革促进了经济的发展与科学文化的空前繁荣，诸子百家思想应运而生，各民族得到融合，在黄河和长江流域形成了语言、文化和风俗习惯统一的民族——华夏族。

（一）春秋五霸

春秋初期，诸侯国有 100 多个。在周天子大势已去的情况下，各诸侯国为了扩大自己的势力，争夺更多的土地和人口，不断地进行兼并战争，先后涌现出了齐桓公、宋襄公、晋文公、秦穆公、楚庄王五位强势的“霸主”，史称“春秋五霸”（另说：齐桓公、晋文公、楚庄王、吴王阖闾、越王勾践）。南方的吴越也参加了争霸战争，并留下了卧薪尝胆的故事。

（二）战国七雄

战国初年，韩、赵、魏三家瓜分了晋国，史称“三家分晋”。之后齐大夫田氏控制了齐政权，建立了田氏齐国。至此，形成了齐、楚、燕、韩、赵、魏、秦七国并立的局面，史称“战国七雄”。

七雄并立，为争夺天下，各国相继开始变法，以此巩固自己的统治。其中著名的有魏国的李悝变法，楚国的吴起变法，秦国的商鞅变法等。众多的变法中又以商鞅变法较为彻底，致使秦国在急剧的社会变革中经济得以发展、军力得以加强，成为战国后期实力最强的国家，为统一中国奠定了基础。

春秋战国时期，我国发明了生铁冶炼技术。铁器的坚硬与锋利远远胜过昔日的木石和青铜器，用于制造农具和手工工具，大大提高了农业、手工业生产水平。农业中不仅铁制农具得到使用，牛耕也得以推广。在发展农业的同时，各国都注重兴修水利工程。吴国开凿邗沟，连接长江和淮河。秦国蜀郡太守李冰修筑的都江堰、水工郑国开凿的郑国渠都是防洪灌溉工程中的典范，使得成都平原和关中平原成为沃野良田。手工业方面，青铜的制造工艺不断创新，出现了镶嵌工艺，称“金银错”。煮盐业也兴旺起来，尤以齐燕的海盐和魏国的池盐最为有名。丝织品也十分精美。

随着农业和手工业的发展，商业和城市也兴盛起来。齐国的临淄、赵国的邯郸、魏国的大梁、楚国的郢都等都是当时繁华的商业城市。史料记载，在当时中原的市场上，北方的马匹、南方的象牙、东方的鱼盐、西方的皮革琳琅满目，应有尽有。

四、秦汉

公元前 221 年，秦王嬴政灭东方六国，建立起中国历史上第一个统一的中央集权制封建国家，都城咸阳。为了加强中央集权，嬴政称皇帝，并废除传统的分封制，实行郡县制，统一货币、统一文字、统一度量衡、统一车轨等。思想上，为加强控制，秦始皇下令“焚书坑儒”（焚书指民间除医药、占卜和种植的书籍外其他全部焚毁。坑儒则指将暗中诽谤秦始皇的460名儒生挖坑活埋），造成了我国古代文化上的巨大损失。军事上，秦始皇派大将蒙恬北击匈奴，夺回河套，并修筑了东起辽东、西至临洮的万里长城，抵御了北方日益强大的游牧民族的进攻，保卫了中原先进的经济与文化。在南方征服百越，修筑了世界上最古老的人工运河——灵渠，发展农业经济。统一的秦帝国领土广袤，东起东海，西至陇西，北至长城，南至南海，人口达2000多万人，成为当时世界上的大国之一。秦始皇还为自己修建了巨大的陵墓。秦始皇陵建于秦庄襄王三年（前247年）至秦二世二年（前208年），历时39年，是中国历史上第一座规模庞大、设计完善的帝王陵寝。秦始皇陵是世界上规模最大、结构最奇特、内涵最丰富的帝王陵墓之一，充分表现了2000多年前中国古代汉族劳动人民的艺术才能，是中华民族的骄傲和宝贵财富。1961年3月4日，秦始皇陵被国务院公布为第一批全国重点文物保护单位。1987年12月，秦始皇陵及兵马俑坑被联合国教科文组织批准列入《世界遗产名录》。

秦末，因阶级矛盾的不断激化，导致了陈胜、吴广领导的中国历史上第一次农民起义。刘邦攻占关中，秦亡。

秦亡后，刘邦与项羽之间又进行了四年的“楚汉之争”。公元前202年，刘邦战胜项羽，建立汉朝，定都长安，史称“西汉”。

汉初几代统治者注重总结秦亡的教训，采取了轻徭薄赋、休养生息的政策，使农业生产得到恢复与发展，出现了“文景之治”的安定局面。汉武帝即位后，颁布“推恩令”，削弱王权，解除了诸侯王国对中央的威胁。思想上，采纳董仲舒的建议，“罢黜百家，独尊儒术”，兴办太学（古代最高学府），巩固了封建王朝的统治。军事上，派卫青、霍去病征服匈奴，并修建了东起辽东，西至新疆罗布泊，全长1万多千米的长城。西汉末年，土地兼并严重，外戚王莽夺权，改国号“新”。王莽即位后，力图通过改制来维持统治，但“王莽改制”失败，阶级矛盾被激化，导致绿林、赤眉农民起义爆发，王莽政权被推翻。

西汉皇族刘秀利用农民起义，于25年即位称帝，定都洛阳，史称东汉。刘秀即为光武帝。刘秀调整了统治政策，社会得以安定，经济得以恢复和发展，户籍人口也增加了，史称“光武中兴”。但东汉自和帝开始，皇帝即位时的年龄都很小，朝政逐渐被外戚和宦官把持，政治腐败，最终导致了张角领导的黄巾起义，东汉政权崩溃。

西汉时将铸币和盐铁买卖权从诸侯国收归中央，统一使用“五铢钱”。农业上不仅牛耕、马耕和铁制农具得到普遍推广，还出现了耦耕、犁耕和播种的耧车，使农田耕作效率大大提高。汉武帝还下令修筑六辅渠、白渠并治理黄河。手工业方面，在冶铁中使用煤做燃料，制铜工艺水平提高。纺织方面出现了提花机，使锦绣、绢纱等丝织品更加精美。

外交方面，西汉张骞两次出使西域，不仅打通了与西域各国的外交，将西域的名马、苜蓿、葡萄、核桃、胡萝卜引进中国，还将中国的丝织品、铁器及冶铁、凿井技术传至西域，并开通了历史上著名的丝绸之路。东汉班超也出使过西域。166 年大秦（古罗马）王安敦遣使从海路来中国，这是中国同欧洲国家友好往来的最早记录。另外，汉代时我国已与周边的朝鲜、日本有了文化上的交流。

五、三国、两晋、南北朝

三国、两晋、南北朝是我国历史上又一个纷乱时期，是封建国家分裂和民族大融合时期。

东汉后期，地方割据势力不断强大。赤壁之战后，220 年，曹操之子曹丕称帝建魏国。221 年，刘备称帝建蜀国。229 年，孙权称帝建吴国，形成了“三国鼎立”的局面。

263 年魏灭蜀。265 年司马炎废魏帝，自称皇帝，建晋朝，定都洛阳，史称“西晋”。280 年晋灭吴，实现了短暂的南北统一。316 年匈奴攻入洛阳，317 年西晋灭亡，同年西晋皇族司马睿在建康（今南京）称帝，史称“东晋”。同期的中国北方各族先后建起了前赵、前燕、北燕、南燕等 16 个政权，史称“十六国”。420 年，东晋灭亡后，南方经历了宋、齐、梁、陈四朝，因均定都建康，史称“南朝”。北方地区北魏统一黄河流域后又分裂为东魏、西魏，以后又分别被北齐、北周取代。历史上统称北魏、东魏、西魏、北齐、北周为北朝。北朝与南朝并存，史称“南北朝”。

三国、两晋、南北朝时期，北方在政权的不断更替过程中出现了各族人民大融合的趋势。北魏孝文帝进行改革。官员实行俸禄制，土地实行均田制，并迁都洛阳，穿汉服，改汉姓，接受汉族先进文化。孝文帝的改革促进了北方各民族封建化的过程，同时也促进了民族间的融合。孝文帝成为中国古代杰出的少数民族政治改革家。而此时的江南，因北方人民的大量南迁，不仅带来了大量的劳动力，也带来了中原先进的生产技术。北方的小麦推广到了江南，江南的稻田中开始使用绿肥。牛耕、粪肥也在江南得到推广，江南经济开始赶超中原。手工业中灌钢法的发明，大大提高了钢的质量，使兵器和农具的制造更加廉价和耐用。丝织业在江南也快速发展起来。

六、隋唐

隋唐时期是中国封建社会的繁荣时期。

581 年，杨坚建立隋朝，定都长安。589 年，隋灭陈，重新统一了中国。隋文帝杨坚统治时期，改革官制、建立“三省六部”、实行均田、减轻徭役、大兴科举，使社会得以安定，经济得以复苏，史称“开皇之治”。但隋炀帝杨广即位后却奢侈、腐化，连年发动讨伐高句丽的战争，造成民怨四起，农民战争爆发，隋王朝崩溃。

隋太原留守李渊举兵反隋，618 年建唐朝，定都长安。唐太宗李世民即位后，吸取隋亡的教训，调整了统治政策，如善于纳谏、完善科举、任用贤臣等，使政治清明。农业上实行均田制和租庸调制，轻徭薄赋。唐太宗通过一系列政策的实施，使大唐王朝社会安定，经济发展，文化繁荣，国力强盛，史称“贞观之治”。武则天称帝后，社会经济持续发展，到唐玄宗李隆基统治初期，唐王朝更达到了全盛时期，史称“开元盛世”。唐玄宗统治后期，因其贪恋女色，重用奸臣，致使政治腐败，最终引发了“安史之乱”。“安史之乱”持续了 8 年之久，大大挫伤了唐王朝元气，唐朝由盛转衰。唐末宦官专权、朋党之争、藩镇割据等愈演愈烈，最终导致王仙芝、黄巢领导的农民起义。907 年朱温废唐自立，建后梁，唐亡。

隋唐是我国封建经济繁荣发展时期。

隋代开凿大运河，以东都洛阳为中心，北至涿郡，南达余杭，全长 2000 多千米。大运河成为中国南北交通的大动脉，对南北经济交流起到了巨大作用。

唐代的粮食品种以粟和水稻为主，服装以丝、麻为原料。精美的陶瓷器皿是唐人的日常用品。人们出门喜爱骑马，女子更喜欢相约春天骑马游春。

农业上，唐代有了曲辕犁、筒车等更为先进的农具和灌溉工具，利用时令每年增添一次耕作，使粮食产量大大提高。

手工业上，唐代丝织业发达，尤以宋州、亳州的绢，益州、扬州、定州的绫锦最为著名。瓷器中邢州的白瓷被人们赞誉为“类玉”“类冰”，越州的青瓷则有“类雪”“类银”的美誉。唐代发明了流光溢彩、造型美观的唐三彩。宣州和益州的纸也十分畅销。

隋唐时期和中国通商往来的国家由十几个增加到 70 多个。长安城里有许多外国留学生，尤以新罗（朝鲜）人最多。日本遣唐使来中国十几次，将中国的许多文化因素植入日本。中国的文字、城市建筑、服饰、饮食、行政制度，甚至中国的马球、足球、围棋等都传到日本。鉴真和尚 6 次东渡终于到了日本，传播了大唐文化和佛教。玄奘去印度取经，历时 18 年，完成了珍贵的《大唐西域记》(玄奘口述，辩机撰)。中国的丝绸、瓷器、纸张通过波斯远销西方，中亚、波斯的香料、药品、珠宝传进中国。中国的造纸术、纺织术、制瓷术经大食(阿拉伯)传到非洲和欧洲。

七、五代十国、辽、宋、夏、金、元

五代十国、辽、宋、夏、金、元时期是中国民族融合进一步加强和封建经济继续发展时期。

从907年朱温建后梁到960年后周亡，在黄河流域先后经历了后梁、后唐、后晋、后汉、后周的统治，合称五代。同期的山西和南方则出现了10个割据政权(吴、南唐、吴越、楚、闽、南汉、荆南、前蜀、后蜀、北汉)，总称十国。五代十国实际是唐末藩镇割据的继续与扩大。

960年，后周大将赵匡胤在陈桥驿发动兵变，“黄袍加身”称帝，建北宋，定都东京(今开封)。北宋随后经过十几年的努力，平定了后周残余势力，并陆续消灭了其他割据政权，结束了分裂。赵匡胤两次“杯酒释兵权”，解除了石守信等大将兵权，并采取不断扩大禁军、派文官管理地方等多种措施手段来巩固皇权。916年，北方契丹人建立辽国;1038年，党项族建西夏。辽、西夏与北宋长期对峙，多次发生战争。“澶渊之盟”(北宋和辽订立的盟约。盟约规定：宋每年上缴辽银10万两，绢20万匹。双方以白沟河为界)后，宋辽维持了百年和平。宋与西夏也有议和协议，西夏向宋称臣，宋每年给西夏岁币。宋中期，因官俸与军费开支不断膨胀，付给辽和西夏“岁币”负担沉重，中央财政入不敷出，宋神宗起用王安石进行变法。变法触及了大官僚、地主阶级的利益，最终失败。1115年，女真族首领完颜阿骨打在会宁称帝，建金国。1125年，金联合北宋灭辽。1127年，金灭北宋。同年，康王赵构在临安(今杭州)建南宋。从此，金与南宋对峙，南宋出现抗金将领岳飞。

1206年，成吉思汗建立蒙古政权，其后不断发动大规模战争，灭西夏和金。1271年，忽必烈建元，并于1272年迁都大都(今北京)。1276年，元灭南宋，统一中国。南宋抗元英雄文天祥就义于大都。

元帝国的疆域比以往任何朝代都要辽阔。为加强对全国的统治，忽必烈实行“行省制”，对后世影响深远。西藏在元代正式成为元的一个行政区，各民族融合进一步加强。元末，因政治腐败，灾荒连年，阶级矛盾、民族矛盾不断尖锐，最终导致元末红巾军起义，元朝灭亡。

相对和平的宋、元时期，中国古代经济有了进一步的发展。

经济上，江南、两广得到进一步的开发。从越南引进的占城稻米得以推广，水稻成为最重要的农作物，产量占据首位。丝织品的花色增多，蜀绣号称天下第一。宋代的造船业发达，并使用了指南针（指南针在南宋时经阿拉伯传至欧洲，为欧洲人进行环球航行和发现美洲大陆提供了重要条件）。当时的泉州、广州、明州（今宁波）不仅有发达的造船业，也是重要的外贸口岸。形成于秦汉的海上丝绸之路在宋代得以繁荣。宋代商业发达，不仅有夜市、早市，还出现了娱乐贸易场所“瓦子”。为了方便交易，出现了世界上最早的纸币“交子”。北宋的定窑（白瓷）、钧窑（彩瓷）、哥窑（裂纹图案的瓷）和景德镇生产出大量名瓷。金银铜铁矿产的开采量位居世界第一。元代，棉布成为江南人的主要衣料，棉花种植范围扩大到两广、福建和长江流域，松江成为棉纺织业的中心。那里生产的“乌泥泾被”远近畅销。元代的黄道婆把从黎族人那里学过来的先进纺织技术传授开来，并改进了纺织工具。元代，意大利旅行家马可·波罗来到中国，居住了十几年，游历了很多地方，写下了著名的《马可·波罗游记》，激起了欧洲人对东方文化的好奇与向往。

八、明清

明清时期是中国统一的多民族国家不断得到巩固和封建制度逐渐衰落的时期。

元末，朱元璋借助红巾军起义不断扩大自己的势力，最终在 1368 年建立明王朝，定都应天府（今南京）。明初，在政治上朱元璋采用废除丞相、保留六部、设厂卫、推八股、大兴文字狱、严惩贪官等一系列措施加强封建专制。经济上，采取休养生息的政策，鼓励垦荒、减免赋役，实行驻军屯田等手段来刺激经济的复苏。军事上，下令建长城。明代的长城东起辽宁丹东鸭绿江边的虎山，西至甘肃嘉峪关，全长 8851.8 千米。从 1368 年开始到 1500 年，长城大修 18 次，有效地抵御了北方游牧民族的进攻。从 1399 年至 1402 年，燕王朱棣发动“靖难之役”，从侄子朱允炆手中夺取政权，登上帝位，年号永乐。1421 年，永乐帝为加强北方的战略防御，迁都北京。永乐帝令大学士解缙编著《永乐大典》，成为集明代最先进的科技文化于一身的综合性类书；派郑和下西洋，沟通了我国与亚非 30 多个国家的友好往来。郑和下西洋成为中国古代历史上时间最长、规模最大、范围最广的外交活动。明朝中后期，倭寇经常袭扰东南沿海，戚继光率军平乱，肃清倭患，成为抗倭英雄。明后期政治统治黑暗，宦官专权，连年灾荒，土地高度集中，导致明末农民起义。1644 年 3 月 19 日，李自成率领起义军攻破北京内城，崇祯帝在万岁山（景山）自缢，明亡。

17 世纪初，女真族崛起。1616 年，努尔哈赤建后金。1635 年其子皇太极将族号改为“满洲”族（近代称“满族”）。皇太极于1636年称帝，将国号改为“清”。1644年，清军攻入山海关。同年十月初一，爱新觉罗·福临祭告天地，正式宣告定鼎燕京（今北京）。

清朝从1644年入关到1912年退位，历经268年。其中统治最为辉煌的是康熙、雍正、乾隆三帝，人称“康乾盛世”。康熙帝除鳌拜、平定三藩之乱、收复台湾、驱逐沙俄侵略军、平定准噶尔部叛乱、确定中央政府册封达赖和班禅的制度等，成为一代杰出的帝王。乾隆帝则是中国历史上寿命最长的皇帝，他在位期间确定了中国最终的版图。但腐朽的君主专制制度阻碍了中国社会的进步和发展，统治者挥霍无度，内部高官贪赃枉法，大兴文字狱，在思想和文化上对知识分子和人民进行迫害和压制；对外实行“闭关锁国”的政策，使中国失掉了对外贸易的主动权，阻碍了手工业的进步与发展，看不到世界形势的变化，日益脱离世界发展的潮流，终归于落后。清末，西方列强先后对中国发动两次鸦片战争及中法战争、中日甲午战争和八国联军侵华战争等，逼迫清政府签署不平等条约，掠夺中国的财富与土地。面对大清王朝腐败落后的统治，人民开始反抗，统治者内部也出现了“自强”“求富”的洋务运动。1911年孙中山先生领导的辛亥革命爆发，1912年中华民国成立。1912年2月12日，隆裕皇太后代签退位诏书，清朝灭亡。

明清时期我国的社会经济有很大的进步。

农业上，明代江南已经出现了双季稻，岭南更是出现了三季稻。各种农作物广泛种植，农业生产水平大大超过前代，出现了“湖广熟，天下足”的谚语。

手工业上，苏杭的丝织业发达，松江仍然是棉织业中心，山西的潞绸、四川的蜀锦名扬天下。景德镇的制瓷业已居全国之首，尤以青花瓷最为知名。冶铁业已采用焦炭为原料，采用火药爆破方法采矿，大大提高了冶铁的质量与速度。河北的遵化、广东的佛山成为南北方的冶铁中心。商业继续活跃，全国出现了30多个大型商业城市，而最有名气的当数“上有天堂，下有苏杭”的苏州和杭州了。

九、近代史

在中华民族空前危难之际，中国先后爆发了洋务运动、戊戌变法、义和团运动等。1911年，孙中山领导的辛亥革命推翻了清王朝的统治，同时也结束了延续2000多年的封建君主制，建立了“中华民国”，中国历史翻开了崭新的篇章。

但是革命的果实随即被袁世凯窃取，后来又陷入军阀混战的局面，民国徒有虚名。以孙中山为首的国民党和刚刚成立的中国共产党为挽救国家颓势，依据各自不同的指导思想与军阀展开了斗争并最终走向第一次国共合作。正当革命形势大好之时，国民党右派相继发动“四一二”和“七一五”反革命政变，大革命失败。

1931 年，日本发动“九一八”事变，中华民族面临生存危机。大敌当前，“停止内战，一致抗日”成为中华民族的唯一抉择。1936 年，张学良等发动“西安事变”，迫使蒋介石接受共产党人的主张，实现第二次国共合作。1937 年 7 月 7 日，日本发动“卢沟桥事变”，向中国发动丧心病狂的侵略战争，中国进入了全面抗战时期。1945 年，中华民族历经 14 年艰苦卓绝的抗日战争，最终赢得胜利。

此后，围绕国家政权的重组和国家命运的选择，国共两党的分歧越来越大。1946 年，国民党发动内战，经过 3 年多的国内战争，国民党在大陆的统治土崩瓦解，退守台湾。1949 年 10 月 1 日，中华人民共和国成立，中国历史翻开了新的一页。

第二节　中国科技文化

一、中国科技文化的发展

中国是世界文明古国之一。从原始社会到形成国家，有文字可考的历史有 5000 年以上（从盘古、女娲等神话时代算起）。中国古代的科技文化源于生活，造纸、印刷、纺织、陶瓷、冶铸、建筑等各项生活需要的实用技术应运而生，中国人引以为豪的发明创造无不带有鲜明的实用烙印。同时，中国古代的农学、医学、建筑学、数学、天文学、地理学、物理学、军事科学诸多方面也在世界科技史上创造了无数的辉煌。

中国古代科技文化的发展大致经历了五个阶段：

第一，原始社会时期（170 万年前—4000 年前）是中国传统科技文化的萌芽时期。

第二，先秦时期（约前 2070—前 221 年）是中国传统科学技术的奠基时期。

第三，秦汉南北朝时期（前 221—581 年）是中国传统科学技术的形成时期。

第四，隋唐宋元时期（581—1368 年）是中国传统科学技术的发展时期。

第五，明清时期（1368—1912 年）是中国传统科学技术由兴盛到衰落的时期。

二、中国科技文化的成就

（一）中国古代的天文历法成就

《春秋》记载，公元前613年，“有星孛入于北斗”。不少中外学者认为这是世界上最早的哈雷彗星的记录。另外春秋时期我国历法已经形成自己固定的系统，基本上确立19年7闰的原则，这比西方早160年。战国时期，世界上最早的天文学著作《甘石星经》出现，其中有丰富的天文记载，反映了那个时期人们对天文的认识。

汉武帝时，天文学家制定出中国第一部较完整的历书《太初历》，开始以正月为岁首。西汉关于太阳黑子的记录，被世界公认为是有关太阳黑子的最早记录。

东汉时，张衡从日、月、地球所处的不同位置，对月食作了最早的科学解释。另外张衡还发明制作了地动仪，可以遥测千里以外地震发生的方向，比欧洲早1700多年。除以上的贡献外，他还改进了重要的天文仪器——浑天仪。

唐朝最有成就的天文学家僧一行制定的《大衍历》，比较准确地反映了太阳运行的规律，系统周密，是当时最精确的历法。僧一行还是世界上用科学方法实测地球子午线长度的创始人。

北宋科学家沈括把四季二十四节气和十二个月完全统一起来的“十二气历”更加简便，有利于农事安排。元初中央设立太史局编制新历法。元朝杰出天文学家郭守敬创制了简仪和高表等近20件天文观测仪器，主持了全国范围的天文测量。郭守敬还主持编定《授时历》，测定一年为365.2425日，距近代观测值365.2422日仅差25.92秒，精度与公历（指1582年《格里高利历》）相当，但早300多年。

明代徐光启吸收西洋历法成果编成《崇祯历书》。在编书过程中，他翻译了哥白尼《天体运行论》中的许多章节，还有开普勒《论火星的运动》一书中的材料，历法计算中不用中国传统的代数学方法而改成几何学方法，这是中国天文学史和历法史上一个重要的转折。中国古代天文学体系开始向近代天文学转变。明代安装了中国第一架天文望远镜，名为筩，其意思为“筒”。

明代著名的律学家、历学家朱载堉经过仔细观测和计算，求出了计算回归年长度值的公式。在1986年，专家们用现代高科技的测量手段对朱载堉关于1554年和1581年这两年的计算结果进行了验证，验证发现，朱载堉1554年计算的长度值与我们今天计算的仅差17秒钟，1581年的差21秒钟，令世人震惊。他也是我国历史上第一个精确计算出北京的地理位置（北纬39°56′，东经

116°20′)的人。

(二)中国古代的数学成就

我们的先民在从野蛮走向文明的漫长历程中，逐渐认识了数与形的概念。殷商甲骨文中已有13个计数单字，最大的数是“三万”，最小的是“一”。一、十、百、千、万，各有专名。其中已经蕴含有十进位值制萌芽。传说伏羲创造了画圆的“规”、画方的“矩”，也传说黄帝臣子倕(chuí)是“规矩”和“准绳”的创始人。早在大禹治水时，禹便“左准绳”(左手拿着准绳),“右规矩”(右手拿着规矩)(《史记·禹本纪》)。因此，我们可以说，“规”“矩”“准”(测平面的水准器)、“绳”(量直度的墨线)是我们祖先最早使用的数学工具。《周髀算经》被人们认为是流传下来的中国最古老的既谈天体又谈数学的天文历算著作，提出了勾股定理。相传西周初年周公(前11世纪)制礼，数学成为贵族子弟教育中六门必修课程——六艺之一。

最晚在春秋末年，人们已经掌握了完备的十进位值制计数法，普遍使用了筹算这种先进的计算方法。人们已谙熟九九乘法表(九因歌)、整数四则运算，以及乘方、开方等较复杂运算，并可以对零、负数和分数作出表示与计算。中国的筹算还促成了印度－阿拉伯数字体系。中国古代还出现了世界上最早的星表之一，测定了比较精确的回归年长度。

东汉时期的《九章算术》，不仅最早提到分数问题，也首先记录了盈不足等问题，其中“方程”一章还在世界数学史上首次阐述了负数及其加减运算法则。它是一本综合性的历史著作，是当时世界上最简练有效的应用数学。

魏晋至唐初是中国数学理论体系建立期。数学家刘徽提出了计算圆周率的正确方法，提出了求圆的面积和圆柱、圆锥体积的方法。南朝数学家祖冲之在世界上第一次把圆周率数值精确到小数点后7位(3.1415926~3.1415927之间)，这一成果比欧洲早了近1000年，他的专著《缀术》对数学发展有杰出的贡献。

唐中叶至宋元是中国数学发展的高潮。大科学家沈括(1031—1095年)对数学有独到的贡献，在《梦溪笔谈》中首创隙积术、开高阶等差级数求和问题之先河，又提出会圆术，首次提出求弓形弧长的近似公式。

珠算始于汉代，至宋元时期，开始在全国广泛使用。16世纪末，利玛窦等欧洲传教士来华，与徐光启等一起翻译《几何原本》等著作。后来，传教士们又引入了三角学、对数等西方初等数学。康熙皇帝爱好数学，命人编纂《数理精蕴》53卷。鸦片战争后，西方数学以前所未有的规模大量传入。

（三）中国古代的物理学成就

战国时期，物理学有较大成就。《墨经》中有大量的物理学知识，其中包括杠杆原理和浮力理论的叙述，还有声学和光学的记载。其中关于光影关系、小孔成像等，写得很系统，被现代科学家称为“《墨经》光学八条”。明代的方以智著《物理小识》，万户实施了世界最早的火箭升空试验，孙云球制造放大镜、显微镜等几十种光学仪器，并著《镜史》。

（四）中国古代的医药学成就

1. 先秦时期

扁鹊是战国时期最著名的医生，后代把他奉为“脉学之宗”，他采用望、闻、问、切四诊法。切脉（从脉象中诊断病情）是扁鹊的主要成就。四诊法成为我国中医的传统诊病法，2000多年来一直为中医所沿用。此时期中医学理论初步建立。

2. 两汉两晋时期

战国问世、西汉编定的《黄帝内经》成为我国现存最早的一部医书。它奠定了中医学的理论基础。东汉的《神农本草经》是中国第一部完整的药学著作。东汉末年的民间医生华佗，擅长针灸和外科手术，被人誉为“神医”。他发明了“麻沸散”，成为世界上最早采用全身麻醉方法治病的医生，比西方早1600多年。华佗还模仿动物，创造性地发明了医疗体操“五禽戏”。东汉末年的名医张仲景，被称为“医圣”，其代表作《伤寒杂病论》阐述了中医理论和治疗的原则，奠定了中医治疗学的基础，是后世中医的重要经典。晋太医王叔和著《脉经》，是我国现存第一部脉学专著。东晋炼丹家葛洪编著的《肘后备急方》是一部颇有实用价值的医书。皇甫谧的《针灸甲乙经》是我国第一部针灸学专著。

3. 隋唐宋金元时期

唐太宗创办世界上第一所医校，比欧洲早200年。唐朝孙思邈的《千金方》总结了前代医家的医学理论和治疗经验，被誉为“东方医学圣典”，其本人被尊为“药王”。唐高宗时期编修的《唐本草》，是世界上最早的、由国家颁行的药典。北宋医学家王惟一主持监制了两具刻有经脉腧穴的针灸铜人，作为针灸的教学考试之用。南宋时期宋慈的《洗冤集录》是我国第一部系统的法医学著作，比西方早300年。金元时期，出现了各有创见的刘完素、张从正、李杲、朱震亨四大医学流派，他们被称为“金元四大家”。

4. 明朝时期

明朝李时珍的《本草纲目》对前代药物学进行了全面总结，是当时世界上内容最丰富、考订最翔实的药物学著作。明朝还在世界上最早种痘预防天花。

（五）中国古代的地理学成就

1. 南北朝时期

西晋时期，裴秀是中国古代杰出的地图学家，绘制出《禹贡地域图》，还提出了绘制地图的原则。北魏时期，地理学家郦道元的《水经注》，通过为古书《水经》作注，以《水经》为纲，全面而系统地介绍了水道流经地区的自然地理和经济地理等诸方面的内容，是一部历史、地理、文学价值都很高的综合性地理著作，至今仍是研究我国古代地理的重要著作。

2. 明清时期

明朝徐霞客的《徐霞客游记》，对石灰岩溶蚀地貌的观察和记述，早于欧洲约两个世纪，还记录了一些地理发现，纠正了前代地理学著作中的一些错误。明代还出现最早的世界地图《坤舆万国全图》（是郑和第七次下西洋之前绘制的，是国内现存最早的、第一幅出现美洲的世界地图）。王士性是与徐霞客比肩的明代地理学家，被誉为中国人文地理学的开山鼻祖，所著《广志绎》是一部很有价值的人文地理学著作。

清代康熙时，经过 30 余年的筹划、测绘工作，制成了《皇舆全览图》。这部地图“不但是亚洲当时所有的地图中最好的一幅，而且比当时所有的欧洲地图都更好、更精确”。

魏源在林则徐《四洲志》的基础上编撰了《海国图志》，共一百卷，是近代第一部由中国人自己编写的介绍世界各国国情的著作。

（六）中国古代建筑学成就

1. 先秦时期

夏、商、西周的都城是全国政治、交通中心，设有城门供居民出入，城内有整齐宽广的街道。秦汉时期有大规模的水利工程，包括都江堰、郑国渠等。秦汉时期还大规模地兴建长城，体现了中国当时建筑技术的发达。

2. 隋唐时期

隋唐是中国古代建筑的成熟时期，取得了辉煌成就。隋朝著名建筑师宇文恺主持修建了大兴城，唐朝在此基础上扩建为长安城。长安城整体设计合理，建筑规模宏大，体现了当时城市建筑的高超技术。宇文恺采用图纸和模型结合的设计方法，是我国建筑技术上的一大突破。隋朝工匠李春设计建造的赵州桥，是世界上最早的敞肩石拱桥，比欧洲类似的桥早了 700 多年，在世界桥梁史上占有重要地位。唐代都城长安，规模庞大，布局规整，方如棋盘。长安人口超过百万，商业兴旺，成为当时世界上最大、最壮观的城市。城东北的大明宫含元殿是长安城中最辉煌壮丽的建筑。

3. 宋元时期

北宋建起了我国历史上第一座海港大石桥——泉州洛阳桥，南宋建起了中国古代保存至今最长的桥——泉州安平桥。北宋末年李诫编写的《营造法式》，是一部建筑设计、施工的规范书，成为世界上最早、最完备的建筑学著作。辽代天津蓟州区独乐寺、山西应县木塔，是我国著名的古代木结构建筑。金代的卢沟桥闻名中外。元大都建筑宏伟，城内有完整的排水系统。

4. 明清时期

明成祖朱棣令人在元大都的基础上营建北京城，约 80 万名能工巧匠中，最有名的是木工蒯祥，被誉为“蒯鲁班”。当时的北京城有三重，宫城外有皇城，皇城外有大城。宫城又称紫禁城。北京城的主体建筑都布置在中轴线上，中央官署集中在大城南部，钟楼、鼓楼位于城北。宫城的黄色琉璃瓦和红墙相配，充分体现出封建皇帝的威严。明代还大规模兴建万里长城，是中国历史上修筑万里长城的第三次高峰。清代最著名的工程就是皇家园林的兴建，如承德的避暑山庄、北京的三山五园。

（七）中国古代农学成就

农业是中国社会的经济基础，历代统治者重视农业生产，我国很早就形成独具特色的农学体系。神农氏（又称炎帝），是古代传说中的农业之神。他教人们制造农具，用耒耜开荒垦地，播种五谷。中国农业起源于新石器时代，中国的黄河、长江流域是世界农业起源地之一。精耕细作是对中国传统农业精华的一种概括，指的是传统农业的一个综合技术体系，萌芽于夏商周时期。战国、秦、汉、魏晋、南北朝是技术成形期，农业上的轮作制已经确立。隋、唐、宋、辽、金、元是精耕细作的扩展期，明、清是深入发展期。为了提高土地生产率，人们通过提高耕作技术来提高单位面积产量，充分发挥土地潜力。此时玉米、地瓜、土豆、花生、烟草、西红柿、向日葵、南瓜、辣椒等农作物从美洲传入。

古代，我国的农学著作不断问世，估计有 600 种之多，其中《夏小正》是中国现存最早的一部记录农事的历书（现存原文或有辑佚本的约各占二分之一）。我国闻名于世的“四大农书”是《氾胜之书》、《齐民要术》、《农书》（或称为《王祯农书》）和《农政全书》。

《氾胜之书》是西汉晚期的一部重要农学著作，中国最早的一部农书，总结了当时黄河流域劳动人民的农业生产经验，记述了耕作原则、作物栽培技术和种子选育等农业生产知识，对农作物的“区种法”比较推崇。

《齐民要术》为北魏贾思勰所著，是完整保存下来最古老的农书，反映了封建社会小农经济与家庭手工业合一的自然经济状况。书中所讲述的都是黄河中下游旱地农业生产的关键技术和作物栽种方法，并对农学类目作了合理划分，建立了较为完整的农学体系。是中国现存最早最完整的农书。

《农书》为元代王祯编著，是我国第一部从全国范围内对整个农业进行系统研究的农学著作。

《农政全书》为明代徐光启编著的中国古代优秀农学著作。《农政全书》综合介绍了我国传统农学成就，建立了一个比较完整的农学体系。书中还引入了《泰西水法》，介绍了欧洲先进的水利技术和工具。全书60卷，分12门，其中“救荒”一门占全书三分之一，表明作者关心民间疾苦，也说明当时灾荒的严重和政局的衰败。

另有《农桑辑要》系元代官修农书，是我国现存最早的官修农书（唐代、宋代也有官修农书，但已失传）。内容以北方农业为对象，农耕与蚕桑并重。

（八）中国古代手工业成就

《考工记》记述了战国时期齐国关于手工业各个工种的设计规范和制造工艺，书中保留有先秦大量的手工业生产技术、工艺美术资料，记载了一系列的生产管理和营建制度，一定程度上反映了当时的思想观念。《考工记》还有数学、地理学、力学、声学、建筑学等多方面的知识和经验总结。

《梦溪笔谈》由北宋科学家、政治家沈括撰写，是一部涉及古代中国自然科学、工艺技术及社会历史现象的综合性笔记体著作。英国科学史家李约瑟评价它是中国科学史上的里程碑。《梦溪笔谈》共分30卷，内容涉及天文、数学、物理、化学、生物等各个门类学科，其价值非凡，被翻译成日语、英语、法语、意大利语、德语等各种语言。

《天工开物》由明代科学家宋应星编写，是世界上第一部关于农业和手工业生产的综合性著作，是中国古代一部综合性的科学技术著作，外国学者称它为“中国17世纪的工艺百科全书”。《天工开物》共3卷18篇，全书收录了诸如机械、砖瓦、陶瓷、硫黄、烛、纸、兵器、火药、纺织、染色、制盐、采煤、榨油等农业和手工业的生产技术。尤其是“机械‘篇，详细记述了包括立轴式风车、糖车、牛转绳轮汲卤等农业机械工具，具有极高的科学价值。

（九）中国古代的史学成就

商周时期便设置有史官，专职记录天下大事和帝王言行。自《史记》之后，历朝历代都为前朝修史，使中国成为唯一拥有4000余年连贯历史记录的国家。中国古代重视历史主要有三个目的：一是完整准确地记录事实并留传后人，起到文化积累和传承的作用；二是总结历史得失，借鉴经验，起到“以史为鉴”的作用；三是规范行为，起到教育作用，激励人们追求“青史留名”。中国古代史书形成了纪传体、编年体、纪事本末体、政书四大体裁。

先秦时期是中国古代史学产生期。最早的官文书《尚书》和《诗经》中的“雅”“颂”反映周室东迁前各个历史阶段的社会情况和有关封国、征伐、农事等活动，与当时的金文记载都表现出明确的历史意识。西周末年至春秋时期，“国史”发展起来。春秋末年孔子编写的《春秋》，为中国史学上第一部编年体史书。

秦汉时期是中国古代史学确立期。政治上的大一统，产生了与之相适应的历史巨著《史记》和《汉书》。西汉司马迁编著的《史记》，采用“纪”和“传”记载了从传说中的黄帝到汉武帝时中国两三千年的历史，成为中国古代第一部纪传体通史。而东汉班固编著的《汉书》则是我国第一部纪传体断代史。它们奠定了中国古代史学发展的基础。

魏晋南北朝隋唐时期是中国古代史学发展期。刘知几写出了世界上第一部系统的史学评论著作《史通》(710 年)，杜佑写出了世界上最早的政书典制体通史《通典》(801 年)。另外，分类史书明显增加。

五代宋元时期是中国古代史学的继续发展期。以司马光的编年体通史巨著《资治通鉴》最具代表性。

明清时期是中国古代史学的嬗变期。李贽的《藏书》《焚书》，顾炎武的《日知录》，王夫之的《读通鉴论》《宋论》，黄宗羲的《明夷待访录》等，都是这个时期的史学名作。乾隆年间，皇帝钦定“二十四史”为正史。

（十）中国古代四大发明

中国古代四大发明是指中国古代对世界具有很大影响的四种发明，是古代劳动人民的重要创造，一般是指造纸术、指南针、火药及印刷术。

我国是世界上最早发明造纸术的国家。纸是我国古代劳动人民长期经验的积累和智慧的结晶，是人类文明史上的一项杰出的发明创造。西汉时出现了絮纸、麻纸。东汉蔡伦改进了造纸术，用树皮、麻头及敝布、渔网等原料，经过挫、捣、抄、烘等工艺制造的纸，是现代纸的渊源。这种纸，原料容易找到，又很便宜，质量也提高了，逐渐普遍使用。为纪念蔡伦的功绩，后人把这种纸叫作“蔡侯纸”。中国的造纸术通过阿拉伯传到欧洲，直到 1797 年，法国人尼古拉斯·路易斯·罗伯特成功地发明了用机器造纸的方法，从蔡伦时代起中国人持续领先近 2000 年的造纸术终于被欧洲人超越。

指南针又称指北针，常用于航海、大地测量、旅行及军事等方面。常见的有司南、磁针和罗盘，均属于中国的发明。指南针作为中国古代四大发明之一，对人类的科学技术和文明的发展起到了无可估量的作用。在中国古代，指南针起先应用于祭祀、礼仪、军事和占卜与看风水时确定方位。11 世纪末或 12 世纪初，中国船舶开始使用指南针导航。明成祖时由于有郑和下西洋的海上活动，使得绘制海图以及罗盘运用的技术大为进步。指南针应用在航海上，是全天候的导航工具，弥补了天文导航、地文导航的不足，开创了航海史的新纪元。

火药是中国古代人们长期炼丹、制药的实践结果，至今已有 1000 多年历史。硫黄、硝石与炭混合，这就是火药的配方。在适当的外界能量作用下，火药自身能进行迅速而有规律的燃烧，同时生成大量高温燃气。在军事上主要用作枪弹、炮弹的发射药和火箭、导弹的推进剂及其他驱动装置的能源，是弹药的重要组成部分。火药以其杀伤力和震慑力，带给人类消停战事、安全防卫的作用，成为人类文明重要发明之一。中国首先将火药运用于制造烟火，不久后就将其运用于军事，并发明了世界第一枚火箭。在宋代，中国火药的军事运用已经相当成熟，使得中国的科技遥遥领先于世界。

中国的印刷术经过雕版印刷和活字印刷两个阶段的发展。先秦时期的印章和石刻以及碑石拓印技术给印刷术提供了直接的经验性的启示。唐朝发明了雕版印刷术，多用于印刷佛像、经咒、发愿文以及历书等。1966 年在西安市西郊西安柴油机械厂发现雕版佛教梵文陀罗尼经咒单页，刻印于 704—751 年，为目前所知最早的雕版印刷品。现收藏在英国伦敦博物馆的唐咸通九年（868 年）王玠为二亲敬造普施的《金刚经》，是现存最早的标有年代的雕版印刷品。北宋庆历年间（1041—1048 年）毕昇发明的泥活字标志活字印刷术的诞生，比德国人约翰内斯·古腾堡活字印刷术早约 400 年。元代王祯成功创制木活字，又发明了转轮排字。明代中期，铜活字在江苏南京、无锡、苏州等地得到较多的应用。中国的印刷术先后传到朝鲜、日本、中亚、西亚和欧洲地区。中国活字印刷术的发明是印刷史上一次伟大的技术革命，为知识的广泛传播、交流创造了条件。

第三节　中国古代哲学

一、中国古代哲学发展概述

中国古代哲学萌发于西周时期。周公制礼作乐，维系社会的平衡与团结，使世人关注的重心从鬼神转向人事，推动社会文化由“神本”向“人本”转变。这种以“人”为本的思想深刻地影响着中国文化，并成为中国古代哲学的萌芽。中国古代哲学的发展大体经历了周代子学、两汉经学、魏晋玄学、隋唐佛学、宋明理学和清代朴学几个阶段。

二、中国古代哲学知识

(一)周代子学

周代子学即诸子之学，指春秋战国时期诸子百家的学术思想。《汉书·艺文志》所录诸子之学达 189 家，造就了中国哲学的第一个高峰。汉代学者以“九流十家”来概括总结先秦诸子学术。十家具体指墨家、儒家、道家、法家、名家、杂家、农家、阴阳家、纵横家、小说家，九流则是将小说家除去。诸子百家是对春秋、战国、秦汉时期各种哲学派别的总称。“诸子”，是指这一时期思想领域内反映各阶层、阶级利益的思想家及著作，也是先秦至汉各种政治学派的总称。其中以孔子、老子、墨子为代表的三大哲学体系最为著名，形成诸子百家争鸣的繁荣局面，为中国文化发展奠定了宽广的基础。

(二)儒家

儒家的创始人是孔子。儒家是战国时期重要的哲学学派之一，和墨家并称显学。儒家思想也称为儒教或儒学，大致经过了先秦儒学、两汉经学、宋明理学和清代朴学四个阶段。

孔子主张恢复西周等级制度——“礼”，周游列国却不受重视。于是孔子将毕生精力用于教授学生、整理古代文献。孔子整理了古代文献《诗》《书》《礼》《易》，相传还撰写了鲁国编年体史书《春秋》，被后世奉为儒家经典，称为“五经”。孔子生前的言论和主张则由其弟子和再传弟子编订为《论语》。孔子崇尚“礼”和“仁”，倡导“和而不同”，提倡“忠恕”和不偏不倚的“中庸”之道，主张“德治”和“仁政”，强调教育的功能，认为重教化、轻刑罚是国家安定、人民富裕幸福的必由之路，主张“有教无类”，对统治者和被统治者都应该进行教育，使每个人都成为道德高尚的人。孔子打破统治阶级垄断教育的局面，设立“私学”，使传统文化教育传播到整个民族，加上先进的教育思想，被尊称为中国古代最伟大的教育家，被后世统治者尊称为“至圣先师”“万世师表”，并被加封为“文宣王”。

孟子是战国时期儒学代表人物，人称“亚圣”。主张“人性本善”，强调民本思想，主张“民为贵，社稷次之，君为轻”，要求君王实行“仁政”“与民同乐”。其著作为《孟子》。

汉代儒学在西汉分为古文经和今文经两派。古文经是焚书坑儒前隐藏在民间用先秦古文字书写的经书，今文经指用汉隶默写恢复而来的经书。古文经学派重点研究古文字的音、形、义，今文经学派以研究所记录的思想内涵为主，主张“微言大义”，用以修身齐家治国平天下。汉代儒学以董仲舒为代表。董仲舒吸收了道家轻徭薄赋、休养生息的思想，法家德法兼用、恩威并济的主张以及阴阳五行家天人感应、君权神授的思想，主张“罢黜百家，独尊儒术”，迎合了汉武帝加强中央集权的需要，在普及的过程中，使很多社会问题得到解决。政治家们于是以此为基础，提出了“君权神授”“三纲五常”“政治大一统”等主张，适应了封建专制统治，儒家思想开始成为封建社会的正统思想。东汉年间，古文经和今文经统一，产生了郑玄、许慎、蔡邕等经学大师。郑玄代表了汉代经学研究的最高成就，许慎编写了中国第一部字典《说文解字》，蔡邕主持刻写了《熹平石经》(中国历史上第一部官方儒学经典经文)。

魏晋玄学、隋唐佛学的兴起对儒学提出了严峻的挑战，导致儒学地位大不如前。宋代二程（程颢、程颐)、朱熹以儒家学说为中心，兼容佛道两家的哲学理论，形成儒学新的流派，即理学，亦称“道学”“程朱理学”。朱熹是集大成者，其著作《四书章句集注》在明清以后的科举制度中被用为题库和标准答案，所有的答卷、观点均不可违背其中的说法。

宋明理学中心观念是“理”，“理”是产生世界万物的精神的东西，推行“三纲五常”，强调“存天理，灭人欲”和“格物致知”以明道德之善。王守仁创造性地发展了“心学”，成为“心学”集大成者，主张“天理即人欲”“知行合一”“致良知”，认为天理就在自己心中，只要克服私欲、恢复良知就能成为圣贤。

清代大兴文字狱，儒学逐渐脱离政治，“崇实黜虚”的学风开始盛行，宋明理学那种空谈心性的空疏风气开始受到鄙弃，从而形成了一代新的儒学思潮——朴学。朴学在治学上重视客观证据，反对主观武断，运用归纳法、演绎法，形成一种精确谨慎、朴实无华的严谨学风。但朴学脱离现实，缺乏思想创新，在哲学理论上显得苍白和过于烦琐，缺乏建树。

从儒学的发展历程看，儒学在封建社会的整个发展过程中基本上没有中断，在不同的社会历史条件下表现出不同的特点，演变为不同的形态，显示出极强的生命力。

（三）道家

道家是战国时期重要的哲学学派之一。春秋时期，老子集古圣先贤之大智慧，总结了古老的道家思想的精华，形成了“无为无不为”的道德理论，标志着道家思想已经正式成形。对中华哲学、文学、科技、艺术、音乐、养生、宗教等影响深远。道家的另一位代表人物是庄子。道家的代表作有《道德经》《庄子》等。

道家以“道”为核心，认为天道无为，主张道法自然，提出无为而治、以雌守雄、以柔克刚、刚柔并济等政治、军事策略，具有朴素的辩证法思想，同时主张清静、淡泊名利、寄情山水。道家是“诸子百家”中极为重要的哲学流派，存在于中华各文化领域，对中国乃至世界的文化都产生了巨大的影响。

（四）墨家

墨家是中国东周时期的哲学派别，诸子百家之一，与孔子所代表的儒家、老子所代表的道家共同构成了中国古代三大哲学体系。

墨家约产生于战国时期。创始人为墨翟（墨子）。墨家的主要思想主张是：人与人之间平等地相爱（兼爱），反对侵略战争（非攻），推崇节约，反对铺张浪费（节用），重视继承前人的文化财富（明鬼），掌握自然规律（天志）等。

因为墨家思想独有的政治属性，兼之西汉汉武帝“罢黜百家，独尊儒术”的官学勾结政策，墨家不断遭到打压，逐渐走向衰败。主要代表作有《墨子》《胡非子》，代表人物是墨子（墨翟）。

（五）法家

法家是中国历史上提倡以法制为核心思想的重要哲学学派。战国末期韩非对前人的学说加以总结、综合，集法家之大成。其范围涉及法律、经济、行政、组织、管理的社会科学，涉及社会改革、法学、经济学、金融、货币、国际贸易、行政管理、组织理论及运筹学等。

法家是战国时期平民的政治代言人，强调“不别亲疏，不殊贵贱，一断于法”。法家思想作为一种主要派系，提出了至今仍然影响深远的以法治国的主张和观念，以及把法律视为一种有利于社会统治的强制性工具。这些体现法制建设的思想，一直被沿用至今，成为中央集权者稳定社会动荡的主要统治手段，对现代法制的影响也很深远。法家的代表人物有李悝、商鞅、韩非。代表作有《法经》《韩非子》等。《法经》是中国历史上第一部比较系统的封建成文法典，它的制定者是战国时期著名的改革家李悝。《韩非子》的作者是韩非，系法家思想的集大成者。

（六）兵家

兵家是中国先秦、汉初研究军事理论、从事军事活动的学派，诸子百家之一。兵家的代表人物有春秋时的孙武、田穰苴（又称司马穰苴），战国时的孙膑、吴起、尉缭、赵奢、白起，汉初的张良、韩信等。兵家主要著作有《孙子兵法》《孙膑兵法》等。兵家著作中含有丰富的朴素唯物论和辩证法思想。

第四节　中国书画艺术

一、中国书法艺术

（一）书法艺术的发展

书法最早可以追溯到甲骨文和金文，具有代表性的是殷墟甲骨文和毛公鼎铭文。秦丞相李斯也是著名书法家，创造了小篆，作品有《峄山刻石》《泰山刻石》《琅琊台刻石》《会稽刻石》等。

汉代时期，随着秦隶逐渐定型，发生了书法史上著名的“隶变”，一种新的字体“隶书”应运而生。

汉代，不仅产生了隶书，而且还产生了章草、楷书、行书和今草。较著名的书法家主要有西汉史游，东汉王次仲、刘德升、张芝及蔡邕等人。史游擅长章草，其书作有《急就章》等。王次仲始创楷法（见晋卫恒《四体书势》）。刘德升和张芝则分别为行书和今草之高手。蔡邕书法则以篆隶见长，其书作有《熹平石经》等。

魏晋时期，隶书发展到了尽头，逐渐为楷书所取代。不过，这一时期的楷书仍然带有隶书的痕迹，故称为“魏楷”或“魏碑”，以和后来完全成熟的“唐楷”等相区别。这一时期的书法家以钟繇和王羲之为最。钟繇各体俱佳，尤以楷书为妙，被奉为“楷书之祖”，其书作有《贺捷表》《宣示表》等；而王羲之则使楷书最终摆脱了隶书的痕迹，并进一步发展了行书和草书，在书法史上影响极大，故被尊为“书圣”，其书作《兰亭集序》被誉为“天下第一行书”。此外，王献之和王珣亦为这一时期著名书法家。王献之的《中秋帖》和王珣的《伯远帖》被清乾隆皇帝视为稀世珍宝，和王羲之的《快雪时晴帖》合称“三希”。乾隆皇帝将之藏于养心殿书房内，并将书房命名为“三希堂”。

南北朝时期，南朝继承“二王”书风，书法婉丽清媚，富有逸气，因禁碑而多帖；北朝则无碑禁而多碑，书法雄奇方朴，富有豪气。南朝著名书法家以智永禅师较为著名，其作品有《智永千字文》等；北朝则多为民间书法家，如郑道昭等人。

唐代，楷书艺术得到了最充分的表现，对后世的影响极大，故唐代楷书被后人特称为“唐楷”。初唐楷书代表人物为欧阳询、虞世南、褚遂良和薛稷，被称为“初唐四大家”。欧阳询书作有《九成宫醴泉铭》《皇甫诞碑》等，虞世南书作有《孔子庙堂碑》等，褚遂良书作有《孟法师碑》《雁塔圣教序》等，薛稷的书作有《信行禅师碑》等。中唐以颜真卿、张旭、怀素、李邕等最具代表。颜真卿的楷书宏伟开阔、博大雄壮，一改王羲之娟妍秀美的遗风，世称“颜体”，其书作有《多宝塔碑》《自书告身帖》《颜勤礼碑》等；其行书亦同样卓有成就，其书作《祭侄文稿》被誉为“天下第二行书”，其他行书作品则有《争座位帖》（又名《论座帖》）等。张旭和怀素均为草书大家，张旭的书作有《古诗四帖》《自言帖》《肚痛帖》《春草帖》《乾元帖》《大草帖》等，怀素的书作有《自叙帖》《千字文》《苦笋帖》《论书帖》《东陵圣母帖》等。李邕则以行书见长，并始创“行楷”一体，其书作有《李思训碑》《岳麓寺碑》《法华寺碑》等。

晚唐及五代的书法家则以柳公权、杨凝式较为著名。柳公权的楷书被称为“柳体”，和颜真卿的楷书并驾齐驱，世称“颜筋柳骨”，其书作有《神策军碑》《玄秘塔碑》等。而杨凝式则自颜柳入二王，各体皆能，其书作有《韭花帖》《神仙起居帖》等。

宋代书法家多擅长行、草，其中以蔡襄、苏轼、米芾、黄庭坚较为著名，被称为“宋四家”。蔡襄的书作有《洛阳桥记》《昼锦堂记》等，苏轼的书作有《天际乌云帖》《洞庭春色赋》《寒食帖》等，米芾的书作有《苕溪诗帖》《蜀素帖》《多景楼诗》等，黄庭坚的书作有《松风阁诗》《经伏波神祠诗卷》《诸上座帖》等。

元明时期以元赵孟頫和明董其昌为代表。赵孟頫各体皆能，尤以行楷日写万字而著称于世，和欧阳询、颜真卿、柳公权的楷书齐名，被后人奉为欧、颜、柳、赵四体楷书，其书作有《胆巴碑》《妙严寺记》《三门记》等；而董其昌则擅长行草，其书作有《行草诗卷》《董源潇湘图卷跋》等。

元明时期，行草书继续获得较大的发展。元代除赵孟頫外，较著名的书法家有鲜于枢和康里巎（náo）巎等。明代除董其昌外，著名书法家还有宋克、文徵明、祝枝山、王宠等人。其中鲜于枢的书作有《襄阳歌》等，康里巎巎的书作有《渔父辞》等，宋克的书作有《杜甫壮游诗》等，文徵明的书作有《西苑诗》等，祝枝山的书作有《箜篌引》《前赤壁赋》等，王宠的书作有《诗卷》《诗页》等。

明末清初较有成就且具代表性的著名书法家有张弼、徐渭、张瑞图、黄道周、倪元璐、王铎、傅山、石涛和朱耷（八大山人）等人。他们的作品大多是一些行草立轴或行草诗轴之类。

清代，继承反流俗革新思潮而起的是以扬州八怪为代表的“画家书派”。他们亦画亦书，狂放不羁，其中尤以金农和郑板桥更为突出。金农的书作有《漆书》《隶书立轴》等，郑板桥的代表作有《五言诗轴》《道情》《书画润格》等。

（二）中国书法著名字体

隶书　起源于秦代，东汉时达到顶峰，书法界有“汉隶唐楷”之说。隶书结构扁平、工整、精巧，书写效果略微宽扁，讲究“蚕头雁尾、一波三折”。

草书　始于汉初。又分有章草、今草、狂草。特点是结构简省，笔画连绵，书写便捷，彰显个性。如唐代张旭的《千字文》、怀素的《自叙帖》都是草书中的杰出代表，有“张癫素狂”之说，张旭更有“草圣”之誉。

楷书　又称正书、真书。特点是规整、严谨、大气。楷书的出现，标志着汉字的方块化已经定型，汉字的字体演变已经成熟。东汉末年的钟繇堪称楷书之祖。唐代的欧阳询、颜真卿、柳公权和元代的赵孟頫被誉为“楷书四大家”。

行书　产生于东汉末年。行书介于草、楷之间。它既不像草书那样难以辨认，也不像楷书那样严谨端庄。行书的杰出代表就是王羲之的《兰亭集序》，被誉为“天下第一行书”。北宋的苏轼、黄庭坚、米芾、蔡襄书法的主要成就也体现在行书上。

魏碑　是指南北朝时期北朝的碑刻书法作品。因北魏立国时间最长，作品最精，遂以魏碑统称之。魏碑书法上承汉隶，下开唐楷，兼有隶楷两体之神韵，表现出由隶书向典型的楷书发展过程中的一些过渡因素。

（三）书法艺术的准则

书法，要求艺术化地书写汉字。所谓艺术化，就是必须遵循一定的艺术准则。

书法艺术特定的艺术准则，除了必须用笔墨来书写汉字以外（这是书法艺术特定的工具材料、特定的表现对象所决定的），还注重通过用墨书写的线条及线条的组合以及字和字之间的组合来塑造视觉形象，主要是笔画、结构、章法三个要素的组合。

二、中国画

中国画又称“国画”，古称丹青。中国画属于东方绘画体系，与西方流行的油画相比，具有明显的民族特色。中国画使用的主要工具和材料有毛笔、水墨、颜料、丝帛、纸张等。中国画重视装裱，人们常以装裱后的款式分为立轴、手卷、扇面、斗方、册页等。

（一）中国画的发展

中国画的历史可以追溯到仰韶文化时期。当时人们在陶器上就刻画出了简单的人物、花鸟、虫鱼等图案。春秋战国时期出现了帛画。战国时期帛画《龙凤人物图》被认为是现存最早的古代绘画。汉代时人物画发展起来。魏晋南北朝时期绘画成为一项独立的艺术，大量佛教壁画开始出现，同期文人画也发展起来。唐宋时期山水画、花鸟画作为独立画科蓬勃发展起来。元代更出现了水墨山水画。明清时期中国画有了长足的发展，出现了许多著名画家。

中国古代绘画史上曾出现过许多优秀人才。三国时期吴国的曹不兴是第一个画佛像的画家。东晋时期的顾恺之擅长人物画，有“才绝”“画绝”“痴绝”之称，代表作有《女史箴图》和《洛神赋图》。唐代则以阎立本、吴道子最为著名。阎立本擅长政治人物画，笔法圆劲，气韵生动，特别善于刻画人物的神态，代表作有《步辇图》《太宗真容》《历代帝王图》等。吴道子是中唐时期最负盛名的画家，被人们称为“百代画圣”。因其画中人物衣带飘拂若动，被人们称为“吴带当风”，代表作有《送子天王图》等。隋唐时期，山水画从人物画中独立出来，成为新的绘画题材，涌现了展子虔设色山水、李思训金碧山水、王维水墨山水等代表，展子虔的《游春图》是不可多得的佳作。王维倡导“诗中有画，画中有诗”，形成诗、书、画三位一体的独特风格，被后人奉为文人画的始祖。

北宋商业手工业发展迅速，城市文化空前活跃，人们对于绘画的需求大幅增长，促进了绘画的发展。宋代多数帝王如仁宗、神宗、徽宗、高宗、光宗、宁宗等人都对绘画有不同程度的兴趣，尤其是宋徽宗赵佶不仅书法漂亮，创造了“瘦金体”，更有传世佳作《芙蓉锦鸡》《池塘晚秋》等画作。宋徽宗还一度设立画院，培育了一大批宫廷画家，这些画家创作了许多传世佳作，张择端的《清明上河图》就是不朽的珍品。唐代出现的文人画，从北宋中后期以后形成巨大的艺术潮流。范宽、董源、李成，并称“北宋三大家”。还涌现了仲仁、杨（或作“扬”）无咎的墨梅，文同的竹，苏轼的古木怪石，米芾、米友仁父子的云山，赵孟坚的水仙等，成为后世文人画家追随学习的典范。元代绘画强调文学性和笔墨韵味，重视以书法用笔入画和诗、书、画的三结合，黄公望的《富春山居》、倪瓒的《雨后空林》都极具神韵。黄公望、倪瓒、王蒙、吴镇并称为“元四家”。赵孟頫书画诗印四绝，并开创元代新画风，被称为“元人冠冕”。另外，明代以沈周、文徵明为代表的吴派，以董其昌为代表的松江派，以徐渭为代表的“水墨写意派”均具有较大影响。唐寅、仇英、沈周、文徵明并称为“明四家”或“吴门四家”。清代“四王”（王时敏、王鉴、王原祁、王翚）深受董其昌影响，在清代画坛占据主流地位；另有石涛、朱耷（八大山人）、弘仁、髡残（石溪）四位僧侣画家，合称“四僧”。清代中期，出现以金农、郑燮（郑板桥）为代表的“扬州八怪”，他们大多出身贫寒，生活清苦，清高狂放，书画往往成为抒发心胸志向、表达真情实感的媒介。

（二）中国画的分类

中国画按绘画的方法划分，可分为工笔画（又称细笔）、写意画（又称粗笔）及半工笔半写意画。按题材划分，则可分为人物画、山水画、花鸟画三大类。

（三）中国画的艺术特点

中国画的艺术特点可以概括为四点：

第一，形神兼备，以形写神。意即画品创作中，不仅外形要画得像，更要通过外形表现其内在神韵。"神似"是中国古代画家们追求的意境。古人云"以形写神，得意忘形"。

第二，立意在先，构图灵活。中国画强调意境和主题，一般作画之前要"立意"，即作品希望达到的意境和情调。

第三，虚实结合，浓淡相宜。中国画创作中重视笔墨的运用。因为一幅好的国画正是通过虚实结合、浓淡对比来增加其感染力的。中国画历来有"墨分五色"（浓淡干湿黑）和"以墨为主，以色为辅"的说法，也就是用墨的浓淡来表现物体色彩的明暗。

第四，诗、书、画、印相结合。一幅完整的国画不仅有画家自题的画题、姓名及作画的时间，还包括了诗人、书法家题写的诗文，用以补充画的主题和意境，即所谓"诗中有画，画中有诗"。

第五节　中国历史文化常识

一、姓氏称谓

（一）姓、氏

姓是氏族公社时期氏族部落的标志符号，最早产生于母系氏族社会，来源于图腾崇拜。姓主要用于"别婚姻"，是为了区分血缘，防止血缘婚配而发明的相应识别标志。同姓的人有共同的女性祖先，同姓不得通婚。姬、姜、姒、嬴、妘、妫、姚、姞被称为上古八大姓。

氏是姓的分支，其作用是"明贵贱"。氏是原有部落逐渐壮大后分化出若干子部落，彼此之间为了加以区分而产生的，出现在父系氏族社会。例如，炎帝神农氏、黄帝有熊氏。

战国前，贵族才有姓氏，贵族男子称氏，女子称姓。氏同姓不同者，可通婚；姓同氏不同者，不可通婚。

随着人口的快速增长，氏的数量大大超过了姓。于是，东周末年，姓氏开始混合使用。到了汉代，统称为姓，而且从贵族到平民人人都可以有姓。

（二）名、字

“名”又叫“本名”，上古时期，婴儿在出生三个月的时候由父亲给命名，这就是古人“名”的由来。我国部分地区民间至今仍保留着婴儿满月时才命名的习俗。

“字”又叫“表字”，是除本名外另取一个表示德行或本名的意义的名字。在古代，汉族男孩子 20 岁举行“弱冠礼”，女孩子 15 岁时要举行“及笄礼”，表示成年，需要取字。

古人取字时常用“伯（孟）仲叔季”指兄弟排行。“伯（孟）”是老大，“仲”为老二，“叔”就是老三，“季”则是排行第四或最小的。例如：曹操在兄弟中排行老大，因此取字孟德；三国时的司马懿，排行第二，字仲达。最典型的是三国时孙坚的四子了：长子孙策字伯符；次子孙权字仲谋；孙翊排行老三，字叔弼；孙匡排行老四，字季佐。另外，“子”在古代是男子的美称或尊称，古人取字时也多使用“子”。例如：司马迁，字子长；曹植，字子建；苏轼，字子瞻；杜甫，字子美。

古人在取字上十分讲究，一般有以下几种情况：一类是与名意义相同，如伟大的爱国主义诗人屈原，名平，字原，平与原意义相同。颜回，字子渊，渊与回意思相同。班固，字孟坚，坚、固意义相同。一类是意义相近，互为辅助的，比如陆机，字士衡，机、衡都是北斗中的星名，互为辅助。再如，李渔，字笠翁，渔翁常戴蓑笠。一类是意义相反的，比如朱熹，字元晦，熹是天亮，晦是天将黑。再如王绩，字无功。有绩和无功正好相对。一类是表示含义扩充的，如曹操，字孟德，合起来即道德操守。再如赵云，字子龙，取自《周易》“云从龙，风从虎”。一类是表示含义延伸，如李白，字太白。太白指太白金星，这是对白意的延伸。一类是表达志向的，比如吕布，字奉先。再如康有为，字广厦，表达的是“安得广厦千万间，大庇天下寒士俱欢颜”的抱负。

（三）号

1. 谥号

谥号是古代对死去的帝王、大臣、贵族按其生平事迹评定后，给予的褒贬或同情的称号，往往用固定的字表现出来。谥号的使用始于西周。

谥号大致分三类：第一类属于褒扬的，有“文、武、景、惠、庄、烈、昭、穆、英、成、康”等，如明成祖朱棣的谥号“文”；第二类属于贬义的，有“炀、厉、灵、幽”等，如隋炀帝的“炀”；第三类属于同情的，有“哀、怀、愍、悼”等，如汉哀帝的“哀”。

谥号一般不独立使用，会与庙号结合或与全称结合而用。如明长陵圣号碑书写着“大明成祖文皇帝之陵”的字样等。

2. 别号

别号是古人在名和字之外的别称，多为自己所起，也有他人所起。比如，诸葛亮号“卧龙”，庞统号“凤雏”，李白自号“青莲居士”，陆游自号“放翁”等。号的实用性很强，除供人呼唤外，还用作文章、书籍、字画的署名。

3. 帝王专用的号

庙号　庙号专用于帝王。帝王供奉祖先、祭祀祖宗的地方为太庙。先皇驾崩后，新帝要去太庙奉祀，追尊先皇为“某祖”或“某宗”，并刻在神牌之上。这种死后神主奉祀于太庙的称号即为庙号。一般来说，开国皇帝或为国家立过特殊功勋的皇帝可以称祖号，其他大多称宗号。如明太祖朱元璋、明成祖朱棣、清圣祖康熙、清高宗乾隆等。

尊号　尊号是指古代对皇帝、太后、皇后在生前或死后所上的颂扬、尊崇性的称号，又称徽号。

陵号　陵号是指皇帝死后所葬陵寝的名号。如明成祖朱棣的陵为长陵，明神宗朱翊钧的陵为定陵，清代乾隆皇帝的陵称裕陵等。

年号　年号是指某皇帝在位之年的名号，主要用于纪年而设置。如朱棣统治时期称永乐年间。爱新觉罗・玄烨统治时期称康熙年间。永乐和康熙就是年号。先秦至汉初无年号，汉武帝即位后首创年号，以后成为制度。历代帝王凡遇到“天降祥瑞”或内讧外忧等大事、要事，都要更改年号。一个皇帝所用年号少则一个，多则十几个。明清皇帝大多一人一个年号，故后世即以年号作为皇帝的称呼，如永乐皇帝、乾隆皇帝、康熙皇帝等。

全称　全称是指古代帝王的庙号、尊号、谥号的合称。如清代乾隆皇帝的全称是：高宗法天隆运至诚先觉体元立极敷文奋武钦明孝慈神圣纯皇帝。其中高宗是乾隆皇帝的庙号，法天隆运至诚先觉体元立极敷文奋武钦明孝慈神圣22字是乾隆皇帝的尊号，纯皇帝是乾隆皇帝的谥号。

（四）称谓习俗

传统文化中，对于称谓方面有很多的禁忌，名一般用作谦称、卑称，或上级对下级、长辈对后辈的称呼。平辈之间，只有在很熟悉的情况下才相互称名，在多数情况下，提到对方或别人直呼其名，被认为是一种不礼貌的行为。平辈之间，相互称字或号，以表示尊敬。下对上、卑对尊写信或呼唤时，可以称字，但绝对不能称名。对君主或自己父母长辈的名，要“避讳”，不直接说出或写出，以表尊重。如民间所称观世音菩萨，因避讳唐太宗李世民，改称为观音菩萨。再如红楼梦中记述：林黛玉之母叫贾敏，故林黛玉凡是遇到敏字都读成米或密。

古人在称谓上，为了表示尊敬，还使用代称的方式，即用某人的官职、籍贯、任职地等来代指。比如：杜甫被称为杜工部，即是用官职代称；王安石被称为王临川、韩愈被称为韩昌黎、袁世凯被称为袁项城、黎元洪被称为黎黄陂，即是用籍贯代称；汉代贾谊曾被贬为长沙王太傅，世称“贾长沙”，晋代陶渊明曾任彭泽县令，世称“陶彭泽”，即是以任职地为代称。

古人逝世之后，根据身份等级不同，有着不同的别称，天子逝世称“崩”或“驾崩”，诸侯逝世称“薨”，士大夫逝世为“卒”，一般官员逝世称“逝”，士逝世称“不禄”，庶人逝世称“死”。

二、天干、地支、时辰、生肖

（一）天干与地支

天干地支简称“干支”，取意于树木的“干枝”。中国古代的历法中将甲、乙、丙、丁、戊、己、庚、辛、壬、癸称十天干，将子、丑、寅、卯、辰、巳、午、未、申、酉、戌、亥称十二地支。

十天干与十二地支按固定的顺序依次搭配，组成60组，通称六十甲子（见表3–1）。60之后又周而复始，循环往复。天干地支在中国古代成为记录时间顺序的符号，古人用它来纪年、纪月、纪日、纪时。

表3–1　六十甲子表

甲子	乙丑	丙寅	丁卯	戊辰	己巳	庚午	辛未	壬申	癸酉
甲戌	乙亥	丙子	丁丑	戊寅	己卯	庚辰	辛巳	壬午	癸未
甲申	乙酉	丙戌	丁亥	戊子	己丑	庚寅	辛卯	壬辰	癸巳
甲午	乙未	丙申	丁酉	戊戌	己亥	庚子	辛丑	壬寅	癸卯
甲辰	乙巳	丙午	丁未	戊申	己酉	庚戌	辛亥	壬子	癸丑
甲寅	乙卯	丙辰	丁巳	戊午	己未	庚申	辛酉	壬戌	癸亥

（二）时辰、生肖

1. 时辰

中国古代将一个昼夜称一日，将一日划分为十二个时间段称时辰（一个时辰为2小时）。时辰用十二地支表述（见表3–2）。

表 3-2 时辰与现代时间对应表

子时	丑时	寅时	卯时	辰时	巳时	午时	未时	申时	酉时	戌时	亥时
23点 | 1点	1点 | 3点	3点 | 5点	5点 | 7点	7点 | 9点	9点 | 11点	11点 | 13点	13点 | 15点	15点 | 17点	17点 | 19点	19点 | 21点	21点 | 23点

2. **生肖**

生肖共12个，又称12属相。起源于战国，东汉时已有明确记载。生肖是古人用自然界中的11种动物与传说中的龙对应12地支进行纪年的方法。使人们方便记忆自己出生之年。

十二生肖是子鼠、丑牛、寅虎、卯兔、辰龙、巳蛇、午马、未羊、申猴、酉鸡、戌狗、亥猪。

三、古代天文与历法

（一）古代天文

中国古代天文学是世界上起步最早、发展最快的自然科学之一，也是我国古代最发达的四门自然科学（天文学、农学、医学、数学）之一。

我国古代的天文学可以追溯到公元前2000多年的尧帝时代，当时就有专职的天文官，以“观象授时”，历经了几千年，我国的古代天文学取得了辉煌的成就。主要表现在三个方面：第一，经过几千年对天象的观察，记载了世界上最完整、最丰富的天象资料，为天象的研究奠定了基础。第二，创造性地设计和制造了多种观察天象的仪器，如最古老的天文仪器土圭、东汉张衡设计制造的浑天仪等。我国对公元前240年彗星的记载是世界公认最早的哈雷彗星记录。第三，古人观察日月星辰的位置及变化，目的是通过观察掌握准确的天象资料，从而用来确定四季、编制历法，为生产和生活服务。

我国古代天文学将天上的恒星分为几大星区，即三垣、四象、七曜、二十八宿、北斗等。

三垣　三垣指北方天空的三个星座，即太微垣、紫微垣、天市垣。紫微垣居中，位于天的最高处，由15颗星构成。在中国古代，人们认为紫微垣是天帝居住之处。太微垣是天上的政府机关所在地，天市垣是天上的市场。

四象　地球一年绕太阳转一圈，而古人将人眼从地球上所看到的太阳在天球上移动的路线叫作黄道。黄道分为四个星区，古人将每个星区中的星宿串联起来，想象为四种动物的形象，称四象。东方七宿如飞舞的巨龙，故称东方苍龙（或青龙）；西方七宿犹如跳跃的猛虎，故称西方白虎；南方七宿像展翅飞翔的朱雀，故称南方朱雀；北方七宿似龟蛇，故称北方玄武，组成四象的即二十八宿。

七曜　七曜又称七耀。古人称日、月及金、木、水、火、土五星为七曜（另说七曜指北斗七星）。

北斗　北斗即北斗星，西方天文学称大熊星座。北斗是指在北天（紫微星垣外）排列成勺形的七颗亮星。北斗星在夜间可以帮助人们辨别方向。

（二）古代历法

中国是世界上最早发明历法的国家之一，历法的出现对经济、文化的发展产生了深远的影响。

中国传统历法之一的农历，又称“阴历”“黄历”“旧历”等。采用阴阳合历的方式，即以太阳的运动周期作为“年”，以月亮圆缺的周期作为“月”，以闰月来协调年和月的关系。另外，古人还根据太阳运动在一年中的位置变化及由此引起的地面气候演变的次序，将一年又分为 24 段，即二十四节气。二十四节气分列在 12 个月中，反映了四季、气温、植物生长变化的情况，与农牧业发展息息相关，因此人们称其为农历。

1. 年

年，原始含义为庄稼成熟一次。以地球绕太阳运行一周为一年，古人测出大约 365.25 天为一个太阳年，并用干支纪年。元代郭守敬所编著的《授时历》，确定 365.2425 天为一年，这比地球绕太阳一周的实际时间只差了 25.92 秒。《授时历》比西方的公历早了 300 多年。

闰年。闰年问题的根源是地球绕太阳公转的周期为 365 天 5 小时 48 分 46 秒，人们在设计日历时，发现多出来的 5 小时 48 分 46 秒（0.2422 天）不好安排，于是就每 4 年将多出来的时间累积为 1 天，在第四年的 2 月末加 1 天，使当年的时间长度变为 366 天，这一年就叫闰年。但这样一安排，每年就要多算出 0.0078 天，于是每 128 年就会多算出 1 天，经过 400 年就会多算出 3 天多，所以公历规定：年份是整百数时，必须是 400 的倍数才是闰年；不是 400 的倍数的世纪年，即使是 4 的倍数也不是闰年。这就是通常说的：四年一闰，百年不闰，四百年再闰。如 1900 年不是闰年，2000 年才是闰年。

我国所使用的农历则是另一种思路来应对：古人规定每年 12 个月，大月 30 天，小月 29 天，全年 354 天，这样每年比太阳实际公转周期少了 11.25 天，每隔 2~4 年，增加一个月，增加的这个月为闰月。闰月加到哪个月，以农历历法规则推断，主要依照与农历的二十四节气相符合来确定。在加有闰月的那一年有 13 个月，历年长度为 383~385 天，这一年也称为闰年。如 1984 年（鼠年）的农历中，有两个十月，通常称为十月和闰十月（闰月）。农历闰年、闰月的推算：3 年一闰，5 年两闰，19 年七闰；农历基本上 19 年为一周期对应于公历同一时间。

2. 季

古人将一年分为四季。正月、二月、三月为春季，分别称孟春、仲春、季春。四月、五月、六月为夏季，分别称孟夏、仲夏、季夏。七月、八月、九月为秋天，分别称孟秋、仲秋、季秋。十月、十一月、十二月为冬季，分别称孟冬、仲冬、季冬。

3. 月

古人将月亮圆缺一次的周期称“月”。一年共有 12 个月，大月 30 天，小月 29 天。每月初一称“朔”，十五称“望”。另外，每月还有“上弦”日（初七或初八）和“下弦”日（二十二或二十三）。古人还将每月的 30 天分为三个阶段。第一个 10 天称上旬，第二个 10 天称中旬，最后 10 天称下旬。通常离立春最近的那个“朔日”（春节）所在的月为正月。

4. 日

古人以一个昼夜交替为一日。

5. 节气

古人将一年分为 24 个节气，用来表示气候、降雨的变化。二十四节气起源于黄河流域，几千年来成为中国各地农业活动的依据。

二十四节气是：立春、雨水、惊蛰、春分、清明、谷雨，立夏、小满、芒种、夏至、小暑、大暑，立秋、处暑、白露、秋分、寒露、霜降，立冬、小雪、大雪、冬至、小寒、大寒。

为了方便记忆，人们还编了一首“二十四节气歌”：

春雨惊春清谷天，
夏满芒夏暑相连。
秋处露秋寒霜降，
冬雪雪冬小大寒。

二十四节气中，春分和秋分是一年之中白天与夜晚等长的两天；夏至是一年之中白天时间最长的一天；冬至是一年之中夜晚最长的一天，也标志着“数九寒冬”的来临。

四、阴阳、五行、八卦

（一）阴阳

阴阳原指向日为阳，背日为阴的日照相背，后被引申到自然界相互对立、相互消长的现象、事物和联系中。例如：日为阳，月为阴；天为阳，地为阴；君为阳，臣为阴；男为阳，女为阴；气为阳，血为阴；夫为阳，妻为阴；动为阳，静为阴；上为阳，下为阴；南为阳，北为阴；脏为阳，腑为阴等。

（二）五行

五行指金、木、水、火、土，古人认为这五种元素构成了宇宙万物。五种元素相互滋生，相互制约，使自然界不断发展变化（见图3–1，表3–3）。

五行相生：木生火，火生土，土生金，金生水，水生木。

五行相克：水克火，火克金，金克木，木克土，土克水。

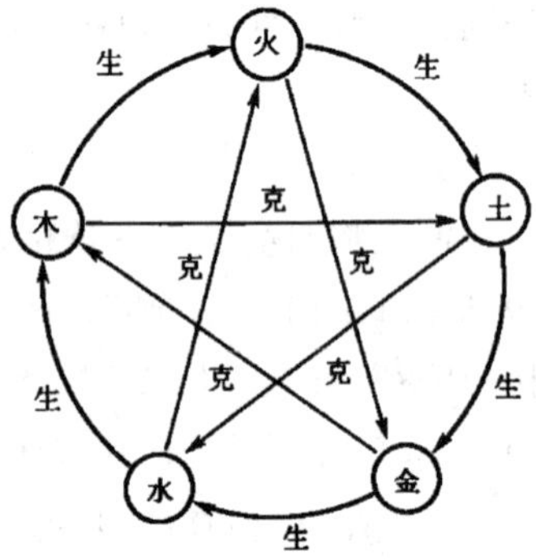

图3–1　五行相生相克

五行还被人们附会、引申于各种自然现象和社会现象中，衍生出五色、五方、五脏、五音、五性等。五行的生克规律被人们在传统医学、建筑学中广泛应用。

表3–3　五行、五色、五方、五脏、五季相配表

五行	五色	五方	五脏	五季	五音
土	黄	中	脾	季夏（土王）	宫
金	白	西	肺	秋	商
木	青	东	肝	春	角
火	红	南	心	夏	徵
水	黑	北	肾	冬	羽

（三）八卦

八卦是《周易》中的八种基本图形，由代表阳的符号“—”和代表阴的符号“--”组成。八卦用来象征天、地、雷、风、水、火、山、泽八种自然现象。以天地为“父母”，其余为“六子”，说明世界的生成根源。以乾与坤、震与巽、坎与离、艮与兑之间的相互对立和刚柔互易，表示事物的相互转化和发展变化，具有朴素的辩证法因素（见表3–4）。

表 3-4　八卦卦象、卦名及象征意义

卦象	卦名	象征含义
☰	乾卦	天
☷	坤卦	地
☳	震卦	雷
☶	艮卦	山
☲	离卦	火
☵	坎卦	水
☱	兑卦	泽
☴	巽卦	风

为了便于记忆，人们编了一首八卦顺口溜：乾三连，坤三断，震仰盂，艮覆碗，离中断，坎中满，兑上缺，巽下断。

八卦分先天八卦和后天八卦两种。先天八卦相传为远古伏羲氏所创，后天八卦相传为周文王所创。周文王时又推演出 64 卦（由上下两个经卦叠合而成）。

五、古代选官制度

（一）夏商周时期世卿世禄制

启破坏禅让制后，开始了世袭制，不仅君主职位世袭，贵族同样享有世袭的权力，进而发展形成了世卿世禄制，即通过家族血缘关系来确定政府各级官员的任命，依血缘亲疏定等级尊卑和官爵高下，官员主要在奴隶主贵族中选取。

（二）战国时期军功爵制

春秋战国时期，各诸侯国为了在争霸兼并战争中赢得胜利，纷纷推行军功赐爵的制度。秦国开展商鞅变法，推行军功爵制最为彻底。商鞅的军功爵制度共设计了二十级，凡立有军功者，不问出身门第、阶级和阶层，都可以享受爵禄。军功是接受爵禄赏赐的最必要条件，这为秦军提升战斗力提供了源源不断的内在动力。

（三）汉代察举制和征辟制

察举制就是根据国家的需要，由地方长官在辖区内随时考察、选取人才并推荐给上级或中央，经试用考核再任命官职。这是一种由下向上推选人才为官的制度。征辟在东汉尤为盛行，就是征召名望显赫的人士出来做官，皇帝征召称“征”，官府征召称“辟”。征辟是中国汉代擢用人才的一种制度，主要包括皇帝征聘和公府、州郡辟除两种方式。

（四）魏晋时期九品中正制

九品中正制，又称九品官人法，即设立中正官负责选官，并依据才能、参考家世在九个级别中进行评定，报中央作为选拔任命的依据。晋代后只看家世，不重才能，人称“上品无寒门，下品无士族”。

（五）隋唐至明清时期科举制

1. 科举制概述

科举是历代封建王朝通过考试选拔官吏的一种制度。由于采用分科取士的方法，所以称科举。中国古代的科举制从隋朝大业元年（605 年）开始，到清朝光绪三十一年（1905 年）为止，历经 1300 多年。1300 年中通过科举考试产生了 700 多名状元，近 11 万名进士，数百万的举人，为封建国家提供了大量的优秀人才。中国的科举制度是中国历史上最具开创性和平等性的官吏人才选拔制度。

明清时期，科举考试得到完善，形成了国子监、府学和县学的官学体系，考试制度也固定下来，每三年举行一次，从下至上分为童试、乡试、会试、殿试。

童试 童试又称童生试、院试、郡试、道试，是获取生员资格的入学考试。参加童试的人不分年龄大小统称童生。考试合格后取得生员（秀才）资格。

乡试 在省城举行，因为在秋天举行，所以又被称为秋闱。参加乡试中榜的称举人，举人的第一名称“解元”。

会试 在京城举行，因为考试在乡试第二年的春天进行，所以又称为春闱。会试由礼部主持，各省的举人及国子监的监生都有资格参加，中榜的称贡士，贡士的第一名称“会元”。

殿试 殿试也称廷试，是科举考试的最高级别，殿试名义上由皇帝主考。录取者分为三甲。一甲也称鼎甲，共三人，赐“进士及第”。其中一甲第一名称状元，第二名称榜眼，第三名称探花。二甲若干人，赐“进士出身”。三甲若干人，赐“同进士出身”。一、二、三甲统称进士。

2. 科举盛名

连中三元 如果一名考生在乡试、会试、殿试中连续获得第一名，即乡试中中了“解元”、会试中中了“会元”、殿试中中了“状元”，则被人们称为“连中三元”。自隋代至清代 1300 年的科举考试中连中三元的只有 13 人。

独占鳌头 唐宋以来，在皇帝大殿前有一块雕刻着龙和大龟（鳌）的大石板，每次殿试后的金殿传胪的仪式上，新科状元在行礼时都要单独站在这块石板上，所以人们又称状元为“独占鳌头”。

蟾宫折桂 “蟾宫折桂”典故说的是晋武帝与大臣郄诜的一段对话，郄诜用月宫广寒殿的桂枝来形容自己是出众的人才。唐以后，蟾宫折桂用来比喻中榜的进士。

金榜题名 殿试之后录取的进士名单，一般用黄纸书写，多为皇帝点定，称皇榜、金榜、黄甲。所以，考中进士就是“金榜题名”了。如《范进中举》中：“……捷报贵府老爷范讳进高中广东乡试第七名亚元。京报连登黄甲。”

六、四书五经、三纲五常、十三经

（一）四书五经

四书是指：《大学》《中庸》《论语》《孟子》的合称，宋代所定。朱熹撰《四书章句集注》，始有“四书”之名。前两种是从《礼记》中抽出的，是封建社会知识分子科举考试的必读书。

五经是指：《诗》《书》《礼》《易》《春秋》五部儒家经典，汉武帝时定。也是科举考试必读书。

（二）三纲五常

三纲和五常的合称，简称“纲常”。“三纲”即“君为臣纲”“父为子纲”“夫为妻纲”，“五常”即仁、义、礼、智、信。这是封建伦理道德的规范化教条，对维护封建统治秩序起到巨大的作用。

（三）十三经

十三经是指十三部儒家经典，经汉、唐、宋形成。它们是：《诗经》、《尚书》、《周易》、《周礼》、《仪礼》、《礼记》、《春秋公羊传》（《公羊传》）、《春秋穀梁传》（《穀梁传》）、《春秋左氏传》（《左传》）、《孝经》、《论语》、《尔雅》、《孟子》。

《周礼》《仪礼》《礼记》合称为“三礼”。

《公羊传》《谷（穀）梁传》《左传》合称为“春秋三传”。

七、中医中药

中国传统医学中中医是指以汉族劳动人民创造出来的传统医学，也称汉医。中国其他传统医学如藏医、蒙医、苗医被称为民族医学。

中医相传始于神农氏尝百草。《周礼》中已有了最早的医学分类。中医学以阴阳五行作为理论基础，将人看成一个统一体，通过望、闻、问、切四诊法，探求病因，归纳出症型，以辨证论治原则制定治法，使用中药、针灸、推拿、按摩、拔罐、气功、食疗等多种治疗手法，使人体达到阴阳调和而康复。

历史上中医著名的医学著作有《黄帝内经》《神农本草经》《伤寒杂病论》《千金方》《本草纲目》等。著名的十大名医是：扁鹊（战国）、华佗（东汉）、张仲景（东汉）、皇甫谧（魏晋）、葛洪（西晋）、孙思邈（唐）、钱乙（北宋）、朱震亨

（元）、李时珍（明）、叶天士（清）等。

（一）中医诊疗方法

战国时期的名医扁鹊，根据民间流传的经验和自己多年的实践，总结出了诊断疾病的四种方法，即望、闻、问、切法。望诊就是看病人气色，观察病人外部的神色状态及排泄物来推断疾病。闻诊就是通过听觉和嗅觉，根据病人说话的声音和气味，作为判断病症的参考。问诊是通过询问病人或知情人，来了解病人的症状、病因等病情，作为诊断的依据。切诊就是切脉，根据病人的脉象，了解病人患病的内在情况。

（二）中医的治疗方法和手段

大夫对病人诊断后，针对不同病人的体质特征和对疾病的反应，辨证论治，选择“汗、吐、下、和、温、清、补、消”等不同的治疗手段。

中医的治疗方法很多，主要有：

针灸　针灸由“针”和“灸”构成，是典型的“内病外治”的物理治疗手段。针灸利用金属的针或艾炷、艾卷，通过经络、腧穴的作用，在人体特定的部位进行针灸或施灸，以达到治疗疾病、解除病痛的目的。

推拿　推拿又称按摩，是一种非药物的物理疗法。是医生运用双手在特定的穴位、病痛的地方，运用推、拿、按、摩、揉、捏、点、拍等手法，达到舒筋通络、扶伤止痛的作用。

刮痧　刮痧时利用牛角、玉石等器具，在人体皮肤的相关部位刮拭，直到刮出皮下出血凝结成像米粒样的红点为止。通过这种良性刺激，使经络穴位处充血，改善局部微循环，祛除邪气，清热除湿，消肿止痛。

拔罐　拔罐是利用火罐形成的负压，造成充血现象，产生治疗作用。拔罐对风湿病、腹痛、哮喘、腰背肌肉劳损效果突出。

（三）中药

中药指中医用以治病防病和保健养生的药物，在中国古籍中通称“本草”。中医中药与国画、京剧并称为中国的三大国粹。中药按加工工艺分中药材、中成药。

1. 中药材

中药材是指经加工炮制可直接供药房配剂及药厂制剂使用的半成品药。

人参　人参，又名棒槌、神草、地精等，为五加科植物人参的干燥根，因似人形而得名。药用历史已有2000多年，栽培历史也有400多年，已能大量栽培。人参含多种人参皂苷、人参酸、挥发油、植物甾醇、维生素等，味甘微苦，性温，具有大补元气、固脱、生津、安神之功效。人参主要产于东北三省，以吉林省白山市抚松县、通化市集安市产量多，质量好。吉林人参，被誉为中国人参的正宗，今产量、出口量均居全国首位。

三七　三七，又名田七、田三七、参三七，俗称“金不换”，有“三七补药第一”之誉，为五加科植物参三七的干燥根。因每株长叶七枚，顶端开黄花三枚而得名。三七主要产于云南省、广西壮族自治区两省区。该药性味甘苦微温，具有散淤止血、消肿定痛之功效。

冬虫夏草　又名虫草。它为麦角菌科植物冬虫夏草菌的子座及其寄主蝙蝠蛾科昆虫虫草幼虫尸体的复合体。含虫草酸、脂肪油、蛋白质等成分，味甘，性温，具有补虚损、益精气、止咳化痰之功效。产于青海省、四川省、西藏自治区、云南省等省区，青海省为全国主要产区。

鹿茸　鹿茸为鹿科动物梅花鹿或马鹿等雄性鹿的尚未骨化而“密生茸毛的幼角”。鹿茸含激素样物质及骨质、胶质、蛋白质、钙、磷、镁等成分，味甘、咸，性温，具有壮元阳、益精血、强筋骨之功效。

阿胶　原产山东省济南市平阴县东阿镇（古乐平郡东阿镇，非今东阿县），以阿井的水选德州黑驴驴皮熬制，故名。阿胶又名驴皮胶、盆覆胶等。据史料记载，阿胶的应用已有 3000 余年历史。它含动物胶、蛋白质等，味甘，性平，具有滋阴养血、补肺润燥、止血安胎之功效。

2. **中成药**

中成药是指经精加工可直接使用的成品药，分丸、散、膏、丹、片、口服液、药酒等。中药材的精加工，是在历代医学家医疗实践的基础上，由药物学家和生产部门根据各种验方、秘方确定的方剂配伍，制成各种携带、服用方便的剂型的统称。

山西定坤丹　山西省晋中市太谷区生产。该药因可使妇女坤宫得以安定，故名。已有 240 余年生产历史，清乾隆四年（1739 年）京师太医院开始研制，为宫廷御药，后处方落入太谷区广盛药店（今山西中药厂前身）生产出售。由人参、鹿茸、当归、红花、三七、枸杞、香附、鸡血藤、鹿角霜、阿胶、元胡、五灵脂、熟地、茯苓等 29 味药材组成，具调经活血、平肝益肾、理气健脾、补血止血、镇痛强壮之功效。

大活络丹　原名神效活络丹，由人参、茯苓、白术、当归、白芍、蕲蛇、地龙、僵蚕、威灵仙、麻黄、防风、羌活、肉桂、白芷、乳香、没药等多味药材组成，因使用大量祛风活络、舒气活血止痛的药材而得名。处方源于明代，清太医院修治后定为宫廷秘方，由御药房同仁堂代制，具舒筋活络、祛风除湿之功效。

漳州片仔癀　原名八宝丹片仔癀，福建省漳州市生产，由麝香、牛黄、田

七、蛇胆等名贵药材精制而成。因其解毒消炎的疗效特异，往往一片即能退癀（消炎、消肿止痛之意），故得名。该药处方原为明末京都一位太医的秘方，珍藏于漳州寺院，后由漳州馨苑茶叶店兼营，定名为僧帽牌八宝丹片仔癀，具有清热解毒、消炎消肿、止痛等功效。

安宫牛黄丸 由牛黄、麝香、黄连、珍珠、郁金等十余味药材组成，因以牛黄为主药，具有开窍镇惊安宫（心包）作用，故名。该药具有解热、解毒、镇惊、避秽、除痰、开窍之功效。

山西龟龄集 山西省晋中市太谷区生产，由人参、鹿茸、海马、雀脑、枸杞、菟丝子、生地等28味珍贵药材组成。因服用该药可延年益寿，故名。处方由明代方士邵元节与其他名医合作，对老君益寿散处方作增减，采取炉鼎升炼技术制作成药并定名。原为御用圣药，后传入太谷区广盛药店生产销售。具强身健脑、固肾补气、增进食欲之功效。

云南白药 云南省昆明市生产。原名曲焕章白药或万应百宝丹，系以三七等为原料、多用途的著名中成药。云南白药具有活血、止血、止痛之功效。由于疗效显著，素有伤科圣药之誉和“神药”“仙丹”“灵芝草”的美称。

另外，东汉时期，华佗发明的麻沸散，成为世界上最早的医疗麻醉药，为外科手术创造了条件。16世纪时，我国还发明了“人痘接种法”，有效地预防了天花的扩散传播，这种方法通过俄国医生传到土耳其、英国及欧洲。尤其是在现代科技的帮助下，传统中医中药在维护人民健康方面发挥出了新的作用。2015年，屠呦呦因研究发现了青蒿素，解决了抗疟治疗失效难题，为中医药科技创新和人类健康事业作出巨大贡献而成为国内首个获得诺贝尔生理学或医学奖的人。

3. 中药十八反

中药十八反是中药配伍禁忌的一种说法。古代医生发现特定的两种药物同用，会发生剧烈的毒性反应或副作用，称相反。文献记载有十八种药物相反：甘草反大戟、芫花、甘遂、海藻，乌头反贝母、栝楼、半夏、白蔹、白及，藜芦反人参、丹参、沙参、苦参、玄参、细辛、芍药（玄参系《本草纲目》增入，所以实有十九种药）。《珍珠囊补遗药性赋》：“十八反歌：本草明言十八反，半楼贝蔹及攻乌，藻戟遂芫俱战草，诸参辛芍叛藜芦。”此为古人经验，尚待进一步研究。

八、戏剧戏曲

中国古典戏曲是中华民族文化的一个重要组成部分，在世界剧坛上与古希腊悲喜剧、印度梵剧并称为世界三大古剧。经过长期的发展演变，中国古典戏曲逐步形成了以“京剧、豫剧、越剧、黄梅戏、评剧”五大戏曲剧种为核心的中华戏曲百花苑。

中国戏剧的起源有多种说法，一般认为是起源于原始社会的歌舞表演。《诗经》里的“颂”,《楚辞》里的“九歌”，就是祭神时歌舞的唱词。2700 多年前的西周出现了王公贵族豢养的职业艺人——优。史书记载：楚国宰相孙叔敖去世后，家中贫困，其子找优孟帮忙，于是优孟装扮成孙叔敖来劝谏楚王。秦汉时期，社会上出现了“百戏”演出活动，集合了民间歌舞、杂技、武术等众多杂耍娱乐方式，以言语、舞蹈、滑稽的表情和动作等来逗笑、取乐的艺人——俳优出现。唐代的歌舞戏和参军戏基本上形成了戏曲的格局，强调故事情节，由演员扮演某种角色，用歌唱或说白以及表情动作，根据规定的情景进行表演。北宋时期的“杂剧”已经成为一个独立的艺术门类，城市中出现了规模较大的剧场——“勾栏”和“瓦舍”，社会上也有了专业的演出团队——“戏班”。元代是中国戏曲的辉煌时期，杂剧创作与演出空前繁荣，以关汉卿的《窦娥冤》和王实甫的《西厢记》最为著名。明清时期，是中国戏曲史上继元代后又一个繁荣时期，传奇作家和剧本大量涌现，最著名的代表作是明代汤显祖的《牡丹亭》和清代孔尚任的《桃花扇》。同时南戏形成了昆山、弋阳、余姚、海盐等“四大声腔”，对后世各剧种影响很大，推动形成了昆曲、京剧、川剧、秦腔等著名中国地方戏曲。清代中叶，随着四大徽班相继进京，在原来兼唱多种声腔戏的基础上，又合京、秦二腔，京剧正式形成并迅速在北方发展起来，先后涌现出“老生三杰”（程长庚、余三胜、张二奎）、“老生新三杰”（谭鑫培、汪秋芬、孙菊仙）、“四大名旦”（梅兰芳、荀慧生、程砚秋、尚小云）等代表人物。

随堂练

经典图片

考点速记

第四章 中国文学知识及旅游诗词、楹联、游记名篇赏析

【学习目标】

了解中国古典和近当代文学重要知识、重要文化名人及作品，旅游相关诗词名篇。熟悉名胜古迹中的著名楹联。掌握中国汉字的起源、发展与格律常识，历代游记名篇《兰亭集序》《滕王阁序》《岳阳楼记》《赤壁赋》赏析。

第一节 中国汉字的起源、演变及其规律

汉字是世界上最古老的文字之一，也是世界上唯一从古代一直演变而来没有间断过的文字形式。

汉字和汉字文化是中华文化的重要组成部分，也是中华历史和文化的书面记录。在世界表意和表音的两大文字体系中，汉字属于表意文字系统，是一种表意兼具表音的文字。

一、汉字的起源

远古先民曾通过结绳、结珠、讯木、堆土等方法来记事和交流，后又发明了契刻的方法。伴随着中华文明的发展，汉字得以产生、成熟并一直在完善之中，是世界上历史悠久、使用最广泛的文字之一，从比较成熟的甲骨文算起，已有 3000 多年的历史。

关于汉字的起源，仓颉造字的传说在中国历史上流传很广。相传仓颉是黄帝的史官，他受鸟兽脚印的启发，模仿着画出一些图画，而后逐渐得到认可，进而形成文字。

古文字界主流观点认为，世界上所有的自源文字都起源于图画，如古埃及的圣书字、古代苏美尔人的楔形文字以及中国商代的甲骨文，都起源于图画。原始的类文字图画向两个方向发展：一个发展为现代绘画艺术，一个用来记事或传递信息。后者是文字的前身。

二、汉字形体演变的阶段及其代表字体

从商代甲骨文到现在所使用的楷书字，汉字的形体经历了一个漫长的演变过程。大致可以分为六个阶段：商代的甲骨文、周代的金文、战国文字、秦代的小篆、汉代的隶书、魏晋至今的楷书（包括行书与草书）。

（一）甲骨文

甲骨文，主要指商代时刻写在龟甲兽骨上的文字。商人崇尚鬼神，事无巨细都要用甲骨卜问吉凶。每次占卜的内容有时连同应验的结果都刻在龟甲和兽骨上，称为卜辞。殷商王朝灭亡之后，这些特殊的文字长期埋没于殷商古都安阳的地下，直到1899年，王懿荣在偶然的机会中发现了甲骨文，引起世界轰动，因而他被誉为“甲骨文之父”。

甲骨文是我们今天所能见到的较早的汉字。从字形来看，虽然已成体系，但还不规范。象形、表意字比较多，形声字只占很小一部分。有不少字依然保留着很强的图画性，比如“牛、羊、车、马”等，都是如此。许多字形结构还不确定，有的正反没有区别，如“人”字写作，也可写作；有的笔画可多可少，如“犬”字写作，也可写作；有的偏旁部首位置可以互换，如“牢”字写作，也写作。这些现象说明，甲骨文时代汉字的结构还处于变化活跃的阶段，是汉字发展早期特征的体现。

（二）金文

金文又称钟鼎文，是古代铸（少数是刻）在青铜器物上的文字。始于夏商时代，盛于周代，一直延续至秦汉。今天所谈的金文，主要是指代表金文鼎盛时期的西周金文，以大盂鼎、毛公鼎、史墙盘等青铜器铭文为代表。西周金文除极少数族徽性质的文字还保留着比甲骨文更原始、图画性更强的形态外，大多数字形的直观表意性减弱，书写符号性增强。其次，字形结构趋向稳定，偏旁部首混用的现象大为减少，比如甲骨文中的“牧”字，偏旁可以是“牛、羊、马”，西周金文中则固定为“牛”，淘汰了其他两种。偏旁部首的位置也逐渐固定下来，异字同形等现象大为减少。从字形结构来说，形声字开始大量增加。

（三）战国文字

战国时期，各诸侯国征战频繁，政治、经济、文化差异较大，书写文字的材

料众多，文字的种类也非常丰富，字体字形相差较大。有用毛笔写在竹木简上的简册文字，有写在丝织品上的帛书文字，还有写在玉石片上的盟书，铸（或刻）在金属器物上的铭文，刻在石头上的石刻文字，以及各种印章上的玺印文字等。

从字形来看，战国文字虽然是上承甲骨文、金文发展而来，但是最突出的特点是形体各异，同一个字不仅在不同的地区结构、字形有差异，即使在同一地区也往往有所不同，体现出文字书写随意性过大，很多字体无规律可循的特点。

（四）小篆

秦始皇统一六国之后，鉴于各国文字差异，文化阻隔，实行“书同文”的政策，推行小篆为标准字体。这一举措的推行，结束了长期以来各国文字结构不同、形体杂乱的局面，极大地促进了古代中国统一的政治、经济、社会、文化的发展。

小篆是古文字形的终结，主要特点是固定了偏旁部首的位置和写法，固定了每个字的笔画数，基本上做到了定型化。其次是书写形式整齐划一，笔画不论横竖曲直，一律用粗细等匀的线条。古文字中的象形表意字也被进一步抽象化、线条化、规整化，更加符号化。同时，汉字整个构形系统得到进一步的完善与加强，为后来今文字（隶书、楷书）的发展奠定了良好的基础。

（五）隶书

隶书历史上也称佐书、八分，是以点、横、掠、波磔等点画结构取代篆书的线条结构的一种字体。

隶书在演变过程中，其构形和笔势形态也有很大变化。在初创阶段，因从篆书发展而来，大多还带有浓厚的篆书意味，点画用笔的特点也不很突出，尤其是波磔不明显。后来经过长期发展，不断加工、改造和美化，隶书才从根本上改变了篆书的构形和笔势，成为一种独具特色的新字体。

（六）楷书

楷书也叫真书、正书，产生于汉末，盛行于魏晋南北朝，一直沿用至今。楷书是由隶书经过长期演变发展而成的。“楷”即楷模的意思，即楷书可以作为书写的楷模。

（七）草书

草书是指在隶书基础上演变出来的一种结构简省、笔画连绵的书体，形成于汉代，是为书写便捷而创制的一种字体。

初期的草书，打破了隶书的方整规矩严谨，是一种草率、潦草的写法，称为“章草”。

汉末，章草进一步“草化”，脱去隶书笔画行迹，上下字之间笔势牵连相通，偏旁部首也做了简化和互借，称为“今草”。到了唐代，今草写得更加放纵，笔势连绵环绕，字形奇变百出，发展出以张旭、怀素为代表的狂草，亦名大草。

到了现代，草书实在难以辨认，渐渐失去了文字的使用价值，只作为汉字特有的一种书法艺术，表现出审美价值。

草书形成后随着汉文化的向外流传而影响到东南亚地区，日语中的平假名便是以汉字的草书形式为蓝本创作的。

（八）行书

行书是介于楷书与草书之间的一种字体，是为了弥补楷书的书写速度太慢和草书的难以辨认而产生的。实质上它是楷书的草化或草书的楷化。其中，楷法多于草法的叫“行楷”，草法多于楷法的叫“行草”。行书具有较高的使用价值，具有与楷书同等重要的作用。人们在日常书写中，一般都使用行书。

东晋王羲之所书《兰亭集序》有着“天下第一行书”之誉。唐代颜真卿所书《祭侄文稿》，古人评之为“天下第二行书”。而苏轼的《黄州寒食帖》则被称为“天下第三行书”。

（九）宋体

宋体又称明体，是中国书法与雕版印刷相结合后出现的一种字体。宋体兼具传统书法的魅力和木刻艺术的韵味。

宋体由于占据版面较小，还能保持不错的清晰度，成为古代印刷首选字体。随着汉文化的传播而影响广泛，时至今日，宋体成为汉字印刷使用最广泛的字体。

随着现代印刷术的传入，人们依据西方文字的黑体和意大利体，在宋体的基础上创造出了汉字的黑体和仿宋体。

三、汉字的结构

（一）汉字六书

六书，首见于《周礼》，汉代学者把汉字的构成和使用方式归纳成六种类型，总称六书。普遍采取的是许慎的名称、班固的次序。六书是后人对汉字进行分析而归纳出来的系统，也是最早的关于汉字构造的系统理论。当有了六书系统以后，人们再造新字时，都以该系统为依据。许慎在《说文解字》中提出了六书的概念：象形、指事、会意、形声、转注、假借。一般认为，前四种为汉字的造字规则，后两种是汉字的使用法。

总体而言，汉字的产生和发展，是逐步规范化的过程。汉字实现了笔画的线条化、字形的符号化和结构的规范化，不断从繁到简、从难到易。

（二）汉字的简化

汉字的简化古已有之，从甲骨文到金文再到小篆、隶书、魏晋唐楷，一直是一个简化的过程。纵观汉字发展和演变的过程，字形的趋简与趋繁是相互交错、间而有之的。在历史上，繁与简多是通过社会用字的自然选择来进行调剂和寻找平衡。从汉字发展演变阶段来考察，从商代甲骨文到西周金文，繁简相当，变化不大；从周代金文到战国文字，简略多于繁；从战国文字到秦篆，繁略多于简；从秦篆到汉隶，简明显多于繁；由汉隶到唐楷，繁又略多于简。现今人们所认为的汉字简化主要指的是近代时期汉字的简化。

1. 清代时期汉字简化运动

清代时期汉字简化运动主要是太平天国时期的汉字简化和“百日维新”中汉字简化的主张。

近代汉字简化运动，源于太平天国。为了提升识字率，太平天国玉玺及官方文件上都书简体。其中，最有名的字是将“国”里的“或”改成“玉”。不过太平天国灭亡后，文字简化运动也停止了。

清朝末年，维新运动主要人物如康有为、梁启超、谭嗣同等皆主张文字拼音化，但是维新运动只有百日，加上拼音化后同音字的问题，拼音化运动也胎死腹中。

2. 民国时期汉字简化运动

五四运动后，伴随着新文化运动，很多知识分子提出简化文字，提升国民识字率以提高知识水平。1922 年钱玄同在北洋政府国语统一筹备会提出《减省现行汉字的笔画案》，还提出汉字拼音化，能说就能写。不过由于中国字同音字很多，拼音化根本行不通，遂作罢。

1935 年春，上海文化界发起大规模汉字简化运动，当时称为“手头字运动”。意即一般人怎么写，书就怎么印，使得文字比较容易写、容易认，更能普及大众。同年 8 月，国民政府公告第一批简化字 324 个。因遭到国民党元老戴季陶等人的反对，于 1936 年 2 月废止使用。

3. 新中国汉字简化运动

1949 年，中华人民共和国成立，在 1952 年 2 月成立中国文字改革研究委员会，收集民间及民国以来主张汉字简化学者们的建议，于 1954 年底提出“汉字简化方案”草案，并于 1955 年 2 月公布于《人民日报》上。7 月，国务院成立“汉字简化方案审定委员会”，于 1956 年 1 月 28 日通过简化字 515 字及简化偏旁 54 个。

1964 年 3 月 7 日，经国务院批准，中国文字改革委员会、文化部和教育部联合发布了《关于简化字的通知》。基于此通知的精神，文改会于同年 5 月精心编印了《简化字总表》。1975 年 10 月 31 日，国务院批转了中国文字改革委员会关于《第二次汉字简化方案（草案）》。该《草案》共收录简化字 853 个，其中第一表包含 248 个简化字，第二表收录 605 个。由于社会用字混乱，1986 年国务院废止了《第二次汉字简化方案》，重新发表《简化字总表》。

2000 年 12 月，人大常委会通过了《国家通用语言文字法》，并定于 2001 年 1 月 1 日生效。国务院以法律形式确定普通话和规范汉字作为国家通用的语言文字地位，同时对方言、繁体字和异体字作为文化遗产加以保护，并允许在一定领域和特定地区内长期存在，但不能在普通话播音和电影中夹杂滥用。

汉字的简化包含两个方面的内容：一是简化字形，二是削减常用字的字数。前者采用各种方式（诸如简化偏旁部首、取原字形的某一部分或轮廓、草书楷化、重造新字等），将一部分常用字的形体进行改造，使字的结构简单、笔画减少而便于书写，所涉及的主要是"形"的问题。后者则选留某些字同时废弃某些字，是对字的记词职能进行调整或归并，所涉及的主要是"义"的问题。如果只是字形的简化，问题就比较简单，只需要认识一般相应的繁体字就行。比如看到"盧溝曉月"，我们只需要知道是"卢沟晓月"的繁体字就可以了。如果既涉及字形又涉及字义，问题就没有这么简单。比如明代的万历皇帝，用繁体字应该写作"萬曆"而不是"萬歷"，因为表示经历的"歷"和表示历法的"曆"，不仅字形不同，字义也有差异，简化字统一简化为"历"。具体到景点中出现的古代特定称谓，要特别注意区别。

第二节　中国古典文学

中国文学分为古典文学、现代文学与当代文学。古典文学以唐宋诗词及四大名著为代表，现代文学以鲁迅小说为代表，当代文学则以具有独立思想的中国自由文学为标志。

中华民族的文学，是以汉民族文学为主干部分的各民族文学的共同体。中国文学有数千年悠久历史，以特殊的内容、形式和风格构成了自己的特色，有自己的审美理想，有自己的起支配作用的思想文化传统和理论批判体系。它以悠久的历史、多样的形式、众多的中国作家、丰富的作品、独特的风格、鲜明的个性、诱人的魅力而成为世界文学宝库中光彩夺目的瑰宝。

"文学"一词最早见于《论语·先进篇》，当时孔子按才能把学生分成四类：

德行、言语、政事、文学，后世称为“孔门四科”。这里广义来看文学可以解释为学问。狭义的说法，文学可以被看成5世纪南朝宋文帝所定立的四学：儒学、玄学、史学、文学。

中国古典文学分为诗和文，文又分为韵文和散文，中国的抒情诗和散文（称为古文）在世界上都是最早且比较发达的。

一、先秦两汉文学

（一）诗经

《诗经》是我国第一部诗歌总集。编成于春秋时期，大抵是西周初年至春秋中叶500年间的作品，共305篇，代表了2500多年以前诗歌创作的最高成就。《诗经》里的作品都是合乐的唱词，分属于“风”“雅”“颂”三大部分。风是乐调，国风就是各国土乐的意思，共160篇。“风”“雅”是反映周朝政治衰乱时期社会生活的作品，又称“变风”“变雅”。雅本是乐曲名，分“大雅”“小雅”，是周王朝直接统治地区的音乐，共105篇。“颂”是赞美诗，是祭祀时的乐曲，有“周颂”“鲁颂”“商颂”三部分，共40篇。

（二）先秦散文

春秋战国时期，是一个社会发生急剧变化的时代，此一时期，在中国文学史上占有重要一席之地的即是先秦散文。百花齐放、百家争鸣的文化氛围促进了文学的繁荣，也迎来了文化光辉灿烂的时代，尤其是儒、墨、道、法几家学说，奠定了中国传统文化的基础。

先秦散文主要可分为历史散文和诸子散文。就大体情况而言，历史散文主要是叙事的，诸子散文主要是说理的。历史散文有《春秋》《左传》《战国策》《国语》等。《春秋》是孔子编订的战国最早的一部编年史，记叙了从鲁隐公元年（前722年）至哀公十四年（前481年）这242年间的各国大事。《左传》又名《春秋左氏传》，是注释《春秋》的书籍（因《春秋》言简意深，难以理解，故人们纷纷对《春秋》加上注释，以方便理解。最著名的属“春秋三传”，即《左传》《公羊传》《穀梁传》）。《战国策》亦称《国策》，传为战国时期各国史官或策士辑录。西汉时，经刘向整理，编为33篇。主要记叙了当时谋臣、策士游说各国或相互辩论时所提出的政治主张和斗争策略。其间有传记、故事、论辩、书信，反映了当时各国间尖锐而复杂的政治斗争，是先秦继《春秋》《左传》之后又一部著名历史散文。在艺术创作上，较之《左传》又有发展，常在复杂的政治事件中生动描绘人物言行，刻画出不少栩栩如生的人物形象和写出不少情节曲折的故事。如《冯谖客孟尝君》《触龙说赵太后》《苏秦始将连横》等均为脍炙人口的名篇。此书尤重语言艺术，大量运用了夸张、比喻、排比等艺术手法，并杂以寓言故事，呈现出一种“敷张扬厉”“辩丽恣肆”的鲜明特色。《国语》共 21 卷，据说为左丘明所作。这部书有重点地记叙了各国历史中的若干事件。文字朴实平易，特点在长于记言，同时也善于描写人物神态。

（三）楚辞

辞赋是中国古代文学样式之一。辞因产生于战国楚地而称楚辞；赋即铺陈之意，以“铺采摛文”“直书其事”为特点。两者都兼有韵文和散文的性质，是一种半诗半文的独特文体。结构宏大，辞藻华丽，讲究文采、韵律，常用夸张、铺陈的手法。

《楚辞》是战国时代以屈原为代表的楚国人创作的文学作品。汉成帝时，刘向将屈原、宋玉、唐勒、景差以及西汉贾谊、淮南小山、东方朔、庄忌、王褒等和自己的辞赋汇为一集，共 16 篇，定名为《楚辞》。《楚辞》中以屈原作品最多，质量最高，他的《离骚》是楚辞的代表作，后人故又称楚辞这种文体为“骚体”。

《离骚》表现了诗人眷念祖国和热爱人民的胸怀，闪耀着震撼人心的理想主义光芒。《离骚》艺术上有着极高成就。首先，整部作品都具有强烈的浪漫主义色彩；其次，《离骚》最重要的艺术特色还在于诗人的笔锋下，大量出现神话传说、历史人物、日月风云、山川流沙等，构成了一幅异常雄奇壮丽的完整图画。此外，《离骚》诗句形式错落有致，还设有主客问答和大段铺张描写，大多四句一章，字数不等，亦多偶句，形成了错落中见整齐，整齐中又富有变化的特点，对后世辞赋产生了巨大影响。

屈原除了《离骚》，还有许多优秀作品，如《九章》《九歌》《天问》等。

（四）汉赋

汉赋的主要特点是铺陈写物，不歌而诵，是中国古代特有的一种文学体裁。汉赋代表作家在汉初主要有贾谊、枚乘。贾谊（前 200—前 168 年），洛阳人。代表作有《鹏鸟赋》《吊屈原赋》。贾谊继承了屈原骚体赋风格。他的《吊屈原赋》即是拿屈原的遭遇来比自己。《鹏鸟赋》抒发了他怀才不遇的不平情绪和不妥协精神。

汉武帝和汉成帝时期，是汉赋的全盛时期，代表作家有司马相如、扬雄等。司马相如（前 179—前 118 年），成都人。代表作有《子虚赋》《上林赋》《长门赋》《美人赋》《大人赋》等。扬雄（前 53—公元 18 年），成都人。他生活在汉成帝时代，有人评价他的赋像司马相如。代表作有《甘泉赋》《羽猎赋》《长杨赋》《逐贫赋》等。东汉末年，赋逐渐衰落，有代表性的作品是张衡的《二京赋》《归田赋》。

（五）汉乐府

“乐府”是汉武帝时设立的一个官署，负责收集编纂各地汉族民间音乐、整理改编与创作音乐、进行演唱及演奏等。汉乐府指由汉时乐府机关所采制的诗歌。这些诗，原本在民间流传，经由乐府保存下来，汉代叫作“歌诗”，魏晋时始称“乐府”或“汉乐府”。后世文人仿此形式所作的诗，亦称“乐府诗”。

《陌上桑》和《孔雀东南飞》都是汉乐府民歌，后者是我国古代最长的叙事诗，是乐府诗发展史上的高峰之作。《孔雀东南飞》与《木兰诗》(又称《木兰辞》)合称“乐府双璧”。汉代《孔雀东南飞》、北朝《木兰诗》和唐代韦庄《秦妇吟》并称“乐府三绝”。此外，《长歌行》中的“少壮不努力，老大徒伤悲”也是千古流传的名句。

二、魏晋南北朝文学

东汉末年以“三曹”和“建安七子”为代表的“建安文学”在古代文学史上占有重要的一席之地。所谓“三曹”即指曹操与其子曹丕、曹植，“建安七子”即指汉末作家孔融、陈琳、王粲、徐干、阮瑀、应玚、刘桢。建安时期，大量作家和作品涌现出来，使各种文体都得到了发展，尤其是诗歌方面打破了汉代四百年沉寂的局面。五言诗从这时开始兴盛，七言诗在这时也奠定了基础。历代文学评论家都把建安时期看作文学的黄金时代。

曹操开创了建安文学的新局面。他的抒情诗抒发了自己的政治理想和抱负，表现他统一中国的雄心壮志。代表作有《短歌行》《龟虽寿》《观沧海》等。

曹丕的诗作中，比较出色的是一些描写男女爱情和离愁别恨之作，对七言诗的创作有较大贡献。其代表作《燕歌行》是我国现存最早的文人创作的完整七言诗。曹丕的《典论·论文》开了文学批评的风气，是我国文学史上第一篇文学批评著作。

在建安作家中，历来最受推崇的是曹植。曹植的主要贡献虽在诗歌方面，但其散文和辞赋也不乏佳作。他的《与杨德祖书》《与吴季重书》都很富于形象，颇能表现自己的性格。《求自试表》和《求通亲亲表》字里行间都流露出愤愤不平和渴望自由的心情。曹植的辞赋抛弃了汉赋那种堆砌奇字的积习，用华美而不艰涩的文字抒发真情实感，名篇有《洛神赋》《鹞雀赋》等。

建安七子中，以王粲的文学成就最高，代表作有《七哀诗》《从军诗》。除了诗以外，王粲还善于作赋，代表作有《登楼赋》等。

从西晋建立到东晋灭亡的一百多年间，产生了左思、刘琨、郭璞、陶渊明等一批杰出和优秀的诗人。其中以陶渊明成就最高，代表作有《归去来兮辞》《桃花源记》《归园田居》《五柳先生传》《饮酒》等。

南朝时期，诗歌“永明体”出现，标志着诗歌过渡到严守格律的近体诗，散文也出现了追求对偶工整、音节和谐、大量用典的问题——骈体文，又称骈文、四六文。南朝刘勰著有我国第一部文学理论专著《文心雕龙》。昭明太子萧统主编了《文选》，将文学独立出来，是我国现存最早的诗文总集。南朝民歌代表有《子夜吴歌》和《西洲曲》，北朝民歌代表有《敕勒歌》和《木兰诗》。

三、唐宋文学

（一）唐诗

唐代是我国古典诗歌发展的全盛时期。唐诗是我国优秀的文学遗产之一，也是全世界文学宝库中的一颗灿烂的明珠。

唐代建国初的诗歌仍沿着南朝诗歌的惯性发展，柔靡纤弱，毫无生气。"初唐四杰"（王勃、杨炯、卢照邻、骆宾王）的出现开始转变了这种风气。他们才华横溢，不满现状，通过自己的诗作抒发愤激不平之情和壮烈的怀抱，拓宽了诗歌题材。如杨炯的《从军行》：

烽火照西京，心中自不平。
牙璋辞凤阙，铁骑绕龙城。
雪暗凋旗画，风多杂鼓声。
宁为百夫长，胜作一书生。

王勃的代表作有《滕王阁序》和《送杜少府之任蜀州》。继"四杰"而起的是陈子昂，他的《登幽州台歌》："前不见古人，后不见来者。念天地之悠悠，独怆然而涕下！"苍凉辽阔，哀而不伤，被认为是怀古诗的绝唱。

唐诗鼎盛时期，涌现了李白、杜甫、白居易、韩愈、柳宗元等世界闻名的大诗人。

唐诗的题材非常广泛，在创作方法上，既有现实主义的流派，也有浪漫主义的流派，而许多伟大的作品，则又是这两种创作方法相结合的典范，形成了我国古典诗歌的优秀传统。

唐诗的形式是多种多样的。唐代的古体诗，基本上有五言和七言两种。近体诗也有两种，一种叫作绝句，一种叫作律诗。绝句和律诗又各有五言和七言之不同。所以唐诗的形式基本上有这样六种：五言古体诗、七言古体诗、五言绝句、七言绝句、五言律诗、七言律诗。古体诗对音韵格律的要求比较宽，一首之中，句数可多可少，篇章可长可短，韵脚可以转换。近体诗对音韵格律的要求比较严，一首诗的句数有限定，即绝句四句，律诗八句，每句诗中用字的平仄声，有一定的规律，韵脚不能转换；律诗还要求中间四句成为对仗。古体诗的风格是前代流传下来的，所以又叫古风。近体诗有严整的格律，所以有人又称它为格律诗。

李白被誉为“诗仙”，留下《蜀道难》《望庐山瀑布》《将进酒》《行路难》《静夜思》等不朽作品。杜甫被誉为“诗圣”，其作品深刻记录了安史之乱前后唐代社会状况，表达了对百姓疾苦的深切同情。代表作主要是“三吏三别”，即《新安吏》《石壕吏》《潼关吏》《新婚别》《无家别》《垂老别》，另有《春望》《绝句》《春夜喜雨》《登高》《闻官军收河南河北》等。李贺被誉为“诗鬼”，留下了“黑云压城城欲摧”“雄鸡一声天下白”“天若有情天亦老”等千古佳句。王维被誉为“诗佛”，以清新淡远、自然脱俗的风格，创造出一种“诗中有画，画中有诗”(《东坡题跋·书摩诘蓝田烟雨图》)“诗中有禅”的意境，代表作有《送元二使安西》《九月九日忆山东兄弟》。王维还开创了文人画先河。崔颢的《黄鹤楼》被誉为“唐代七言律诗第一”。白居易发起“新乐府”运动，著有《新乐府》《卖炭翁》《长恨歌》等。孟郊、刘禹锡、张继等人的山水诗、边塞诗亦独具代表性。

唐代散文方面，韩愈、柳宗元发动反对骈文的古文运动。韩愈著有《师说》。

唐代传奇小说继承和发展了魏晋志怪小说，代表作有《李娃传》《柳毅传》《莺莺传》。

（二）宋词

宋词是我国古代诗歌的一种。它始于梁代，形成于唐代而极盛于宋代。

唐代，白居易、刘禹锡等人写了一些词，具有朴素自然的风格，洋溢着浓厚的生活气息。以脂粉气浓烈的崇尚浓辞艳句而驰名的温庭筠和五代“花间派”，在词的发展史上有一定的位置。而南唐后主李煜被俘虏之后的词作则开拓了一个新的深沉的艺术境界，给后世词人以强烈的感染。

到了宋代，通过柳永和苏轼在创作上的重大突破，词在形式上和内容上得到了巨大的发展。后蜀赵崇祚编成第一部词集《花间集》。

宋词，大体上可分为婉约派和豪放派。婉约派的词，其风格是典雅柔婉、曲尽情态，如柳永的“今宵酒醒何处？杨柳岸，晓风残月”，晏殊的“无可奈何花落去，似曾相识燕归来”，晏几道的“舞低杨柳楼心月，歌尽桃花扇底风”等名句。豪放词作是从苏轼开始的。他把词从娱宾遣兴的天地里解脱出来，发展成独立的抒情艺术。山川胜迹、农舍风光、优游放怀、报国壮志，在他手里都成为词的题材，使词从花间月下走向了广阔的社会生活。

词大致可分小令（58 字以内）、中调（59~90 字）和长调（91 字以上，最长的词达 240 字）。一首词，有的只有一段，称为单调；有的分两段，称双调；有的分三段或四段，称三叠或四叠。

词有词牌。词牌的产生大体有以下几种情况：沿用古代乐府诗题或乐曲名称，如《六州歌头》；取名人诗词句中几个字，如《西江月》；据某一历史人物或典故，如《念奴娇》；还有名家自制的词牌。词发展到后来逐渐和音乐分离，而成为一种独立的文体。

宋词代表作有柳永的《望海潮》、王安石的《桂枝香·金陵怀古》、苏轼的《水调歌头 · 明月几时有》、李清照的《如梦令 · 昨夜雨疏风骤》、辛弃疾的《永遇乐 · 京口北固亭怀古》和岳飞的《满江红》等。

宋代散文也有极高的成就，欧阳修的《醉翁亭记》、王安石的《游褒禅山记》、苏轼的《前赤壁赋》、范仲淹的《岳阳楼记》及周敦颐的《爱莲说》是代表作品。

（三）唐宋八大家

唐宋八大家，又称唐宋古文八大家，是中国唐代韩愈、柳宗元和宋代苏轼、苏洵、苏辙、欧阳修、王安石、曾巩八位散文家的合称。其中韩愈、柳宗元是唐代古文运动的领袖，欧阳修、“三苏”等四人是宋代古文运动的核心人物，王安石、曾巩是临川文学的代表人物。他们先后掀起的古文革新浪潮，反对骈文，使诗文发展的陈旧面貌焕然一新。

八大家中苏家父子兄弟有三人，人称“三苏”，分别为苏洵、苏轼、苏辙，又有“一门三学士”之誉。故可用“唐有韩柳，宋为欧阳、三苏和曾王”概括。

四、元明清文学

（一）元曲

元曲是元代艺术成就最高的文学形式，又分为散曲和杂剧，杂剧是戏曲，散曲是诗歌。元曲原本是民间流传的“街市小令”或“村坊小调”，经文人的收集整理和加工，逐渐形成了这一文学形式。

杂剧的成就和影响远远超过散曲，涌现了元曲四大家——关汉卿、郑光祖、白朴、马致远等人，创作了四大悲剧：关汉卿的《窦娥冤》、白朴的《梧桐雨》、马致远的《汉宫秋》、纪君祥的《赵氏孤儿》；四大爱情剧：关汉卿的《拜月亭》、王实甫的《西厢记》、白朴的《墙头马上》、郑光祖的《倩女离魂》，以及《天净沙 · 秋思》《山坡羊 · 潼关怀古》《卖花声 · 怀古》等不朽名篇。

（二）明清小说

明清是中国小说史上的繁荣时期。明代文人创作的小说主要有白话短篇小说和长篇小说两大类。明代的长篇小说按题材和思想内容，又可概分为五类，即讲史小说、神魔小说、世情小说、英雄传奇小说和公案小说等。

长篇小说以《三国演义》《水浒传》《西游记》《金瓶梅》为代表，现存最早的明人辑印的话本集是《清平山堂话本》。短篇小说则以“三言”(《喻世明言》《警世通言》《醒世恒言》)和“二拍”(《初刻拍案惊奇》《二刻拍案惊奇》)为代表。

部分作品揭露了封建统治阶级的罪恶和黑暗政治，写出了人民的苦难。另有些拟话本描写了小商人和手工业者的生活和思想，带有明显的时代特点。拟话本承袭了宋元话本的传统，一般都具有较强的故事性，情节生动曲折，感情色彩鲜明。它的艺术手法更加成熟，特别是心理描写和细节描写更加趋于丰富细腻。比较优秀的作品有《杜十娘怒沉百宝箱》《玉堂春落难逢夫》等。除“三言”“二拍”之外，明代的拟话本小说集还有《石点头》《醉醒石》《西湖二集》等。明代的文言小说，是沿着唐宋传奇的线索发展而来的。较著名的文言短篇小说集有瞿佑的《剪灯新话》、李昌祺的《剪灯余话》、邵景瞻的《觅灯因话》等。明人的文言短篇小说在写法上模仿唐宋传奇，缺乏创作新意，因而成就不高，其影响远不及白话短篇小说。

清初至乾隆时期是清小说发展的全盛时期，《聊斋志异》和《红楼梦》，分别把文言小说和白话小说的创作推向顶峰。另外，还有《儒林外史》《三侠五义》等优秀作品。

五、近代文学

鸦片战争爆发后，中国逐渐沦为半殖民地半封建社会。这一时期的文学发生了重要变化，被称为近代文学，是一个向新文学过渡的阶段。

诗文领域，龚自珍是首开文学新风气的人物，接着，魏源、林则徐、张维屏等也写了许多富于时代色彩和历史意义的作品。

太平天国领袖们的诗文，在“弃伪存真”文化纲领指导下，批判封建主义的陈词滥调，提倡朴实明晓的文风，直接为革命斗争服务。戊戌变法前后，改良主义运动代表人物梁启超力倡“诗界革命”“文界革命”，并推誉黄遵宪“我手写我口”的新派诗；他的散文则导源于龚自珍，打破了传统古文的格局，务为平易畅达，风靡一时，号为“新文体”。梁启超的《少年中国说》等说理文章，气势磅礴，铺张淋漓，颇有鼓动力量。辛亥革命时期，南社诗人柳亚子、陈去病、苏曼殊等人的作品洋溢着充沛的爱国主义和民主主义精神。同时，以守旧复古为特征的传统诗文，仍活跃一时，诗歌方面先后有“宋诗运动”和“同光体”诗派，古文则产生了梅曾亮等名家，号称“桐城派”中兴。曾国藩原受桐城派影响，又重经世之学，追随者不少，故另称“湘乡派”。

在梁启超“小说界革命”的倡导之下，近代谴责小说得以盛行，代表作有李宝嘉的《官场现形记》、吴趼人的《二十年目睹之怪现状》、曾朴的《孽海花》、刘鹗的《老残游记》，被称为"清末四大谴责小说"。这些作品突出暴露了封建官场的黑暗腐朽，广泛宣传了社会改良，在内容和题材上较古代小说有明显的开拓。有的还吸收了西方小说的技法，但艺术成就一般不高。辛亥革命后出现的"鸳鸯蝴蝶派"小说和"黑幕小说"，思想和艺术价值都不高。

林纾等人用古文翻译的外国小说，在当时却有相当广泛的影响，开拓了我国小说界的视野。近代戏曲的成就，主要反映在一大批地方戏曲趋于定型成熟，京剧则成为影响深广的全国性剧种。在外国文化影响下，话剧开始在我国兴起，辛亥革命前后出现的话剧团体在宣传革命方面发挥了不小的作用。

六、中国古典文学之最

《诗经》是我国最早的一部诗歌总集。

《山海经》是我国最早富有神话传说的一部地理志，作者无法考究。

《穆天子传》是我国最早的一部历史小说，作者无法考究。

《吕氏春秋》是我国最早的哲理散文总集，是秦国丞相吕不韦及其门客所著。

《新书》是我国最早的一部政论文总集，作者是西汉杰出的思想家、文学家、政治家贾谊。

《世说新语》是我国最早的笔记体小说集，作者是南朝宋的著名文学家刘义庆。

《搜神记》是我国第一部志怪小说，作者是东晋文学家、史学家干宝。

《国语》是我国第一部国别体史书，作者据《史记》记载是左丘明，据考证是后人伪托。

《史记》是我国第一部纪传体通史，作者是西汉著名史学家、文学家、思想家司马迁。

《资治通鉴》是我国第一部编年体通史，作者是北宋史学家司马光。

《燕歌行》是我国第一首完整的七言诗，作者是三国著名的诗人魏文帝曹丕。

《孔雀东南飞》是我国第一首优秀的长篇叙事诗，作者无法考究。

《离骚》是我国第一首优秀的长篇抒情诗，作者是战国时楚国的伟大诗人屈原。

《论语》是我国第一部语录体散文，作者是孔丘的弟子及再传弟子。

《春秋》是我国第一部私人编撰的史书，作者是春秋时代著名的思想家、教育家孔子。

《汉书》是我国第一部纪传体断代史，作者是东汉文学家、史学家班固。

《文心雕龙》是我国最早的一部文学批评专著，作者是南朝梁代文学理论批评家刘勰。

《诗品》是我国最早的一部品评诗歌的专著，作者是南朝梁代文学理论批评家钟嵘。

《文选》(《昭明文选》)是我国现存最早的一部文章总集，作者是南朝梁代的萧统。

《徐霞客游记》是我国一部价值最高的游记体地理学著作，作者是明代杰出的旅行家、地理学家、散文家徐弘祖。

《西厢记》是我国艺术成就最高的杂剧，号称“天下夺魁”，作者是元代著名戏剧家王实甫。

《原君》是我国最早的一篇具有民主思想的政论文，作者是明末清初杰出的思想家、文学家黄宗羲。

《三国演义》是我国第一部优秀的长篇历史小说，作者是明代著名的通俗小说家罗贯中。

《水浒传》是我国第一部优秀的描写农民革命斗争的小说，作者是明代著名的小说家施耐庵。

《西游记》是我国第一部长篇神话小说，作者是明代小说家吴承恩。

《金瓶梅》是我国第一部以家庭为写作题材的小说，作者是明代小说家兰陵笑笑生（笔名）。

《梦溪笔谈》是我国第一部用笔记文体写成的综合性学术专著，作者是北宋科学家、政治家沈括。

《聊斋志异》是我国第一部优秀的文言短篇小说集，作者是清代著名小说家蒲松龄。

《儒林外史》是我国第一部优秀的长篇讽刺小说，作者是清代伟大的小说家吴敬梓。

《红楼梦》是我国艺术成就最高的早期白话小说，作者是清代伟大的小说家曹雪芹。

《官场现形记》是我国第一部谴责小说，作者是清代的谴责小说家李宝嘉。

屈原是我国第一个伟大的诗人，作品收录在《楚辞》里。

许穆夫人是我国第一个女诗人，作品有《载驰》《泉水》《竹竿》。

班昭是我国第一个女史学家，将其兄班固的《汉书》续成。

李清照是我国第一个女词人，作品收在《李清照集》里。

李白是盛唐时期最伟大的浪漫主义诗人，被誉为“诗仙”，作品收在《李太白全集》里。

杜甫是盛唐时期最伟大的现实主义诗人，被誉为“诗圣”，作品收在《杜工部集》里。

白居易是中唐时期最伟大的现实主义诗人，作品收在《白氏长庆集》里。

杨万里是我国历史上写诗最多的诗人，一生写诗两万多首，作品收在《诚斋集》里。

关汉卿是我国最伟大的戏剧家，代表作是杂剧《窦娥冤》。

谢灵运是我国第一位大量写山水诗的文学家。

《西洲曲》和《木兰诗》分别代表了南朝和北朝民歌的最高成就。

第三节　中国现当代文学重要知识及重要名人名作

一、现代文学

现代文学是指 1917 年至 1949 年[①]间在中国产生的文学现象和文学创作的总和。文学现象主要包括文学运动、思潮和流派，文学创作主要指作家作品。中国现代文学在传统文学和外国文学的合力影响下，产生了最具影响力的四大文体——诗歌、小说、散文和戏剧。

（一）诗歌与散文

最先开启现代文学之门的是五四文学革命的先驱者胡适，1917 年他率先在《新青年》发表白话诗。1920 年胡适出版中国新诗史上第一部白话诗集《尝试集》。1921 年郭沫若出版了中国新诗史上第二部新诗集《女神》，传达出五四时期狂飙突进与个性解放的时代精神，是中国新诗真正的奠基之作。1921 年 1 月在北京成立的文学研究会，标志着现代中国有了专门的文学社团。6 月在日本东京，另一个具有代表性的文学社团——创造社成立。

20 世纪 20 年代中期，中国新诗出现多种诗派与流向：以蒋光慈、殷夫为代表的，趋向于革命现实主义的“普罗”诗派；以闻一多、徐志摩、林徽因、朱湘等为主要成员，追求浪漫主义诗风的“新月诗派”；以李金发、穆木天为代表

① 目前学术界一致认同将“1917 年胡适发表在《新青年》上的《文学改良刍议》和《白话诗八首》”作为中国现代文学史的起始点。见：朱栋霖，丁帆，朱晓进．中国现代文学史（1917—1997）（上）．北京：高等教育出版社，1999.

的，追踪现代主义诗风的“象征诗派”。在散文方面，虽与传统散文有着直接的联系，但朱自清、冰心、鲁迅、周作人、林语堂等人的散文仍表现出较为鲜明的时代特征。本时期的重要作家作品有殷夫的《别了，哥哥》、闻一多的《死水》，徐志摩的《再别康桥》和《雪花的快乐》、李金发的《弃妇》、朱自清的《荷塘月色》和《背影》、冰心的《往事》和《寄小读者》、鲁迅的散文集《野草》等。

1930 年，为与国民党争夺宣传阵地，中国左翼作家联盟（左联）在上海成立，旗帜人物是鲁迅。在左联的领导下，还出现了中国新文学史上第一个革命诗歌社团——中国诗歌会。1931 年“九一八”事变后，民族矛盾空前激化，救亡图存成为全民族第一要务，以民族与阶级解放为主题的现实主义诗歌成为主流。艾青的《雪落在中国的土地上》和《我爱这土地》、田间的《给战斗者》、臧克家的《老马》等都是这方面的代表作。与此同时，那些生活在上海、南京等国统区大都市里的青年知识分子，借鉴西方现代主义的表现技巧，先后以《现代》和《新诗》杂志为阵地，形成了中国式的现代诗派。戴望舒的《雨巷》、卞之琳的《断章》都是该派代表作。散文方面，以鲁迅的杂文、周作人和林语堂的小品文为主要代表。

在抗战后期和解放战争时期，现代文学出现了两大时空：国统区和解放区。国统区诗歌继续沿着现实主义和现代主义两条路子前行。前者有以艾青、胡风、牛汉、阿垅为代表的“七月诗派”，代表性作家作品有艾青的《向太阳》、牛汉的《鄂尔多斯草原》、阿垅的《孤岛》等。后者有以穆旦、郑敏、陈敬容、袁可嘉等传承现代派诗风的“九叶”诗人群，其代表作有穆旦的《赞美》和《春》、郑敏的《金黄的稻束》、陈敬容的《铸炼》。解放区诗歌在毛泽东《在延安文艺座谈会上的讲话》指引下转向为工农兵服务，主要传承民歌传统，代表性作家作品有李季的《王贵与李香香》、阮章竞的《漳河水》。本时期散文创作以反映抗战现实的报告文学为主，如大型的报告文学集《中国的一日》、夏衍的《包身工》、宋之的的《一九三六年春在太原》；艺术性散文也有重要收获，如茅盾的《风景谈》和《白杨礼赞》、梁实秋的《雅舍小品》等。

（二）戏剧戏曲

现代戏剧主要是在西洋话剧的影响下产生的。最早接受话剧形式的曾孝谷、李叔同等人于 1907 年在日本东京创立了“春柳社”，并先后演出了《茶花女》第三幕和五幕剧《黑奴吁天录》。五四时期是话剧创作的尝试期，胡适的《终身大事》、田汉的《获虎之夜》和《南归》、郭沫若的《三个叛逆的女性》都是当时有较大影响的话剧作品。

抗战前期是现代话剧创作的繁荣期，曹禺的《雷雨》《日出》《原野》《北京人》，站上了中国现代戏剧文学的制高点。稍后又有夏衍的《上海屋檐下》和众多的抗战戏剧，成为这一时期戏剧繁荣的标志。

抗战后期和解放战争时期，以郭沫若的《屈原》为代表的一批历史剧，以陈白尘的《升官图》为代表的政治讽刺剧，成为国统区话剧创作的重头戏；以贺敬之等人执笔的《白毛女》为代表的新歌剧，还有陕甘宁边区对传统京剧的改编，上演的《逼上梁山》和《三打祝家庄》等新剧目，成为解放区戏剧戏曲改革与创新的典范之作。

（三）小说

现代小说也是在西洋小说和中国古典小说的共同影响下产生的。1918 年鲁迅在《新青年》杂志上发表的第一篇白话小说《狂人日记》，成为中国现代小说的开端。稍后出现的“文学研究会”和“创造社”，成为五四时期孕育现实主义和浪漫主义小说的两大重要文学社团。本时期的重要作家作品有：鲁迅的小说集《呐喊》和《彷徨》，其中的《阿 Q 正传》《祝福》《药》《故乡》《孤独者》都是经典之作；还有郁达夫的小说集《沉沦》、许地山的小说集《缀网劳蛛》，以及叶圣陶、王统照和庐隐等人的作品。

“左联”的成立促进了小说创作的进一步发展。抗战前期现实主义小说创作仍是主流，巴金的《家》、茅盾的《子夜》和《林家铺子》、老舍的《骆驼祥子》、沈从文的《边城》，以及叶紫和东北作家群等创作的小说，都真实地再现了民族与阶级矛盾日趋激烈的社会现实。抗战后期及解放战争时期，国统区仍延续现实主义主流传统，张天翼的《华威先生》、沙汀的《淘金记》、艾芜的《山野》、茅盾的《腐蚀》、老舍的《四世同堂》、巴金的《寒夜》等，从各个不同的侧面揭露了反动统治的黑暗腐朽。还有非主流小说钱锺书的《围城》、张爱玲的《倾城之恋》和《金锁记》等。解放区所创作的小说也属于现实主义，作家努力深入生活，与人民群众逐步结合，他们创作的中长篇小说，反映了中国共产党领导下的广大农村天翻地覆的变革，着力刻画了工农兵新人的形象，著名的有丁玲的《太阳照在桑干河上》，周立波的《暴风骤雨》，赵树理的《小二黑结婚》《李有才板话》，孙犁的小说集《白洋淀纪事》等。

二、当代文学

当代文学是指 1949 年中华人民共和国成立至今在中国版图内产生的文学现象和文学创作的总和。中华人民共和国成立前夕的 1949 年 7 月，中华全国文学艺术工作者代表大会在北平召开，长期被分离在国统区和解放区的文学工作者终于在这次会议上会师。会议正式确立了以毛泽东《在延安文艺座谈会上的讲话》所提出的“文艺为工农兵服务”为新中国文艺的方向。这次大会一般被文学史家们称为“当代文学的伟大开端”。当代文学史一般按照建国初十七年文学、“文革”时期的文学和改革开放后的新时期来分期，以下即按此来分叙。

（一）诗歌与散文

建国初十七年的诗歌和散文创作，其基本主题是歌颂新生的共和国和社会主义建设的新生活，当时影响较大且艺术水准较高的作家作品有：艾青的《礁石》、闻捷的《天山牧歌》（诗集）、郭小川的《望星空》、贺敬之的《雷锋之歌》等诗歌创作，杨朔的《荔枝蜜》和《茶花赋》、秦牧的《土地》和《社稷坛抒情》、刘白羽的《长江三日》、吴伯箫的《菜园小记》、魏巍的《谁是最可爱的人》等散文作品。

“文革”时期几乎没有像样的诗歌与散文创作，只有部分不能公开发表的诗歌创作，如穆旦的《冬》。

新时期之初当代诗坛迎来了诗歌创作的黄金时期，具有现代主义特质的“朦胧诗派”应运而生，产出了一大批优秀作家作品，如舒婷的《祖国啊，我亲爱的祖国》和《致橡树》、北岛的《回答》和《迷途》、顾城的《我是一个任性的孩子》、梁小斌的《雪白的墙》等；巴金的反思性散文集《随想录》在当时引起较大反响。20世纪80年代后期至90年代，诗坛上出现了以西川、王家新、欧阳江河为代表的“知识分子写作”，以及以于坚、伊沙为代表的“民间写作”，还有史铁生的散文《我与地坛》等；“学者散文”是八九十年代散文创作的一个主要现象，如张中行的《负暄琐话》，余秋雨的《文化苦旅》《文明的碎片》等是其代表。

进入21世纪后，以郑小琼、罗德远、卢卫平等为代表的“打工诗人群”的诗作和众多的网络诗歌渐成主流，但现代诗歌日渐式微的趋势已相当明显。

（二）戏剧戏曲

建国初十七年在话剧创作上也有不小收获。老舍的《龙须沟》和《茶馆》，田汉的《关汉卿》，沈西蒙等人的《霓虹灯下的哨兵》，还有歌剧《洪湖赤卫队》《江姐》，改编戏曲《十五贯》《李慧娘》，新编历史剧《海瑞罢官》等都是这一时期最有影响的作品。

“文革”时期戏剧方面的主要收获是革命现代京剧，如《红灯记》《沙家浜》《智取威虎山》等八个样板戏。

新时期戏剧创作仍以话剧为主，可以分为三类：第一类是具有写实倾向的再现型剧作，如李龙云的《小井胡同》、刘锦云的《狗儿爷涅槃》、何冀平的《天下第一楼》；第二类是具有现代主义特质的表现型戏剧，如贾鸿源等人的《屋外有热流》、陶骏等人的《魔方》；第三类是再现与表现兼容戏剧，如陈子度等人的《桑树坪纪事》、李龙云的《洒满月光的荒原》。新时期戏曲方面主要表现在传统戏曲的现代化探索上，代表性作家作品有魏明伦的荒诞川剧《潘金莲》、陈亚先的新编历史京剧《曹操与杨修》。

（三）小说

小说是当代文学四大文体（诗歌、散文、戏剧、小说）中成就最为显著的。在十七年文学中小说创作是成就最高的文学样式，其中有革命历史题材小说：杜鹏程的《保卫延安》、杨沫的《青春之歌》、曲波的《林海雪原》；农村题材小说：赵树理的《三里湾》、柳青的《创业史》、周立波的《山乡巨变》；工业题材小说：艾芜的《百炼成钢》；商业题材小说：周而复的《上海的早晨》。

“文革”时期小说创作虽然大不如前，但仍有可圈可点之作，如浩然的两部长篇小说《艳阳天》和《金光大道》。

新时期是当代小说创作的又一个繁荣期。从 20 世纪 80 年代初的“伤痕文学”，到稍后的“反思文学”和“寻根文学”，再到 20 世纪 90 年代的消费型文学，都孕育出不少优秀小说作品，如王蒙的《春之声》、茹志鹃的《剪辑错了的故事》、韩少功的《爸爸爸》、王安忆的《叔叔的故事》、张承志的《心灵史》、陈忠实的《白鹿原》、贾平凹的《废都》和《高老庄》、张炜的《九月寓言》、余华的《许三观卖血记》、刘静的《父母爱情》等。进入 21 世纪后的小说主要有三类：第一类是底层写作（也叫无产阶级写作），如尤凤伟的长篇小说《泥鳅》和李佩甫的长篇小说《城与灯》，陈应松的中篇小说集《太平狗》；第二类是青春写作，如韩寒的《三重门》、郭敬明的《幻城》；第三类是网络写作，如《此间的少年》《成都，今夜请将我遗忘》等。此外，麦家的《暗算》《解密》等小说，被拍摄成电视剧后大受欢迎。当然最具有标志性意义的是莫言获得 2012 年度的诺贝尔文学奖，这是中国文学史上具有划时代意义的重大突破。莫言的作品主要有:《红高粱家族》《檀香刑》《丰乳肥臀》《蛙》。

第四节　中国对联与古诗词格律常识

一、对联

对联，又叫对子、楹联、楹帖、联语，是我国特有的一种体制短小、文字精练、历史悠久、雅俗共赏的传统文学形式。对联，主要悬挂在室内或者贴在门上。许多名胜古迹建筑，一般都有对联点缀其中，反映其人情风物，见证其历史遗迹，成为这些名胜古迹不可或缺的组成部分。下面我们简要介绍一些有关对联的基础知识。

(一)对联的起源与发展

1. 对联的孕育时期——从先秦到唐代

如果追本溯源，对联的历史是相当久远的。根据东汉应劭《风俗通义》记载，上古时有神荼与郁垒兄弟二人，在度朔山上桃树下检查百鬼，将为害人间的恶鬼捉去饲虎。所以每年除夕，民间就装扮桃人，以求平安。后来，就逐渐演变成在门上挂桃符来镇邪驱灾。桃符上，先是画神荼与郁垒的画像，后又以驱邪祈福的话语代替画像。

2. 对联的出现时期——五代

五代时，人们开始在桃符上题写联语，这样，原来驱魔除鬼的字牌，就变成一种用来表达某种主题思想的特殊文体。因为多用于春节，表达人们除旧迎新的喜悦与期盼，所以被称为春联。

我国对联发展史上的第一副对联，根据《宋史・西蜀孟氏》记载，是后蜀之主孟昶(chǎng)所撰:“新年纳余庆，嘉节号长春。”语言通俗，吉祥喜庆，一直到今天，春联仍然沿袭着这样的特点。

3. 对联的发展时期——宋代、元代

到宋代，对联的应用范围逐渐扩大。不仅在春节，友人之间的日常交际也经常用到对联，建筑物上张贴楹联也成为习惯。著名的文人苏轼、王安石和朱熹等都写过不少楹联。

4. 对联的鼎盛时期——明代、清代

明代和清代，是对联发展的鼎盛期。上至君王将相，下至普通文人，皆好联语。明太祖朱元璋，不仅命令公卿士人家门上必贴春联，而且亲撰联语。他赐予中山王徐达一副对联:“破虏平蛮，功贯古今人第一；出将入相，才兼文武世无双。”颇具帝王气概。皇帝的提倡有很大的促进作用，后来解缙、祝允明、文徵明、唐伯虎等江南才子，又把对联创作推向了一个新的高潮。

清代出现了郑燮(板桥)、纪昀、何绍基、梁章钜、彭玉麟等一批撰联高手，在对联的数量、质量和种类上，也都超过了前代。在体例上，继承前人的诗、词格调，曾国藩等人又大力推广了文章格调，为对联的发展开辟了另一条道路。而梁章钜的《楹联丛话》(《楹联续话》《巧对录》等)，专门从事对联及相关资料的收集与整理研究，对对联的发展产生了较大的影响。

(二)对联的种类

最早对对联进行系统分类的，是清代学者梁章钜。他在《楹联丛话》中将对联分为十类：①故事；②应制；③庙祀；④廨(xiè)字；⑤胜迹；⑥格言；⑦佳话；⑧挽词；⑨集句(附以集字)；⑩杂缀(附以谐语)。

在前无古人的情况下，梁章钜能够归纳排列出这十个门类，是难能可贵的。但是由于各种因素的限制，这种分类法有不尽完善的地方，比如分类标准不统一，门类名称不规范等。实际上，按照不同的标准可以将对联分为不同的种类。既可以从对联的思想内容和修辞特点出发，又可以从写作方式上着眼。下面，我们按应用范围将对联进行分类。

1. 春联（含节日联）

春联，又叫春帖，是春节时贴的对联，是对联中出现最早、应用范围最广泛的一种类型，内容主要是表现人们辞旧迎新的愉悦心情和积极向上的奋发精神。春联，一般都贴在门上，多有横批。

2. 门联（含行业联）

门联，又叫门帖、门对，是主要反映门第特征和行业性质的对联。有的是雕刻、嵌缀在门两旁的永久性对联，有的是在开张或举行庆典时张贴。比如曲阜孔府门联："与国咸休，安富尊荣公府第；同天并老，文章道德圣人家。"又比如过去旅馆常有这样的门联："未晚先投宿；鸡鸣早看天。"

3. 喜联

喜联，是婚嫁时的专用对联，又叫婚联。多贴在门旁及箱柜等处。内容多为百年好合、白头偕老等喜庆祝愿的吉利话。例如："柳暗花明春正半；珠联璧合影成双。"

4. 寿联

寿联，是为年长者祝寿专用的对联。内容多是称颂长者功德业绩，祝其健康长寿。在寿联中，有一些自己写的"自寿联"，多为愤世嫉俗、言志抒怀之作，往往能反映撰者的真实感情与平生志趣。如郑板桥六十自寿联："常如作客，何问康宁。但使囊有余钱，瓮有余酿，釜有余粮。取数页赏心旧纸，放浪吟哦。兴要阔，皮要顽，五官灵动胜千官，过到六旬犹少。定欲成仙，空生烦恼。只令耳无俗声，眼无俗物，胸无俗事。将几枝随意新花，纵横穿插。睡得迟，起得早，一日清闲似两日，算来百岁已多。"

5. 挽联

挽联，是哀悼死者、治丧祭祀时专用的对联，由古代的挽词演变而来。内容大多为评价逝者功业、褒扬其情操，寄托生者之哀思。感情深挚，文辞恳切。如叶剑英挽叶挺联："三十年戎幕同胞，六载别离成永诀；五千里云天在望，一腔热血为招魂。"

6. 交际联

交际联，是人们专门用作酬赠交谊的一类对联。多应用于社会名流以及文人学者之间，作品往往有较高的艺术性。如郑板桥赠焦山长老联：“花开花落僧贫富；云去云来客往还。”

7. 堂联

堂联是人们用于美化厅堂居室的一种装饰联，往往寄寓主人与作者的情趣、志向与抱负，立意高雅、格调不凡。如徐霞客自题“梅花堂”联：“春随香草千年艳；人与梅花一样清。”

8. 名胜古迹联

悬挂、嵌缀或雕刻在山水名胜和历史名人、历史遗迹纪念地的对联。如河南汤阴岳王家庙联：“凛凛生气；悠悠苍天。”

9. 文艺作品（含题画）联

出现在文艺作品中的对联。如李苦禅题画竹联：“未出土时便有节；及凌云处尚虚心。”

10. 杂类

不属于以上九类的对联，比如灯联、谜联、宣传联等，可归入杂类。如一副谜联：“君子之交淡如；醉翁之意不在。”上下联分别隐“水”“酒”二字。

（三）对联的格律要求

对联最大的特点是对仗，所谓对仗就是指对联的上句与下句无论字面还是音节都要两两相对。

1. 出句与对句字数相等

无论长短，出句与对句字数必须相等，是对联的首要条件。

2. 出句与对句词性相同

对联的对仗，要求上下联相对的词或词组，在词性上必须一致。比如温州“文信国祠联”：“花外子规燕市月；柳边精卫浙江潮。”

都是同类词相对，即名词（花、子规、燕市）对名词（柳、精卫、浙江），方位词（外）对方位词（边），名词（月）对名词（潮）。

3. 出句与对句结构相应

对联的上联与下联，在句法结构上应该保持一致。也就是说，主谓结构对主谓结构，动宾结构对动宾结构，并列结构对并列结构，复句对复句。

如济南大明湖小沧浪园联：“四面荷花三面柳；一城山色半城湖。”分开来看，是偏正对偏正（“四面荷花”对“一城山色”，“三面柳”对“半城湖”），总体上是并列结构对并列结构。

4. 出句与对句节奏相同

对联的上联和下联，节奏要求一致。比如杭州西湖孤山寺联：“不雨山长润；

无云水自阴。”上下联都是二、三拍节奏。

5. **出句与对句平仄相谐**

古代汉语声调分平上去入四声，四声又可分为两大类：平声与仄声。现代汉语中仄声包括上声、去声，平声包括阴平、阳平。对联一般要求一联之中平仄相间，一般是两个音节一转换；上下联之间基本上平仄相对。这使得整个对联节奏分明，声调和谐，形成一种起伏跌宕、抑扬顿挫的声律美。一般情况下，上联末字用仄声，下联末字用平声，使人读起来顺畅、深长、有余味。

比如安庆大观亭联：

秋色满东南，自赤壁以来，与客泛舟无此乐；

平仄仄平平　仄仄仄仄平　仄仄仄平平仄仄

大江流日夜，问青莲而后，举杯邀月竟何人？

仄平平仄仄　仄平平平仄　仄平平仄仄平平

6. **出句与对句内容相关**

对联的上联与下联之间必须有一定的联系，否则，文字对仗再工整，也只能是毫不相干的两句话，不能称之为对联。比如有一个笑话，讲一个富人家的孩子非常顽劣，一天，先生出了个上联：“门前绿水流将去。”富人孩子对曰：“屋里青山跳出来。”对句令人捧腹，就是因为上下联之间缺少有机联系。

按照上下联之间的内容关系，可以分为正对、反对和串对。

正对，指出句与对句在内容、主题上是同义并列的，从不同的角度表现主题，互相补充。如桂林独秀峰联：“一支铁笔千钧重；四字丹书万丈长。”

反对，指出句与对句在内容上正好相反或相对，对比鲜明，变化强烈，往往能给人留下非常深刻的印象。如杭州岳坟前铁槛对联：“青山有幸埋忠骨；白铁无辜铸佞臣。”

串对，指出句与对句之间有递进、转折、条件、因果等某种关系，上下联在内容上是连贯的，在语气上是衔接的。如唐寅所撰联：“一失脚成千古笑；再回头是百年人。”

我们从逻辑关系上，把对联上下句之间的关系，分为并列关系和其他关系（递进、转折、条件、因果等），其中正对和反对属并列关系，串对则属其他关系。

（四）对联的格式

一副完整的对联，除上下联之外，还应配有横额。横额又叫横批、横幅、横联等，贴（悬）于对联上方的中间位置，以四字者为多。横额是对联重要的组成部分。横额与对联的关系，主要有以下几种：

（1）对联写意，横额题名。许多名胜古迹联都是这种形式，对联写名胜，横额点出景物名称。

（2）对联画龙，横额点睛。通常是对联写形式、外在的东西，横额点出实质和意义。

（3）联额互补，相辅相成。对联与横额在内容与意义上互相补充。

对联的上下联应竖写，上联在右，下联在左，不用标点符号。如果是长联，一行写不完，可以另起行写，一般从两边向中间书写，最后一行要空几格，形成“门”字形，称为“龙门写法”。字体以楷、隶、篆、行为主。有时在正文之外有题跋、落款，说明作者、撰写时间、缘起与背景等。如西湖平湖秋月亭联的书写形式：

凭栏看云影波光
最好是红蓼花疏
白蘋秋老

把酒对琼楼玉宇
莫辜负天心月到
水面风来

横额的写法，旧时都是自右向左横书，现在也有自左向右写的。

（五）对联的领词

领词是在对联中引出一串排比句与骈文句，使联语衔接自然、层次分明，造成节奏的起伏变化，使音律和谐婉转的语词。领词有一个字、两个字、三个字不等。例如，清代江湘岚的扬州二十四桥联：“胜地据淮南，看云影当空，与水平分秋一色；扁舟过桥下，闻箫声何处，有风吹到月三更。”其中“看”“闻”是两个领词，领起下两句，读的时候，在领词后应该有一个短暂的停顿。

下面收录一些常见的领词，以帮助大家诵读、理解对联：

一字的领词　正、看、问、怅、爱、怕、想、料、算、待、凭、嗟、念、将、奈、对、叹、数、似、更、况、怎、若、方、已、应、尽、早、莫、渐、对、须等。

两字的领词　看他、对此、休说、那堪、问他、看来、何须、何况、况是、未省、只是、无怪、何必、将次等。

三字的领词　倒不如、最堪怜、只赢得、最无端、更能消、又却是、再休提、便怎的、复何数、岂徒览、讵（jù）怎料、消受得、莫辜负等。

（六）对联的断句

对联都是没有标点符号的，要正确地诵读和理解，必须正确地断句。要断好句首先要有一定的古汉语基础，熟悉古汉语语法与常用词的用法；其次，掌握一些对联知识也能帮助我们断句。下面分几点来谈：

（1）掌握长联短句多长句少的特点。难以断句的多是长联，而长联中一般多用短句，其中往往大量使用三言、四言、七言的排比句、骈文句，铺陈描述，抒发感慨。对偶句式也是长联中常用的。

（2）注意对联中的领词。对联中一些领词后面往往带有一组排比句或对偶句，抓住领词，就能看清楚后面的句式。

（3）利用反复词。有些对联有反复词，可以根据反复词的位置来判别、断句。

（4）上下联互相参照断句。对联上下联语法结构与节奏相似，因此遇到一联某句不好断时，可参照另一联相应的一句，有利于找出句读。

总之，对联断句有一定的难度，我们要利用古汉语的知识，掌握对联的特点，仔细推敲。有时多读几遍，慢慢了解对联的意义，对于断句也很有帮助。

二、古代山水诗词

（一）古代诗歌基础知识

1. 古代诗歌的起源与演变

我国古代诗歌有悠久的历史，可是起源于何时，由于缺少可靠的史料记载，却是一个难以解答的问题。可资凭信的最早的诗歌，就是收集在《诗经》里的300多首诗。

（1）四言诗

《诗经》中的作品，大部分是四字一句的，诗文中每一个字叫作一言，四字一句的诗就叫四言诗。因此，四言诗是我国诗歌最早出现的形式之一。

《诗经》中另有一部分作品，句子长短不一，这种形式的诗，习惯上称为杂言诗。在《诗经》出现大约300年后流行于楚国的诗歌楚辞，也是字数长短不一的杂言诗。由于杂言诗的句式能自由安排，一直为后代的诗人采用。

四言诗到了汉代，写的人就日渐稀少，代之而起的是五言诗。这是由于随着时代的发展，社会生活日渐丰富，语言词汇也日益增多，诗人用四言形式写作，在词汇运用以及意思表达上受到局限，这就促使诗人突破四言诗形式，创造了五言诗代替四言诗，从而使诗歌的容量有了很大提高，可以用来表达更为复杂的意思。但是四言诗并没有完全绝迹，从汉魏六朝一直到唐宋，也还有人写四言诗，但数量不多。

（2）五言诗

五言诗句在《诗经》中已经出现，如《召南·行露》篇的后两章，其中五言句子占多数。但这还不是完整的五言诗。西汉到东汉时一些无作者姓名的五言诗，应该算是最早的完整的五言诗，比如《古诗十九首》等。

五言诗从西汉时期出现后，逐步为诗歌作者所接受，代替了四言诗的地位。自汉末建安时期到魏晋南北朝，五言诗成为诗歌作者通用的体裁，产生了不少优秀的作品。五言诗最短的只有两句、三句，而以四句、六句、八句的比较常见，十句以上的也为数不少。从韵律来看，隔句用韵的居多数，其中有用平声韵的，有用仄声韵的，也有平声韵和仄声韵夹杂运用的，形式不拘。

（3）七言诗

与五言诗具有同等地位的是七言诗。七言古诗在古代诗歌中，是形式最活泼、体裁最多样、句法和韵脚的处理最自由，而且抒情叙事最富有表现力的一种形式。

关于七言诗的起源，前人说法不一，有的认为起源于楚辞，理由是楚辞某些句子中的语气词“兮”“只”等省去后，就成了七言诗；有的人认为起源于民间歌谣，理由是西汉年间流传的歌谣有的是七字一句的。

现存最早的完全成熟的七言诗，是三国时魏文帝曹丕的两首《燕歌行》。曹丕虽然作了这两首七言诗，但当时的诗人们仍然只注重写五言诗。到南朝宋时，七言诗的写作才逐渐受到关注。鲍照是我国第一个大量写七言诗的人，代表作《行路难》十八首中就有著名的纯七言诗。与鲍照同时代的谢惠连和谢庄，也都写过一些七言诗。自此，七言诗这种形式就已奠定基础。从梁代起，已开始出现七言近体诗的雏形，发展至唐代，终于正式形成了近体诗七言绝句和七言律诗。直到后代，七言古诗和七言近体诗都是诗人使用的主要形式之一。

2. 古代诗歌的种类和格律常识

中国古代的诗歌可分为古体诗和近体诗两大类。

（1）古体诗

古体诗又称“古诗”“古风”，是指同近体诗相区别的不受格律限制的古代诗歌。古体诗产生较早，其名则始于唐代近体诗成熟时。唐代以后的一些仿效古体形式而写的诗歌，也称为“古诗”或“古体诗”。

古体诗与近体诗是从格律的角度来划分的，一般是指唐代近体诗产生之前的诗歌，但古代谣谚、诗经、楚辞和乐府诗等，因各有特点、另立门类，并不包括在“古体诗”的范围内。

古体诗除了押韵以外，不受任何格律限制，写作时比较自由。它在体制上有下面几个特点：

第一，句数、字数不限。古体诗每句的字数没有限制，三言、四言、五言、六言、七言、杂言都可以。一般按诗句的字数分类：四字一句的称为四言古诗，简称“四古”；五字一句的称五言古诗，简称“五古”；七字一句的称七言古诗，简称“七古”。句子字数不整齐的古诗，称杂言古诗。纯三言、六言的古体诗并不多见。

再就组成一首诗的句数来看，每首古体诗的句数也是没有限制的，作者可以根据内容需要自行安排长短，短则三四句，长则数十句、上百句不等。最长的古体诗是《孔雀东南飞》，共有 357 句。既然句数不限，诗人就可以自由地组织篇幅，充分地进行叙事、议论和抒情。

第二，用韵比较自由。古体诗既可押平声韵，也可押仄声韵，还可以两者交替使用。可以句句押韵，也可以隔句押韵，甚至三句、四句押韵。有的古体诗从头至尾一韵到底，也有的中间换韵，有的换韵有规律，有的则无规律可循。韵脚字有选用同一韵部字的，也有使用相邻韵部字的。古体诗还允许韵脚重复，这些都表明古体诗的用韵比较自由，没有什么限制。

第三，不讲究平仄。古体诗在平仄上没有特殊规定。

第四，不用对仗。古体诗一般不用对仗，即使偶尔出现对仗，也不是格律的要求，而只是修辞的需要。如用对仗，也不规定位置。对仗也不避重字。如李白的《月下独酌》中，“我歌月徘徊，我舞影零乱。醒时同交欢，醉后各分散”几句，出现在诗的后部，且“我”字重复。

（2）近体诗

近体诗又称今体诗，是相对于古体诗而言的。近体诗在篇章、句式、字数、平仄、对仗、音律等方面都有严格规定，因此又被称为格律诗。

古体诗发展到南朝齐梁时代，诗体发生了变化，随着四声的提出，在诗歌创作中开始讲究平仄，即在一句之内，平仄相间，两句之中，平仄相对，这就是所谓“永明体”的基本格式。永明体除声律要求外，还注重辞藻和对仗。

到唐代，正式形成了以讲究平仄和对仗为特点的近体诗。近体诗在体制上有不同于古体诗的显著特点。从形式上看，近体诗包括律诗、绝句、长律三大类。从句式上看，分五言、七言两大类。

所谓律诗，就是每首八句，在押韵、平仄、对仗等方面有严格规定的近体诗。每句五个字的叫五言律诗，每句七个字的叫七言律诗。而每首四句的近体诗就称为绝句。每句五个字的叫五言绝句，每句七个字的叫七言绝句。十句以上的格律诗叫长律，或叫排律。律诗的八行可分为四联，有专门的名称：首联、颔联、颈联、尾联。一联中上句叫出句，下句叫对句。

除形式和句式外，近体诗在平仄、对仗和押韵三方面也表现出与古体诗显著的不同。

第一，讲究平仄。

近体诗讲究平仄，就是说在一句之中平声与仄声相间，在一联之中平声与仄声相对，两联之间平声与仄声相粘，使平声和仄声在诗句中变换使用，从而造成音律的抑扬顿挫、和谐优美。

律诗要讲究“对”和“粘”。“对”是指一联之内，出句与对句的平仄要对立，如果出句在一位置上用的是平声字，那么对句在同一位置上必须要用仄声字，即，平对仄，仄对平。“粘”是指两联之间，后一联出句第二字的平仄与前一联对句第二字的平仄要相一致，即平粘平，仄粘仄。如果违反了规定，则是“失对”“失粘”，为诗家大忌。

第二，要求对仗。

所谓对仗，是指在诗文之中，上句与下句的字面与音节两两相对。对仗是近体诗的体制要求。律诗的对仗一般是在颔、颈两联，也有一些律诗，首联就对仗，如王湾的《次北固山下》等；尾联用对仗的不多，如杜甫的《闻官军收河南河北》。

对仗的上下句在句法结构上应该相同，也就是说，主谓结构对主谓结构，述宾结构对述宾结构，偏正结构对偏正结构，等等。

必须是词类相同的词才能构成对仗，即名词对名词，动词对动词，形容词对形容词，虚词对虚词等。其中名词内的划分非常细致，分成天文、地理、时令、宫室、饮食、衣饰、草木、人事、鸟兽鱼虫等小类，对仗时要特别注意。互为对仗的两句之中，用字也很严格，不能重复使用同一个字，尤其要避免同字相对。

对仗主要有下列几种形式：

①工对。工对是指对仗工稳妥帖，完全符合标准的对句。不仅句法结构、词类要相同，遇到名词还要顾及小类。工对的句意不能重复，否则就称为“合掌”，乃诗家之大忌。比如，晚唐韦庄《夜雪泛舟游南溪》的颔联：“两岸严风吹玉树，一滩明月晒银砂。”就是标准的工对。

②宽对。宽对是指要求不甚严格的对仗，只要词类相同、句法结构大致一样即可，并不要求小类一定相同。比如李白《登金陵凤凰台》中的颈联：“三山半落青天外，二水中分白鹭洲。”“青天”与“白鹭”小类不同，“青天外”与“白鹭洲”句法结构也不相同，但两句仍然是对仗。

③流水对。流水对是指一联中出句与对句的句意相连，构成一个完整意思的对仗形式。比如李商隐《马嵬》中的颈联：“此日六军同驻马，当时七夕笑牵牛。”上下句互为因果，构成一个完整意思。

④借对。借对是指用于对仗的词语，字面能对而词意不能对，或者字的谐音能对而词义和字面不能对的对仗形式，又叫“假对”。以上李商隐《马嵬》诗的颈联中，以名词“牵牛”对动名词“驻马”，字面能对而词意不能对，就是用的借对方式。

至于字面不能对而借谐音来对的例子，如刘长卿《新安奉送穆谕德》中的“事直皇天在，归迟白发生”就是借“皇”为“黄”，与“白”相对。

第三，押韵严格。

押韵，是指诗歌中每句或者隔句的最后一个字应该属于同一个韵部（古人将同韵的字归入一部，叫韵部），使之产生声音回环的和谐感，这是诗歌的重要特征。

近体诗押韵有下面几点要求：

①只押平声韵，并且要一韵到底，中途不得换韵。

②押韵字的位置固定在对句的末尾，即律诗的二、四、六、八句，绝句的二、四句。首句可入韵，也可不入韵。在通常情况下，五律首句不入韵，七律首句多数用韵。如果首句不入韵，这一句的尾字一般都用仄声，不用韵的第三、五、七句的尾字，都必须用仄声字。

③必须押同一韵部的字，不能出韵。但如果是首句入韵，可以借用邻韵的字作首句的韵脚字，称为“借韵”。

（二）古代词基础知识

词，是一种依照乐谱曲调来填词的诗歌体裁，它萌芽于隋，兴起于唐，成熟于晚唐、五代，大盛于两宋。

1. 词的形式特点

（1）词的名称

词原本是音乐文学，是为配合乐曲而填写的歌词，所以全称为曲子词，简称为词。按曲子的节奏填词，很难都用整齐的五言、七言来填，因为曲子总有长短快慢，所以除有极少数的例外，一首词中句子总是长短参差的，故词又称长短句。词还有乐府、歌曲、乐章等名称，这都可以看出它与音乐的关系。较为晚出的诗余之称，将词说成是诗的余绪（贬低词的说法），或以为词是由诗增减字数、改变形式而演化成的，只着眼于诗词语句篇章的异同而没有考虑音乐对词的产生所起的决定性作用，因而是不太符合实际的。

（2）词调

词除句有长短外，还有一些体裁特点是有别于诗的。首先是每首词都有词调，也叫词牌。所谓词调就是词写作时所依据的曲调乐谱的名称。词在初起时，词调往往就是题目，名称与所咏的内容一致，比如白居易的《忆江南》；后来继作时，因为名称与所咏的内容不一致，又另加题目或小序（当然也可以不加），词调便只有曲调与格律的意义了。一个词调，调名往往不止一个，如《木兰花》又名《玉楼春》，《蝶恋花》又名《凤栖梧》《鹊踏枝》……其中一个是本名，其他是别名；别名多的，可多至七八个，至于原因则不尽相同。

词调中有些特殊用字也必须介绍一下。带“子”字的，如《采桑子》《卜算子》等，“子”就是曲子的省称。带“令”字的，就是令曲或小令，一般是字少调短的词，可能起源于唐代的酒令，比如《如梦令》等。带“引”字、“近”字的，则属中调，一般比小令要长而比长调要短（不足 100 字），比如《青门引》《好事近》等。带“慢”字的，是慢曲子，即慢词，大部分是长调，比如《声声慢》等。

例如《菩萨蛮》，据说是由于唐代大中初年，女蛮国进贡的人梳着高髻、戴着金冠、满身璎珞（璎珞是身上佩挂的珠宝），像菩萨，《菩萨蛮》因此得名。当时教坊因此谱成《菩萨蛮》曲。据说唐玄宗爱唱《菩萨蛮》词，可见是当时风行一时的曲子。《西江月》《卜算子》《风入松》《蝶恋花》等，都是属于这一类来自民间的曲调。

再如《忆秦娥》，因为依照这个格式写出的最初一首词开头两句是“箫声咽，秦娥梦断秦楼月”，所以词牌就叫《忆秦娥》，又叫《秦楼月》。《忆江南》本名《望江南》，又名《谢秋娘》，但因白居易有一首咏“江南好”的词，最后一句是“能不忆江南”，所以词牌又叫《忆江南》。《如梦令》原名《忆仙姿》，改名《如梦令》，这是因为后唐庄宗所写的《忆仙姿》中有“如梦，如梦，残月落花烟重”等句。

《念奴娇》又叫《大江东去》，这是由于苏轼有一首《念奴娇》，第一句是“大江东去”。又叫《酹江月》，因为苏轼这首词最后三个字是“酹江月”。

（3）词的分片

词的分片，也是与诗明显不同的地方。词除很少数小令是不分段的单片词（称单调）外，绝大多数都分为两段（称双调）。一段叫一“片”，片也就是“遍”，是音乐已奏了一遍的意思。乐曲的休止或终结叫“阕”，所以片又叫阕。双调词通常称第一段为上片或上阕、前阕，第二段为下片或下阕、后阕。上下片的句式，有的相同，有的不同。长调慢词中有少数是分三段，甚至四段的，称“三叠”“四叠”。三叠的词中，又有一种是“双拽头”的，即一叠与二叠字句全同，而比三叠来得短，好像前两叠是第三叠的双头，比如周邦彦的《瑞龙吟》。四叠词极少，今仅见吴文英所写的《莺啼序》一调，共 240 字，是最长的词调。片与片虽各成段落，但在处理上下片的关系方面也有讲究。下片的起句叫“换头”，在作法上又称“过片”。过片，不要断了曲意，需要承上接下，也就是说曲之意脉不能断。

（4）词的押韵

词的押韵与诗的情况也不一样。词的韵位，大都是其所配合的音乐的停顿处。不同曲调音乐节奏不同，不同词调的韵位也各有区别，有疏有密，变化极多，有时一首词中韵还可分出主要和次要来。这样的押韵法，是诗中所未有的。当然，词的用韵，从合并韵部、通押上去声来看，又比诗的用韵要宽些。

2. 词的发展流变

（1）词的萌芽与兴起——隋至中唐

词最初起源于民间，文人词在初唐、盛唐几乎是凤毛麟角。到中唐白居易、刘禹锡时代，词才算略有一席之地，但所作多半是《忆江南》之类的小令，作者填词，也只是偶尔为之。

（2）词的发展期——晚唐、五代

到晚唐温庭筠、韦庄，词的创作出现了重大的飞跃。有了一批专长于填词的作家，词的体裁形式和表现技巧也完全成熟了。以他们为代表的花间派词人的作品基本上都是为娼家伎女和教坊乐工而创作的，爱情相思、离愁别恨，几乎成了这些词的唯一主题，词的语言风格也以绮靡艳丽为主。

五代词人中还有三位大词家：南唐中主李璟、后主李煜以及冯延巳，他们的大多数词作反映的是宫廷贵族风流逸乐的生活，与花间派的题材、风格相近，但在艺术境界上有明显的提高。特别是南唐亡国以后，李煜所作之词，大多伤悼身世遭遇，寄托故国哀思，以淳朴的白描手法来抒发内心真实而深切的感受，风格哀婉，一扫“为侧艳之词”的花间风格，把词境推向了唐五代词的最高峰。

（3）词的鼎盛期

北宋前期的词是唐五代词的延续，虽然题材范围略有扩大，但基本上仍不出爱情、相思、离别、游宴、赏景等范围，多数作者仍然以词为诗文余事。

柳永是北宋第一个致全力于词作的文人，他创作了不少慢词，提高了词体的表现能力，扩大了词的题材领域，这是对词发展史的一大贡献。他的词在当时流传颇广，所谓“凡有井水饮处，皆能歌柳词”。

苏轼以其非凡的天才放笔挥洒，怀古、记游、述梦、咏物、感慨人生，以及描写农村风物等，都一一入词。诗与词的界限被冲破，词的传统婉约风格被改变，词的题材内容得到了很大解放，开始被用来反映更广阔、更丰富的现实生活及感受。这对词的传统是一次巨大的变革和冲击，但在当时招来了一些讥议，正统词人批评他的词是“长短句中诗也”“不协音律”“要非本色”，只是宋室南渡以后，他的影响才显现出来。

当时被认为是词的正宗的代表人物是周邦彦。他精于音律，又善辞章，写出了很多保持传统风格，迎合上至宫廷贵族、下至市侩伎女各阶层口味的音律优美的词曲。虽然思想内容比较贫乏，但他十分注意锻造词句、严整格律，艺术技巧很高，被人称之为格律派，后世誉为“词家之冠”，影响直到明、清。李清照是这个时期的最后一位天才的女词人，她的词清新婉约，尤其是南渡后感叹身世不幸之作，有很强的艺术感染力。

宋室南渡后，由于国土大半沦丧，一些有爱国思想的文人愤慨痛心，他们要表达内心的不平，除著文赋诗外，词体也逐渐成为他们的选择。苏轼的豪放词风，到此时得到了极大的发扬。代表词人有张孝祥、陆游、辛弃疾、陈亮，还有南宋后期的刘克庄等。其中，最突出的当然是辛弃疾。他与苏轼并称“苏辛”，成为宋词豪放派的代表，可以说是宋词中成就最高的真正的集大成者。他不但存词数量最多（600 多首），题材风格也最为多样。他不仅能用词直接记述重大史实，也能用香草美人手法写出合乎传统婉约风格的作品来，如《摸鱼儿》（更能消几番风雨），还能作《祝英台近》（宝钗分）一类“昵狎温柔”之词，他的农村词更是活泼清新，生机盎然。他在苏轼“以诗为词”的基础上，更进一步“以文为词”，将口语、虚词、典故通通纳入词中。词的疆域在辛弃疾手中得到了最大限度的开拓。

慷慨悲歌和忧国情怀只是南宋词坛闪光的一面，还有一些词人，在专心制曲填词中寄托自己的生活情趣，竭力追求词的声律格调上的严谨与完美，词因此而明显地趋向典雅化。代表人物是姜夔、吴文英、蒋捷、周密等人，他们的词作着意抒发一己之情怀志趣，哀而不伤，怨而不怒，精致典雅，被称作雅词。

（4）词的衰落——元代以后

元代以后，词这一体裁趋于衰落，后来词人多模仿前贤而缺乏创新，虽创作不绝，但无论思想还是艺术成就都难与前人比肩了。仅在清代有过短暂的复兴，出现了纳兰性德等一批较有成就的词人。

第五节　中国旅游诗词名篇赏析

送杜少府之任蜀州[1]　（唐）王勃

城阙辅三秦，风烟望五津[2]。

与君离别意，同是宦游人[3]。

海内存知己，天涯若比邻[4]。

无为在歧路，儿女共沾巾[5]。

【注释】[1]少府：官名。之：到、往。蜀州：今四川崇州。[2]城阙（què）辅三秦：城阙，即城楼，指唐代京师长安城。辅，护卫。三秦，指长安城附近的关中之地，即今陕西省潼关以西一带。秦朝末年，项羽破秦，把关中分为三区，分别封给三个秦国的降将，所以称三秦。五津：指岷江的五个渡口，即白华津、万里津、江首津、涉头津、江南津，泛指蜀川。辅三秦：一作“俯西秦”。[3]宦游：出外做官。[4]海内：四海之内，即全国各地。古代人认为我国疆土四周环海，所以称天下为四海之内。天涯：天边，这里比喻极远的地方。比邻：并邻，近邻。[5]无为：无须、不必。歧（qí）路：岔路。古人送行常在大路分岔处告别。沾巾：泪沾手巾，形容落泪之多。

【赏析】王勃（约650—676年），唐代诗人。字子安，绛州龙门（今山西河津）人。麟德初应举及第，曾任虢州参军。后往海南探父，因溺水受惊而死。少时即显露才华，与杨炯、卢照邻、骆宾王以文辞齐名，并称“初唐四杰”。其诗偏于描写个人生活，也有少数抒发政治感慨、隐寓对豪门世族不满之作。其文《滕王阁序》颇有名。

此诗是送别诗的名作，诗意在慰勉友人勿在离别之时悲哀。首联描画出送别地与友人出发地的形势和风貌，隐含送别的情意，严整对仗；颔联为宽慰之辞，点明离别的必然性，以散调相承，以实转虚，文情跌宕；颈联奇峰突起，高度概括了“友情深厚，江山难阻”的情景，使友情升华到一种更高的美学境界；尾联点出“送”的主题，而且继续劝勉、叮咛朋友，也是自己情怀的吐露。此诗开合顿挫，气脉流通，意境旷达，堪称送别诗中的不世经典。全诗仅仅四十个字，却纵横捭阖，变化无穷，仿佛在一张小小的画幅上，包容着无数的丘壑，有着看不尽的风光，至今广泛流传。

使至塞上[1]　（唐）王维

单车欲问边，属国过居延[2]。

征蓬出汉塞，归雁入胡天。

大漠孤烟直，长河落日圆[3]。

萧关逢候骑，都护在燕然[4]。

【注释】[1]使至塞上：奉命出使边塞。使，出使。[2]属国：典属国的简称，汉代称负责外交事务的官员为典属国，指自己使者的身份。居延：地名，汉代称居延泽，唐代称居延海，在今内蒙古额济纳旗北境。又西汉张掖郡有居延县（参见《汉书·地理志》），故城在今额济纳旗东南。[3]孤烟：一指古代边防报警时燃狼粪，“其烟直而聚，虽风吹之不散”。二指塞外多旋风，“袅烟沙而直上”。长河：一说指流经凉州（今甘肃武威）以北沙漠的一条内陆河，这条河在唐代叫马成河，疑即今石羊河。[4]萧关：古关名，又名陇山关，故址在今宁夏固原东南。候骑：负责侦察、通信的骑兵。燕然：古山名，即今蒙古国杭爱山。这里代指前线。

【赏析】王维（701？—761年），唐代诗人。字摩诘，号摩诘居士。原籍祁（今属山西），其父迁居蒲州（治今山西永济西），遂为河东人。开元进士。累官至给事中。安禄山叛军陷长安时曾受职，乱平后，降为太子中允。后官至尚书右丞，故亦称王右丞。晚年居蓝田辋川，过着亦官亦隐的优游生活。诗与孟浩然齐名，并称“王孟”。前期写过一些边塞题材的诗篇，但其作品最主要的则为山水诗，通过对田园山水的描绘，宣扬隐士生活和佛教禅理；体物精细，状写传神，有独特成就。兼通音乐，工书画。有《王右丞集》。

此诗描绘了出使边塞的艰苦情况，抒发了作者漂泊天涯的悲壮情怀和孤寂之情。诗人把笔墨重点用在了他最擅长的方面——写景。作者出使，恰在春天。途中见数行归雁北翔，诗人即景设喻，用归雁自比，既叙事，又写景，一笔两到，贴切自然。尤其是“大漠孤烟直，长河落日圆”一联，写进入边塞后所看到的塞外奇特壮丽的风光，画面开阔，意境雄浑，近人王国维称之为“千古壮观”的名句。

宿建德江[1]　（唐）孟浩然

移舟泊烟渚，日暮客愁新[2]。

野旷天低树，江清月近人[3]。

【注释】[1]建德江：指新安江流经建德（今属浙江）西部的一段江水。[2]移舟：划动小船。泊：停船靠岸。烟渚（zhǔ）：指江中雾气笼罩的小沙洲。烟，一作“幽”。渚，水中小块陆地。客愁新：客居他乡因为思乡而增添了新的忧愁。[3]天低树：天幕低垂，好像和树木相连。月近人：倒映在水中的月亮好像在靠近人。

【赏析】孟浩然（689—740年），唐代诗人。本名浩，字浩然，襄州襄阳人。早年有志用世，在仕途困顿、痛苦失望后，尚能自重，不媚俗世，以隐士终身。诗与王维并称“王孟”。其诗清淡，长于写景，多反映山水田园和隐逸、行旅等内容，绝大部分为五言短篇，在艺术上有独特的造诣。

此诗先写羁旅夜泊，再叙日暮添愁，然后写到宇宙广袤宁静，明月伴人更亲。诗中虽只有一个“愁”字，却把诗人内心的忧愁写得淋漓尽致。“野旷天低树，江清月近人”生动地描绘了诗人心怀忧愁，经过一番上下求索，终于发现了还有一轮孤月此刻和他是那么亲近。寂寞的愁心似乎寻得了慰藉。

黄鹤楼[1]　（唐）崔颢

昔人已乘黄鹤去[2]，此地空余黄鹤楼。
黄鹤一去不复返，白云千载空悠悠[3]。
晴川历历汉阳树[4]，芳草萋萋鹦鹉洲[5]。
日暮乡关何处是[6]？烟波江上使人愁[7]。

【注释】[1]黄鹤楼：三国吴黄武二年（223年）修建。为古代名楼，旧址在湖北武昌黄鹤矶上，俯见大江，面对大江彼岸的龟山。[2]昔人：传说古代有一位名叫费祎的仙人，在此乘鹤登仙。[3]悠悠：飘荡的样子。[4]晴川：阳光照耀下的晴明江面。川，平原。历历：清楚可数。汉阳：地名，在黄鹤楼之西，汉水北岸。[5]萋萋：形容草木茂盛。鹦鹉洲：本为汉阳西南长江中的一个沙洲，今已与汉阳陆地相连。东汉末年，祢衡在江夏（今武昌）作《鹦鹉赋》，人称“鹦鹉”，后为黄祖所杀，葬于此洲，故得名鹦鹉洲。[6]乡关：故乡家园。[7]烟波：暮霭沉沉的江面。

【赏析】崔颢（704？—754年），唐代诗人。汴州（今河南开封市）人。与王维并称“才名之士”（《旧唐书·韦安石传》）。《全唐诗》录其诗一卷。

《黄鹤楼》之所以成为千古传诵的名篇佳作，主要还在于诗歌本身具有的美学意蕴。

一是意中有象、虚实结合的意境美。诗从楼的命名之由来着想，借传说落笔，然后生发开去。仙人跨鹤，本属虚无，现以无作有，说它“一去不复返”，就有岁月不再、古人不可见之憾；仙去楼空，唯余天际白云，悠悠千载，正能表现世事茫茫之慨。诗人这几笔写出了那个时代登黄鹤楼的人们常有的感受，气概苍茫，感情真挚。

二是气象恢宏、色彩缤纷的绘画美。诗中有画，历来被认为是山水写景诗的一种艺术标准，《黄鹤楼》也达到了这个高妙的境界。首联在融入仙人乘鹤的传说中，描绘了黄鹤楼的近景，隐含着此楼枕山临江、峥嵘缥缈之形势。颔联在感叹“黄鹤一去不复返”的抒情中，描绘了黄鹤楼的远景，表现了此楼耸入天际、白云缭绕的壮观。颈联游目骋怀，直接勾勒出黄鹤楼外江上明朗的日景。尾联徘徊低吟，间接呈现出黄鹤楼下江上朦胧的晚景。诗篇所展现的整幅画面上，交替出现的有黄鹤楼的近景、远景、日景、晚景，变化奇妙，气象恢宏；相互映衬的则有仙人黄鹤、名楼胜地、蓝天白云、晴川沙洲、绿树芳草、落日暮江，形象鲜明，色彩缤纷。全诗在诗情之中充满了画意，富于绘画美。

送友人　（唐）李白

青山横北郭，白水绕东城[1]。
此地一为别，孤蓬万里征[2]。
浮云游子意，落日故人情[3]。
挥手自兹去，萧萧班马鸣[4]。

【注释】[1]郭：古代在城外修筑的一种外墙。白水：清澈的水。[2]一：助词，加强语气。蓬：古书上说的一种植物，干枯后根株断开，遇风飞旋，也称“飞蓬”。“孤蓬”喻指远行的朋友。[3]典出曹丕《杂诗》，以浮云飘飞无定喻游子四方漂游。[4]兹：此处，这里。萧萧：马的呻吟嘶叫声。班马：离群的马，这里指载人远离的马。

【赏析】李白（701—762年），字太白，号青莲居士，又号“谪仙人”，唐代伟大的浪漫主义诗人，被后人誉为“诗仙”，与杜甫并称为“李杜”。

这是一首情意深长的送别诗，作者通过对送别环境的刻画、气氛的渲染，表达出依依惜别之意。诗人借孤蓬来比喻友人的漂泊生涯，并巧妙地用“浮云”来比喻友人，对友人的关切表达得自然流畅，情感真挚。自然美与人情美交织在一起，写得有声有色、气韵生动，画面中流荡着无限温馨的情意，感人肺腑。

登楼　（唐）杜甫

花近高楼伤客心，万方多难此登临[1]。
锦江春色来天地，玉垒浮云变古今[2]。
北极朝廷终不改，西山寇盗莫相侵[3]。
可怜后主还祠庙，日暮聊为《梁甫吟》[4]。

【注释】[1]客心：客居者之心。万方多难：指唐广德年间吐蕃之乱。[2]锦江：即濯锦江，流经成都的岷江支流。成都出锦，锦在江中漂洗，色泽更加鲜明，因此命名濯锦江。玉垒：山名，在四川灌县西、成都西北。浮云：代指多变的政局和多难的人生捉摸不定，有如山上浮云。[3]北极：星名，北极星，古人常用以指代朝廷。寇盗：指入侵的吐蕃集团。[4]后主：刘备的儿子刘禅，三国时蜀国之后主。曹魏灭蜀，他辞庙北上，成亡国之君。借眼前古迹慨叹刘禅宠幸佞臣而亡国，暗讽唐代宗信用宦官招致祸患。《梁甫吟》：古乐府中的一首葬歌。这里代指此诗。《三国志》说诸葛亮躬耕陇亩，好为《梁甫吟》。借以抒发空怀济世之心，聊以吟诗以自遣。

【赏析】杜甫（712—770 年），字子美，尝自称少陵野老。举进士不第，曾任检校工部员外郎，故世称杜工部。唐代最伟大的现实主义诗人，宋以后被尊为“诗圣”，与李白并称“李杜”。

这首诗是唐代宗广德二年（764 年）春，杜甫在成都所写。当时诗人客居四川已是第五个年头。上一年正月，官军收复河南河北，安史之乱平定；十月便发生了吐蕃攻陷长安、立傀儡、改年号，代宗奔逃陕州的事；不久郭子仪收复京师。年底，吐蕃又破松、维、保等州（在今四川北部），继而再攻陷剑南、西山诸州。诗中“西山寇盗”即指吐蕃，“万方多难”也以吐蕃入侵为最烈，同时，也指宦官专权、藩镇割据，朝廷内外交困、灾患重重的日益衰败景象。

全诗即景抒怀，写山川联系着古往今来社会的变化，谈人事又借助自然界的景物，互相渗透，互相包容；融自然景象、国家灾难、个人情思为一体，语壮境阔，寄意深远。首句的“近”字和末句的“暮”字在诗的构思方面起着突出的作用。全诗写登楼观感，俯仰瞻眺，山川古迹，都是从空间着眼；“日暮”，点明诗人徜徉时间已久。这样就兼顾了空间和时间，增强了意境的立体感。同时，全诗特别注重各句第五字的使用，次句的“此”，兼有“此时”“此地”“此人”“此行”等多重含义，也包含着“只能如此而已”的感慨。三句的“来”，烘托锦江春色逐人、气势浩大，令人有荡胸扑面的感受。四句的“变”，浮云如白云变苍狗，世事如沧海变桑田，一字双关。五句的“终”，是“终于”，是“始终”，也是“终久”；有庆幸，有祝愿，也有信心，从而使六句的“莫”字充满令寇盗闻而却步的威力。七句的“还”，是“不当如此而居然如此”的语气，表示对古今误国昏君的极大轻蔑。

枫桥夜泊[1]　（唐）张继

月落乌啼霜满天[2]，江枫渔火对愁眠[3]。

姑苏城外寒山寺[4]，夜半钟声到客船[5]。

【注释】[1]枫桥：在今江苏省苏州市虎丘区枫桥街道阊门外。夜泊：夜间把船停靠在岸边。[2]乌啼：一说为乌鸦啼鸣，一说为乌啼镇。霜满天：霜，不可能满天，这个“霜”字应当体会作严寒；霜满天，是空气极冷的形象语。[3]江枫：一般解释作“江边枫树”，江指吴淞江，源自太湖，流经上海，汇入长江，俗称苏州河。另外有人认为指“江村桥”和“枫桥”。“枫桥”在苏州吴中区南门（阊阖门）外西郊，本名“封桥”，因张继此诗而改为“枫桥”。[4]姑苏：苏州的别称，因城西南有姑苏山而得名。寒山寺：在枫桥附近，始建于南朝梁代。

相传因唐代僧人寒山、拾得曾住此而得名。[5]夜半钟声：当时的佛寺有半夜敲钟的习惯，也叫“无常钟”或“分夜钟”。

【赏析】张继（约715—约779年），唐代诗人。字懿孙，襄阳（今属湖北）人。天宝十二载（753年）进士，曾担任过军事幕僚，后来又做过盐铁判官，也属于幕僚职务。唐代宗大历年间担任检校祠部郎中（另外有史料记载为“员外郎”）。著有《张祠部诗集》。

天宝十五载（756年）六月，玄宗仓皇奔蜀。因为当时江南政局比较安定，所以不少文士纷纷逃到今江苏、浙江一带避乱，其中也包括张继。一个秋天的夜晚，诗人泊舟苏州城外的枫桥。江南水乡秋夜幽美的景色，吸引着这位怀着旅愁的客子，使他领略到一种情味隽永的诗意美，写下了这首意境清远的小诗。这首七绝以一“愁”字统起。前二句意象密集：落月、啼乌、满天霜、江枫、渔火、不眠人，造成一种意韵浓郁的审美情境。后两句意象疏宕：城、寺、船、钟声，是一种空灵旷远的意境。江畔秋夜渔火点点，羁旅客子卧闻静夜钟声。所有景物的挑选都独具慧眼：一静一动、一明一暗、江边岸上，景物的搭配与人物的心情达到了高度的默契与交融。

泊秦淮　（唐）杜牧

烟笼寒水月笼沙，夜泊秦淮近酒家[1]。

商女不知亡国恨，隔江犹唱后庭花[2]。

【注释】[1]烟：烟雾。秦淮：秦淮河，发源于江苏句容大茅山与溧水东庐山两山间，经南京流入长江。相传为秦始皇南巡会稽时开凿的，用来疏通淮水，故称秦淮河。历代均为繁华的游赏之地。[2]商女：以卖唱为生的歌女。隔江：指当年隋兵陈师江北，一江之隔的南朝小朝廷危在旦夕，而陈后主依然沉湎声色。后庭花：歌曲《玉树后庭花》的简称。南朝陈皇帝陈叔宝（陈后主）溺于声色，作此曲与后宫美女寻欢作乐，终致亡国，后世把此曲作为亡国之音的代表。

【赏析】杜牧（803—852年），唐代诗人。诗文中多指陈时政之作。写景抒情的小诗，多清丽生动。人谓之小杜，和李商隐合称“小李杜”。

此诗是诗人夜泊秦淮时触景感怀之作，前半段写秦淮夜景，后半段抒发感慨，借陈后主（陈叔宝）因追求荒淫享乐终致亡国的历史，讽刺那些不从中汲取教训而醉生梦死的晚唐统治者，表现了作者对国家命运的无比关怀和深切忧虑的情怀。“商女不知亡国恨，隔江犹唱后庭花”，于婉曲轻利的风调之中，表现出辛辣的讽刺、深沉的悲痛、无限的感慨，堪称“绝唱”。

夜雨寄北[1]　（唐）李商隐

君问归期未有期，巴山夜雨涨秋池[2]。
何当共剪西窗烛，却话巴山夜雨时[3]。

【注释】[1]寄北：写诗寄给北方的人。诗人当时在巴蜀（现在四川省），他的亲友在长安，所以说“寄北”。[2]巴山：指大巴山，在陕西南部和四川东北交界处。这里泛指巴蜀一带。[3]剪西窗烛：剪烛，剪去燃焦的烛芯，使灯光明亮。这里形容深夜秉烛长谈。巴山夜雨：指客居异地又逢夜雨缠绵的孤寂情景。

【赏析】李商隐（约813—约858年），字义山，号玉豁生，又号樊南生。原籍怀州河内（今河南沁阳市），自其祖辈起移居郑州荥阳（在今河南省）。其先祖为李唐王室旁支。李商隐是晚唐最杰出的诗人之一。曾任县尉、秘书郎和东川节度使判官等职。因受牛李党争的影响，被人排挤，潦倒终身。著有《李义山诗集》。

李商隐的诗歌，大部分辞藻华丽，用典精巧，这一首诗是即兴而作，语言朴实，遣词造句体现出“天然去雕饰”的风格，情感表达更真实。首句点出归期遥遥，烘托出全诗沉痛悲伤的意境；第二句用“涨秋池”三字，描写秋雨绵绵，池塘都满了，更是表现出“秋风秋雨愁煞人”的心情；第三句“何当”，既有热切的期盼，又有无法确定的惆怅；末句“巴山夜雨”更是重复表现诗人孤处蜀地，思念亲友的愁绪。

望洞庭　（唐）刘禹锡

湖光秋月两相和[1]，潭面无风镜未磨[2]。
遥望洞庭山水色，白银盘里一青螺[3]。

【注释】[1]和：和谐，这里指水色与月光融为一体。[2]潭面：指湖面。镜未磨：古人的镜子用铜制作、磨成。一说是写水面无风，波平如镜；一说是两种理解均可。[3]白银盘：形容洞庭湖。青螺：一种青黑色的螺形的墨，古代妇女用以描眉。这里是用来形容洞庭湖中的君山。

【赏析】刘禹锡（772—842年），字梦得，洛阳（今属河南）人。唐代文学家、哲学家。他的诗歌，传诵之作极多，白居易推崇他为“诗豪”，是中唐诗坛风格独特的诗人。著有《刘梦得文集》。

洞庭湖，是中国的第二大淡水湖，跨湖南、湖北两省，北连长江，南接湘、资、沅、澧四水，水势浩瀚，号称“八百里洞庭湖”。“洞庭”就是神仙洞府的意思，从名字可见其风光的绮丽迷人。本诗是诗人遥望洞庭湖而写，明白如话而意味隽永，既有描写的细致，又有比喻的生动，读来饶有趣味。第一句写水光月色的交融不分，表现了湖面的开阔辽远。第二句写湖中景物隐约迷茫，比喻巧妙，表现了夜晚湖面的平静朦胧。第三句写远望湖中君山，山水一色。第四句再用一个新奇的比喻，把浮在水中的君山比银盘中的青螺，构思精巧，想象奇妙。这首山水小诗将洞庭湖描写得如此高旷清超，充分表现出诗人的奇思异彩。与唐人雍陶《题君山》“一螺青黛镜中心”、宋人黄庭坚《雨中登岳阳楼望君山》“银山堆里看青山”有异曲同工之妙。

暮江吟[1]　（唐）白居易

一道残阳铺水中，半江瑟瑟半江红[2]。
可怜九月初三夜，露似真珠月似弓[3]。

【注释】[1]暮江吟：黄昏时分在江边有感而吟诗。[2]残阳：快落山的太阳的光。也指晚霞。瑟瑟：原意为碧色珍宝，此处指碧绿色。[3]可怜：可爱的意思。真珠：珍珠。月似弓：农历九月初三，上弦月，其弯如弓。

【赏析】白居易（772—846年），字乐天，号香山居士，又号醉吟先生。祖籍太原，到其曾祖父时迁居下邽，生于河南新郑。唐代伟大的现实主义诗人，唐代三大诗人之一。白居易与元稹共同倡导新乐府运动，世称“元白”，与刘禹锡并称“刘白”。

白居易纯粹写景的作品很少，这是一首颇为人称道的小诗。诗人在这里把天上地上的两种景象压缩在诗里，通过对“露”和“月”的视觉形象的描写，创造出秋夜一派和谐宁静的意境。尤其是第三句，很自然地把时间从日落过渡到夜晚。看似随意写来，实际很重要，让读者明确感到时间在推移，继续观赏后面的画面。结合作诗的背景，全诗表现了作者自愿远离朝廷，脱离牛李党争后轻松愉悦的解放情绪。

望海潮　（宋）柳永

东南形胜，三吴都会，钱塘自古繁华[1]。烟柳画桥，风帘翠幕，参差十万人家[2]。云树绕堤沙[3]，怒涛卷霜雪，天堑无涯[4]。市列珠玑，户盈罗绮，竞豪奢[5]。

重湖叠巘清嘉[6]。有三秋桂子，十里荷花[7]。羌管弄晴，菱歌泛夜，嬉嬉钓叟莲娃[8]。千骑拥高牙[9]，乘醉听箫鼓，吟赏烟霞[10]。异日图将好景，归去凤池夸[11]。

【注释】[1]形胜：形势要冲之地。三吴：据《水经·浙江水注》，指吴兴郡、吴郡、会稽郡。其地为今江苏南部、浙江北部一带。钱塘：今杭州市。旧属吴郡。[2]风帘翠幕：挡风的帘子和翠绿色的帷幕。参差：楼阁高低不齐的样子。

[3]云树：高耸入云之树。[4]霜雪：形容浪涛雪白。天堑：天险。形容钱塘江江面的宽阔，足以阻敌。堑，壕沟。[5]珠玑：泛指珍贵的珠宝。玑，不圆的珠子。盈：充满。[6]重湖：西湖以白堤为界分外湖、里湖，故称。叠巘（yǎn）：重叠的峰峦。清嘉：清秀嘉美。[7]三秋：农历九月。桂子：桂花。[8]羌管：羌笛。菱歌：采菱曲。钓叟：垂钓的老翁。莲娃：采莲姑娘。[9]千骑：众多的骑马随员。高牙：高大的牙旗。这里指高官的仪仗。[10]烟霞：山水风光。[11]异日：他日，日后。图将：画出来。凤池：凤凰池，中书省的美称。这里指朝廷。

【赏析】柳永（约 984—约 1053 年），北宋著名词人，婉约派最具代表性的人物。崇安（今福建武夷山）人，原名三变，字景庄，后改名永，字耆卿，排行第七，又称柳七。宋仁宗朝进士，官至屯田员外郎，故世称柳屯田。

这首词上片描写杭州的自然风光和都市的繁华，下片写西湖，展现杭州人民和平宁静的生活景象。全词以点带面，明暗交叉，铺叙晓畅，形容得体，一反柳永惯常的风格，以大开大合、波澜起伏的笔法，浓墨重彩地展现了杭州的繁荣、壮丽景象。此词慢声长调和所抒之情起伏相应，音律协调，情致婉转，是柳永的一首传世佳作。

定风波[1]　（宋）苏轼

三月七日，沙湖道中遇雨[2]，雨具先去，同行皆狼狈，余独不觉。已而遂晴[3]，故作此词。

莫听穿林打叶声，何妨吟啸且徐行。竹杖芒鞋轻胜马[4]，谁怕？一蓑烟雨任平生[5]。

料峭春风吹酒醒[6]，微冷，山头斜照却相迎。回首向来萧瑟处，归去，也无风雨也无晴。

【注释】[1]定风波：词牌名。又名《卷春空》《定风波令》等，唐教坊曲名。[2]沙湖：在今湖北黄冈东南三十里，又名螺丝店。[3]已而：过了一会儿。[4]芒鞋：草鞋。[5]一蓑烟雨任平生：披着蓑衣在风雨里过一辈子也处之泰然。[6]料峭：微寒的样子。

【赏析】苏轼（1037—1101 年），宋代文学家。字子瞻，一字和仲，号东坡居士。眉州眉山（今属四川）人。苏洵长子。博学多才，善文，工诗词，书画俱佳。其词“豪放，不喜剪裁以就声律”，题材丰富，意境开阔，突破晚唐五代和宋初以来“词为艳科”的传统樊篱，以诗为词，开创豪放清旷一派，对后世产生巨大影响。有《东坡七集》《东坡词》等。

这首记事抒怀之词作于宋神宗元丰五年（1082 年）春，当时是苏轼因“乌台诗案”被贬为黄州（今湖北黄冈）团练副使的第三个春天。词人与朋友春日出游，风雨忽至，朋友深感狼狈，词人却毫不在乎，泰然处之，吟咏自若，缓步而行。此词为醉归遇雨抒怀之作。词人借雨中潇洒徐行之举动，表现了虽处逆境屡遭挫折而不畏惧不颓丧的倔强性格和旷达胸怀。全词即景生情，语言诙谐。

永遇乐·京口北固亭怀古[1]　（宋）辛弃疾

千古江山，英雄无觅，孙仲谋处[2]。舞榭歌台，风流总被雨打风吹去[3]。斜阳草树，寻常巷陌，人道寄奴曾住[4]。想当年，金戈铁马，气吞万里如虎[5]。

元嘉草草，封狼居胥，赢得仓皇北顾[6]。四十三年，望中犹记，烽火扬州路[7]。可堪回首，佛狸祠下，一片神鸦社鼓[8]。凭谁问：廉颇老矣，尚能饭否？[9]

【注释】[1]永遇乐：词牌名，又名《消息》。京口：古城名，即今江苏镇江。因临京岘山、长江口而得名。北固亭：晋蔡谟筑楼北固山上，北临长江，称北固亭，又称北顾亭。[2]孙仲谋：孙权，字仲谋。[3]舞榭（xiè）歌台：演出歌舞的台榭，这里代指孙权故宫。[4]寻常巷陌：极狭窄的街道。寻常，古代指长度，八尺为寻，倍寻为常。寄奴：南朝宋武帝刘裕小名。[5]“想当年”三句：刘裕曾两次领兵北伐，收复洛阳、长安等地。[6]元嘉：南朝宋文帝刘义隆年号。草草：轻率。指刘义隆好大喜功，仓促北伐，反而让北魏太武帝拓跋焘抓住机会，以骑兵集团南下，兵抵长江北岸而返，重创南朝刘宋政权。封狼居胥：狼居胥山，在内蒙古自治区西北部。汉武帝元狩四年（前119年）霍去病远征匈奴，歼敌七万余，于是“封狼居胥山，禅于姑衍”，庆祝胜利。南朝宋文帝刘义隆命王玄谟北伐，玄谟陈说北伐的策略，文帝说：“闻王玄谟陈说，使人有封狼居胥意。”赢得：剩得，落得。仓皇北顾：宋军北伐，为北魏军击败，北魏军趁机大举南侵，直抵扬州，吓得宋文帝亲自登上建康幕府山向北观望形势。[7]四十三年：作者于宋高宗绍兴三十二年（1162年），从北方抗金南归，至宋宁宗开禧元年（1205年），任镇江知府登北固亭写这首词时，前后共四十三年。[8]佛（bì）狸祠：拓跋焘小名佛狸。元嘉二十七年（450年），他曾反击刘宋，两个月的时间里，兵锋南下，五路远征军分道并进，从黄河北岸一路穿插到长江北岸。在长江北岸瓜步山建立行宫，即后来的佛狸祠。神鸦：指在庙里吃祭品的乌鸦。社鼓：祭祀时的鼓声。整句话的意思是，到了南宋时期，当地老百姓只把佛狸祠当作供奉神祇的地方，而不知道它过去曾是异族皇帝的行宫。[9]廉颇：战国时赵国名将。尚能饭否：《史记·廉颇蔺相如列传》记载，廉颇被免职后，跑到魏国，赵王想再用他，派人去看他的身体情况。廉颇的仇人郭开贿赂使者，使者看到廉颇，廉颇当场吃米饭一斗，肉十斤，被甲上马，以示尚可用。使者回来报告赵王说:“廉颇将军虽老,尚善饭,然与臣坐,顷之三遗矢矣。”赵王以为廉颇已老,遂不用。

【赏析】辛弃疾(1140—1207年),南宋词人。字幼安,号稼轩,历城(今山东济南)人。21岁参加抗金义军,曾任耿京军的掌书记,不久投归南宋,一生力主抗金北伐,并提出有关方略,均未被采纳。其词热情洋溢、慷慨激昂,富有爱国感情。

本词写于宋宁宗开禧元年(1205年),时辛弃疾66岁。当时韩侂胄执政,正积极筹划北伐,闲置已久的辛弃疾于前一年被起用为浙东安抚使,这年春初,又受命担任镇江知府,戍守江防要地京口。从表面看来,朝廷对他似乎很重视,然而实际上只不过是利用他那主战派元老的招牌作为号召而已。辛弃疾到任后,一方面积极布置军事进攻的准备工作;但另一方面,他又清楚地意识到政治斗争的险恶,自身处境的孤危,深感很难有所作为。辛弃疾支持北伐抗金的决策,但是对独揽朝政的韩侂胄轻敌冒进的做法,又感到忧心忡忡。他来到京口北固亭,心潮澎湃,感慨万千,写下了这篇词。先借古意以抒今情,表达对孙权、刘裕的钦佩,抒发无处寻觅类似的英雄来保家卫国的感慨;后通过典故“元嘉北伐”佛狸祠影射当权者好大喜功;最后以廉颇隐喻自己,担忧重蹈历史覆辙,朝廷弃而不用,用而不信,才能无法施展,壮志不能实现。

扬州慢　(宋)姜夔

淳熙丙申正日,予过维扬[1]。夜雪初霁,荠麦弥望。入其城则四壁萧条,寒水自碧,暮色渐起,戍角悲吟[2]。予怀怆然,感慨今昔,因自度此曲。千岩老人以为有“黍离”之悲也[3]。

淮左名都,竹西佳处,解鞍少驻初程[4]。过春风十里,尽荠麦青青[5]。自胡马窥江去后,废池乔木,犹厌言兵[6]。渐黄昏,清角吹寒,都在空城。

杜郎俊赏,算而今重到须惊。纵豆蔻词工,青楼梦好,难赋深情[7]。二十四桥仍在,波心荡,冷月无声。念桥边红药,年年知为谁生?

【注释】[1]扬州慢:词牌名,又名《郎州慢》,上下片,九十八字,平韵。此调为姜夔(kuí)自度曲,后人多用以抒发怀古之思。淳熙丙申正日:宋孝宗三年(1176年)的冬至日。维扬:扬州。[2]戍角:军营里吹的号角。[3]千岩老人:萧德藻,字东夫,晚年居湖州,自号千岩老人。姜夔曾经跟他学诗,又是他的侄女婿。[4]淮左名都:宋朝设置淮南路,后分为东西两路。淮南东路称淮左,扬州为其首府。竹西:亭名,在扬州东蜀岗上禅智寺前,环境清幽。[5]春风十里:指扬州道上。杜牧《赠别》:“春风十里扬州路,卷上珠帘总不如。”[6]胡马窥江：指金兵南下。[7]杜郎：唐代诗人杜牧。豆蔻词工、青楼梦好：杜牧《赠别二首·其一》：“娉娉袅袅十三余，豆蔻梢头二月初。”《遣怀》：“十年一觉扬州梦，赢得青楼薄幸名。”

【赏析】姜夔（1155—1221 年），字尧章，号白石道人，饶州鄱阳（今江西省鄱阳县）人。南宋文学家、音乐家。其作品素以空灵含蓄著称。姜夔对诗词、散文、书法、音乐无不精擅，是继苏轼之后又一难得的艺术全才。有《白石道人歌曲》《白石道人诗集》传世。

本词前有较长的内容作为小序，交代了写作的缘由、背景、时间、地点、内容、主旨。金兵侵略长江流域地区，洗劫扬州后，只留下残存的古树和废毁的池台，人们都不愿再谈论那残酷的战争。宋孝宗淳熙三年（1176 年），当时 21 岁的姜夔路经扬州，面对劫难之后的一片萧条景象，饱含爱国情怀的词人情绪低沉，以深沉悲怆的笔调写出了反映扬州城变化凋零的名作《扬州慢》。全词移情入景，借景抒情，语言含蓄，寄慨深长。笔法清雅空灵，声调清刚峭拔，尤其善于化用前人诗境，极富艺术感染力。

游山西村[1]　（宋）陆游

莫笑农家腊酒浑[2]，丰年留客足鸡豚[3]。
山重水复疑无路，柳暗花明又一村。
箫鼓追随春社近[4]，衣冠简朴古风存。
从今若许闲乘月[5]，拄杖无时夜叩门[6]。

【注释】[1]山西村：陆游故乡的一个村庄。[2]腊酒：腊月酿造的酒。[3]足：足够、丰富。豚：小猪。[4]春社：古代把立春后第五个戊日作为春社日，拜祭社公（土地神）和五谷神，祈求丰收。[5]若许：如果允许。乘月：趁着月夜出游。[6]无时：没有一定的时间，即随时。

【赏析】陆游（1125—1210 年），字务观，号放翁，越州山阴（今浙江绍兴）人。南宋文学家、史学家、爱国诗人。

此诗作于宋孝宗乾道三年（1167 年）初春，当时陆游正罢官闲居在家。然而他并不心灰意冷。他在农村生活中感受到希望和光明，并将这种感受倾注到自己的诗歌创作里。全诗生动地描画出一幅色彩明丽的农村风光，对淳朴的农村生活习俗，流溢着喜悦、挚爱的感情。诗人陶醉在山西村人情美、风物美、民俗美中，有感于这样的民风民俗及太平景象，反映了他乡居闲散的思想感情。诗人陶醉在山野风光和农村的人情里，表现了对田园生活的喜爱和恋恋不舍的情感。诗人在语调极其自然亲切的诗句中向人们展示了农村自然风景之美、农民淳朴善良之美，并把自己热爱祖国、热爱人民、热爱生活、热爱自然的高尚情操融于其中。

过零丁洋[1]　（宋）文天祥

辛苦遭逢起一经，干戈寥落四周星[2]。
山河破碎风飘絮，身世浮沉雨打萍[3]。
惶恐滩头说惶恐，零丁洋里叹零丁[4]。
人生自古谁无死？留取丹心照汗青[5]。

【注释】[1]零丁洋：指“伶仃洋”，今广东省珠江口外。文天祥兵败被俘押解途中曾经过伶仃洋。[2]遭逢：遭遇。起一经：因为精通一种经书，通过科举考试而被朝廷选拔入仕做官。文天祥20岁考中状元。一经，古代科举考试，考生要选考一种经书。四周星：四周年。文天祥从德祐元年（1275年）正月起兵抗元至被俘恰是四年。[3]絮：柳絮。萍：浮萍。比喻人生际遇无常，如风吹柳絮、雨打浮萍一般。[4]惶恐滩：在今江西万安赣江中，水流湍急，极为险恶。零丁：孤苦无依的样子。[5]丹心：红心，比喻忠心。汗青：古代在竹简上写字，先以火炙烤竹片，以防虫蛀，因竹片水分蒸发如汗，故称书简为汗青。这里特指史册。

【赏析】文天祥（1236—1283年），字宋瑞，一字履善，号文山。吉州庐陵（今江西吉安）人。宝祐四年（1256年）进士第一。德祐元年（1275年），元兵东下，他在赣州组义军，入卫临安（今浙江杭州）。次年任右丞相，出使元军议和，被扣留。后脱逃到温州。端宗景炎二年（1277年）进兵江西，收复州县多处。不久败退广东。次年在五坡岭（在今广东海丰北）被俘。拒绝元将诱降，于次年送至大都（今北京），囚禁三年，屡经威逼利诱，誓死不屈。编《指南录》，作《正气歌》，大义凛然，终在柴市被害。

祥兴元年（1278年），文天祥在广东海丰北五坡岭兵败被俘，押到船上。次年过零丁洋时作此诗。随后又被押解至崖山，张弘范逼迫他写信招降固守崖山的张世杰、陆秀夫等人，文天祥不从，出示此诗以明志。末句“人生自古谁无死？留取丹心照汗青”，让赤诚的心如一团火，照耀史册，照亮世界，照暖人生。用一“照”字，显示光芒四射，英气逼人。据说张弘范看到文天祥这首诗，尤其是尾联这两句，连称：“好人，好诗！”文天祥把作诗与做人、诗格与人格浑然一体。千秋绝唱，情调高昂，激励和感召古往今来无数志士仁人为正义事业英勇献身。

浪淘沙·北戴河[1]　（现代）毛泽东

大雨落幽燕[2]，白浪滔天[3]，秦皇岛外打鱼船[4]。一片汪洋都不见[5]，知向谁边[6]？

往事越千年[7]，魏武挥鞭[8]，东临碣石有遗篇[9]。萧瑟秋风今又是[10]，换了人间[11]。

【注释】[1]浪淘沙：词牌名。北戴河：位于河北省东北部渤海边秦皇岛市西南海滨，是著名的夏季休养地。[2]幽燕：古幽州及燕国，在今河北省北部及东北部。[3]滔天：形容水势很大，大到好像与天连接起来一样。[4]秦皇岛：三面环海，是渤海湾的一个不冻良港，现已设为市，相传秦始皇求仙曾到此，它因此得名。[5]汪：指水势大、深且阔。[6]谁边：何处，哪里。[7]往事：过去的事，这里指公元207年（建安十二年）曹操东征乌桓（古代部族名）经过碣石山时写下《观沧海》一诗之事。越：越过。千年：只是一个概数，实际已1700多年。[8]魏武：曹操。曹操死后，他儿子曹丕当上皇帝追封他为魏武帝。挥鞭：原指挥鞭策马，这里指骑马出征。[9]碣石：碣石是古代山名，位于现今何处，学术界尚有争议，有河北乐亭说、河北昌黎说、山东无棣说等。本词应指的是位于河北昌黎。昌黎碣石山有五岳之外的“神岳”之称。遗篇：遗留下来的诗篇，指《观沧海》一诗。[10]萧瑟秋风：曹操《观沧海》：“秋风萧瑟，洪波涌起。”[11]人间：社会制度。

【赏析】毛泽东（1893—1976年），字润之，笔名子任。湖南湘潭人。中国人民的领袖，马克思主义者，伟大的无产阶级革命家、战略家和理论家，中国共产党、中国人民解放军和中华人民共和国的主要缔造者和领导人。诗人、书法家。

中华人民共和国成立以后，提前完成第一个五年计划，国家实力增强，农村的合作化运动已有较大的进展，对工商业的改造也开始着手，建设一个工业化强国的伟大目标也开始提出。以上就是这首词的写作背景。1954年夏毛泽东到北戴河住过一些日子，在此填了这首词。词中描绘了北戴河壮阔的场景和渔民出海的情形，怀古思今，热情地歌颂了新时代的新生活。

第六节　中国旅游名联赏析

应县木塔联　佚名

俯瞩桑干[1]，滚滚波涛萦似带[2]；
遥临恒岳[3]，苍苍岫嶂屹如屏[4]。

【注释】[1]俯瞩桑干：在木塔的三层上可远眺桑干河和翠微岭。俯瞩，从高处往下看。瞩，视，望。桑干，古称㶟（lěi）水，隋代称桑干河，金代称卢沟，旧名无定河。此处的“桑干”为永定河的上游，位于河北省西北部和山西省北部。[2]萦（yíng）：缠绕，绕。曲折。[3]恒岳：指北岳恒山，又名玄岳、紫岳，位于山西浑源县。[4]苍苍：深青色。岫（xiù）嶂：指山岭。岫，山洞，岩穴。也指峰峦。此处指峰峦。嶂，高而险峻的山峰。屹：高耸的样子。

【赏析】应县木塔，本名释迦塔，全称佛宫寺释迦塔，位于山西省朔州市应县城西北佛宫寺内。外观五层六檐，塔身实为九层。以 60 多种形态各异、功能有别的斗拱，博得中国古代建筑“斗拱博物馆”美称。史称“玲珑峻碧倚苍穹，海内浮图第一工”。应县木塔是中国现存最高最古的一座木构塔，与云冈石窟、悬空寺，为雁北大同区域三大奇观。与意大利比萨斜塔、巴黎埃菲尔铁塔并称“世界三大奇塔”。2016 年 9 月，应县木塔获得吉尼斯世界纪录认证为世界上最高的木塔。

这副楹联描绘了登临塔上概览木塔周边山水景物的阔大景象。一“俯瞩”与一“遥临”，强调了木塔的凌空耸峙，视野广阔。“萦似带”“屹如屏”等比喻贴切地描摹了桑干如带、恒山如屏的壮丽景象，鲜明而形象地表现出了木塔的巍峨气势。

温州江心屿江心寺联　（南宋）王十朋[1]

云朝朝朝朝朝朝朝朝散[2]；

潮长长长长长长长长消[3]。

【注释】[1]王十朋（1112—1171 年），字龟龄，号梅溪，温州乐清人。1157 年举进士第一。曾任国史院编修等职，以龙图阁学士致仕，于宋金对峙之时力主抗敌，颇负时誉，卒谥忠文。工诗文，有《梅溪集》。[2]朝：为多音字，读“zhāo”时意为早晨；读“cháo”时，有原意为朝拜，此引申为聚拢。[3]长：为多音字，读“zhǎng”时同“涨”，意为涨潮；读“cháng”时意为长时间、经常。

【赏析】此联应这样念：“yún，zhāocháo，zhāozhāocháo，zhāocháozhāosàn；cháo，chángzhǎng，chángchángzhǎng，chángzhǎngchángxiāo。”它利用汉字一字多音、一字多义的特点，叠音叠义，描绘了潮涨潮落、云聚云消的自然景象，显示了自然界变幻多姿的景色。联语寓意深刻，读后令人深思，耐人寻味。

昆明滇池大观楼联　（清）孙髯

五百里滇池，奔来眼底，披襟岸帻[1]，喜茫茫，空阔无边！看：东骧神骏[2]，西翥灵仪[3]，北走蜿蜒[4]，南翔缟素[5]，高人韵士，何妨选胜登临，趁蟹屿螺洲[6]，梳裹就风鬟雾鬓[7]；更蘋天苇地[8]，点缀些翠羽丹霞，莫辜负，四围香稻，万顷晴沙[9]，九夏芙蓉，三春杨柳[10]。

数千年往事，注到心头，把酒凌虚[11]，叹滚滚英雄谁在！想：汉习楼船[12]，唐标铁柱[13]，宋挥玉斧[14]，元跨革囊[15]，伟烈丰功，费尽移山心力，尽珠帘画栋，卷不及暮雨朝云[16]；便断碣残碑[17]，都付与苍烟落照，只赢得，几杵疏钟[18]，半江渔火，两行秋雁，一枕清霜。

【注释】[1]披襟岸帻：敞开上衣，推起额上的头巾，洒脱、无拘束的样子。襟，上衣。岸，露额。帻，古代裹发的一种头巾。[2]东骧神骏：喻指东边的金马山。骧，马昂首奔跃的样子。神骏，神奇的骏马。[3]西翥灵仪：喻指西面的碧鸡山。翥，鸟展翅飞翔的样子。灵仪，古代对凤凰的别称。[4]北走蜿蜒：喻指北面的蛇山。蜿蜒，蛇行的样子。[5]南翔缟素：喻指南面的白鹤山。缟素，白色的丝织品。[6]蟹屿螺洲：形容昆明湖中的像蟹螺那样的小洲小岛。[7]风鬟雾鬓：比喻湖中小岛上的花草垂柳摇曳多姿。风鬟，蓬松的环形发髻。雾鬓，双鬓梳理得如薄雾。[8]蘋天苇地：指滇池周围长满蘋草与芦苇，似与天际相接。[9]翠羽：翠绿的鸟羽，代指美丽的鸟儿。丹霞：红色的云霞。晴沙：形容滇池水面平静光洁。[10]九夏：指夏季九十天。三春：春季三个月。[11]把酒凌虚：对着天空举起酒杯。[12]汉习楼船：汉武帝为攻取滇国（今云南），仿滇池修昆明池于长安西南，造楼船，习水战。[13]唐标铁柱：唐太宗时御史唐九征率兵攻进云南，击溃吐蕃，立铁柱记功而还。[14]宋挥玉斧：据《续资治通鉴·宋纪》载："王全斌既平蜀，欲乘势取云南，以图献。帝（宋太祖赵匡胤）鉴唐天宝之祸起于南诏，以玉斧画大渡河以西曰：'此外，非吾有也。'"即宋太祖用玉斧把云南划为化外之地。玉斧，古代一种镇纸之物，或是一种头饰。[15]元跨革囊：《元史·宪宗本纪》载元世祖"忽必烈征大理过大渡河，至金沙江，乘革囊及筏以渡"。革囊，即皮筏。[16]尽珠帘画栋，卷不及暮雨朝云：此两句化用王勃《滕王阁诗》中"画栋朝飞南浦云，珠帘暮卷西山雨"二句意，谓政治舞台帷幕不及启闭，而人物已迅速变化替换。[17]碣：圆顶的碑石。[18]杵：寺庙中用以撞钟的木头，此用作量词。

【赏析】孙髯（1711—1773年），字髯翁，号颐庵，自号蛟台老人。清代著名民间学者、古滇名士。

此联共180个字，堪称"古今天下第一联"。上联写尽滇池及其周边的自然风光；下联追忆云南的人文历史，历数汉、唐、宋、元对云南的文治武功，揭示封建王朝灭亡的规律。写景、叙事、抒情、议论浑然一体，对仗工整，情景交融，意境深远。

岳阳楼联[1]　（清）何绍基

一楼何奇：杜少陵五言绝唱[2]，范希文两字关情[3]，滕子京百废俱兴[4]，吕纯阳三过必醉[5]；诗耶、儒耶、吏耶、仙耶，前不见古人，使我怆然涕下[6]。

诸君试看：洞庭湖南极潇湘[7]，扬子江北通巫峡[8]，巴陵山西来爽气，岳州城东道岩疆[9]；潴者、流者、峙者、镇者[10]，此中有真意，问谁领会得来？

【注释】[1]岳阳楼：位于洞庭湖畔，在今湖南省岳阳市。[2]杜少陵五言绝唱：唐代宗大历三年（768年）春，杜甫登岳阳楼，写下了著名的《登岳阳楼》诗："昔闻洞庭水，今上岳阳楼。吴楚东南坼，乾坤日夜浮。亲朋无一字，老病有孤舟。戎马关山北，凭轩涕泗流。" 被后世称为咏岳阳楼的 "绝唱"。[3]范希文两字关情：范希文即范仲淹，北宋中叶的政治家、文学家，是为人推崇的儒家文人。两字，指《岳阳楼记》的名句 "先天下之忧而忧，后天下之乐而乐" 中的 "忧、乐" 二字。[4]滕子京百废俱兴：这是源于范仲淹的《岳阳楼记》里的句子，意思是说滕子京到岳州任知州后，使各种荒废的事业都重新兴起。[5]吕纯阳三过必醉：吕纯阳即吕洞宾，"八仙" 之一，他曾三过岳阳楼饮酒赋诗，醉倒在岳阳楼。[6]前不见古人，使我怆然涕下：见唐代诗人陈子昂《登幽州台歌》："前不见古人，后不见来者。念天地之悠悠，独怆然而涕下！" [7]南极潇湘：南面可以直到潇水和湘水。潇水为湘江支流，湘江流入洞庭湖。[8]巫峡：在湖北省巴陵县，为长江三峡之一。[9]巴陵山：位于湖南岳阳的洞庭湖滨，又名天岳山。东道岩疆：岳阳东南方向有高山，以为疆界。岩，山岩。疆，边界。[10]潴者、流者、峙者、镇者：分别指前面提到的洞庭湖、扬子江、巴陵山、岳阳城。潴（zhū），水聚集的地方。

【赏析】何绍基（1799—1873年），清代诗人、书法家。湖南道州人。上联从千古的诗人、儒者、郡吏、神仙落迹于岳阳楼的盛况，说明岳阳楼所经历的人事变化；下联则极力渲染岳阳楼的地理形势、山水胜景。对联虽长，但层次鲜明，上下联各用首句引领下文，按照时间、方位的顺序一一写出；结句都化用古人诗意，表达今人情怀。全联感情起伏跌宕，对仗工整，用典贴切，风格豪逸，堪称长联中的杰作，读来心胸为之坦荡开朗。

成都杜甫草堂大廨联[1]　（清）顾复初

异代不同时，问如此江山，龙蜷虎卧几诗客[2]？

先生亦流寓，有长留天地，月白风清一草堂[3]。

【注释】[1]杜甫草堂：唐代大诗人杜甫流寓成都时的故居，杜甫先后在此居住近四年，创作诗歌240余首。唐末诗人韦庄寻得草堂遗址，重结茅屋，使之得以保存，宋元明清历代都有修葺扩建。[2]龙蜷虎卧：喻高士之隐居。[3]流寓：流离失所，寓居他乡。

【赏析】顾复初，生卒年不详。字子远，又字幼耕，清元和（今属江苏苏州）人。善诗词，工书画，有《乐静廉余斋文集》。

此联表达了对杜甫的赞叹和对诗人遭际的感慨。他当时的旧居草堂却长留人间，供后人凭吊，让人在月白风清之下缅怀诗圣先贤。联中“亦”字也表现了撰联者的身世自叹。

四川新都宝光寺大雄宝殿联[1]　（清）何元普

世外人法无定法，然后知非法法也[2]；

天下事了犹未了，何妨以不了了之[3]。

【注释】[1]宝光寺：位于四川新都。建于东汉，隋代称大石寺。唐僖宗于中和二年（882年），因避黄巢之乱驻跸于此，寺中之舍利塔忽然放光，僖宗即重修佛塔，并命悟达国师整修寺宇，改称宝光寺。[2]世外人：避世隐居者、佛家僧侣及道家弟子，旧时称“世外人”。此指佛家僧侣。法无定法：佛家之“法”，指佛之教法、过去未来一切事物，无恒久不变之理。[3]了：了结，完结。

【赏析】何元普（1829—1902年），晚清著名学者和佛学大师。此联根据佛教典籍和民间俚语提炼写就，融玄妙哲理和通俗语言于一体，出句讲虚，对句讲实，虚实相对，平仄协调，表现出其圆融、洞彻的人生智慧。曾得到毛泽东主席的高度赞扬。

承德避暑山庄万壑松风联[1]　（清）纪昀

八十君王[2]，处处十八公[3]，道旁介寿[4]；

九重天子[5]，年年重九节[6]，塞上称觞[7]。

【注释】[1]避暑山庄：又名热河行宫、承德离宫，在河北承德市，是清代皇帝避暑和处理政务的地方。万壑松风在山庄的南部，据冈临湖，松林蔽日，是山庄七十二景之一，具有江南园林的特点。[2]八十君王：指清高宗乾隆

（1736—1796 年在位），他活了 89 岁。[3]十八公："松"字的拆字，指松。[4]介寿：祝寿。[5]九重天子：指皇帝。九重，指天子居住的地方，言其深远。[6]重九节：重阳节。[7]塞上：指边关险要的地方，避暑山庄在长城北，故称塞上。称觞（shāng）：举杯祝酒。觞，古代用的酒器。

【赏析】纪昀（1724—1805 年），字晓岚，河北献县人。清代著名的学者和文学家。曾任四库全书馆总纂官，纂定《四库全书总目提要》。一说此联上联为彭元瑞所写，下联为纪昀所对。这副对联写避暑山庄之风物，不仅联式严整，而且遣词造句也很巧妙。上联将"八十"与"十八"字序颠倒，是为了突出"松"字，切合"万壑松风"这一主题；下联将"九重"与"重九"互为颠倒，是为了突出皇帝的避暑生活。该联对仗工整，构思严谨，堪称一副巧对。

南昌滕王阁联[1]　（清）刘坤一

兴废总关情[2]，看落霞孤鹜，秋水长天[3]，幸此地湖山无恙[4]；

古今才一瞬[5]，问江上才人[6]，阁中帝子[7]，比当年风景如何？

【注释】[1]滕王阁：唐高祖李渊之子滕王李元婴任洪州都督时所建。故址在今江西南昌赣江之滨，江南三大名楼之一。[2]关情：与感情相关。[3]落霞孤鹜（wù），秋水长天：化用王勃《滕王阁序》中的名句"落霞与孤鹜齐飞，秋水共长天一色"，借以叙述登楼所见的景物。[4]无恙：恙，病。引申指没有损害。[5]一瞬：一眨眼的时间，形容时间过得很快。[6]江上才人：指王勃。[7]帝子：指李元婴，他是皇帝之子，故称帝子。

【赏析】刘坤一（1830—1902 年），清代湖南新宁人，官至两江总督。上联写滕王阁昔日的兴废和今日的胜景，下联以设问形式追忆古人，进一步说明滕王阁风景的壮丽。在对滕王阁景物的描绘中，流露出深切的历史关怀，对古今兴废的感慨，对历史变迁的喟叹。从而使这副对联有了浓郁的历史感，并不仅仅是写景状物之作。

成都武侯祠联[1]　（清）赵藩

能攻心[2]，则反侧自消[3]，从古知兵非好战[4]；

不审势[5]，即宽严皆误[6]，后来治蜀要深思。

【注释】[1]武侯祠：三国时著名政治家、军事家诸葛亮，死后谥号为"忠武侯"，故被称为"武侯"。武侯祠在今四川省成都市南郊。[2]攻心：诸葛亮曾言："攻心为上，攻城为下，心战为上，兵战为下。"[3]反侧自消：反侧，卧不安席，引申为内部纷乱。自消，动乱自己消除。"反侧自消"说的是诸葛亮在治蜀时，七擒七纵孟获，孟获很受感动，反省自己的过失，消除了反蜀汉的念头。[4]知兵：熟悉兵法。兵，兵法。[5]审势：审时度势。[6]宽严皆误：诸葛亮一生执法或严明或宽大，都是根据形势需要决定的。如果“不审势”，不论执法宽严都要失误。这里作者所指的是当时为四川总督者宽严无度，造成形势混乱。

【赏析】赵藩（1851—1927年），云南省剑川人，清末西南边疆著名文人。作者有感于诸葛亮的成就，抚今追昔，上联称颂了诸葛亮的文治武功，下联则总结诸葛亮治蜀的经验，提出了自己的政治主张。上下联是反对关系。对联所讲的道理，有裨于治道，值得后人注意和深思。

南京莫愁湖郁金堂联　（清）唐理淮

湖属卢家[1]，唯江头明月，曾领略画艇风光，韵事相传[2]，付与骚人作诗料[3]；

地为徐氏[4]，以国手胜棋，搏优游名园汤沐[5]，英雄安在，遥闻商女唱歌声[6]。

【注释】[1]湖属卢家：指莫愁女夫家姓卢。[2]韵事：指莫愁女的传说。[3]骚人：指诗人、文人。[4]地归徐氏：明太祖朱元璋将莫愁湖赐给中山王徐达。[5]汤沐：沐浴，古代受帝王的赏赐也称汤沐。传说朱元璋与徐达下棋，徐达不敢赢棋，却把棋子走成了“万岁”二字，朱元璋大喜，把莫愁湖赐给了徐达。[6]商女：指旧社会卖唱的女子。杜牧《泊秦淮》：“商女不知亡国恨，隔江犹唱后庭花。”

【赏析】这副对联概括了莫愁湖古往今来的逸事，上联讲莫愁的传说，下联叙徐达的事迹。追怀往事，面对当时，怀古伤今，抒发了对世事变化的感慨。

苏州寒山寺联[1]　（清）邹福保

尘劫历一千余年[2]，重复旧观，幸有名贤来作主[3]；

诗人题二十八字[4]，长留胜迹，可知佳句不须多。

【注释】[1]寒山寺：在苏州阊门外枫桥旁，建于梁天监年间。唐代有高僧寒山在此住持，改名寒山寺。该寺屡毁屡建，清光绪时苏州知府集资重建，才有今日的规模。唐代诗人张继《枫桥夜泊》诗：“月落乌啼霜满天，江枫渔火对愁眠。姑苏城外寒山寺，夜半钟声到客船。”诗碑存寺内，原为明代的文徵明所书，后字已残缺不清，清光绪年间由俞樾重写再刻。[2]尘劫：佛经谓天地一生一灭为一劫，无量无边劫为尘劫，比喻人世的变迁。一千余年：指寒山寺从建成到清光绪年间重修有1000余年。[3]名贤：指光绪年间集资修寒山寺的苏州知府。[4]二十八字：指张继《枫桥夜泊》，七言绝句，28字。

【赏析】这副对联，把长留人世的寒山寺与脍炙人口的《枫桥夜泊》互为因果地紧紧结合在一起，既推崇了佳句，又赞颂了胜迹。全联无一字直写寒山寺，而又字字离不开寒山寺，别具匠心。

广州越秀山镇海楼联[1]　（清）彭玉麟

万千劫[2]，危楼尚存[3]，问谁摘斗摩霄[4]，目空今古；

五百年，故侯安在[5]，使我凭栏看剑，泪洒英雄。

【注释】[1]越秀山：也叫粤秀山，位于广州市北面。镇海楼：在越秀山上，登楼远望，全市尽览。[2]劫：劫难，灾难。[3]危楼：高楼。[4]摘斗摩霄：摘斗，摘星斗。摩，接近。霄，云霄。[5]故侯：指主持修建镇海楼的明永嘉侯朱亮祖。

【赏析】彭玉麟（1817—1890年），清末湘军将领。湖南衡阳人。本联并未写越秀山自然景色之美，而全是吊古抒怀，感叹世事变幻、英雄安在，自己空负壮志，世无知己，其调悲壮已极，令人读之不禁感慨叹息。“问谁”是上联领词，领起“摘斗摩霄，目空今古”；“只我”是下联领词，领起“凭栏看剑，泪洒英雄”。

蝴蝶泉联　（清）彭祜

蝴蝶舞翩跹，为万紫千红飞去飞来，前生疑是庄周化[1]；

青山留胜迹，有层峦叠嶂宜晴宜雨，此地重吟道韫诗[2]。

【注释】[1]翩跹：飘逸飞舞的样子。庄周化：出自《庄子·齐物论》，庄周做梦变成蝴蝶，不知谁是庄周谁是蝴蝶。[2]道韫诗：东晋著名才女诗人谢道韫的诗。咏雪名句“未若柳絮因风起”为人传诵。

【赏析】蝴蝶泉位于云南大理旧城北20千米苍山的云弄峰麓。泉池约50平方米，砌以大理石护栏，上有郭沫若所书“蝴蝶泉”石匾。四周林木秀拔，有古双香树横卧泉面而过，其叶似蝶，花香四溢，引无数蝴蝶在泉边飞舞。《徐霞客游记》中记载：“泉上大树，当四月初即发，花如蛱蝶，须翅栩然，与生蝶无异。又有真蝶千万，连须勾足，自树巅倒悬而下，及于泉面，缤纷络绎，五色焕然。游人俱从此月群而观之，过五月乃已。”

此联写蝴蝶泉及周边景色，由泉边翩翩起舞的蝴蝶联想到传说中庄周做梦化蝶的故事，由眼前的青山翠峦氤氲美景联想到才女谢道韫的诗，想象丰富，构思巧妙。

题杭州灵隐寺联[1]　（近现代）江庸

古迹重湖山，历数名贤，最难忘白傅留诗[2]，苏公判牍[3]；

胜缘结香火，来游福地，莫虚负荷花十里，桂子三秋[4]。

【注释】[1]灵隐寺：在浙江杭州市西湖西北灵隐山麓，东晋咸和元年（326年）始建，明重建，清康熙时曾改名云林寺，为西湖游览胜地。[2]白傅留诗：白傅，即白居易，晚年曾任太子少傅，故称白傅。白傅留诗，是指白居易在长庆初年任杭州刺史时，对灵隐寺风景十分赞赏，常与韬光禅师互相唱和，留下不少诗篇。[3]苏公判牍：苏公，即苏轼，指苏轼出任杭州通判时，常在灵隐寺、冷泉等地处理公务。[4]荷花十里，桂子三秋：宋代柳永《望海潮》词“重湖叠巘清嘉，有三秋桂子，十里荷花”中“三秋桂子，十里荷花”的倒装运用。桂子，即桂花。三秋，指秋季，亦指阴历九月。王勃《滕王阁序》：“时维九月，序属三秋。”

【赏析】江庸（1878—1960年），中国法学家。福建长汀人。曾任上海文史研究馆馆长。他到杭州灵隐寺玩赏时，题写此联。这副对联的突出特点是联想丰富，借古颂今。上联的“白傅留诗，苏公判牍”是两个生动有趣的故事，既赞美了千古胜迹、壮丽河山，又颂扬了弘扬民族文化的历代文豪。下联把十里荷花与湖光相辉映，九月桂花遍地飘香的动人景象，展现在人们的眼前，将人引入一个清幽别致、风景如画的仙境中，令人心旷神怡，宠辱皆忘。这副对联对仗工整，平仄入律，寓意深刻，用词贴切，而且又是楹联中难度较大的事对，是现代楹联中难得的佳作。

郑成功纪念馆联　（现当代）郭沫若

开辟荆榛，千秋功业[1]；

驱除荷虏，一代英雄[2]。

【注释】[1]开辟荆榛：郑成功《复台》诗中有“开辟荆榛逐荷夷，十年始克复先基”的句子，荆榛是指丛生的灌木，这里比喻郑成功克服困难、收复台湾的开拓性事业。[2]荷虏：指占领台湾的荷兰殖民者。

【赏析】郭沫若（1892—1978年），中国作家、诗人、历史学家、古文字学家、社会活动家。四川乐山人。

郑成功纪念馆位于鼓浪屿日光岩北麓，于1962年2月为纪念郑成功收复台湾300周年而建成。

此联赞颂了一代民族英雄郑成功收复台湾的千秋功业，对仗工稳，精练有力。

海角天涯胜迹联　（现当代）李求真

万里晴空，几片闲云浮海角；

一湾碧水，八方游子恋天涯。

【赏析】李求真，广东五华人。海南省楹联学会名誉会长、中国楹联学会常务理事。

海角天涯，海南三亚市西下马岭附近海畔有巨石，一题“天涯”，一题“海角”。相传“天涯”二字为苏轼所书，实际上是清雍正年间崖州知府程哲的手迹。

对联描写了天涯海角的秀丽风景，突出了三亚晴空、白云、碧水的特色，又写出了游人对此地美景的向往之情。此联文字简洁，对仗工整，尤其将“海角”“天涯”嵌入上下联尾，非常巧妙。

题陕西黄帝陵联　（现当代）姜园宪

自轩辕创业，上下五千年，古国文明光广宇[1]；

看松柏凌霄，纵横十万里，全球赤子仰黄陵[2]。

【注释】[1]轩辕：黄帝，传说黄帝居于轩辕之丘，故名轩辕，是中华民族的共同祖先。[2]松柏凌霄：黄帝陵所在的桥山，种有8万多株古柏，其中轩辕庙山门内西侧一棵高大粗壮的古柏树相传是黄帝亲手种植。赤子：古代指百姓。

【赏析】此联用语非常浅显，明白如话，而含意却很深远。上联讴歌了中华祖先轩辕黄帝艰苦创业，从而有了有上下五千年浩瀚历史的文明国度；下联表达了全球赤子缅怀先祖的爱国情思。如今，祭黄帝陵已成为海内外炎黄子孙的一项神圣大事，也是当地旅游业的一件盛事。

崇州陆游祠对联[1]　（现当代）汪德嘉

宦游巴蜀，志复中原，高吟铁马铜驼，烟尘誓扫还金阙[2]；

诗继少陵，派开南宋，更入清风明月，池馆重新接草堂[3]。

【注释】[1]崇州陆游祠：始建于明初，以纪念曾任蜀州通判的陆游，是除绍兴外，全国仅有的纪念陆游的专祠。[2]铁马铜驼：暗指全副披挂上战场，表现陆游志复中原的爱国思想。金阙：金色的宫阙，比喻朝廷。[3]少陵：杜甫自号少陵野老。

【赏析】上联写陆游的人生经历，赞美他始终怀抱收复中原、统一国土的伟大志向；下联肯定陆游是继杜甫之后又一伟大的爱国主义诗人。

第七节　中国游记名篇赏析

岳阳楼记　　（宋）范仲淹

庆历四年春，滕子京谪守巴陵郡[1]。越明年，政通人和，百废具兴[2]，乃重修岳阳楼，增其旧制，刻唐贤今人诗赋于其上，属予作文以记之[3]。

予观夫巴陵胜状，在洞庭一湖。衔远山，吞长江，浩浩汤汤，横无际涯，朝晖夕阴，气象万千，此则岳阳楼之大观也，前人之述备矣[4]。然则北通巫峡，南极潇湘，迁客骚人，多会于此，览物之情，得无异乎[5]？

若夫淫雨霏霏，连月不开[6]，阴风怒号，浊浪排空，日星隐曜，山岳潜形，商旅不行，樯倾楫摧[7]，薄暮冥冥，虎啸猿啼。登斯楼也，则有去国怀乡，忧谗畏讥，满目萧然，感极而悲者矣[8]。

至若春和景明，波澜不惊，上下天光，一碧万顷，沙鸥翔集，锦鳞游泳，岸芷汀兰，郁郁青青[9]。而或长烟一空，皓月千里，浮光跃金，静影沉璧，渔歌互答，此乐何极[10]！登斯楼也，则有心旷神怡，宠辱偕忘，把酒临风，其喜洋洋者矣。

嗟夫！予尝求古仁人之心，或异二者之为，何哉？不以物喜，不以己悲，居庙堂之高则忧其民[11]，处江湖之远则忧其君。是进亦忧，退亦忧。然则何时而乐耶？其必曰“先天下之忧而忧，后天下之乐而乐”乎！噫！微斯人，吾谁与归[12]？

【注释】[1]庆历四年：1044年。滕子京：名宗谅，与范仲淹同时中进士，被贬守岳州。谪：封建社会官吏的降职或远调，也指把有罪的人遣戍远方。[2]越明年：据《岳州府志》载，滕子京重修岳阳楼在庆历六年。所以这句中的“越”应该解释为“过”，“越明年”就是“过了第二年”。“具”：同“俱”，全，都。[3]属：同“嘱”。[4]夫：那。大观：盛大的美景。[5]得无异乎：能够没有不同吗？这是用疑问的形式表达一个强有力的发问。得，能够。[6]淫雨：连绵不停的过量的雨。开：放晴。[7]樯：桅杆。[8]冥冥：昏暗的样子。[9]锦鳞：指美丽的鱼。[10]极：穷尽。[11]庙堂：庙，宗庙。堂，殿堂。庙堂指朝廷。[12]谁与：与谁。

【赏析】范仲淹（989—1052年），字希文，吴县（今属江苏苏州）人。宋真宗朝进士。庆历三年（1043年）七月，授参知政事，主持庆历改革，因守旧派阻挠而未果。次年罢政，自请外任，历知邓州、杭州、青州等地。卒谥文正。他不仅是北宋著名的政治家、军事家，文学成就亦杰然可观。著有《范文正公集》。

岳阳楼，位于湖南岳阳市城西门城楼，下临洞庭湖。岳阳楼始建于唐代，主楼三层，与滕王阁、黄鹤楼并称为江南三大名楼。有“洞庭天下水，岳阳天下楼”之誉，以其悠久的历史、美妙的传说和雄伟的气势享誉中外。

本文是千古名文，作者用简练优美的语言描绘了洞庭湖的四时阴晴之景色，并通过“览物之情，得无异乎”一问，从而引出迁客骚人因己而悲、因物而喜的两段文字，将迁客骚人的这种情怀跟“古仁人之心”作对比，自然引出议论，表达自己虽被贬谪却心胸开阔，体现出一种豁达磊落的心境和乐观向上的处世态度，抒发了“先天下之忧而忧，后天下之乐而乐”的政治抱负。

滕王阁序 （唐）王勃

豫章[1]故郡，洪都[2]新府。星分翼轸[3]，地接衡[4]庐[5]。襟三江[6]而带五湖[7]，控蛮荆[8]而引瓯越[9]。物华天宝，龙光射牛斗之墟[10]；人杰地灵，徐孺下陈蕃之榻[11]。雄州雾列，俊采[12]星驰。台隍[13]枕[14]夷[15]夏[16]之交，宾主尽东南之美。都督[17]阎公[18]之雅望，棨戟[19]遥临；宇文新州[20]之懿[21]范，襜帷[22]暂驻。十旬休假[23]，胜友如云；千里逢迎，高朋满座。腾蛟起凤[24]，孟学士[25]之词宗；紫电清霜[26]，王将军[27]之武库。家君作宰[28]，路出[29]名区；童子何知，躬逢胜饯。

时维[30]九月，序属三秋[31]。潦[32]水尽而寒潭清，烟光凝而暮山紫。俨[33]骖騑[34]于上[35]路，访风景于崇阿[36]。临帝子之长洲，得天人[37]之旧馆。层峦耸翠，上出重霄；飞阁[38]流[39]丹[40]，下临[41]无地。鹤汀[42]凫[43]渚[44]，穷岛屿之萦回；桂殿兰[45]宫，即冈峦之体势。

披[46]绣闼[47]，俯雕甍[48]，山原旷其盈视，川泽纡其骇瞩。闾阎[49]扑地，钟鸣鼎食[50]之家；舸[51]舰弥津，青雀黄龙[52]之舳[53]。云销[54]雨霁[55]，彩[56]彻[57]区[58]明。落霞与孤鹜[59]齐飞，秋水共长天一色。渔舟唱晚，响穷彭蠡[60]之滨；雁阵惊寒，声断衡阳[61]之浦。

遥襟甫[62]畅，逸兴遄[63]飞。爽籁[64]发而清风生，纤歌凝而白云遏[65]。睢园[66]绿竹，气凌[67]彭泽[68]之樽[69]；邺水[70]朱华[71]，光照临川[72]之笔。四美[73]具，二难[74]并。穷睇眄[75]于中天，极娱游于暇日。天高地迥[76]，觉宇宙之无穷；兴尽悲来，识盈虚[77]之有数[78]。望长安于日下，目吴会[79]于云间。地势极而南溟[80]深，天柱[81]高而北辰[82]远。关山难越，谁悲失路之人？萍水相逢，尽是他乡之客。怀帝阍[83]而不见，奉宣室[84]以何年？

嗟乎！时运不齐，命途多舛[85]。冯唐易老，李广难封[86]。屈贾谊[87]于长沙，非无圣主[88]；窜梁鸿[89]于海曲，岂乏明时[90]？所赖君子见机[91]，达人[92]

知命。老当益壮[93]，宁移白首[94]之心？穷且益坚，不坠[95]青云之志[96]。酌贪泉[97]而觉爽，处涸辙[98]以犹欢。北海虽赊[99]，扶摇[100]可接；东隅[101]已逝，桑榆[102]非晚。孟尝[103]高洁，空怀报国之情；阮籍[104]猖狂，岂效穷途之哭？

勃，三尺[105]微命[106]，一介书生。无路请缨，等[107]终军[108]之弱冠[109]；有怀投笔[110]，慕宗悫[111]之长风。舍簪笏[112]于百龄[113]，奉晨昏[114]于万里。非谢家之宝树[115]，接孟氏[116]之芳邻。他日趋庭，叨陪鲤对[117]；今兹捧袂[118]，喜托龙门[119]。杨意[120]不逢，抚凌云[121]而自惜；锺期[122]既遇，奏流水以何惭？

呜呼！胜地不常，盛筵难再。兰亭[123]已矣，梓泽[124]丘墟。临别赠言，幸承恩于伟饯；登高作赋，是所望于群公。敢竭鄙[125]怀，恭疏[126]短引[127]；一言[128]均赋[129]，四韵[130]俱成。请洒潘江，各倾陆海[131]云尔！

【注释】[1]豫章：滕王阁在今江西南昌。南昌，为汉豫章郡治。[2]洪都：汉豫章郡，唐改为洪州，设都督府。[3]星分翼轸（zhěn）：古人习惯以天上星宿与地上区域对应，称为“某地在某星之分野”。据《晋书·天文志》，豫章属吴地，吴越扬州当牛斗二星的分野，与翼轸二星相邻。翼、轸，星宿名，属二十八宿。[4]衡：衡山，此代指衡州（治所在今湖南衡阳）。[5]庐：庐山，此代指江州（治所在今江西九江）。[6]三江：泛指长江中下游的江河。[7]五湖：南方大湖的总称。[8]蛮荆：古楚地，今湖北、湖南一带。[9]瓯越：古越地，今浙江地区。古东越王建都于东瓯（今浙江永嘉）。[10]“物华”二句：据《晋书·张华传》，晋初，牛、斗二星之间常有紫气照射，据说是宝剑之精，上彻于天。张华命人寻找，果然在丰城（今江西丰城，古属豫章郡）牢狱的地下，掘出龙泉、太阿二剑。后这对宝剑入水化为双龙。[11]“徐孺”句：据《后汉书·徐稚传》，东汉名士陈蕃为豫章太守，不接宾客，唯徐稚来访时，才设一睡榻，徐稚去后又悬置起来。徐孺，徐孺子的省称。徐孺子名稚，东汉豫章南昌人，当时隐士。[12]俊采：指人才。[13]台隍：城台和城池。[14]枕：倚，据。[15]夷：古代称少数民族为夷，这里指上文所说的蛮荆、瓯越之地。[16]夏：古代汉族自称夏，这里指中原地区。[17]都督：掌管督察诸州军事的官员，唐代分上、中、下三等。[18]阎公：名未详。[19]棨（qǐ）戟：外有赤黑色缯作套的木戟，古代大官出行时用。这里代指仪仗。[20]宇文新州：复姓宇文的新州（在今广东境内）刺史，名未详。[21]懿：美好。[22]襜（chān）帷：车上的帷幕，这里代指车马。[23]十旬休假：唐制，十日为一旬，遇旬日则官员休一日，称为“旬休”。[24]腾蛟起凤：《西京杂记》：“董仲舒梦蛟龙入怀，乃作《春秋繁露》。”又：“扬雄著《太玄经》，梦吐凤凰，集《玄》之上，顷而灭。”[25]孟学士：名未详。[26]紫电清霜：《古今注》：“吴大皇帝（孙权）有宝剑六，一曰白虹，二曰紫电。”

《西京杂记》:“高祖(刘邦)斩白蛇剑,刃上常带霜雪。”[27]王将军:名未详。[28]宰:县令,这里指交趾县的县令。[29]出:过。[30]维:句中语气词。[31]三秋:古人称七、八、九月为孟秋、仲秋、季秋,三秋即季秋,九月。[32]潦(lǎo):蓄积的雨水。[33]俨:同“严”,整齐的样子。[34]骖騑(cānfēi):驾车的马。[35]上:高。[36]崇阿(ē):高大的山陵。[37]帝子、天人:都指滕王李元婴。[38]飞阁:架空建筑的阁道。[39]流:形容彩画鲜艳欲滴。[40]丹:丹漆,这里形容彩绘。[41]临:从高处往下探望。[42]汀:水边平地。[43]凫:野鸭。[44]渚:水中小洲。[45]桂、兰:两种名贵的树,这里是形容宫殿的华丽、讲究。[46]披:打开。[47]闼(tà):小门。[48]甍(méng):屋脊。[49]闾阎:里门,这里代指房屋。[50]钟鸣鼎食:古代贵族鸣钟列鼎而食。[51]舸(gě):《方言》:“南楚江、湘,凡船大者谓之舸。”[52]青雀黄龙:船的装饰形状。[53]舳(zhú):船尾把舵处,这里代指船只。[54]销:同“消”。[55]霁:雨过云散。[56]彩:指日光。[57]彻:通贯。[58]区:指天空。[59]鹜:野鸭。[60]彭蠡:古大泽名,即今鄱阳湖。[61]衡阳:今属湖南,境内有回雁峰,相传秋雁到此就不再南飞,待春而返。[62]甫:顿时。[63]遄(chuán):迅速。[64]爽籁:管子参差不齐的排箫。[65]白云遏:形容音响优美,能驻行云。《列子·汤问》:“薛谭学讴于秦青,未穷青之技,自谓尽之,遂辞归。秦青弗止,饯于郊衢。抚节悲歌,声振林木,响遏行云。”[66]睢(suī)园:汉梁孝王在睢水旁修建的竹园,他常和一些文人在此饮酒赋诗。[67]凌:超过。[68]彭泽:陶渊明曾任彭泽(今江西湖口)县令,世称陶彭泽。[69]樽:酒器。[70]邺水:在邺下(今河北临漳)。邺下是曹魏兴起的地方。曹植曾在这里作过《公宴诗》:“秋兰被长坂,朱华冒绿池。”[71]朱华:荷花。[72]临川:郡名,治所在今江西抚州。这里指代谢灵运。谢曾任临川内史,《宋书》本传称他“文章之美,江左莫逮”。[73]四美:指良辰、美景、赏心、乐事。[74]二难:指贤主、嘉宾难得。[75]睇眄(dì miǎn):看。[76]迥:远。[77]盈虚:盈满和亏损。[78]数:定数。[79]吴会:吴地的古称,治所在今江苏苏州。[80]南溟:南方的大海。[81]天柱:《神异经》云:“昆仑之山,有铜柱焉。其高入天,所谓天柱也。”[82]北辰:《论语·为政》:“为政以德,譬如北辰,居其所而众星共(拱)之。”北极星,这里暗指国君。[83]帝阍(hūn):天帝的守门人。[84]宣室:汉未央宫正殿,为皇帝召见大臣议事之处。[85]舛(chuǎn):不顺利,不幸。[86]冯唐易老,李广难封:《史记·冯唐列传》:“(冯)唐以孝著,为中郎署长,事文帝。……拜唐为车骑都尉,主中尉及郡国车士。七年,景帝立,以唐为楚相,免。武帝立,求贤良,举冯唐。唐时年九十余,不能复为官。”李广,汉武帝时名将,多次与匈奴作战,军功卓著,却始终未获封爵。[87]贾谊：在汉文帝时被贬为长沙王太傅。[88]圣主：指汉文帝。[89]梁鸿：东汉人，因得罪章帝，避居齐鲁、吴中。[90]明时：指政治昌明时代。[91]见机：看到细微的预兆。机，同“几”，预兆。[92]达人：对人生世事很超脱的人。[93]老当益壮：《后汉书·马援传》：“丈夫为志，穷当益坚，老当益壮。”[94]白首：年老。[95]不坠：不减弱。[96]青云之志：《续逸民传》：“嵇康早有青云之志。”青云，比喻高。[97]贪泉：在广州附近的石门，传说饮此水会贪得无厌。[98]涸（hé）辙：比喻陷于困境。[99]赊（shē）：远。[100]扶摇：自下而上的大风。[101]东隅：日出处，表示早晨。[102]桑榆：日落处，表示傍晚。[103]孟尝：字伯周，东汉会稽上虞人。曾任合浦太守，以廉洁奉公著称，后因病隐居。桓帝时，虽有人屡次荐举，终不见用。[104]阮籍：字嗣宗，晋代名士。《晋书·阮籍传》云籍“时率意独驾，不由径路。车迹所穷，辄恸哭而反”。[105]三尺：指幼小。[106]微命：卑微的地位。[107]等：相同，用作动词。[108]终军：字子云，汉代济南人。武帝时出使南越，自请“愿受长缨，必羁南越王而致之阙下”，时仅 20 余岁。[109]弱冠：古人 20 岁行冠礼，表示成年，称“弱冠”。[110]投笔：用汉班超投笔从戎的故事，事见《后汉书·班超传》。[111]宗悫（què）：字元干，南朝宋南阳人，年少时向叔父自述志向，云“愿乘长风破万里浪”。[112]簪笏（hù）：冠簪、手板。官吏用物，这里代指官职地位。[113]百龄：百年，指“一生”。[114]奉晨昏：《礼记·曲礼上》：“凡为人子之礼……昏定而晨省。”意即早晚向父母问安的礼节，这里指侍奉父亲。[115]谢家之宝树：指谢玄。[116]孟氏：据说孟轲的母亲为教育儿子而三迁择邻，最后定居于学宫附近。[117]鲤对：接受父亲的教诲。鲤，孔鲤，孔子之子。[118]捧袂（mèi）：举起双袖，表示恭敬的姿势。[119]托龙门：表示因见名人提高了自己的身价。[120]杨意：杨得意的省称。[121]凌云：指司马相如作《大人赋》。[122]锺期：锺子期的省称。[123]兰亭：在今浙江绍兴附近。晋穆帝永和九年（353 年）三月三日上巳节，王羲之与群贤宴集于此，行修禊礼，祓除不祥。[124]梓泽：指晋石崇的金谷园，故址在今河南洛阳西北。[125]鄙：自谦之称。[126]疏：写作。[127]引：引言，序。[128]一言：一首诗。[129]均赋：都铺陈出来。[130]韵：韵脚。[131]潘江、陆海：钟嵘《诗品》：“陆（机）才如海，潘（岳）才如江。”

【赏析】王勃简介参见《送杜少府之任蜀州》赏析。

这是一篇用骈体写成的诗序，但它笔力明快、风格清新、气势浩荡，堪称典范之作。写景、抒情自然融合。此文重点描绘滕王阁雄伟壮丽的景象，状写宴会高雅而宏大的气势，抒发自己的感慨情怀。文章在交代了“故郡”“新府”

的历史沿革后，便由阁的地理位置和周围环境写起，“襟三江而带五湖，控蛮荆而引瓯越”“潦水尽而寒潭清，烟光凝而暮山紫”“落霞与孤鹜齐飞，秋水共长天一色”。滕王阁就坐落在这片吞吐万象的江南大地上。接着，作者的笔由远及近，由外景转而描绘内景。“层峦耸翠，上出重霄；飞阁流丹，下临无地”“桂殿兰宫”“绣闼”“雕甍”。“遥襟甫畅，逸兴遄飞”，王勃按捺不住心头的激动，一个“路出名区”的“童子”，“幸承恩于伟饯”，他为自己有机会参加宴会深感荣幸。但面对高官显耀，不免又有几分心酸悲怆。他转而慨叹自己“不齐”的“时运”“多舛”的“命途”。抒发自己内心深处的郁闷和不平，倾吐自己“有怀投笔”“请缨”报国的情怀和勇往直前的决心。情由景生，写景是为着抒情，景、情相互渗透，水乳交融。全文浑然天成，恰似行云流水，挥洒自如，自然流畅。

赤壁赋　（宋）苏轼

壬戌[1]之秋，七月既望[2]，苏子与客泛舟游于赤壁之下。清风徐[3]来，水波不兴[4]。举酒属[5]客，诵明月之诗[6]，歌窈窕之章[7]。少焉[8]，月出于东山之上，徘徊于斗牛[9]之间。白露[10]横江[11]，水光接天。纵一苇之所如，凌万顷之茫然[12]。浩浩乎如冯虚御风[13]，而不知其所止；飘飘乎如遗世[14]独立，羽化[15]而登仙[16]。

于是饮酒乐甚，扣舷[17]而歌之。歌曰：“桂棹[18]兮兰桨，击空明[19]兮溯[20]流光[21]。渺渺[22]兮予怀，望美人[23]兮天一方。”客有吹洞箫者，倚歌[24]而和[25]之。其声呜呜然，如怨[26]如慕[27]，如泣如诉；余音[28]袅袅[29]，不绝如缕[30]。舞幽壑之潜蛟[31]，泣孤舟之嫠妇[32]。

苏子愀然[33]，正襟危坐[34]，而问客曰：“何为其然也[35]？”客曰：“‘月明星稀，乌鹊南飞。’[36]此非曹孟德之诗乎？西望夏口[37]，东望武昌[38]，山川相缪[39]，郁[40]乎苍苍，此非孟德之困于周郎[41]者乎？方其破荆州，下江陵，顺流而东也[42]，舳舻[43]千里，旌旗蔽空，酾酒[44]临江，横槊[45]赋诗，固一世之雄也，而今安在哉？况吾与子渔樵于江渚之上，侣[46]鱼虾而友麋[47]鹿，驾一叶之扁舟[48]，举匏尊[49]以相属。寄[50]蜉蝣[51]于天地，渺[52]沧海[53]之一粟。哀吾生之须臾[54]，羡长江之无穷。挟飞仙以遨游，抱明月而长终[55]。知不可乎骤[56]得，托遗响[57]于悲风[58]。”

苏子曰：“客亦知夫水与月乎？逝者如斯[59]，而未尝往也；盈虚者如彼[60]，而卒[61]莫消长[62]也。盖将自其变者而观之，则天地曾不能[63]以一瞬[64]；自其不变者而观之，则物与我皆无尽也，而又何羡乎！且夫天地之间，物各有主，苟非吾之所有，虽一毫而莫取。惟江上之清风，与山间之明月，耳得之而为声，目遇之而成色，取之无禁，用之不竭。是[65]造物者[66]之无尽藏[67]也，而吾与子之所共食[68]。”

客喜而笑，洗盏更酌。肴核既尽，杯盘狼籍。相与枕藉乎舟中，不知东方之既白。

【注释】[1]壬戌（rénxū）：宋神宗元丰五年（1082年），岁次壬戌。古代以干支纪年，该年为壬戌年。[2]既望：农历每月十六日。农历每月十五日为“望日”，十六日为“既望”。[3]徐：缓缓地。[4]兴：起。[5]属（zhǔ）：同“嘱”，致意，引申为劝酒。[6]明月之诗：指《诗经·陈风·月出》。[7]窈窕（yǎotiǎo）之章：《诗经·陈风·月出》诗首章为：“月出皎兮，佼人僚兮，舒窈纠兮，劳心悄兮。”“窈纠”同“窈窕”。[8]少焉：一会儿。[9]斗牛：星座名，即斗宿（南斗）、牛宿。[10]白露：白茫茫的水汽。[11]横江：笼罩江面。[12]“纵一苇”二句：任凭小船在宽广的江面上漂荡。纵，任凭。一苇，比喻极小的船。《诗经·卫风·河广》：“谁谓河广，一苇杭（航）之。”如，往。凌，越过。万顷，极为宽阔的江面。茫然，旷远的样子。[13]冯（píng）虚御风：乘风腾空而遨游。冯虚，凭空，凌空。冯，同“凭”，乘。虚，太空。御，驾御。[14]遗世：离开尘世。[15]羽化：传说成仙的人能像长了翅膀一样飞升。[16]登仙：登上仙境。[17]扣舷（xián）：敲打着船边，指打节拍。[18]桂棹（zhào）兰桨：桂树做的棹，兰木做的桨。[19]空明：月亮倒映水中的澄明之色。[20]溯：逆流而上。[21]流光：在水波上闪动的月光。[22]渺渺：悠远的样子。[23]美人：比喻心中美好的理想或好的君王。[24]倚歌：按照歌曲的声调节拍。[25]和：同声相应，唱和。[26]怨：哀怨。[27]慕：眷恋。[28]余音：尾声。[29]袅袅（niǎo）：形容声音婉转悠长。[30]缕：细丝。[31]幽壑：深谷，这里指深渊。此句意谓：潜藏在深渊里的蛟龙为之起舞。[32]嫠（lí）妇：寡妇。白居易《琵琶行》写孤居的商人妻云：“去来江口守空船，绕船月明江水寒。夜深忽梦少年事，梦啼妆泪红阑干。”这里化用其事。[33]愀（qiǎo）然：容色改变的样子。[34]正襟危坐：整理衣襟，（严肃地）端坐着。[35]何为其然也：箫声为什么会这么悲凉呢？[36]月明星稀，乌鹊南飞：所引是曹操《短歌行》中的诗句。[37]夏口：故城在今湖北武昌。[38]武昌：今湖北鄂州市。[39]缪（liáo）：同“缭”，盘绕。[40]郁：茂盛的样子。[41]孟德之困于周郎：指汉献帝建安十三年（208年），吴将周瑜在赤壁之战中击溃曹操号称80万的大军。周郎，周瑜24岁为中郎将，吴中皆呼为周郎。[42]以上三句指建安十三年刘琮率众向曹操投降，曹军不战而占领荆州、江陵。方，当。荆州，辖南阳、江夏、长沙等八郡，今湖南、湖北一带。江陵，当时的荆州首府，今湖北县名。[43]舳舻（zhúlú）：战船前后相接，这里指战船。

[44]酾(shī)酒：滤酒，这里指斟酒。[45]横槊(shuò)：横执长矛。槊，长矛。[46]侣：以……为伴侣，这里为意动用法。[47]麋(mí)：鹿的一种。[48]扁(piān)舟：小舟。[49]匏尊(páo zūn)：用葫芦做成的酒器。匏，葫芦。尊，同"樽"。[50]寄：寓托。[51]蜉蝣(fúyóu)：一种朝生暮死的昆虫。此句比喻人生之短暂。[52]渺：小。[53]沧海：大海。此句比喻人类在天地之间极为渺小。[54]须臾：片刻，形容生命之短。[55]长终：至于永远。[56]骤：多。[57]遗响：余音，指箫声。[58]悲风：秋风。[59]逝者如斯：流逝得像这江水。语出《论语·子罕》："子在川上曰：'逝者如斯夫，不舍昼夜。'"逝，往。斯，指水。[60]盈虚：指月亮的圆缺。[61]卒：最终。[62]消长：增减。[63]曾(zēng)不能：固定词组，连……都不够。曾，连……都。[64]一瞬：一眨眼的工夫。[65]是：这。[66]造物者：天地自然。[67]无尽藏(zàng)：无穷无尽的宝藏。[68]食：享用。有的版本为"适"。

【赏析】《赤壁赋》写于苏轼一生最为困难的时期之一——被贬谪黄州期间。宋神宗元丰二年(1079年)，因被诬作诗"谤讪朝廷"，遭御史弹劾，被捕入狱，史称"乌台诗案"。"几经重辟"，惨遭折磨。后经多方营救，于当年十二月释放，被贬为黄州团练副使，但"不得签署公事，不得擅去安置所"。这无疑是一种"半犯人"式的管制生活。苏轼曾于七月十六和十月十五两次泛游赤壁，写下了两篇以赤壁为题的赋，后人因称第一篇为《赤壁赋》或《前赤壁赋》，第二篇为《后赤壁赋》。

此赋通过月夜泛舟、饮酒赋诗引出主客对话的描写，既从客之口中说出了吊古伤今之情感，也从苏子所言中听到矢志不移之情怀，全赋情韵深致、理意透辟，实是文赋中之佳作。

第一段，写夜游赤壁的情景。作者"与客泛舟游于赤壁之下"，投入大自然怀抱之中，尽情领略其间的清风、白露、高山、流水、月色、天光之美，兴之所至，信口吟诵《诗经·月出》首章："月出皎兮，佼人僚兮。舒窈纠兮，劳心悄兮。"把明月比喻成体态姣好的美人，期盼着她的冉冉升起。与《月出》诗相回应："少焉，月出于东山之上，徘徊于斗牛之间。"并引出下文作者所自作的歌云："望美人兮天一方。"情感、文气一贯。"徘徊"二字，生动、形象地描绘出柔和的月光似对游人极为依恋和脉脉含情。在皎洁的月光照耀下白茫茫的雾气笼罩江面，天光、水色连成一片，正所谓"秋水共长天一色"(王勃《滕王阁序》)。游人这时心胸开阔，舒畅，无拘无束，因而"纵一苇之所如，凌万顷之茫然"，乘着一叶扁舟，在"水波不兴"浩瀚无涯的江面上，随波漂荡，悠悠忽忽地离开世间，超然独立。浩瀚的江水与洒脱的胸怀，在作者的笔下腾跃而出，泛舟而游之乐，溢于言表。这是此文正面描写“泛舟”游赏景物的一段，以景抒情，融情入景，情景俱佳。第二段，写作者饮酒放歌的欢乐和客人悲凉的箫声。作者饮酒乐极，扣舷而歌，以抒发其思“美人”而不得见的怅惘、失意的胸怀。这里所说的“美人”实际上乃是作者的理想和一切美好事物的化身。歌曰:“桂棹兮兰桨，击空明兮溯流光。渺渺兮予怀，望美人兮天一方。”这段歌词全是化用《楚辞・少司命》“望美人兮未来，临风怳兮浩歌”之意，并将上文“诵明月之诗，歌窈窕之章”的内容具体化了。由于想见美人而不得见，已流露出失意和哀伤情绪，加之客吹洞箫，依其歌而和之，箫的音调悲凉、幽怨，“如怨如慕，如泣如诉；余音袅袅，不绝如缕”，竟引得潜藏在沟壑里的蛟龙起舞，使独处在孤舟中的寡妇悲泣。一曲洞箫，凄切婉转，其悲咽低回的音调感人至深，致使作者的感情骤然变化，由欢乐转入悲凉，文章也因之波澜起伏，文气一振。第三段，写客人对人生短促无常的感叹。此段由赋赤壁的自然景物，转而赋赤壁的历史古迹。主人以“何为其然也”设问，客人以赤壁的历史古迹作答，文理转折自然。但文章并不是直陈其事，而是连用了两个问句。首先以曹操的《短歌行》问道:“此非曹孟德之诗乎？”又以眼前的山川形胜问道:“此非孟德之困于周郎者乎？”两次发问使文章又泛起波澜。接着，追溯了曹操破荆州、迫使刘琮投降的往事。当年，浩浩荡荡的曹军从江陵沿江而下，战船千里相连，战旗遮天蔽日。曹操志得意满，趾高气扬，在船头对江饮酒，横槊赋诗，可谓“一世之雄”。如今他在哪里呢？曹操这类英雄人物，也只是显赫一时，何况是自己，因而如今只能感叹自己生命的短暂，羡慕江水的长流不息，希望与神仙相交，与明月同在。但那都是不切实际的幻想，所以才把悲伤愁苦“托遗响于悲风”，通过箫声传达出来。客的回答表现了一种虚无主义思想和消极的人生观，这是苏轼借客人之口流露出自己思想的一个方面。第四段，是苏轼针对客之人生无常的感慨陈述自己的见解，以宽解对方。客曾“羡长江之无穷”，愿“抱明月而长终”。苏轼即以江水、明月为喻，提出“逝者如斯，而未尝往也；盈虚者如彼，而卒莫消长也”的认识。如果从事物变化的角度看，天地的存在不过是转瞬之间；如果从不变的角度看，则事物和人类都是无穷无尽的，不必羡慕江水、明月和天地，自然也就不必“哀吾生之须臾”了。这表现了苏轼豁达的宇宙观和人生观，他赞成从多角度看问题而不同意把问题绝对化，因此，他在身处逆境中也能保持豁达、超脱、乐观和随缘自适的精神状态，并能从人生无常的怅惘中解脱出来，理性地对待生活。而后，作者又从天地间万物各有其主、个人不能强求予以进一步的说明。江上的清风有声，山间的明月有色，江山无穷，风月长存，天地无私，声色娱人，作者恰恰可以徘徊其间而自得其乐。此情此景乃缘于李白的《襄阳歌》"清风朗月不用一钱买，玉山自倒非人推"，进而深化之。第五段，写客听了作者的一番谈话后，转悲为喜，开怀畅饮，"相与枕藉乎舟中，不知东方之既白"。照应开头，极写游赏之乐，而至于忘怀得失、超然物外的境界。

这篇赋在艺术手法上有如下特点：情、景、理融合。全文不论抒情还是议论始终不离江上风光和赤壁故事，形成了情、景、理的融合。通篇以景来贯穿，风和月是主景，山和水辅之。作者抓住风和月展开描写与议论。文章分三层来表现作者复杂矛盾的内心世界：首先写月夜泛舟大江，饮酒赋诗，使人沉浸在美好景色之中而忘怀世俗的快乐心情；其次从凭吊历史人物的兴亡，感到人生短促，变动不居，因而跌入现实的苦闷；最后阐发变与不变的哲理，申述人类和万物同样是永久的存在，表现了旷达乐观的人生态度。写景、抒情、说理达到了水乳交融的程度。

兰亭集序　（东晋）王羲之

永和[1]九年，岁在癸丑，暮春[2]之初，会于会稽山阴[3]之兰亭，修禊[4]事也。群贤[5]毕至[6]，少长[7]咸[8]集。此地有崇山峻岭[9]，茂林修竹[10]；又有清流激湍[11]，映带[12]左右，引以为流觞曲水[13]，列坐其次[14]。虽无丝竹管弦之盛[15]，一觞一咏[16]，亦足以畅叙幽情[17]。

是日也[18]，天朗气清，惠风[19]和畅。仰观宇宙之大，俯察品类之盛[20]，所以[21]游目骋[22]怀，足以极[23]视听之娱，信[24]可乐也。

夫人之相与，俯仰一世[25]。或取诸[26]怀抱，晤言[27]一室之内；或因寄所托，放浪形骸之外[28]。虽趣舍万殊[29]，静躁[30]不同，当其欣于所遇，暂得于己，快然自足[31]，不知老之将至[32]；及其所之既倦[33]，情随事迁[34]，感慨系之[35]矣。向[36]之所欣，俯仰之间，已为陈迹[37]，犹不能不以之兴怀[38]，况修短随化[39]，终期[40]于尽！古人云："死生亦大矣。"[41]岂不痛哉！

每览昔人兴感之由，若合一契[42]，未尝不临文嗟悼[43]，不能喻[44]之于怀。固知一死生为虚诞，齐彭殇为妄作[45]。后之视今，亦犹今之视昔，悲夫！故列叙时人[46]，录其所述[47]，虽世殊事异[48]，所以兴怀，其致一也[49]。后之览者[50]，亦将有感于斯文[51]。

【注释】[1]永和：晋穆帝年号，345—356年，上巳节，王羲之与谢安、孙绰、支遁等名士共41人在兰亭集会，举行禊礼，饮酒作赋，事后将作品结为一集，由王羲之写了这篇序总述其事。[2]暮春：春季的末一个月。[3]会（kuài）稽：郡名，包括今浙江西部、江苏东南部一带地方。山阴：今浙江绍兴。[4]修禊（xì）：这次聚会是为了举行禊礼。古代习俗，于阴历三月上旬的巳日（魏以后定为三月三日)，人们群聚于水滨嬉戏洗濯，以祓除不祥和求福。实际上这是古人的一种游春活动。[5]群贤：指谢安等社会名流。贤，形容词作名词。[6]毕至：全到。[7]少长(zhǎng)：指不同年龄的社会名流。如王羲之的儿子王凝之、王徽之是少；谢安、王羲之是长。少长，形容词作名词。[8]咸：都。[9]崇山峻岭：高峻的山岭。[10]修竹：高高的竹子。[11]激湍：流势很急的水。[12]映带：映衬、围绕。[13]流觞(shāng)曲水：用漆制的酒杯盛酒，放入弯曲的水道中任其漂流，杯停在某人面前，某人就引杯饮酒。这是古人一种劝酒取乐的方式。流，使动用法。[14]列坐其次：列坐在曲水之旁。列坐，排列而坐。次，旁边，水边。[15]丝竹管弦之盛：演奏音乐的盛况。盛，盛大。[16]一觞一咏：喝点酒，作点诗。[17]幽情：幽深内藏的感情。[18]是日也：这一天。[19]惠风：和风。[20]品类之盛：万物的繁多。品类，指自然界的万物。[21]所以：用来。[22]骋：奔驰，敞开。[23]极：穷尽。[24]信：实在。[25]夫人之相与，俯仰一世：人与人相交往，很快便度过一生。夫，引起下文的助词。相与，相处、相交往。俯仰，一俯一仰之间，表示时间的短暂。[26]取诸：从……中取得。[27]晤言：坦诚交谈。《晋书·王羲之传》《全晋文》均作“悟言”(“悟”同“晤”)，指心领神会的妙悟之言。一说指对面交谈。[28]因寄所托，放浪形骸之外：就着自己所爱好的事物，寄托自己的情怀，不受约束、放纵无羁地生活。因，依、随着。寄，寄托。所托，所爱好的事物。放浪，放纵、无拘束。形骸，身体、形体。[29]趣舍万殊：各有各的爱好。趣，趋向，取向。舍，舍弃。万殊，千差万别。[30]静躁：安静与躁动。[31]快然自足：感到高兴和满足。[32]不知老之将至：不知道衰老将要到来。语出《论语·述而》：“其为人也，发愤忘食，乐以忘忧，不知老之将至云尔。”[33]所之既倦：(对于)所喜爱或得到的事物已经厌倦。之，往、到达。[34]情随事迁：感情随着事物的变化而变化。[35]感慨系之：感慨随着产生。系，附着。[36]向：过去、以前。[37]陈迹：旧迹。[38]以之兴怀：因它而引起心中的感触。以，因。之，指“向之所欣……已为陈迹”。兴，发生、引起。[39]修短随化：寿命长短听凭造化。化，自然。[40]期：至、及。[41]死生亦大矣：死生毕竟是件大事啊。语出《庄子·德充符》。判断句。[42]契：符契，古代的一种信物。在符契上刻上字，剖而为二，各执一半，作为凭证。[43]临文嗟悼(jiēdào)：读古人文章时叹息哀伤。临，面对。[44]喻：明白。[45]固知一死生为虚诞，齐彭殇(shāng)为妄作：本来知道把死和生等同起来的说法是不真实的，把长寿和短命等同起来的说法是妄造的。固，本来、当然。一，把……看作一样；齐，把……看作相等，都用作动词。虚诞，虚妄荒诞的话。殇，未成年死去的人。妄作，妄造、胡说。一死生，齐彭殇，都是庄子的看法，出自《庄子·齐物论》。[46]列叙时人：一个一个记下当时与会的人。[47]录其所述：录下他们作的诗。[48]虽世殊事异：纵使时代变了，事情不同了。虽，纵使。[49]其致一也：人们的思想情趣是一样的。[50]后之览者：后世的读者。[51]斯文：这次集会的诗文。

【赏析】王羲之（303—361年，一说321—379年），东晋时期著名书法家，有“书圣”之称。祖籍琅邪（今属山东临沂），后迁无锡，晚年隐居剡县金庭（今属浙江）。历任秘书郎、宁远将军、江州刺史。后为会稽内史，领右将军。其书法兼善隶、草、楷、行各体，精研体势，心摹手追，博采众长，备精诸体，冶于一炉，摆脱了汉魏笔风，自成一家，影响深远。风格平和自然，笔势委婉含蓄，遒美健秀。代表作《兰亭集序》被誉为“天下第一行书”。在书法史上，他与其子王献之合称为“二王”。

《兰亭集序》，又题为《临河序》《禊帖》《三月三日兰亭诗序》等。晋穆帝永和九年（353年）三月三日，时任会稽内史的王羲之与友人谢安、孙绰等41人会聚兰亭，赋诗饮酒。王羲之将诸人名爵及所赋诗作编成一集，并作序一篇，记述流觞曲水一事，并抒写由此而引发的内心感慨。这篇序文就是《兰亭集序》。《兰亭集序》受石崇《金谷诗序》影响很大，其成就又远在《金谷诗序》之上。

《兰亭集序》首先记述了集会的时间、地点及与会人物，言简意赅。接着描绘兰亭所处的自然环境和周围景物，语言简洁而层次井然。描写景物，从大处落笔，由远及近，转而由近及远，推向无限。先写崇山峻岭，渐写清流激湍，再顺流而下转写人物活动及其情态，动静结合。然后再补写自然物色，由晴朗的碧空和轻扬的春风，自然地推向寥廓的宇宙及大千世界中的万物。意境清丽淡雅，情调欢快畅达。兰亭宴集，真可谓“四美具，二难并”。

随堂练

经典图片

考点速记

第五章 中国建筑艺术

【学习目标】

了解中国建筑的历史沿革和基本特征，中西建筑流派风格比较，中国近现代建筑的特点。熟悉中国传统建筑的基本构成与等级观念。掌握中国古代著名宫殿、坛庙、陵墓、古城、古镇古村、古长城、古楼阁、古塔和古桥的类型、布局、特点等相关知识，古代著名水利工程，现代著名建筑。

我国古代劳动人民在漫长的历史进程中，创造了光辉灿烂的建筑艺术。中国古代建筑以其独特的取材、巧妙的结构和别具风格的造型艺术在世界建筑史上占有重要地位，被称为“凝固的诗，立体的画”。中国古代建筑有着很高的欣赏价值，它给我们以审美享受，为研究历史和科学提供实证，为新建筑设计和新艺术创作提供借鉴；它不仅是中华文明发展的历史见证，而且是一部极有价值的爱国主义教科书。

第一节 中国古代建筑艺术概述

一、中国古代建筑的历史沿革

从原始社会至汉代是中国古建筑体系的形成时期。在原始社会早期，原始人群曾利用天然崖洞作为居住处所，或构木为巢。到了原始社会晚期，在北方，我们的祖先在利用黄土层为壁体的土穴上，用木架和草泥建造简单的穴居或浅穴居，此后逐步发展到地面上。南方出现了干栏式木构建筑。进入阶级社会以后，在商代，已经有了较成熟的夯土技术，人们用这种技术建造了规模相当大的宫室和陵墓。西周及春秋时期，统治阶级营造了很多以宫市为中心的城市。

原来简单的木构架，经商周以来的不断改进，已成为中国建筑的主要结构方式。瓦的出现与使用，解决了屋顶防水问题，是中国古建筑的一个重大进步。战国时期，城市规模扩大，高台建筑更为发达，并出现了砖和彩画。秦汉时期，木构架结构技术已日渐完善，其主要结构方法抬梁式（见图 5-1）和穿斗式（见图 5-2）已发展成熟，高台建筑仍然盛行，多层建筑逐步增加。石料的使用逐步增多，东汉时出现了全部石造的建筑物，如石祠、石阙和石墓。秦汉时期还修建了空前规模的宫殿、陵墓、万里长城、驰道和水利工程。

魏晋南北朝时期是中国古建筑体系的发展时期。在建筑材料方面，砖瓦的产量和质量有所提高，金属材料被用作装饰。在技术方面，大量木塔的建造，显示了木结构技术的提高；砖结构被大规模地应用到地面建筑，河南登封嵩岳寺塔的建造标志着砖结构技术的巨大进步；石工的雕琢技术也达到了很高的水平。大量兴建佛教建筑，出现了许多寺、塔、石窟和精美的雕塑与壁画。

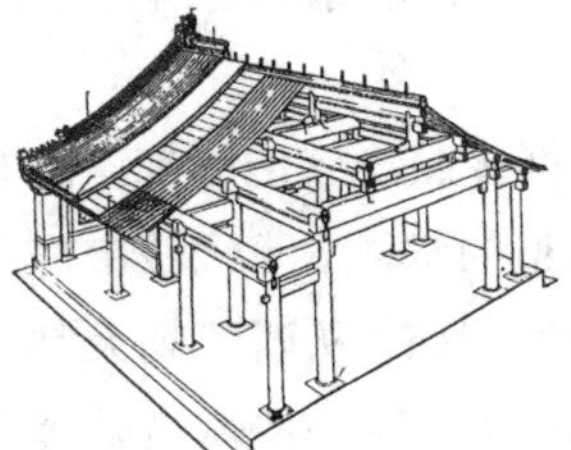

图 5-1　抬梁式构架构造示意图

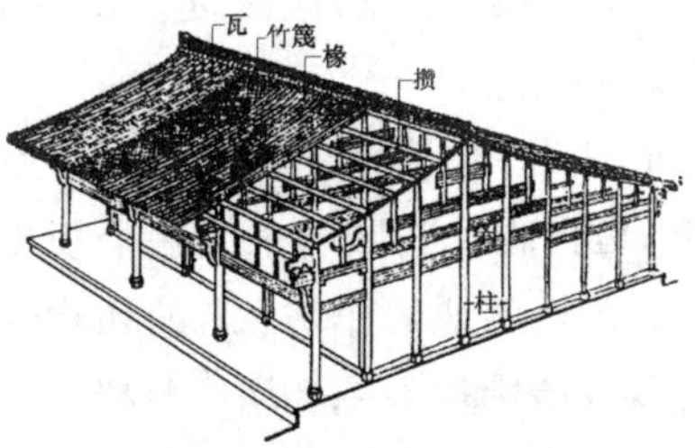

图 5-2　穿斗式构架构造示意图

隋唐时期是中国古建筑体系的成熟时期。隋朝建造了规划严整的大兴城，开凿了南北大运河，修建了世界上最早的敞肩石拱桥——安济桥。唐朝的城市布局和建筑风格规模宏大，气魄雄浑。其长安城在隋大兴城的基础上继续经营，成为当时世界上最大的城市。在建筑材料方面，砖的应用逐步增多，砖墓、砖塔的数量增加；琉璃的烧制比南北朝有较大的进步，使用范围也更为广泛。在建筑技术方面，也取得很大进展，木构架的做法已经相当准确地运用了材料性能，出现了以“材”为木构架设计的标准，从而使构件的比例形式趋向定型化，并出现了专门掌握绳墨绘制图样和施工的都料匠。建筑与雕刻装饰进一步融合、提高，创造出了统一和谐的风格。唐朝的住宅，根据主人不同的等级，其门厅的大小、间数、架数以及装饰、色彩等都有严格的规定，体现了中国封建社会严格的等级制度。这一时期遗存下来的殿堂、陵墓、石窟、塔、桥及城市宫殿的遗址，无论是布局还是造型都具有较高的艺术和技术水平，雕塑和壁画尤为精美，是中国封建社会前期建筑的高峰的写照。我国现存最早的木结构建筑的实物仅有唐代建造的、位于山西省五台县的南禅寺大殿、佛光寺东大殿和芮城县的广仁王庙正殿。其建筑特点是，单体建筑的屋顶坡度平缓，出檐深远，斗拱比例较大，柱子较粗壮，多用板门和直棂窗，风格庄重朴实。

宋朝是中国古建筑体系的大转变时期。宋朝建筑的规模大都比唐朝小，但比唐朝建筑更为秀丽、绚烂且富于变化，出现了各种复杂形式的殿阁楼台。建筑装饰绚丽而多彩。流行仿木构建筑形式的砖石塔和墓葬，创造出很多华丽精美的作品。建筑构件的标准化在唐代的基础上不断发展，各工种的操作方法和工料的估算都有较严格的规定，并且出现了总结这些经验的建筑文献《营造法式》。《营造法式》是北宋政府为了管理宫室、坛庙、官署、府第等建筑工程，于北宋崇宁二年（1103 年）颁行的，是各种建筑的设计、结构、用料和施工的“规范”。现存宋代的建筑有山西太原晋祠圣母殿、福建泉州清净寺、河北正定隆兴寺和浙江宁波保国寺等。其建筑特征是，屋顶的坡度增大，出檐不如前代深远，重要建筑门窗多采用菱花隔扇，建筑风格渐趋柔和。

元朝是中国古建筑体系的又一发展时期。元大都按照汉族传统都城的布局建造，是自唐长安城以来又一个规模巨大、规划完整的都城。元代城市进一步发展了各行各业的作坊、店铺和戏台、酒楼等娱乐性建筑。从西藏到大都建造了很多藏传佛教寺院和塔，大都、新疆、云南及东南地区的一些城市陆续兴建伊斯兰教礼拜寺。藏传佛教和伊斯兰教的建筑艺术逐步影响到全国各地。中亚各族的工匠的工艺美术的传入也对我国当时的建筑风格产生了一定影响，使汉族工匠在宋、金传统上创造的宫殿、寺、塔和雕塑等表现出若干新的趋势。现存元代的建筑有山西芮城永乐宫、洪洞广胜寺等。使用辽代所创的“减柱法”已成为大小建筑的共同特点，梁架结构又有了新的创造，许多大构件多用自然弯材稍加砍削而成，形成当时建筑结构的主要特征。

明清时期是中国古建筑体系的一个巅峰时期。由于制砖手工业的发展，砖的产量大幅增长，明代大部分城墙和一部分规模巨大的长城都用砖包砌，地方建筑也大量使用砖瓦。琉璃瓦的生产，无论是数量还是质量都超过了任何朝代。官式建筑已经高度标准化、定型化。清朝于 1723 年颁布了《工部工程做法则例》，统一了官式建筑的模数和用料标准，简化了构造方法。民间建筑的类型与数量增多，质量也有所提高。各民族的建筑也有了发展，地方特色更加显著。皇家和私人的园林在传统基础上有了很大的发展，在明末出现了一部总结造园经验的著作——《园冶》，并留下了许多优秀作品。北京明清故宫和沈阳故宫是明清宫殿建筑群的实例，与前代相比变化较大：明清建筑出檐较浅，斗拱比例缩小，"减柱法"除小型建筑外，在重要建筑中已不采用。

二、传统思想在古代建筑中的体现

传统思想对古代建筑有很深刻的影响，主要体现在以下几个方面。

（一）敬天祀祖

万物由天而生，中国古代帝王皆自命天子，且标榜"受命于天"。人类由祖宗而发展，所以对天、对祖先必须进行祭祀，这样可以得到上天的恩施，得到祖先神灵的荫庇。在这种思想的指导下，历朝历代封建帝王建起了祭天、祭祖、祭社稷的坛庙建筑，如明清北京城建有太庙、社稷坛、天坛、地坛、日坛、月坛等建筑。

（二）皇权至上

皇权至上是中国古代专制主义中央集权制度的重要内涵。皇权至上是一种中央决策方式，主要特征是皇帝个人专断独裁，集国家最高权力于一身，从决策到行使军、政、财大权都具有独断性和随意性。

中国封建社会历代统治者把皇权看作至高无上的，而皇宫就是皇权的象征，因此在皇宫的设计上，充分体现出皇权至上的思想。北京明清故宫是我国现存最大、最完整的宫殿建筑群，它的总体规划和建筑形制最大限度地体现了皇权至上的思想。

（三）以中为尊

我国古代崇拜"中"的意识与古代人们对北极星的崇拜有关。北极星位于地球地轴的北端，因地球自转，而北极星又处于天球转动的轴上，所以相对其他恒星静止不动。而满天星斗都拱卫着它，以它为中心永无休止地运动，古人认为它就是神圣的天之中心。由此，逐渐产生了"以中为尊"的天理之道。在这种"以中为尊"的思想主导下，我国古代建筑亦处处体现出"以中为尊"的思想，中轴线几乎成为我国古建筑群体现神权和皇权的凝固线。古代北京城市建设中最突出的成就，是北京以宫城为中心的向心式格局和自永定门到钟楼长 7.8 千米的城市中轴线，这是世界城市建设历史上最杰出的城市设计范例之一。

（四）阴阳五行

"阴阳五行"学说是"阴阳"和"五行"两说的合流。这一学说对我国传统思想产生了深远的影响，也必然渗透到我国古代建筑设计思想中。北京四合院的布局非常生动真实地反映了阴阳五行系统在中国古代建筑中的应用。按文王八卦方位图的解释，北为坎卦所主，为水；南为离卦所主，为日。背后有水流动意为通泰，南有日引申为光耀门楣，兴旺家族。故四合院大院北面为正房，院子的中轴线贯穿其中，坐北朝南，是院中体积最大的房屋，家中老人、前辈等位尊者都居住在北面正房。

三、中国古代建筑的构件及等级

（一）台基

称基座，系高出地面的建筑物底座，用以承托建筑物，并有防潮、防腐之功能，同时可弥补中国古建筑单体建筑不甚高大雄伟的欠缺。大致有以下四种。

1. 普通台基

用素土或灰土或碎砖三合土夯筑而成，高约 30 厘米，常用于小式建筑。

2. 较高级台基

较普通台基高，常在台基上边建汉白玉栏杆，用于大式建筑或宫殿建筑中的次要建筑。

3. 更高级台基

即须弥座，又名金刚座。"须弥" 是古印度神话中的山名。佛教认为须弥山位于世界中心，系宇宙间最高的山，日月星辰出没其间，三界诸天的四天王天和忉利天也依须弥山的地界而居。须弥座用作佛像或神龛的台基，用以显示佛的崇高伟大。中国古建筑采用须弥座表示建筑的级别。一般用砖或石砌成，上有凹凸线脚和纹饰，台上建有汉白玉栏杆。常用于宫殿和著名寺院中的主要殿堂建筑。

4. 最高级台基

由几个须弥座相叠而成，从而使建筑物显得更为宏伟高大，常用于最高级建筑，如故宫三大殿，即耸立在最高级台基上。

总之，台基根据材料（汉白玉、普通石头、土）、层数（三层、二层、一层）和结构（须弥座、普通座）的不同来区分等级。材料越好、层数越高的台基级别就越高，须弥座台基级别高于普通座台基。

（二）木头圆柱

常用松木或楠木制成的圆柱形木头。置于石头（有时是铜器）为底的台上。多根木头圆柱，用于支撑屋面檩条，形成梁架。在建筑中承重的柱子，金色的级别最高，其次为红色，再次是黑色。

（三）开间

四根木头圆柱围成的空间称为"间"。建筑的迎面间数称为"开间"，或称"面阔"。建筑的纵深间数称为"进深"。中国古代以奇数为吉祥数字，所以平面组合中绝大多数的开间为单数；而且开间越多，等级越高。北京故宫太和殿、北京太庙大殿开间均为 11 间。

（四）大梁

即横梁，架于木头圆柱上的一根最主要的木头，以形成屋脊。常用松木、楠木或杉木制成。为中国传统木结构建筑中骨架的主件之一。

（五）斗拱

斗拱是中国古代建筑独特的构件。方形木块叫斗，弓形短木叫拱，斜置长木叫昂，总称斗拱。一般置于柱头和额枋（又称阑头，俗称看枋，位于两檐柱之间，用于承托斗拱）、屋面之间，用来支撑荷载梁架、挑出屋檐，兼具装饰作用。由斗形木块、弓形短木、斜置长木组成，纵横交错层叠，逐层向外挑出，形成上大下小的托座。斗拱始于战国时期，汉代普遍使用，在唐朝发展成熟后便规定民间不得使用。

（六）彩绘

彩绘（又称彩画）具有装饰、标志、保护、象征等多方面的作用。油漆颜料中含有铜，不仅可以防潮、防风化剥蚀，而且还可以防虫蚁。色彩的使用是有限制的：明清时期规定，朱、黄为至尊至贵之色；清朝规定，皇宫正殿门为红色，一品至三品官员府第门为红色，四品以下官员府第门为黑色。

彩画原是为木结构防潮、防腐、防蛀之用，后来才突出其装饰性，宋代以后彩画已成为宫殿不可缺少的装饰艺术。可分为三个等级。

1. *和玺彩画*

等级最高的彩画。其主要特点是：中间的画面由各种不同的龙或凤的图案组成，间补以花卉图案，并且沥粉贴金，金碧辉煌，十分壮丽。

2. *旋子彩画*

等级次于和玺彩画。画面用简化形式的涡卷瓣旋花，有时也可画龙凤，可以贴金粉，也可以不贴金粉。一般用于宫殿次要建筑或寺庙建筑中。

3. *苏式彩画*

等级低于前两种。画面为山水、人物故事、花鸟鱼虫等，主要用于园林和住宅，给人以活泼、优雅、情趣之感。

明代规定，庶民民居不得饰彩画。

（七）屋顶

古称屋盖。“大屋顶”和飞腾的挑檐是我国古代建筑最具特色的外观特征。自汉代以来，我国古代工匠设计了庑殿、歇山、攒尖、悬山、硬山、卷棚等多种屋顶形式和重檐屋顶结构，并利用各种屋顶形式的组合创作出了丰富的建筑形象。

中国传统屋顶（见图 5-3）有以下几种。

1. 庑殿顶

四面斜坡，有一条正脊和四条斜脊，屋面稍有弧度。又称四阿顶。庑殿顶有单檐和重檐之分。官式建筑中重檐庑殿顶规格最高，如故宫太和殿。

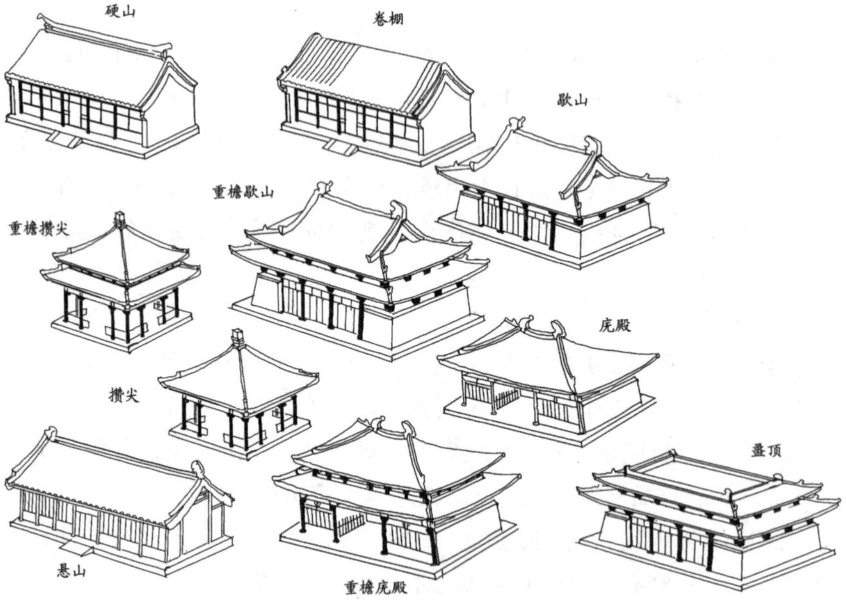

图 5-3　古建屋顶　　黄震宇绘

2. 歇山顶

由一条正脊、四条垂脊、四条戗脊组成。又称九脊顶。歇山顶两侧形成的三角形墙面，叫作山花。歇山顶也有单檐与重檐之分。重檐歇山顶等级仅次于重檐庑殿顶，多用于规格较高的殿堂，如故宫保和殿、天安门等。

3. 攒尖顶

平面为圆形或多边形，上为锥形的屋顶，没有正脊，有若干屋脊交于上端。一般亭、阁、塔常用此式屋顶。

4. 悬山顶

屋面双坡，两侧伸出山墙之外，屋面上有一条正脊和四条垂脊。又称挑山顶。

5. 硬山顶

屋面双坡，两侧山墙同屋面齐平，或略高于屋面。高出的山墙称风火墙，其主要作用是防止火灾发生时火势顺房蔓延。

6. 卷棚顶

屋面双坡，没有明显的正脊，即前后坡相接处不用脊而砌成弧形曲面。颇具曲线所独有的阴柔之美。

7. 盝顶

梁架结构多用四柱，加上枋子抹角或扒梁，形成四角或八角形屋面。顶部是在平顶的屋顶四周加上一圈外檐。

根据重檐屋顶的等级高于单檐屋顶的原则，官式建筑屋顶形式级别从高到低依次为重檐庑殿、重檐歇山、单檐庑殿、单檐歇山、攒尖、悬山、硬山、卷棚。

（八）山墙

即房子两侧上部呈山尖形的墙面。常见的山墙有风火山墙，其特点是两侧山墙高出屋面，随屋顶的斜坡面而呈阶梯形。

（九）藻井

中国传统建筑中天花板上的一种装饰，名为“藻井”。含有五行以水克火，预防火灾之意。一般都在寺庙佛龛上方或宫殿的宝座上方。为平顶的凹进部分，有方格形、六角形、八角形或圆形，上有雕刻或彩绘，常见的有“双龙戏珠”。

四、中国古代建筑的基本特征

（一）巧妙而科学的木构架结构

中国古建筑以木材、砖瓦为主要建筑材料，以木构架结构为主要的结构方式。此结构形式，由立柱、横梁、顺檩等主要构件建造而成，各个构件之间的结点以榫卯相吻合，构成富有弹性的框架。中国古代木构架有抬梁、穿斗、井干三种不同的结构形式。

抬梁式是在立柱上架梁，梁上又抬梁，所以称为“抬梁式”（见图 5–1）。宫殿、坛庙、寺院等大型建筑物中常采用这种结构方式。穿斗式是用穿枋把一排排的柱子穿连起来成为排架，然后用枋、檩斗接而成，故称作穿斗式（见图 5–2）。多用于民居和较小的建筑物。井干式（见图 5–4）是用木材交叉堆叠而成的，因其所围成的空间似井而得名。这种结构比较原始简

图 5–4　井干式建筑　黄震宇绘

单，现在除少数森林地区外已很少使用。还有一种抬梁式与穿斗式相结合的混合式。

木构架结构有很多优点。首先，承重与围护结构分工明确，屋顶重量由木构架来承担，外墙起遮挡阳光、隔热防寒的作用，内墙起分割室内空间的作用。由于墙壁不承重，这种结构赋予建筑物以极大的灵活性。其次，有利于防震、抗震。木构架结构类似于今天的框架结构，由于木材具有的特性，而构架的结构所用斗拱和榫卯又都有若干伸缩余地，因此在一定限度内可减少由地震对这种构架所造成的危害。“墙倒屋不塌”形象地表达了这种结构的特点。

（二）庭院式的组群布局

中国古代建筑的平面布局具有一种简明的组织规律，就是以“间”为单位构成单座建筑，再以单座建筑组成庭院，进而以庭院为单元，组成各种形式的组群。就单体建筑而言，以长方形平面最为普遍。此外，还有圆形、正方形、十字形等几何形状平面。古代建筑单体建筑的规模不大，因此宫殿、庙宇建筑往往利用高起的地势、巨大的台基及建筑群体的有机组合来烘托，以取得宏伟壮丽的艺术效果。就整体而言，重要建筑大都采用均衡对称的形式，沿着纵轴线与横轴线进行设计，多数以纵轴线为主，横轴线为辅。重要建筑往往布置在纵轴线上，次要建筑布置在主要建筑物的两侧，组成一个方形或长方形的院落。中国古代建筑的布局形式有严格的方向性，常为南北向。民居及风景园林则采用了“因天时，就地利”的灵活布局方式。

（三）丰富多彩的艺术形象

尤以屋顶造型最为突出，主要有庑殿、歇山、悬山、硬山、攒尖、卷棚等形式。

无论是庑殿顶也好还是歇山顶，都是大屋顶，显得稳重协调（见图 5–3）。屋顶中直线和曲线巧妙地组合，形成向上微翘的飞檐，不但扩大了采光面、有利于排泄雨水，而且增添了建筑物飞动轻快的美感。

中国古代建筑讲究装饰，包括彩绘和雕饰。雕饰是中国古建筑艺术的重要组成部分，包括墙壁上的砖雕、台基石栏杆上的石雕、金银铜铁等建筑饰物。雕饰的题材内容十分丰富，有动植物花纹、人物形象、戏剧场面及历史传说故事等。

第二节　古城、古村镇与古长城

一、古城

（一）城池的含义

古城包括城与池。城，旧时在都邑四周用作防御的城垣。一般有两重：里面的称城，外面的称郭。中国古代上自天子王侯的都城，下至州郡府县的治所，都有城墙围绕。城墙上有城楼、角楼、垛口等防御工事，构成一整套坚固的防御体系。

池，即护城河，是城垣外的壕沟、都邑的又一道防御屏障。

（二）城池的主要组成部分

城池建筑经过各朝代实践经验的总结不断完善，日趋坚固，易于防守。城墙、敌楼、角楼、垛口、城门、城楼、瓮城、箭楼、千斤闸、护城河、吊桥等组成了一个完整的防御体系，宛如铜墙铁壁，拒敌于城外。

中国有北京、西安、开封、洛阳、南京、杭州等古都，还有山西平遥及云南丽江等地方名城。

（三）中国现存著名古城

1. 明南京城墙

明南京（原称应天府）城墙，建于元至正二十六年（1366 年）至明洪武十九年（1386 年）。原建宫城、皇城、外郭已毁，仅剩都城城垣。城垣内侧周长 33 千米，为世界第一。城垣用巨大的条石砌基，用巨砖砌成，以糯米拌石灰灌浆作黏合剂，十分坚固。原有城门 13 座，其中聚宝（中华）、石城、神策、清凉四门保存至今。聚宝门规模最大，是我国现存最大、最为完整的堡垒瓮城，在我国城垣建筑史上占有极其重要的地位。

2. 西安城墙

我国现存最大型的、保存完整的古代城垣是明代的西安城墙，建于 1370—1378 年。城墙用黄土分层夯筑，城墙周长合 11.9 千米，高 12 米，厚 16.5 米，城内面积近 12 平方千米。四面正中辟门，每座门外设箭楼，以利射击，内建城楼，两楼之间建瓮城。城墙里面建有马道六处，外面建有敌台，城垣外围护城河宽 20 余米，深 10 余米。

3. 平遥城墙

平遥城墙位于山西平遥县，是我国现存完好的四座古城之一。建于明洪武三年（1370 年）。南城墙随中都河蜿蜒而筑，其余三面皆直列砌筑，周长 6.4 千米，墙高 12 米，平均宽 3.5 米。城外表全部用青砖砌筑，内墙为土筑。周辟六门。东西门外又筑瓮城，以利防守。城门上原建有高数丈的城门楼，四角各筑角楼，每隔 50 米筑城台一座，连同角楼，共计 94 座，今大多已残毁。城外有护城河。城内街道、市楼、商店等均保留原有形制，是研究我国明代县城建置的实物资料。1998 年被列入《世界遗产名录》。

4. 丽江古城

丽江古城位于云南西北部，是融合纳西民族传统建筑及外来建筑特色的唯一城镇，始建于南宋末年。丽江古城未受中原建城礼制的影响，城中道路网不规则，没有森严的城墙。黑龙潭是古城的主要水源。潭水在双石桥处被分为东、中、西三条支流，各支流再分为条条细流入墙绕户，形成水网。丽江民居是中国民居中具有鲜明特色和风格的类型之一。作为古城居民的纳西族拥有悠久丰富的传统文化。闻名遐迩的东巴文化、纳西古乐、白沙壁画等是其重要的内涵。1998 年被列入《世界遗产名录》。

二、古镇古村

古村落，又称传统村落，指村落形成较早，拥有较丰富的文化与自然资源，具有一定历史、文化、科学、艺术、经济、社会价值，应予以保护的村落。传统村落中蕴藏着丰富的历史信息和文化景观，是中国农耕文明留下的最大遗产。传统村落保留了历史沿革，即建筑环境、建筑风貌、村落选址未有大的变动，具有独特民俗民风，虽经历久远年代，但至今仍为人们服务。古镇，一般是指拥有着百年以上的历史，至今仍保存完好的较大规模古代居住性建筑的商业集镇。古镇是一种介于古城和古村落之间的聚落形态，大多由商业发展而来。村落与古镇既是人类聚居的原始形态，也是基本的结构单元。市镇通常由村落环绕。古村落规模最小，为农业人口居住，注重宗亲血缘。市镇则以商业为主，地缘性和业缘性更胜。

古镇古村是中国文化遗产的重要组成部分，它反映了不同地域、不同民族、不同经济社会发展阶段聚落形成和演变的历史过程，真实记录了传统建筑风貌、优秀建筑艺术、传统民俗民风和原始空间形态。这些古村镇的价值具有相应的评价标准，主要将建筑形态、聚落环境和非物质遗产作为考虑因素。一般来说，现存建筑有一定的久远度，文物保护单位的等级达到标准，传统村落在选址、规划等方面代表了所在地域、民族及特定历史时期的典型特征，并与周边的自然环境相协调，承载了一定的非物质文化遗产。

中国历史悠久，广阔土地上有着很多文化底蕴深厚的古村镇，可分为 4 个片区：一是文化地理片区，即东部片区，包括华北、华中、陕北和巴蜀等地区；二是民族片区，即西部片区，包括新疆、西藏、内蒙古和广西等自治区；三是民系片区，即华南片区，主要是广东和闽南地区；四是混合区，主要包括东北、台湾和海南。

古村镇不仅具有历史文化传承等方面的功能，而且对于推进农业现代化进程、促进生态文明建设等具有重要价值。中国历史文化名镇名村，是由建设部、国家文物局从 2003 年起共同组织评选的，目的是保存具有重大历史价值或纪念意义、能较完整地反映一些历史时期传统风貌和地方民族特色的镇和村。截至 2023 年，入选中国历史文化名镇名村的共有 799 个，其中历史名村 487 个、历史名镇 312 个，分布在全国 25 个省（自治区、直辖市），包括太湖流域水乡古镇群、皖南古村落群、川黔渝交界古村镇群、晋中南古村镇群、粤中古村镇群等。这些名镇名村中，既有乡土民俗型、传统文化型、革命历史型，又有民族特色型、商贸交通型，基本反映了中国不同地域历史文化村镇的传统风貌。

（一）古镇

江南古镇泛指“长江以南古镇”，尤其以江南水乡古镇为典型。分布在江苏、浙江境内，以周庄、同里、甪直、乌镇、南浔和西塘六大古镇享誉海内外。江南古镇或傍水而建，或有水环绕，水为路，船为车。人烟密集，商贸繁荣。街巷商铺鳞次栉比，商品云集，贸易兴隆，所以“前店后家”的建筑模式成为小镇上最普遍的居家与从业方式。市井人文气息浓郁。建筑高低错落，风格古朴雅致。

山西古镇。山西有十大古镇，包括平遥古镇、碛口古镇、汾城古镇、青龙古镇、大阳古镇、张壁古堡、静升古镇、风陵渡古镇、忻州古城、平定娘子关古镇等。其形式多样、风格各异。主要分布在汾水流域（平遥县、太谷区）、沁水流域（阳城县、沁水县）和黄河岸边（碛口古镇）。其特点是空间布局多元、军事防御功能强、装饰艺术别致、文化内涵厚重。

凤凰古城。位于湖南湘西土家族苗族自治州凤凰县的沱江边，由苗族、汉族、土家族等 28 个民族组成，为典型的少数民族聚居区。建于清康熙四十三年（1704 年）。凤凰古城以回龙阁古街为中轴，连接无数的石板小巷，沟通全城。城内有青石板街道、江边木结构吊脚楼，以及朝阳宫、古城博物馆、杨家祠堂、沈从文故居、熊希龄故居、天王庙、大成殿、万寿宫等各色建筑。古城有明清时代特色民居 120 多栋、各种庙祠馆阁 30 多座，是中国西南地区文物建筑最多的县。

(二)古村

北京水峪古村，位于北京市房山区南窖乡，起源于唐代，形成于明代，兴盛于清代。其依山而建，依势而就，高低错落，布局灵活。村内至今还保存着较为完整的古民居、古石碾、娘娘庙等，这些古民居建筑对研究中国的民居建筑史起着重要作用。水峪村以古石碾存世多而闻名，其石碾数量多达128座。还有属于非物质文化遗产的中幡表演也保存了下来。

徽州古村宏村，位于安徽省黄山市黟县，始建于南宋，现存明清时期古建筑138幢。宏村是一座“牛形村落”，四周山色与粉墙青瓦倒映湖中，好似一幅山水画卷。2000年，以宏村为代表的皖南古村落，被联合国教科文组织列入世界文化遗产。徽州著名古村落还包括屯溪、塔川、呈坎、龙川、溪村、碧山、渔梁等。

哈尼古村。哈尼族是古代羌族南下形成的一个古老民族。主要分布在云南元江和澜沧江之间，聚居于红河、江城、墨江及新平、镇沅等县。保存较好的哈尼村寨有元江哈尼族彝族傣族自治县那诺乡那诺村、元阳县胜村乡麻栗寨等。哈尼古村的典型特征是人与自然的高度融合状态，村寨树林异常茂密，鸟啼蝉鸣，充满了浓郁的原始乡土气息。山巅是郁郁葱葱的森林，山腰是蘑菇房的村寨，底层是层层的梯田。

三、古长城建筑

(一)古长城修筑历史

长城是一项特殊的防御工程。早在春秋战国时期，各国为了互相防御，均选形势险要的地方修筑长城。传统观点认为，最早修筑长城的是春秋时代的楚国，当时称之为“方城”。除了楚国的长城之外，较早修筑长城的还有齐国。但楚国、齐国哪一段长城是最早的还存在一些争议。战国时期，魏、燕、赵、秦等国相继兴筑。秦始皇灭六国完成统一后，为了防御北方匈奴贵族的南侵，于公元前214年将秦、赵、燕长城连接起来，西起临洮，东至辽东，北傍阴山，俗称“万里长城”。此后，汉、北魏、北齐、北周、隋各代都曾在北边与游牧民族接境地带筑过长城。汉长城东起辽东，西迄蒲昌海（亦名盐泽，即今罗布泊)，长1万千米，是汉武帝在三次征服匈奴的基础上修筑而成的，规模最大，不仅抵御了匈奴南下，而且保护了通往西域的陆上交通——丝绸之路。明代为了防御鞑靼、瓦剌族的侵扰，曾多次修筑长城。明长城西起嘉峪关，东至鸭绿江。在长城沿线保存了许多雄关隘口。1987年，长城被列入《世界遗产名录》。

（二）明长城结构

1. 城墙

明长城的主体是城墙。城墙多建在蜿蜒曲折的山脉的分水线上。其构造按地区特点有条石墙、夯土墙和砖墙等。墙高 3~8 米，顶宽在 4~6 米。城墙内侧设宇墙（也称女墙），高 1 米余，以防巡逻士兵跌落；外侧一面设垛口墙，高 2 米左右。垛口墙的上部设有望口，下部有射洞和礌石孔，以观看敌情和射击、滚放礌石之用。

2. 敌台

城墙上每隔 30~100 米建有敌台。敌台有实心、空心两种，平面有方有圆。实心敌台只能在顶部瞭望射击，而空心敌台下层能住人、顶上可瞭望射击。

3. 烽堠

烽堠是报警的墩台建筑，建在山岭最高处或地势开阔处，相距约 1.5 千米。一般烽堠用夯土筑成，重点是要在外包砖，上建雉堞和望室。雉堞是城上排列如齿状的矮墙，作掩护用。台上贮薪，遇有敌情，日间焚烟，夜间举火，并以鸣炮的数目告知来敌的大致数量，依规定路线，很快传至营堡。

4. 关隘

凡长城经过的险要地带都设有关隘。关隘是军事孔道，所以防御设置极为严密。一般是在关口置营堡，加建墩台，并加建一道城墙以加深纵深防卫。重要关口则纵深配置营堡，多建城墙数重。历史上著名的关隘有阳关、玉门关、山海关、居庸关、嘉峪关、雁门关、平型关、娘子关、黄崖关等。

（三）著名城段

长城的著名城段包括八达岭长城、金山岭长城和慕田峪长城。

八达岭长城是我国明长城保存最完整、最具代表性的段落之一。因地势险要，自古为兵家必争之地，历代都设重兵把守。八达岭长城是明代修筑的，城墙高大坚固，敌楼密集，用料考究。它建筑宏伟，防御设施齐全，是万里长城的精华，也是明长城中最杰出的代表。

金山岭长城被誉为“第二八达岭”，盘桓在河北滦平县的大小金山岭上。1980 年，河北省文物工作队在调查长城保护情况时发现了这段长城。它建于明代初年，由徐达督修。1567 年，戚继光镇守北疆，继续兴建众多敌楼和战台，使之成为万里长城上构筑最复杂、楼台最密集的一段。

慕田峪长城是明代万里长城的精华所在。建于 1368 年，由徐达在北齐长城遗址上督建而成。慕田峪地理位置十分重要，被称为“危岭雄关”。此段长城东连古北口，西接居庸关，自古以来就是拱卫京畿的军事要冲。慕田峪长城关台奇特、敌楼密集，长城墙体保持完整，较好地体现了长城古韵。景区植被覆盖率高，在中外享有“万里长城，慕田峪独秀”的美誉。

（四）著名关隘

长城上有三个著名的关隘，即山海关、居庸关和嘉峪关。

1. 山海关

山海关为万里长城第一关。其北踞燕山，南抵渤海，位居东北、华北间的咽喉要冲，自古为兵家必争之地。山海关筑于洪武十四年（1381 年）。关城平面呈方形，有城门四座，各门之上高筑城楼，现仅有东门保存完好。关城四周还有瓮城、东罗城等军事设施，形成关城外围的屏障。老龙头长城位于山海关老城的城南，是国内唯一一段深入大海的长城，是长城入海的端头部分，曾是明代海防的军事要塞。

2. 居庸关

居庸关位于北京的昌平区。“居庸关”一名始自秦代，相传，因秦始皇“徙居庸徒”（佣工）到此修筑长城而得名。三国时名西关，北齐时称纳款关，后改今名。现存关城建于明初。关城位于长达 20 千米的深谷之中，是北京西北的门户。明代在关城设卫所，驻重兵把守并统辖附近长城沿线的守军。关城中有一过街塔基座，名云台。云台建于元至正五年（1345 年），以白色大理石砌成，正中开一石券门，门道可通车马。券门和券洞刻有浮雕图案，艺术价值很高。

3. 嘉峪关

嘉峪关是明代万里长城西端的终点，是丝绸之路的交通咽喉，有“河西第一隘口”的称誉，更有“天下第一雄关”的美名。始建于明洪武五年（1372 年）。关城平面呈梯形，西城墙外侧又加筑了一道厚墙，南北城墙外侧有低矮土墙与其平行。关城有东、西二门，上面均有城楼。东西二门外建有瓮城。关城四隅有角楼，高两层，形如碉堡。相传，当年建关时，工匠们计算用料十分精确，竣工后只剩一块砖。此砖今存西瓮城门楼后檐台上。

第三节　宫殿与坛庙

一、宫殿

宫殿为帝王居住之所，是中国古代建筑中最高级、最豪华的一种类型。考古发掘证明，早在夏代，就出现了宫殿；安阳殷墟的宫殿规模更大；到了东周时期，列国宫殿的规模，远远超过了前代，充分反映了当时的财力和建筑的技术力量以及统治者的骄奢淫逸。秦汉以来，宫殿规模更为宏大，如秦始皇的阿房宫，汉武帝的未央、长乐、建章诸宫，唐代的大明宫、兴庆宫等。宫殿虽豪华壮丽，但大多数都在王朝更替或是争夺皇位时毁于战火或被拆毁。我们今天所能看到的、保存得完好的宫殿主要有两处，即北京的故宫和沈阳的清故宫。

（一）宫殿的布局与陈设

1. 宫殿的布局

（1）严格的中轴对称

为了表现君权受命于天和以皇权为核心的等级观念，宫殿建筑采取严格的中轴对称的布局方式。中轴线上的建筑高大华丽，轴线两侧的建筑低小简单。这种明显的反差，体现了皇权的至高无上；中轴线纵长深远，更显示了帝王宫殿的尊严华贵。

（2）左祖右社，或称左庙右社

中国的礼制思想，有一个重要内容，即崇敬祖先、提倡孝道，祭祀土地神和粮食神。有土地才有粮食，“民以食为天”“手中有粮喜气洋洋，手中无粮慌慌张张”“有粮则安，无粮则乱”，风调雨顺、国泰民安这是人所共知的天经地义。左祖右社，则体现这些观念。所谓“左祖”，是在宫殿左前方设祖庙。祖庙是帝王祭祀祖先的地方，因为是天子的祖庙，故称太庙。所谓“右社”，是在宫殿右前方设社稷坛。社为土地，稷为粮食，社稷坛是帝王祭祀土地神、粮食神的地方。古代以左为上，所以左在前，右在后。

（3）前朝后寝

这是宫室（或称宫殿）自身的布局。大体上有前后两部分，一墙之隔，“前堂后室”，即“前朝后寝”。所谓“前朝”，即为帝王上朝治政、举行大典之处。所谓“后寝”，即帝王与后妃们生活居住的地方。在“前朝”中央靠墙处，设有御座，这是帝王上朝坐的地方；在“后寝”，则设有床具，供休憩之用。

2. 宫殿外陈设

（1）华表

古代设在宫殿、城垣、桥梁、陵墓前作为标志和装饰用的大柱。设在陵墓前的又名墓表。一般为石制，柱身通常雕有蟠龙等纹饰，上为方板和蹲兽。华表高高耸立，既体现了皇家的尊严，又给人以美的享受。竖立于皇宫或帝王陵园之前，将其作为皇家建筑的特殊标志。

华表起源于墓碑（木制），后来人们将木柱竖于交通要道，作为识别道路的标志，故称“华表木”或“恒表”。不久，君主又让人们在上面刻写意见，称其为“诽谤木”（古代“诽谤”一词是中性词，指责过失的意思）。随着奴隶制度、封建制度社会相继建立，逐渐不允许人们在“诽谤木”上刻写“谏言”，而演变为刻上云龙纹的华表。

（2）石狮

宫殿大门前都有一对石狮（或铜狮）。石狮（或铜狮），有辟邪的作用。又因为狮子是兽中之王，所以又有显示“尊贵”和“威严”的作用。按照中国文化的传统习俗，成对石狮系左雄右雌。还可以从狮爪所踩之物来辨别雄雌。爪下为球，象征着统一寰宇和无上权力，必为雄狮；爪下踩着幼狮，象征着子孙绵延，必定是雌狮。在中华大地还有北狮、南狮之分。北狮雄壮威严，南狮活泼有趣。还有所谓“三王狮”，那是因为狮子是兽中之王，而狮子所蹲之石刻着凤凰和牡丹，凤凰是鸟中之王，牡丹是花中之王，故称“三王狮”。

（3）日晷

即日影，它利用太阳的投影和地球自转的原理，借指针所生阴影的位置来显示时间。

（4）嘉量

我国古时的标准量器。全套量器从大到小依次为：斛、斗、升、合、龠（yuè）。含有统一度量衡的意义，象征着国家统一和强盛。

（5）吉祥缸

置于宫殿前盛满清水以防火灾的水缸，有的是铜铸的。古代称之为“门海”，以比喻缸中水深似海可以扑灭火灾，故又被誉为吉祥缸。如北京故宫中的吉祥缸，古时每年冬天在缸外套上棉套，覆上缸盖，下边石座内燃炭火，以防止冰冻，直到天气回暖时才撤火。

（6）鼎式香炉

有盖为鼎，无盖为炉。为古代的一种礼器，举行大典时用来燃檀香和松枝。

（7）铜龟、铜鹤

龟和鹤是中国文化中的神灵动物，用来象征长寿，庆贺享受天年。最有名的被称为龙头龟、仙鹤。

（二）中国现存的宫殿

1. 北京故宫

位于北京市区中心，始建于1406年，历时14年才完工。故宫是世界上现存规模最大、最完整的古代木构建筑群，为明清两代的皇宫。有24位皇帝相继在此登基执政，至今已有600多年。

故宫占地72万平方米，建筑面积约15万平方米。宫墙长达3400米，墙外环绕宽52米的护城河。宫殿分前后两部分，即前朝和内廷。前朝是皇帝举行大典、召见群臣、行使权力的场所，以太和、中和、保和三大殿为中心。太和殿又称金銮殿，皇帝即位、诞辰以及节日庆典和出兵征伐等重大国典均在此举行。中和殿是皇帝在前往太和殿途中的小憩之处，皇帝先在此接受内阁、礼部及侍卫执事人员的朝拜。保和殿是皇帝宴请外藩王公贵族和京中文武大臣之处，清后期也是殿试的场所。

保和殿之后为内廷，是皇帝日常处理政务和帝后、嫔妃、皇子公主居住、游玩、奉神之处。主体建筑有乾清宫、交泰殿、坤宁宫及其两侧的十二座宫院。乾清宫东西各有六组院落，自成体系，即东六宫和西六宫。西六宫以南有养心殿。养心殿是清代后八位皇帝居住和处理日常政务的地方，正间为皇帝接见官员之处，西间为皇帝阅览奏折和议事之处。东间在同治、光绪执政期间，是慈禧太后垂帘听政的地方。内廷主要有四座花园，即宁寿宫花园、慈宁宫花园、御花园及建福宫花园（现已复建）。

1911 年辛亥革命爆发，末代皇帝溥仪下台后仍居内廷，直至 1924 年被逐出宫。1925 年故宫博物院正式成立，延续至今。该院收藏历代文物近 100 万件 / 套，是世界上最大的博物馆之一。1987 年被列入《世界遗产名录》。

2. 沈阳故宫

位于沈阳旧城中心，占地 6 万平方米，全部建筑 90 余所，300 余间。四周围以高大的红色宫墙，殿堂金瓦雕梁画栋，光彩夺目，是我国现存仅次于北京故宫的最完整的皇宫建筑。

沈阳故宫的布局有浓厚的民族和地方特色。依其自然布局和建筑先后，可分成三部分：第一部分是清太祖努尔哈赤建都沈阳初期所建的大政殿，还包括十王亭，也就是故宫的东路；第二部分是清太宗皇太极继位后，续建的大内宫阙，包括最南端的照壁、东西厢楼、东西朝房、大清门、崇政殿、凤凰楼、清宁宫等建筑，也就是故宫中路；第三部分是清高宗乾隆四十八年（1783 年）扩建的，包括戏台、嘉荫堂、文溯阁、仰熙斋等建筑，也就是故宫的西路。

大政殿是一座八角重檐大木架构成的建筑，殿身八面都用木隔子门组成，以榫卯相接，可以任意开启，是盛京皇宫内最庄严、最神圣的地方。殿前排列十座方亭，为左右翼王和八旗大臣办公的地方。

崇政殿为五间九檩硬山式，前后有出廊，围以石雕栏杆。此殿为皇太极日常处理军政要务和接见外国使臣、边疆少数民族代表之所。

文溯阁为故宫西路的主体建筑，乾隆四十七年（1782 年）兴建，专为庋（guǐ）藏《四库全书》之用，也是皇帝东巡盛京时读书看戏的地方，建筑形式仿浙江宁波天一阁。

沈阳故宫历经大规模修缮，现已辟为沈阳故宫博物院。

3. 布达拉宫

布达拉宫位于拉萨市西北的玛布日山上。“布达拉”是梵语音译，又译作“普陀”，原指观世音菩萨所居之岛。布达拉宫是我国著名的宫堡式建筑群，为藏族古建筑艺术的代表作。相传，公元7世纪吐蕃赞普松赞干布为迎娶文成公主而建此宫。清顺治二年（1645年），达赖五世受清朝册封后，遂扩建宫室，具今日规模。从达赖五世起，重大宗教、政治仪式均在此举行，是原西藏封建农奴社会政教合一的统治中心。宫殿依山垒砌，主楼高119米，13层，东西长420米，南北宽300米，有房屋近万间，其中宫殿、灵塔、佛殿、经堂、僧舍、平台、庭院等一应俱全。主体建筑分白宫和红宫，白宫是达赖喇嘛的冬宫，红宫主要是达赖喇嘛的灵塔殿和各类佛殿。宫内珍藏大量雕塑、壁画和明清两代的敕书、印鉴、礼品、匾额、佛教典籍等文物。1994年被列入《世界遗产名录》;2000年与2001年，大昭寺与罗布林卡为其扩展项目。

4. 园林中的宫殿

园林和宫殿结合，是我国古代园林建筑特点之一。清代颐和园中的仁寿殿、河北承德避暑山庄中的澹泊敬诚殿，即著名的园林中的宫殿，帝王们常常在那儿处理政务。

二、坛庙

中国古代传统文化思想中，包含着浓重的对祖先的崇敬，对土地、粮食、天地、日月、各种神的崇拜，对各种文神、武神及其他神的尊敬。为了寄托这种崇敬和感恩之情，由此产生和形成了许多坛庙建筑，也称为礼制建筑。

（一）祖庙与社稷坛

1. 北京太庙

位于天安门左侧，今为北京市劳动人民文化宫，过去是帝王祭祀祖宗的地方。包括戟门、正殿、两庑、寝宫、祧庙，有明显的中轴线，左右配殿严格对称。其位置也符合中国传统“左祖右社”的规定。外有高大厚重的墙垣和树冠茂密的古柏，内有空敞宁静的庭园，庄严肃穆，静谧安宁。

2. 北京社稷坛

位于天安门西侧，为明、清两代的社稷坛，今为中山公园。中国传统的治国思想是“以农为本”，因为“民以食为天”。发展农业生产与土地密切相关，所以要祭祀土地神和粮食神。古代以“社稷”代称国家。按“五行”中五方五色的配置，中央为黄，东方为青，南方为红，西方为白，北方为黑，所以必须用五色土覆盖于坛面，以象征“普天之下，莫非王土”和祈求全国风调雨顺、五谷丰登。

由于祭祀社稷是由北向南设祭，所以其总体形制与太庙相反，即享殿、拜殿及正门均在北，沿正门、享殿、拜殿、五色土方坛为序，由北向南展开。神厨等附属建筑物在西棂星门外。

（二）天、地等坛

祭祀天、地、日、月、泰山神等活动，是历代帝王登基后的重要活动。

因为君权“受命于天”，且要秉承“天意”治理国家，所以皇帝必须亲自去天坛祭天。祭天在南郊，时间在冬至日。

因为土地是国家的根本（繁体字国家的“国”，“囗”中有“或”，这“或”即“域”），所以皇帝必须亲自或派人前往地坛祭地。祭地在北郊，时间在夏至日。

因为万物生长靠太阳，所以必须到日坛祭日，祭日于东郊。因为月亮是夜明之神，所以又必须到月坛祭月，祭月于西郊。因为祭天、地、日、月等活动都在郊外进行，所以统称为郊祭。

历史上许多皇帝，如秦始皇、汉武帝等，都要登五岳之首泰山祭泰山神，称为封禅大典。

反映上述中国文化思想的旅游胜地主要有以下几种。

1. 天坛

位于北京。始建于明永乐十八年（1420 年）。天坛是明清皇帝祭天和祈祷丰年的地方，是中国礼制建筑中规模最大、等级最高的建筑群。其建筑由内外两重城墙环绕，南边围墙左右两角呈方形，北边围墙左右两角呈弧形，以象征古人“天圆地方”的观念。天坛由五组建筑组成：祭天的圜丘（坛呈圆形，以象征天，故称）、祈求丰收的祈年殿、皇帝斋宿的斋宫、贮放神牌的皇穹宇，还有饲养祭祀用牲畜的牺牲所和培训舞乐人员的神乐署。这些建筑以圜丘坛、祈年殿为主体，前者在南，后者在北，中间以海墁大道相连，大道宽约 30 米、长 360 米、高 2.5 米。斋宫、神乐署在主轴线以西。周围广种柏树，有一种肃穆宁静的氛围。1998 年 12 月被正式列入《世界遗产名录》。

2. 地坛

位于北京。始建于明嘉靖九年（1530 年）。地坛与天坛相对应，坛呈正方形，以象征古人“天圆地方”的观念，所以又名方泽坛。主体建筑为两层方台，尚存皇祇室（供奉皇地祇、五岳、五镇、五陵山、四海、四渎诸神位的殿室）、神库、神府、斋宫等建筑。地坛是我国现存最大的祭地之坛。

（三）曲阜孔庙

孔庙是祭祀我国古代著名的思想家、教育家、儒家学派的创始人孔子的场所。目前，全国各地保存的历代孔庙甚多，尤以孔子故乡山东曲阜的孔庙规模最大、年代最早，它与孔府、孔林并称“三孔”。

曲阜孔庙原为孔子故宅，鲁哀公时立庙，历代增修，至明中叶扩至现存规模。占地21.7公顷，房屋460多间。主要建筑有大成殿、奎文阁、碑亭等。整个建筑群以中轴线贯穿，左右对称、布局严谨。历代皇帝均在此举行隆重的祭孔活动。因面积之大、时间之久、气魄之雄伟、保存之完好，被中国古建筑学家称为世界建筑史上“唯一的孤例”。孔庙不仅是儒家文化的载体，更是一座屹立于世界东方的文化艺术殿堂。

第四节　陵墓建筑

古人认为，人死以后，肉体已殁，但灵魂永存，于是产生了祭祀的观念。帝王不同凡民，死了以后，更需要筑陵墓，以祈求祖宗保佑，社稷才能得以永存。中国帝王陵墓的演变，呈现形式多样的特点。陵园建筑十分完整，珍藏着许多珍贵的历史文物，已成为举世瞩目的旅游胜地。

一、封土的沿革

自产生灵魂观念以后，人们开始产生筑坟的念头。大约从周代开始，出现“封土为坟”的做法。根据《周礼·春官》记载，“以爵为封丘之度”，即按照官吏级别大小来决定封土的大小，当然，天子、诸侯死了以后，其陵墓封土无疑是最大的。

（一）秦汉两代的“方上”

早期帝王的陵墓，是在地宫之上用黄土层层夯筑而成，呈覆斗形。因为陵墓的上部是方形平顶，犹如方形锥体被截去顶部，故名“方上”。现存秦代秦始皇陵以及汉代帝王陵墓，都取方上形式，其中尤以秦始皇陵为典型。

（二）唐代改为“以山为陵”

到了唐代，李世民认为平地筑起高坡劳民伤财，同时为了防止水土流失和盗墓，即改为“以山为陵”的形式。唐乾陵即为典型例子。

（三）宋代恢复“方上”的形式，但不是简单重复

宋代的“方上”规模要比秦汉时代小得多。

（四）明清两代的“宝城宝顶”形式

一般形式为，在地宫上砌筑高大的圆形砖城，于砖城内填上土，使之高出城墙成一圆顶，这一圆顶即为宝顶；城墙上设垛口和女儿墙，犹如一座小城，即为宝城。宝城上建有明楼，楼内立石碑，刻着皇帝的庙号、谥号。

二、陵园的建筑布局

早在商代，在王陵和贵族墓的墓室之上就出现了供祭祀用的房屋建筑。帝王陵的地面建筑主要有三个部分。

第一部分为祭祀建筑区。为陵园建筑的重要部分，供祭祀之用。主要建筑物是祭殿。早期曾称作享殿、献殿、寝殿、陵殿等。秦始皇陵陵园的北部设有寝殿，开帝陵设寝的先例。

第二部分为神道。又称作“御路”“甬路”等，是通向祭殿和宝城的导引大道。唐以前，神道并不长，在道旁置少数石刻，墓道的入口设阙门。到了唐朝，陵前的神道石刻有了很大的发展，大型的“石像生”仪仗队石刻已经形成。如唐乾陵的神道，全长约 1 千米，神道入口处有华表 1 对，华表之后依次为翼兽 1 对、鸵鸟 1 对、石马及牵马人 5 对、石人 10 对，还有无字碑、述圣记碑和 61 个“蕃酋”像。及至明清时期，帝王陵神道发展到了巅峰。明十三陵的神道全长 7 千米，清东陵的神道长达 5 千米。

第三部分为护陵监。护陵监是专门保护和管理陵园的机构。为了防止墓被盗掘和破坏，每个皇帝的陵都有护陵监。监的外面有城墙围绕，里面有衙署、市衙、住宅等建筑。

三、墓室结构

（一）土穴墓

在原始社会早期，墓穴形式很简单，只在地下挖一土坑；墓坑一般都小而浅，仅能容纳尸体，无棺椁，尸体也无特殊东西加以包裹。到新石器时代晚期，开始出现葬具。在大汶口文化后期，少数墓坑面积很大，坑内沿四壁用天然木材垒筑，上面又用天然木材铺盖。

（二）木椁墓

进入阶级社会后，墓葬制度中存在着严格的阶级和等级差别，统治阶级的陵墓有着十分宏大的规模。河南安阳侯家庄的一座商代“亞”字形墓，墓室面积约 330 平方米，加上墓道，总面积达 1800 平方米。王和各级贵族的墓，都用木材筑成椁室。椁是盛放棺木的“宫室”，即棺外的套棺：将砍伐整齐的大木枋子或厚板用榫卯构成一个扁平的大套箱，下有底盘，上有大盖；在椁内分成数格，正中放棺，两旁和上下围绕着几个方格，称之为厢，分别安放随葬品。湖南长沙马王堆的西汉墓的棺椁形式即如上所述。

（三）砖石墓

从汉代开始，普遍采用砖石筑墓室，木椁墓室逐渐被取代。这是中国古代墓葬制度的一次划时代的大变化。这种变化主要是从西汉中期才开始的，然后出现在各地。西汉中期，中原一带流行空心砖墓。西汉晚期开始出现石室墓，墓室中雕刻着画像，故称“画像石墓”。墓室的结构和布局，也是仿照现实生活中的住宅修筑。从汉到隋、唐、宋、元、明、清各代，砖石砌筑的墓室和地宫一直在不断发展。最著名的地下宫殿为明代万历皇帝的定陵。

四、中国现存的著名的古代陵墓

（一）秦始皇陵

秦始皇陵是中国古代最大的一座帝王陵墓，也是世界上最大的一座陵墓。

位于陕西西安临潼区。于公元前 246 年开始营建，历时 36 年之久才修成。有内外两重夯土城垣，象征着帝都咸阳的皇城和宫城。陵冢位于内城南部，呈覆斗形，现高 51 米，底边周长 1700 余米。史料记载，秦陵中还建有各式宫殿，陈列着许多奇异珍宝。秦陵四周分布着大量形制不同、内涵各异的陪葬坑和墓葬。1974 年春在此发现秦兵马俑坑，先后发掘了三处。1 号坑面积为 14 260 平方米，在发掘的 96 平方米范围内，出土武士俑 500 余个，战车 4 辆，马 24 匹。2 号坑面积达 6000 平方米，由骑兵、战车、步卒、射手混编而成，有兵马俑千余件，还配备各种实战武器。3 号坑面积 500 平方米，内有战车 1 乘，卫士俑 68 个。秦兵马俑皆仿真人、真马制成。武士俑高约 1.8 米，面目各异，神态威严，再现了秦始皇威震四海、统一六国的雄伟军容。陵旁还出土两组铜车马俑，每辆车配 4 匹马，并有驭手。

秦兵马俑坑被誉为“世界第八奇迹”，1987 年与秦始皇陵一起被列入《世界遗产名录》。

（二）汉茂陵

汉茂陵是汉武帝刘彻（前 156—前 87 年）的陵墓。位于陕西咸阳兴平市，这是西汉帝王陵中规模最大的一座，始建于武帝即位后的第二年（前 140 年），历时 53 年才修成。是“汉兴厚葬”的典型。形似覆斗，庄严稳重。茂陵周围还有霍去病、卫青等 20 余个陪葬墓。

（三）唐乾陵

唐乾陵是唐代第三个皇帝高宗李治和女皇武则天的合葬墓。位于陕西咸阳乾县县城北 6 千米的梁山上，距西安约 80 千米。“依山为陵”，海拔 1047.9 米，周围有 40 千米，占地面积 2 万公顷。在陵的东、南面有其主要家族、僚臣的陪葬墓区 17 座，如永泰公主墓、章怀太子墓、懿德太子墓等，从中已出土大量珍贵文物。唐乾陵是唐代十八陵中保存得最完整的一座。其中东侧的“无字碑”历来便很著名，据说武则天“功高业大”，难以用文字表述；一说武则天认为自己的功过是非应让后人评价，所以无字。附近有当时曾参加高宗葬礼的少数民族首领和外国使臣的石刻像 61 尊，背上刻有国名、官职和姓名，因年久风化，大部分已经剥蚀不清。

（四）北宋陵

北宋陵位于河南巩义市。北宋九个皇帝，除徽、钦二帝被金掳后囚死漠北外，其余均葬于此。共七帝八陵（包括赵匡胤父亲赵宏殷墓）。附葬皇后 20 余个。陪葬宗室及王公大臣，如寇准、包拯等墓 300 多座。

宋陵面朝嵩山，背负洛水，陵台建于低地。各陵建制、布局基本相同。每一座陵园占地 8 公顷，四周筑以夯土墙，四面正中辟一神门，四隅建角阙。园内正中是陵台，夯土筑成，呈覆斗形，台南置石雕宫人一对。南神门外的神道两侧排列有文臣武将、驭手以及石兽等石像生。

（五）西夏王陵

西夏王陵是西夏历代帝王陵以及皇家陵墓。位于宁夏银川市西。西傍贺兰山，东临银川平原，是现存规模最大的一处西夏文化遗址。西夏王陵营建年代约自 11 世纪初至 13 世纪初。西夏王陵受到佛教建筑的影响，有机结合了汉族文化、佛教文化、党项族文化，构成了中国陵园建筑中别具一格的形式。它承接着鲜卑拓跋氏从北魏平城到党项西夏的拓跋氏历史。景区占地面积约 50 平方千米，分布有 9 座帝王陵墓，200 多座王侯勋戚的陪葬墓。规模宏伟，布局严整。每座帝陵都是坐北向南，呈纵长方形的独立建筑群体。墓冢呈塔状，有“东方金字塔”之称。

（六）明孝陵、明十三陵、明显陵

明孝陵在南京市东郊紫金山南麓，明朝开国皇帝朱元璋和皇后马氏合葬于此。作为中国明陵之首的明孝陵壮观宏伟，代表了明初建筑和石刻艺术的最高成就，直接影响了明清两代 500 多年帝王陵寝的形制。至今已有 600 多年的历史。明孝陵从起点下马坊至地宫所在地的宝顶，纵深达 2600 多米，沿途分布着 30 多处不同风格、用途各异的建筑物和石雕艺术品。整体布局宏大有序，单体建筑厚重雄伟，细部装饰工艺精湛。其占地面积达 170 余万平方米，是中国规模最大的帝王陵寝之一。

明十三陵位于北京市昌平区北天寿山南麓。陵区方圆 40 平方千米，环葬着明代的 13 位皇帝。

长陵为朱棣之陵墓，位居陵区正中，以其宏伟的地面建筑而闻名于世。定陵是明代第十三帝神宗朱翊钧及其二后的陵墓。1956 年经过考古发掘，揭开了地宫之谜。

明显陵位于湖北省钟祥市，是明世宗嘉靖皇帝的父亲恭睿献皇帝和母亲章圣皇太后的合葬墓，是中国中南六省唯一的一座明代帝陵，是明代帝陵中单体面积最大的皇陵。明显陵规划布局和建筑手法独特，在明代帝陵规制中具有承上启下的作用。"一陵两冢"的陵寝结构为历代帝王陵墓所绝无仅有。

（七）清陵

清代帝王陵墓主要集中在四个地区：永陵在今辽宁新宾满族自治县，为清太祖以前的肇、兴、景、显四陵；清太祖福陵与太宗昭陵在今辽宁沈阳附近；清东陵位于河北遵化市，包括孝陵、景陵、裕陵、定陵、惠陵及诸后妃之陵；清西陵位于河北易县，有泰陵、昌陵、慕陵、崇陵及诸后妃之陵。清东陵及清西陵的平面布置沿袭了明代诸陵的旧制。

第五节　中国著名的古楼阁、古塔、古桥

一、古楼阁

楼指两层以上的房屋，在战国晚期已出现。阁是我国传统楼房的一种，其特点是通常四周设隔扇或栏杆回廊，供居住、远眺、游憩、藏书、供佛及军事防御之用，形成了居住用楼阁、游赏性楼阁、文化楼阁、宗教楼阁及军事性楼阁。自古以来，中国的文人名士便将登楼阁、览胜景、吟诗作赋、抒情遣怀视为一项高雅的活动。古代江南有三大名楼，即湖北武汉黄鹤楼、湖南岳阳岳阳楼、江西南昌滕王阁。

（一）古楼阁的类型

1. 宗教楼阁

楼阁内常供奉高大佛像，是寺院的中心建筑。如天津市蓟州区独乐寺观音阁、承德普宁寺大乘之阁等。某些大组群的配殿也常是楼阁，以其高直的体形与大殿的横平体形形成鲜明对比。

2. 文化楼阁

以楼阁作为储藏图书、经卷之用。如明代浙江宁波天一阁，储存《四库全书》的清代皇家藏书楼文渊阁、文津阁、文澜阁、文溯阁、文汇阁等。

3. 军事性楼阁

如城楼、箭楼、敌楼等。如北京正阳门箭楼。

4. 游赏性楼阁

取其高耸，可登临远眺，观赏风景，同时也可成景，如湖北武汉的黄鹤楼。

5. 居住建筑中的楼阁

作为居住建筑的一部分，其用途多种多样。大部分楼阁并不是只具有一种功能。

(二)我国著名古楼阁

1. 黄鹤楼

位于湖北武汉。相传创建于三国吴黄武年间，1700 多年来屡毁屡建。唐代黄鹤楼“高耸巍峨”，极为雄伟。历代名人如崔颢、李白、白居易、陆游等都曾先后到这里游览、吟诗、作赋。如今重建的黄鹤楼总高 51.4 米，高 5 层，体量之大超过了历代旧楼。新楼屋面全部采用黄瓦，是为了附会“黄鹤之意”。新楼五层大厅分别设计了 5 个主题：一楼表现“神话”；二楼表现“历史”；三楼表现“人文”；四楼表现“传统”；五楼表现“哲理”。整个建筑包括东西南北 4 个景区。楼前有双鹤铜雕，楼的西端置放搬迁来的元代白塔，改变了原来黄鹤楼的孤立状况。

2. 岳阳楼

位于湖南岳阳古城上。岳阳楼之名起源于唐肃宗时。后至北宋滕子京重修岳阳楼，更为时人、后世传为美谈。范仲淹名传千古的《岳阳楼记》，词采飞动，议论纵横，不仅写出了朝晖夕阴、气象万千的巴陵胜状，而且写出了作者“先天下之忧而忧，后天下之乐而乐”的精神风貌。滕子京请大书法家苏舜钦书写了范仲淹的《岳阳楼记》，并由邵竦篆刻。人们把滕修楼、范作记、苏手书、邵篆刻，称为“天下四绝”，并竖了“四绝碑”，至今碑石保存完好。现在的岳阳楼是清光绪年间（1875—1908 年）的建筑，与原建筑造型不同，为三层三檐的木结构楼阁，黄色琉璃瓦盝顶，主楼高 19.42 米，为中国现存最大盝顶建筑。

3. 滕王阁

位于江西南昌西侧，建于唐朝。唐高祖李渊之子滕王李元婴出任洪州都督，耗资巨万，营造城阁，故取名为滕王阁。滕王阁载誉古今，与王勃的《滕王阁序》是分不开的。其经典语句“落霞与孤鹜齐飞，秋水共长天一色”广为流传。后有王绪作《滕王阁赋》，王仲舒作《滕王阁记》，人称“三王文词”。滕王阁历代屡毁屡建，现在的建筑为 1989 年的复制品，是按照梁思成绘制的《重建滕王阁计划草图》重建的。主体建筑为宋式仿木结构，共 9 层，高 57.5 米。濒临赣江，面对西山，视野开阔。

二、古塔

塔起源于印度，称窣堵波或浮屠，用以藏佛舍利，其形状为一个半圆形的坟冢。塔传入中国后，与中国原有的传统建筑形式相结合，出现了许多新的塔形。中国古塔可分为楼阁式、密檐式、覆钵式和金刚宝座式等类型。

（一）楼阁式塔

源于中国传统建筑中的楼阁形式，可以登高远眺。早期为木结构，隋唐以后多为砖石仿木结构。著名的有陕西西安大雁塔、山西应县木塔及泉州开元寺双塔等。

西安大雁塔位于陕西西安市南大慈恩寺内，建于唐永徽三年（652 年）。塔初建为砖表土心 5 层方形，后改建为 10 层。历经战火破坏，余 7 层。明代在外表加砌面砖予以保护，即为今塔。高 59.9 米，底座与塔身总高 64.1 米。寺建成不久，名僧玄奘由弘福寺迁此译经。大雁塔是玄奘西行求法、归国译经的纪念建筑物，具有重要历史价值。

应县木塔，即佛宫寺释迦塔，坐落在山西应县佛宫寺内。木塔建于辽清宁二年（1056 年），平面呈八角形，外观 5 层，夹有暗层 4 层，实为 9 层，通高 67.13 米。塔内明层均有塑像。应县木塔是我国现存最古老最高的一座木构大塔。

泉州开元寺双塔，位于福建省泉州市。东塔称镇国塔，西塔名仁寿塔，两塔相距 200 米。东塔始建于唐咸通年间，为木塔，宋代两次改建，先为砖砌，后为石砌，高 48.24 米。塔基四周有佛本生故事浮雕。西塔初亦为木塔，建于五代后梁年间，北宋时改为砖砌，南宋时再改为石塔，高 44 米。双塔忠实地模仿了木楼阁式样，5 层塔檐起翘甚大，气魄宏伟，呈现南方建筑风格。

（二）密檐式塔

以外檐层数多且间隔小而得名。塔下部第一层塔身特别高，以上各层则塔檐层层重叠，距离很近。密檐式塔大都是实心，一般不能登临。著名的有河南登封嵩岳寺塔、西安小雁塔、云南大理崇圣寺三塔等。

嵩岳寺塔建于北魏正光年间（520—525 年），是我国现存年代最早的砖塔。塔高约 39.5 米，平面呈 12 角形，底层直径约 10.6 米，外部密檐共 15 层。塔身四壁辟券门，门洞宽敞高大。塔身每层各面均砌出拱形门和小窗，这些门窗多为装饰性的，共计门窗 500 余扇。整个塔身呈抛物线形，线条清晰流畅，造型雄伟秀丽。

西安小雁塔建于唐中宗景龙年间（707—710 年），是为保存佛教大师义净从印度带回的佛经、佛像而建的。塔高 43.3 米，原为 15 层，现为 13 层，最上两层已震塌。塔基平面呈正方形，底层边长 11 米，底层特别高，以上逐层递减，玲珑秀气，别具风采。

崇圣寺三塔位于云南大理，呈三足鼎立之势。崇圣寺初建于南诏丰祐年间（824—859 年）。大塔又叫千寻塔。大塔先建，高 69.13 米，是空心密檐式四方形砖塔。南北小塔后建，塔高 42.17 米，是空心密檐式八角形砖塔。寺中立塔，故塔以寺名。寺的庙宇在清代咸丰、同治年间已毁，只有三塔完好地保留下来。崇圣寺三塔是大理“文献名邦”的象征，是云南古代历史文化的象征。

（三）覆钵式塔

又称喇嘛塔、白塔，为藏传佛教所常用。流行于元代，明清继续发展。著名的有北京妙应寺白塔、北海公园的永安寺白塔以及山西五台山显通寺白塔（塔院寺白塔）等。妙应寺白塔建于元至元八年（1271 年），是我国建筑年代最早、规模最大的一座喇嘛塔，由尼泊尔青年匠师阿尼哥设计。塔通高 51 米，通体洁白。下有 3 层须弥式基座，其上覆莲座，塔身形似宝瓶。此塔各部分的比例十分匀称，轮廓雄浑，气势磅礴，是喇嘛塔中最杰出的创作。

（四）金刚宝座塔

金刚宝座塔其造型仿照印度佛陀迦耶精舍而建，具有浓厚的印度风格。其形式为：塔的下部为一方形巨大高台，台上建五个正方形密檐小塔（代表五方五佛）。我国共有五座金刚宝座塔：北京真觉寺（五塔寺）的金刚宝座塔、北京香山碧云寺的金刚宝座塔、北京西黄寺的清净化城塔、内蒙古呼和浩特市慈灯寺的金刚舍利塔、昆明官渡古镇的金刚宝座塔。北京真觉寺金刚宝座塔是我国同类塔中年代最早、雕刻最精美的一座。此塔于明成化九年（1473 年）竣工。由汉白玉石和砖砌筑而成，总高 17 米，分塔座和五塔两部分。宝座为正方形，高 7.7 米，前后辟门，门内有阶梯，盘旋可达宝座顶部。顶部有五座石塔。此塔以精美的雕刻艺术而著称，塔座和五塔上遍刻绚丽多姿的佛像、花草、鸟兽等图案。

三、古桥

桥梁，指架在水上或空中以便通行的建筑物。中国古桥历史悠久，早在原始社会时期，我们的先民为了解决水陆交通问题，就开始人工建造桥梁。此后，随着工程技术的提高，古代工匠们创造了各式各样结构、材料和造型的桥梁。

（一）古桥的类型

若以桥梁的结构及外观形式分，主要有梁桥、浮桥、索桥及拱桥四种类型。其中梁桥出现较早，应用最为普遍；浮桥常用于军事目的，故也称“战桥”；索桥多建于水流湍急、不易做桥墩的陡岸险谷，主要见于西南地区；拱桥在我国桥梁史上出现较晚，但发展迅猛，是我国古桥中最富有生命力的一种类型。

1. 梁桥

又称平桥、跨空梁桥，是以桥墩做水平距离承托，然后架梁并平铺桥面的桥。这是应用最为普遍的一种桥，在历史上也较其他桥形出现得早，如福建泉州洛阳桥。

2. 浮桥

又称舟桥，因其架设便易，常用于军事目的，故也称“战桥”。浮桥是一种用数艘木船（也有用木筏或竹筏连横于水面上的）连起来并列于水面、船上铺木板供人马往来通行的桥。浮桥两岸多设柱桩或铁牛、铁山、石囷（qūn）、石狮等以系缆，如广东潮州广济桥中间一段便为浮桥。

3. 索桥

也称吊桥、悬索桥等，是以竹索或藤索、铁索等为骨干相拼悬吊起的大桥。多建于水流急、不易做桥墩的陡岸险谷，主要见于西南地区。

4. 拱桥

指在竖直平面内以拱作为主要承重构件的桥梁。如河北的安济桥、北京的卢沟桥。

（二）我国现存的著名古桥

1. 安济桥

安济桥，又名赵州桥，横跨在河北赵县城南的洨河上，建于隋开皇年间，由著名工匠李春设计建造。桥身为单拱，弧形，全长 50.82 米，宽 9.6 米，跨度为 37.37 米。桥拱肩敞开。拱肩两端各建两个小拱，即敞肩拱，开创了桥梁的新类型，是世界桥梁工程中的首创，也是世界上现存最大的敞肩桥。它既减轻了桥身自重、省工省料，又有利于洪水的宣泄，减少洪水对石桥的冲击。

2. 苏州宝带桥

苏州宝带桥位于苏州市吴中区长桥镇，建于唐代（816—819 年）。宝带桥是目前我国孔数最多的连拱石桥，长 318 米多，宽 4.1 米，共 53 个孔。桥沿运河岸，跨越澹台河，为纤道桥，因此桥栏不设栏板。桥处两河交汇处，水面浩渺，长虹卧波，极富水乡风光特色。

3. 泉州洛阳桥

洛阳桥又名万安桥，位于泉州市东，是我国古代著名的梁式石桥。北宋皇祐五年（1053 年）兴建，嘉祐四年（1059 年）竣工。曾经多次修筑。桥原长 1200 米，宽约 5 米，有 46 座桥墩，规模宏大。桥为当年郡守蔡襄主持建造，工程十分艰难。为使桥基和桥墩石胶结牢固，采用了“种蛎固基法”，独具匠心，为我国古代的重要科学创新。

4. 广济桥

广济桥位于广东潮州市之东的韩江上，是中国古代第一座开启活动式石桥。始建于南宋乾道六年（1170 年），历时 57 年建成。全长 517.95 米，东西两段桥共有 18 个桥墩。中间一段，宽约百米，用小舟摆渡。明代重修，增建桥墩 5 座，并在桥上立亭屋，建“望楼”。中段缩短，改用 18 艘梭船连成浮桥，能开能合。

5. 卢沟桥

卢沟桥位于北京市丰台区永定河上，始建于金代，明、清两代曾进行过较大规模的修葺、重建，是北京现存最古老的连拱石桥。卢沟桥全长 266.5 米，宽 7.5 米，桥身下分 11 孔涵洞，桥墩呈船形。桥身两侧石雕护栏有望柱 281 根，柱头上均雕刻伏卧石狮，大小共 485 个（现修复后为 501 个）。1937 年 7 月 7 日，侵华日军在此制造了卢沟桥事变（“七七事变”），发动了对中国的侵略战争。中国人民伟大的全面抗日民族自卫战争从此开始。1987 年 7 月 7 日，中国人民抗日战争纪念馆在桥东的宛平城中心落成并开馆。

6. 程阳永济桥

又名程阳风雨桥，位于广西三江侗族自治县林溪乡。建于民国年间。长 76 米，宽 3.7 米。木石结构，五个石砌的桥墩上建有侗族风格的楼亭五座。整座桥梁用大木凿榫接合，大小木条，斜穿直套，纵横交错，一丝不差。结构精密，优美壮观，是侗族文化在建筑艺术上的结晶。

7. 泸定桥

泸定桥，又名大渡桥，位于四川甘孜藏族自治州泸定县。建于 1705 年，1706 年投入使用。泸定桥是一座悬挂式铁索桥，横跨大渡河，全桥由桥身、桥台和桥亭三大部分组成。全长 103.67 米，宽 3 米，由 13 根锁链组成，其中两边桥栏各有 2 根铁链，桥面有 9 根铁链。全桥铁件总重 40 余吨。大渡桥曾是大渡河上最长的铁索桥，是茶马古道上的重要枢纽。该桥因“飞夺泸定桥”战斗而闻名中外。

第六节 古代水利工程

一、古代水利工程概述

(一)古代水利工程沿革

中国是传统的农业国家，自古重农，农业在国民经济发展中占有重要地位，而水利则是农业发展的命脉，中国历代王朝都十分重视农业基础建设，兴建水利工程。

中国有明确记载的水利活动始于夏朝，当时的人们已掌握原始的水利灌溉技术。西周时期已构成了蓄、引、灌、排的初级农田水利体系。春秋战国时期，吴国开凿邗沟，连接长江淮河，邗沟是最早有明确记载的运河。秦国蜀郡太守李冰修筑都江堰，水工郑国开凿郑国渠，使成都平原和关中平原成为沃野良田。

秦开通了秦渠、灵渠和江南运河；两汉时期农田水利地区特色明显，黄河流域以营建灌溉渠系为主，著名工程有六辅渠、白渠、龙首渠等；江淮、江汉之间以修治陂池为主，著名工程有六门陂；东南以排水筑堤、变湿淤之地为良田为主，著名工程有鉴湖等；西北主要利用雪水或地下水，修筑特殊的水利工程——坎儿井（坎儿井在后世不断发展完善，成为西北干旱地区的标志性水利设施）。

魏晋南北朝时期，水利工程主要集中于黄河流域、淮河流域及江南地区，兼具灌溉、防洪和航运功能。代表性工程包括浮山堰、督亢渠、戾陵堰、芍陂、薄骨律镇灌区等。隋唐水利工程遍及全国，隋开通大运河，对促进南北经济交流起了重大作用；宋代掀起了大办水利的高潮，虽未出现具有划时代意义的新水利工程，但其在维护和扩建既有工程方面取得了显著成就，为后世的水利发展奠定了基础。元明清时期修建的大型水利工程不多，元朝开凿会通河、通惠河，使运河以北京为中心直达杭州，用于南粮北运。地方小型农业水利工程数量越来越多，各种形式的水利工程在全国几乎到处可见，发挥着显著的效益。

中国人民同江河湖海进行了艰苦卓绝的斗争，修建了无数大大小小的水利工程，有力地促进了农业生产。

(二)古代水利工程类型

中国古代水利工程一般分为三种类型：灌溉及生活用水工程、运河工程及堤塘工程。

灌溉及生活用水工程。中国古代人们为了在干旱时解决灌溉及生活用水，在雨季时提早储存水源，专门修建了引水灌溉的水渠或水库。至今保留且仍发挥一定作用的大型工程四川都江堰，其核心作用就是防洪、灌溉、排沙及城市供水。

运河工程。中国地理上的大型水系大多呈东西走向，缺乏南北之间的水系沟通。为了解决航运、疏浚等问题，中国很早就进行开挖运河等水利工程，秦代的灵渠沟通湘江和漓江，元代开通的京杭大运河在隋唐大运河的基础上改道裁弯取直，其源头可追溯至春秋时期（如吴国开凿的邗沟），沟通了五大水系。

堤塘工程。中国古代人们为了防御河流、湖泊泛滥，不使城市、农田受淹而筑成许多堤塘、大坝工程。至今仍保留的有位于浙江绍兴的鉴湖、浙江宁波的它山堰、浙江海宁的钱塘江海塘等。

二、古代著名水利工程

都江堰。都江堰位于四川省都江堰市，战国秦昭王时蜀郡太守李冰率众修建。李冰吸收前人治水经验，引水灌田，分洪减灾。整个工程由宝瓶口、分水鱼嘴和飞沙堰组成，使整个成都平原得以灌溉。都江堰是中国建设于古代并使用至今的大型水利工程，被誉为“世界水利文化的鼻祖”，是全世界迄今为止，年代最久、唯一留存、以无坝引水为特征的宏大水利工程。2000 年被列入世界文化遗产名录。

京杭大运河。京杭大运河是中国仅次于长江的第二条“黄金水道”，是世界上最古老、长度最长的一条人工河道。南起杭州，北到北京，途经今浙江、江苏、山东、河北、天津、北京六省市，沟通了海河、黄河、淮河、长江、钱塘江五大水系。全长 1794 千米。京杭大运河对中国南北地区之间的经济、文化发展与交流，特别是对沿线地区工农业经济的发展起了巨大作用。2014 年，大运河被列入世界文化遗产名录。

灵渠。灵渠位于广西壮族自治区兴安县境内，于公元前 214 年凿成通航。全长 36.4 千米，是世界上最古老的运河之一，有着“世界古代水利建筑明珠”的美誉。灵渠主体工程由铧嘴、大天平、小天平、南渠、北渠、泄水天平、水涵、陡门、堰坝、秦堤、桥梁等部分组成。沟通湘江、漓江，联系长江与珠江两大水系，打通了南北水上通道，为秦王朝统一岭南提供了重要的保障。自秦以来，灵渠对巩固国家的统一，加强南北政治、经济、文化的交流，密切各族人民的往来，都起到了积极作用。灵渠经历代修整，依然发挥着重要作用。2018 年列入世界灌溉工程遗产名录。

安丰塘。安丰塘古名芍陂，位于安徽寿县，是由人工修造成的蓄水塘。为春秋时期楚国令尹孙叔敖率众人修建，已有 2600 多年历史。是中国历史上最古老的大型蓄水灌溉工程之一，比都江堰、郑国渠还早 300 多年。2600 多年前，孙叔敖选择该地比较低洼的地方，筑堤拦蓄河水，灌溉农田。此后历经各代屡次修治。安丰塘主要是用来防涝、蓄水、灌溉的水利工程。安丰塘塘堤周长约 25 千米，面积约 34 平方千米，蓄水近 1 亿立方米。放水涵闸 19 座，灌溉面积 7 万公顷。1988 年，安丰塘被国务院列为第三批全国重点文物保护单位。

第七节　中国近现代建筑的特点及当代著名建筑简介

一、中国近现代建筑的特点

（一）中国近代建筑

中国近代建筑所指的时间范围，是从 1840 年鸦片战争开始，到 1949 年中华人民共和国成立为止。中国在这个时期的建筑处于承上启下、中西交汇、新旧接替的过渡时期。中国近代建筑包含着新旧两大体系：旧建筑体系是原有的传统建筑体系的延续，但由于受到新建筑体系的影响，也出现若干局部的变化；新建筑体系包括从西方引进的和中国自身发展出来的新型建筑，虽具有近代的新功能、新技术和新风格，但不同程度地渗透着中国特点。

鸦片战争后，各种形式的西方建筑陆续出现在中国土地上，加速了中国建筑的变化。中国沿海地区、长江沿岸地区的一些城市，如上海、南京、武汉等由于轮船航运业的兴起、外国的入侵和不平等条约的签订，较早作为商埠开放，因此较多地受到西方文化的影响，在这些城市出现了某些洋式建筑。帝国主义列强在中国通商口岸租界区内大批建造各种新型建筑，如领事馆、洋行、银行等。洋务派和民族资本家创办新企业所营建的房屋，小部分引进了砖木混合结构的西式建筑。

“五四运动”后到抗日战争爆发，是中国近代建筑事业的繁荣发展阶段。上海、天津、北京、南京等大城市，建筑活动增多，新建了一批近代化水平较高的高楼大厦。20 世纪 20 年代末的上海是中国的经济中心，远东地区最大的贸易、金融、工业都市以及对外通商的窗口城市，现代风格的建筑最早正是在这里诞生。1929 年，沙逊大厦在上海外滩落成，拉开了近现代建筑史上具有重要价值的现代建筑设计的帷幕。继沙逊大厦之后，1933 年及 1934 年先后建成的汉弥登大厦及都城饭店，明显已具有现代建筑风格的特征。从国外留学归来的建筑师纷纷成立中国建筑师事务所，投入中国建筑事业中去。他们一方面吸收西方经典建筑原则，另一方面试图将西方技术与中国文化要素相结合。梁思成和中国营造学社的成员，历经 10 余年，走访了 15 个省、近 200 个县，测量、摄影、研究了 2000 余项包括汉、唐、宋、辽、明、清 6 个朝代的建筑与文物，积累了大量资料。1934 年，梁思成编著了《清式营造则例》一书。他既反对全盘西化、照搬洋式建筑，也反对那种完全仿古的做法，认为这不是中国新建筑的方向。他向往着一种既能用新技术、新材料，又具有民族传统的新建筑形式的出现。吕彦直的代表作是南京中山陵、广州中山纪念堂。杨廷宝主持完成了北平地区一些古建筑的维修，如北平天坛、祈年殿、国子监等，设计了南京中央体育场、中央医院、金陵大学图书馆、清华大学生物馆等建筑。

（二）中国现代建筑

中国现代建筑指从 1949 年至今天的建筑。1949 年中华人民共和国成立初期，在建筑方面开展了学习苏联的运动。重要的政府建筑都采用了具有西方新古典主义特征的建筑风格。通过对称体量、柱列等元素体现庄重的纪念性。中国建筑师从不同的途径探索了有不同民族和地方色彩的建筑，如以大屋顶为主要特征的民族形式建筑。

改革开放以后，中国一跃成为全球最大的建筑市场。现代主义建筑强调建筑要随时代发展；建筑师要研究和解决建筑的实用功能和经济问题；主张积极采用新材料、新结构；主张坚决摆脱过时的建筑样式的束缚；主张发展新的建筑美学，创造建筑新风格。许多建筑师以现代建筑为基础，继承和发扬中国优秀建筑传统，创造出现代化和民族化、地方化相结合的建筑，即传统建筑艺术与现代建筑的结合。思想的解放和繁荣创作的努力，带来了明显的多元化倾向。中国当代建筑已经是全球范围内最具活力的一支力量，一些杰出作品已经具备了世界一流的品质。

二、当代著名建筑成就及著名建筑举要

（一）当代著名建筑成就

国庆十周年北京“十大建筑” 1959 年，中华人民共和国成立十周年，建成了人民大会堂、中国历史博物馆与中国革命博物馆（两馆属同一建筑内，即今中国国家博物馆）、中国人民革命军事博物馆、民族文化宫、民族饭店、钓鱼台国宾馆、华侨大厦（已被拆除）、北京火车站、全国农业展览馆和北京工人体育场。以上建筑是中华人民共和国成立十周年的献礼工程，被称为“北京十大建筑”。

人民大会堂 位于天安门广场西侧，坐西朝东，南北长 336 米，东西宽

206 米，高 46.5 米，占地面积 15 万平方米，建筑面积 17.18 万平方米。人民大会堂完全由中国工程技术人员自行设计、施工，1958 年 10 月动工，1959 年 9 月建成。

天安门广场改扩建工程 天安门广场，明清时期为一座“T”形宫廷广场。这里是举办重大庆典和向全国发布政令的重要场所。1958 年，为庆祝中华人民共和国成立十周年，天安门广场开始了史上最大规模的一次扩建改造。保留正阳门和箭楼，拆除中华门，其东西两侧分列革命博物馆、历史博物馆和人民大会堂。广场面积 40 公顷，略呈长方形。

南京长江大桥 位于南京市鼓楼区下关和浦口区桥北之间，是长江上第一座由中国自行设计和建造的双层式铁路、公路两用桥梁，在中国桥梁史和世界桥梁史上具有重要意义，是中国经济建设的重要成就、中国桥梁建设的重要里程碑，具有极大的经济意义、政治意义和战略意义，有“争气桥”之称。于 1968 年 12 月 29 日通车。上层为公路桥，长 4589 米，车行道宽 15 米，可容 4 辆大型汽车并行，两侧各有 2 米多宽的人行道，连通 104 国道、312 国道等跨江公路，是沟通南京江北新区与江南主城的要道之一；下层为双轨复线铁路桥，宽 14 米，全长 6772 米，连接津浦铁路与沪宁铁路干线，是国家南北交通要津和命脉。大桥由正桥和引桥两部分组成，正桥 9 墩 10 跨，长 1576 米，最大跨度 160 米。通航净空宽度 120 米，桥下通航净空高度为设计最高通航水位以上 24 米，可通过 5000 吨级海轮。

杭州湾跨海大桥 位于杭州湾海域之上，是浙江省境内连接嘉兴市和宁波市的跨海大桥，是沈阳—海口高速公路（国家高速 G15）的组成部分之一，也是浙江省东北部的城市快速路的重要构成部分。杭州湾跨海大桥北起嘉兴市海盐枢纽，上跨杭州湾海域，南至宁波市庵东枢纽立交。线路全长 36 千米，桥梁总长 35.7 千米，桥面为双向六车道高速公路，设计速度每小时 100 千米。杭州湾跨海大桥于 2007 年 6 月 26 日完成合龙工程，全线贯通，2008 年 5 月 1 日通车运营。该桥于 2011 年获得中国建设工程鲁班奖和第十届中国土木工程詹天佑奖。

港珠澳大桥 位于广东省珠江口伶仃洋海域内，是中国境内一座连接香港、广东珠海和澳门的桥隧工程，为珠江三角洲地区环线高速公路南环段。港珠澳大桥东起香港国际机场附近的香港口岸人工岛，向西横跨南海伶仃洋水域接珠海和澳门人工岛，止于珠海洪湾立交。桥隧全长 55 千米，其中主桥 29.6 千米、香港口岸至珠澳口岸 41.6 千米。桥面为双向六车道高速公路，设计速度每小时 100 千米。港珠澳大桥于 2017 年 7 月 7 日实现主体工程全线贯通，2018 年

2 月 6 日完成主体工程验收，同年 10 月 24 日上午 9 时开通运营。港珠澳大桥因其超大的建筑规模、空前的施工难度和顶尖的建造技术而闻名世界，并由此获得 2018—2019 年度中国建设工程鲁班奖（国家优质工程）。

北盘江大桥 原称尼珠河大桥或北盘江第一桥，是连接云南省曲靖市宣威市普立乡与贵州省六盘水市水城区都格镇的特大桥，位于尼珠河之上，为杭瑞高速公路的组成部分。北盘江大桥北起都格镇，上跨尼珠河大峡谷，南至腊龙村，全长 1341.4 米，桥面至江面距离 565.4 米。大桥采用双向四车道高速公路标准，设计速度每小时 80 千米。北盘江大桥于 2013 年动工建设，2016 年 12 月 29 日竣工运营。北盘江大桥因其相对高度超过四渡河特大桥，刷新世界纪录而成为全球第一高桥。

（二）当代著名建筑举要

国家体育场（鸟巢） 位于北京奥林匹克公园中心区南部，是 2008 年北京奥运会的主体育场。占地 20.4 公顷，建筑面积 25.8 万平方米，可容纳观众 9.1 万人。在此举行了奥运会、残奥会开闭幕式、田径比赛及足球比赛决赛。奥运会后成为北京市民参与体育活动及享受体育娱乐的大型专业场所，并成为地标性的体育建筑和奥运遗产。体育场于 2008 年 3 月完工。体育场由雅克 · 赫尔佐格、德梅隆以及李兴刚等人设计，由北京城建集团负责施工。体育场的形态如同孕育生命的“巢”和摇篮，寄托着人类对未来的希望。国家体育场工程为特级体育建筑，主体结构设计使用年限为 100 年。

中央电视台总部大楼 位于北京市朝阳区东三环中路 32 号，地处北京商务中心区，比邻北京国贸大厦。园区共由三组建筑物组成：位于西南侧的中央电视台总部大楼（主楼）、位于西北侧的电视文化中心（北配楼）以及位于东北角的能源服务中心。大楼总建筑面积约 55 万平方米，其中主楼由两栋塔楼组成，分别为 52 层 234 米高和 44 层 194 米高，并由在 162 米高空大跨度外伸，高 14 层、重 1.8 万吨的钢结构大悬臂相交对接，总用钢量达 14 万吨。大楼于 2012 年 5 月 16 日竣工交付使用。中央电视台总部大楼于 2007 年 12 月 24 日被美国《时代》周刊杂志评选为 2007 年世界十大建筑奇迹之一，2013 年 11 月 7 日获世界高层建筑与都市人居学会（CTBUH）“2013 年度全球最佳高层建筑奖”，2014 年 4 月入围十大当代建筑之一。

东方明珠广播电视塔 位于浦东新区陆家嘴，塔高约 468 米。电视塔有下、上、顶三个球体。电视塔于 1991 年 7 月兴建，1995 年 5 月投入使用。电视塔承担上海 6 套无线电视发射业务，地区覆盖半径 80 千米。东方明珠广播电视塔是国家首批 AAAAA 级旅游景区。塔内有太空舱、旋转餐厅、上海城市历史发展陈列馆等景观和设施。1995 年被列入上海十大新景观之一，2020 年 1 月 6 日入选 2019 上海新十大地标建筑。

上海中心大厦 位于上海市浦东新区陆家嘴金融贸易区核心区内，是一座巨型高层地标式摩天大楼。建筑总高度 632 米，其设计高度超过附近的上海环球金融中心。建筑外观呈螺旋式上升，建筑表面的开口由底部旋转贯穿至顶部。2008 年 11 月 29 日，上海中心大厦进行主楼桩基开工。2016 年 3 月 12 日，上海中心大厦建筑总体正式全部完工。上海中心大厦作为一幢综合性超高层建筑，以办公为主，其他业态有会展、酒店、观光娱乐、商业等。大楼第 118 层设有“上海之巅”观光厅，可 360 度俯瞰上海城市风貌。2020 年，上海中心大厦入选上海新十大地标建筑。

苏州“东方之门” 位于苏州工业园区轴线的东端，2015 年 8 月建成。“东方之门”总建筑面积为 453 141.79 平方米，总高度达到 301.8 米。“东方之门”曾获“中国结构最复杂的超高层建筑”“中国最高的空中苏式园林”等美誉。

广州塔（“小蛮腰”） 位于广东省广州市海珠区（艺洲岛）赤岗塔附近，又称广州新电视塔，昵称“小蛮腰”。广州塔身主体高 454 米，天线桅杆高 146 米，总高度 600 米。广州塔是中国第一高塔、世界第四高塔。广州塔总建筑面积 114 054 平方米。2010 年 9 月 30 日正式对外开放，2010 年 10 月 1 日正式公开售票接待游客。广州塔有 5 个功能区和多种游乐设施，包括户外观景平台、摩天轮、极速云霄游乐项目以及 2 个观光大厅，还有悬空走廊、天梯、4D 和 3D 动感影院、中西美食、会展设施、购物商场及科普展示厅。

台北 101 大楼 又名台北 101、台北金融大楼。位于我国台湾省台北市信义区金融贸易区中心，东临信义广场，高 508 米，是台北市标志性建筑之一。101 大楼占地面积 30 277 平方米，其中包含一座 101 层高的办公塔楼及 6 层的商业裙楼和 5 层地下楼面。每 8 层楼为 1 个结构单元，彼此接续、层层相叠，构筑整体，建筑面积为 39.8 万平方米。2011 年，台北 101 大楼获得了美国 LEED 白金级认证绿色建筑。

第八节　中西建筑流派风格比较

一、中国建筑概述

中国历史悠久，地域辽阔，传统建筑类型与风格极为丰富。中华文明的典型特征就是持续性与稳定性，这也体现在中国传统建筑的发展上。从商周到清末，中国传统建筑体系的发展一脉相承，较为稳定。中国传统建筑可分为两类，即官式建筑和民间建筑。

（一）官式建筑

官式建筑是相对于民间建筑而言的，通常也称为宫殿式建筑，包括帝王宫殿、官衙建筑等，一些佛寺和道观也常采用这类建筑。所谓官式建筑，是指具有一定官方地位，强调庄重感、仪式感的建筑。历代帝王登基后都要大兴土木，营造宫殿，以象征他们的统治具有至高无上的权威和长治久安的实力。这样，宫殿建筑便成了相应时代建筑的最高典范。官式建筑在外观上表现为一种崇高、雄伟、辉煌、超乎凡俗的气魄和气势。官式建筑强调正统性，其建筑通常由基座、木构架、斗拱、屋顶等组成。官式建筑的总体布局都是按封建统治的礼制加以规划的，因而具有森严的等级。官式建筑的规模、开间数量、屋顶形态、色彩、装饰、斗拱层数都有明确的等级规定，体现了古代政治制度的严格规制。

（二）民间建筑

民间建筑即民居建筑，是指中国传统的人民居住的房屋建筑，是指那些非官方的、民间的、一代又一代延续下来的、以居住类型为主的"没有建筑师的建筑"。民居建筑的风格和形式，在不同的历史时期和不同的地区有不同的变化。中国民居是各地居民自己设计建造的具有一定代表性、富有地方特色的居家住宅。中国是一个多民族聚居的国家，各个地区的地理条件、经济技术和建筑文化有明显的地域差异，中国的传统文化正是由各个地区、各个民族各具特色的地方建筑文化组成的。民居建筑规模小，其营建都是因地制宜、就近取材，造价低，用料简单。色彩与装饰也运用得很少，朴素简洁，宁静亲切。在中国的民居中，最具特点的民居有北京四合院、西北黄土高原的窑洞、安徽的古民居、福建和广东等地的土楼等。

二、西方古代建筑概述

西方古代建筑，主要是指 19 世纪末叶以前的西方建筑。包括古希腊建筑、古罗马建筑、拜占庭建筑、罗马风建筑、哥特式建筑等。

（一）古希腊建筑

古希腊的发展时期为公元前 8 世纪到希腊被罗马兼并为止。古希腊对欧洲文明影响深远。同样，古希腊建筑也是欧洲建筑的开拓者，并且影响到全世界。古希腊建筑的结构属梁柱体系，早期主要建筑都用石料，平面构成为矩形，中央是厅堂、大殿，周围是柱子，可统称为环柱式建筑。建筑的双面坡屋顶形成了建筑前后的山花墙装饰的特定手法。古希腊建筑中有圆雕、高浮雕、浅浮雕等装饰手法，创造了独特的装饰艺术。古希腊人崇尚人体美，无论是雕刻作品还是建筑，他们都认为人体的比例是最完美的。

（二）古罗马建筑

古罗马建筑是古希腊建筑的继承和发展，它承载了古希腊文明中的建筑风格，凸显地中海地区特色。古罗马建筑以厚实的砖石墙、半圆形拱券、逐层挑出的门框装饰和交叉拱顶结构为主要特征，依靠水平很高的拱券结构，获得宽阔的内部空间。拱券结构是罗马建设和建筑最大的成就和特点，混凝土的使用促进了古罗马拱券结构的发展和定型。罗马的大型公共建筑中最常采用的建筑形式是拱券结构。代表建筑有万神庙、罗马斗兽场等。

（三）拜占庭建筑

拜占庭建筑是在继承古罗马建筑文化的基础上发展起来的，以基督教为背景。拜占庭建筑具有鲜明的宗教色彩。同时，它又汲取了波斯、两河流域、叙利亚等东方文化，形成了自己的建筑风格，并对后来的俄罗斯的教堂建筑、伊斯兰教的清真寺建筑都产生了积极的影响。拜占庭建筑主要有四方面的特点：一是屋顶造型，普遍使用"穹窿顶"。二是整体造型中心突出。体量既高又大的圆穹顶，成为整座建筑的构图中心。有时在四个角上建造小一些的穹顶。三是它创造了把穹顶支撑在独立方柱上的结构方法和与之相应的集中式建筑形制。其典型做法是，在方形平面的四边发券，在四个券之间砌筑以对角线为直径的穹顶，仿佛一个完整的穹顶在四边被发券切割而成，它的重量完全由四个券承担，从而使内部空间获得了极大的自由。四是大面积地用马赛克或粉画进行装饰，使建筑内部空间与外部立面显得灿烂夺目。代表建筑有圣索菲亚大教堂、圣马可教堂等。

（四）罗马风建筑

罗马风建筑是10—12世纪欧洲基督教流行地区的一种建筑风格。中世纪影响了西方建筑的发展，很多技艺已失传，直到10—11世纪，西方建筑才开始复苏。因采用古罗马式的券、拱而得名。多见于修道院和教堂，给人以雄浑庄重的印象。罗马式风格的形成以英国杜勒姆教堂为标志。

（五）哥特式建筑

哥特式建筑是12世纪下半叶起源于法国，13—15世纪流行于欧洲的一种建筑风格。主要见于天主教堂，也影响到世俗建筑。它由罗曼式建筑发展而来，为文艺复兴建筑所继承。哥特式建筑在当代普遍被称作"法国式"（Opus Francigenum），"哥特式"一词则于文艺复兴后期出现。哥特式，原是从哥特民族中演化过来的，指的是北方野蛮民族，含有贬义。但后来也就失去了它的褒贬性，变成了当时一种文化的名称。哥特式建筑最重要的特征就在“高直”二字，所以也有人称这种建筑为高直式。哥特式建筑的整体风格为高耸瘦削且带尖。为了保持结构稳定，哥特式建筑周边还采用了飞扶壁来强化支撑。哥特式建筑的特点是尖塔高耸、尖形拱门、大窗户及绘有圣经故事的花窗玻璃。代表建筑有法国巴黎圣母院、德国科隆大教堂、俄罗斯圣母大教堂、意大利米兰大教堂、英国威斯敏斯特大教堂等。

（六）文艺复兴时期的建筑

文艺复兴建筑在 15 世纪产生于意大利，后传播到欧洲其他地区，形成了带有各自特点的各国文艺复兴建筑。意大利文艺复兴建筑在文艺复兴建筑中占有重要的位置。文艺复兴建筑最明显的特征是扬弃了中世纪时期的哥特式建筑的特点，提倡对古希腊、古罗马形式的运用，倾向于使用柱式、圆拱、筒形拱顶等古典建筑元素，并强调建筑形式的思想性、观念性。文艺复兴建筑发源于意大利的佛罗伦萨，开始的标志是佛罗伦萨大教堂的大穹顶。

（七）巴洛克建筑

巴洛克建筑是 17—18 世纪在意大利文艺复兴建筑基础上发展起来的一种建筑和装饰风格。“巴洛克”一词的原意是畸形的珍珠，古典主义者用它来称呼这种被认为是离经叛道的建筑风格。巴洛克建筑大量使用椭圆、曲线以及充沛的装饰来塑造富有动感而多变的建筑效果。巴洛克建筑风格的基调是富丽堂皇而又新奇欢畅，具有强烈的世俗享乐的味道。巴洛克建筑的代表作有罗马耶稣会教堂、罗马圣卡罗教堂、德国十四圣徒朝圣教堂、奥地利维也纳舒伯鲁恩宫等。

（八）洛可可建筑

洛可可建筑风格产生于法国并流行于欧洲，是在巴洛克式建筑的基础上发展起来的，主要表现在室内装饰上。“洛可可”一词，由法语 rocaille（贝壳工艺）演化而来，原意为建筑装饰中的一种贝壳形图案。1699 年，建筑师、装饰艺术家马尔列在金氏府邸的装饰设计中大量采用这种曲线形的贝壳纹样，由此而得名。洛可可风格最初出现于建筑的室内装饰，后扩展到绘画、雕刻、工艺品、音乐和文学领域。洛可可装饰的特点是：色彩明快，爱用嫩绿、粉红、玫瑰红等鲜艳的浅色调，线脚大多用金色。方法细腻，常常采用不对称手法，喜欢用弧线和 S 形线，尤其爱用贝壳、旋涡、山石作为装饰题材，形成了装饰繁杂、形态怪诞的宫廷内饰倾向。洛可可建筑的代表作有法国巴黎苏俾士府邸公主沙龙、凡尔赛宫的镜厅等。

（九）新古典主义建筑

新古典主义建筑是一种建筑风格，由开始于18世纪中叶的新古典主义运动而产生，主要源自古希腊建筑和意大利的帕拉弟奥式建筑。欧洲主流建筑师学习和模仿希腊与罗马古代建筑，强调突出庄重感、对称性、秩序与理性等特征。法国在18世纪末、19世纪初是欧洲新古典建筑活动的中心。法国大革命时在巴黎兴建的万神庙是典型的古典式建筑。拿破仑时代在巴黎兴建了许多纪念性建筑，其中雄狮凯旋门（或称巴黎凯旋门）、马德兰教堂等都是古罗马建筑式样的翻版。

三、中西建筑对比

（一）建筑理念不同

中国人崇尚“天人合一”，在自然与人的关系上，注重二者的和谐，强调的是顺其自然，因此中国建筑通过“建筑之意”表达文化，建筑艺术与功能相辅相成，形成了尺度自然、意境独特、礼乐并行的特色。西方以人为中心，强调人对自然的征服与改造，强调人与自然的对立，以此求得人类生存与发展。

（二）材料不同

中国古代建筑材料主要是木材和砖瓦。木材与砖瓦质地相对于石料疏软，可塑性强，且具有很好的采光和通风功能，便于体现中国美学虚实结合的意境。木构架抗震性能好。不足之处是容易被雨水侵蚀、被火焚毁等，很难长久保存。西方以欧洲为代表的建筑体系以古典柱式为主要造型特征，以石构为基础的建筑质地坚硬，作为纪念物保存性能优越。

（三）外观不同

中国古代建筑注重与自然的和谐。中国古代建筑对远景效果十分重视，多从整体上予以规划，以与周围的环境、气氛融为一体为上，呈现优美、柔和的外轮廓线。中国古代建筑中的斗拱与屋顶具有很高的审美价值。西方建筑体现与自然的对抗态度，在外轮廓处理中有意强调建筑的几何体量，以外部空间为主，与自然山水的柔曲形成对比与反衬。

（四）装饰差异

中国传统建筑的色彩平和，具有较长时期的稳定性，并形成一定的规则。宫殿建筑用红墙、黄琉璃瓦。建筑上施以彩画，彩画可分为和玺彩画、旋子彩画、苏式彩画，其中和玺彩画等级最高。西方建筑的色彩变幻，一个时代有一个时代的特点。

（五）布局方式差异

中国古代传统建筑大到国家、小到家庭，都崇尚“封闭型空间”，如北京四合院由两进或三进院落组成，故宫建筑由若干进院落组成。庭院布局，以内向性封闭空间为主，强调紧凑、聚气。西方古代建筑则崇尚“开放空间”，把中心广场称为“城市的客厅”“城市的起居室”。

随堂练

经典图片

考点速记

第六章 中国园林艺术

【学习目标】

了解中国古典园林的起源与发展，中国现代园林艺术。熟悉中国古典园林的特色和分类。掌握中国古典园林的构成要素、造园艺术、构景手段，盆景艺术和代表性园林。

世界园林由于受到各地园林风格特点不同，所表达的思想文化各异等多方因素的影响，形成了以欧洲、西亚、中国为代表的三大园林体系。

欧洲园林体系强调“规则和有序”，整齐一律，均衡对称，通过人工美追求几何美，体现人文的力量。西亚园林体系以水法为园林的特色，在平面布置上把园林建成“田”字，用纵横轴线分作四区，于十字林荫路交叉处设置中心水池，把水作为园林的灵魂，使水在园林中发挥最大作用。而中国山水园林则截然不同。中国山水园林表现的是自然美。布局形式以自由、变化、曲折为特点，要求景物源于自然，又高于自然，使人工美和自然美融为一体，力争做到“虽由人作，宛自天开”。

在世界三大园林体系中，中国园林艺术独树一帜，有自己独特的美学和艺术特征。顺应自然是中国古代园林体现“天人合一”民族文化之所在，是独立于世界之林的最大特色，也是其永葆艺术生命力的根本原因。

第一节 中国古典园林的起源、特色与分类

一、中国古典园林的起源与发展

根据文献记载，早在商周时期我们的先人就已经开始利用自然的山泽、水

泉、树木、鸟兽进行初期的造园活动。最初的形式为囿。囿是指在圈定的范围内让草木和鸟兽滋生繁育；还挖池筑台，供帝王和贵族们狩猎和享乐。公元前11世纪，周文王曾建“灵囿”。

春秋战国时期的园林中已经有了成组的风景，既有土山又有池沼或台。自然山水园林已经萌芽，而且在园林中构亭营桥，种植花木。园林的组成要素都已具备，不再是简单的囿了。

秦汉时期出现了以宫室建筑为主的宫苑。秦始皇建上林苑，阿房宫就位于其中。引渭水作长池，并在池中筑蓬莱山以象征神山仙境，形成了皇家园林一池三山的模式，开创了人为造山的先例。优美的自然风景与华美的宫室相结合，是秦汉时期宫苑的典型代表。

魏晋南北朝时期是中国园林发展的转折点。佛教的传入及老庄哲学的流行，使园林转向崇尚自然。私家园林逐渐增加。

唐宋时期园林达到成熟阶段，官僚及文人墨客自建园林或参与造园工作，将诗与画融入园林发展的布局与造景中，反映了当时社会上层地主阶级的诗意化生活要求，推动古典园林由自然山水园向写意山水园发展。另外，唐宋写意山水园在体现自然美的技巧上取得了很大的成就，如叠石、堆山、理水等。

明清时期，园林艺术进入精深发展阶段，无论是江南的私家园林，还是北方的帝王宫苑，在设计和建造上都达到了巅峰。现在保存下来的园林大多属于明清时期的，这些园林充分表现了中国古代园林的独特风格和高超的造园艺术。

二、中国古典园林的特色

（一）指导思想：顺应自然

中国古典园林深受传统儒道思想自然审美观的影响，追求“天人合一”，即以表现大自然的天然山水景色为主旨，布局自由，所凿假山池沼，“虽由人作，宛自天开”。源于自然由高于自然。在造园艺术上包含两层内容：一是总体布局、组合要合乎自然；二是每个山水景象要素的形象组合要合乎自然规律。对树木花卉的处理与安设，讲究表现自然。所有建筑，其形与神都与天空、地下自然环境吻合，同时又使园内各部分自然相接，以使园林体现自然、淡泊、恬静、含蓄的艺术特色，并收到移步换景、渐入佳境、小中见大等观赏效果。

（二）艺术风格：诗情画意

中国古典园林在师法自然的同时，更致力于营造一个充满诗情画意的艺术空间，这是造园者更高、更内在的追求。古典园林中蕴含着诗情，也潜藏着画意。很多园林的造景直接源于国画，以画中灵感造园，意境深远。造园的叠山理水之法，受到了山水画“外师造化，中得心源”写意原则的启发。园林中融有诗文，最直观的体现便是园林中随处可见的园名、景题、匾额、楹联等，无不浸染着园林的情调，烘托着园林的内涵和意境。中国古典园林与诗词艺术可谓水乳交融、息息相通。

（三）造园手法：力求含蓄

中国古典园林多呈封闭，面积有限，因而造园时追求以有限面积造无限空间，以小见大，重视分隔空间，讲究曲折委婉、含蓄悠远，切忌平铺直叙。追求一种意的幽静和境的深邃，给人无尽的遐想。漏景、影壁、花窗等造园手法和元素中都有体现含蓄的表达方式。弯曲的园林小路增加了庭院空间的层次，让行走在小路上的人感觉庭院空间的宽广与深邃。

三、中国古典园林的分类

中国古代园林的分类，从不同角度看，可以有不同的分类方法。一般有以下两种分类法。

（一）按占有者身份分

1. 皇家园林

皇家园林是专供帝王休憩享乐的园林。古人讲普天之下莫非王土，在统治阶级看来，国家的山河都是属于皇家所有的。所以其特点是规模宏大，真山真水较多，园中建筑色彩富丽堂皇，建筑体形高大，体现了封建帝王拥有四海的权威。现存的著名皇家园林有北京的颐和园、北京的北海公园、河北承德的避暑山庄。

2. 私家园林

私家园林是供皇家的宗室外戚、王公官吏、富商大贾等休闲娱乐的园林。其特点是规模较小，所以常用假山假水，园中建筑小巧玲珑，色彩淡雅素净，且居住与游览合一，表现园主人悠游林下、寄情山水的心态。现存的私家园林有北京的恭王府，苏州的拙政园、留园、沧浪亭、网师园，上海的豫园等。

（二）按园林所处地理位置分

1. 北方类型

北方类型，也称黄河类型，按气候带划分，也可称温带园林。因地域宽广，所以范围较大；又因大多为古都所在，所以建筑富丽堂皇。因受限于自然气象条件，河川湖泊、园石和常绿树木都较少。因为风格粗犷，所以秀丽媚美略显不足。北方园林的代表大多集中于北京、西安、洛阳、开封，其中尤以北京为代表。

2. 江南类型

江南类型，也称南方类型或扬子江类型，按气候带划分，也可称亚热带园林。南方人口较密集，所以园林地域范围小；又因河湖、园石、常绿树较多，所以园林景致较细腻精美。其特点为明媚秀丽、淡雅朴素、曲折幽深，但终究面积小，略感局促。南方园林的代表大多集中于南京、上海、无锡、苏州、杭州、扬州等地，其中尤以苏州为代表。

3. 岭南类型

岭南类型，也称广东类型，按气候带划分，也可称热带园林。因为其地处亚热带，终年常绿，又多河川，所以造园条件比北方、南方都好。其明显的特点是，具有热带风光，建筑物都较高且宽敞。现存岭南类型园林有著名的广东顺德的清晖园、东莞的可园、番禺的余荫山房等。

四、古典园林的游览方法

游览古典园林讲究“游”（漫步游览）与“停”（驻足观赏）的结合。

（1）从“游”的角度来讲，一般可顺着路、径、廊漫步游览，因为它们的走向与园林的观赏线路相一致，可以纵观整个园林的风景。中国古典园林中的路、径、廊往往是曲折的，在漫步游览时具有步移景异的效果。

（2）从“停”的角度来讲，遇到厅、堂、亭、榭等重要建筑时，最好驻足停留，以便细细观赏。亭是一种开敞的小型建筑物。亭的四周景色往往非常优美，是观赏景色的佳境。但每一亭的作用往往又各不相同，进亭前，最好先看一下“亭名”，以便知晓设亭的主旨。此外，还可以先了解一下该亭的建造年代、匾额、楹联以及有关的历史典故，这既可以加深对亭的认识，增长知识，还可以激发更浓的游兴。

（3）从心理学的角度来讲，一般情况下，年轻好动的游人喜欢穿越小桥流水，可以选择登山越水的路径；年龄大的游人则偏爱进廊游览，既可避雨雪烈日之苦，又能体现平稳和安全。榭也是园林中重要的休息场所，多临水而建，便于观赏水景。

总之，在园林游览中，“游”和“停”要规划得当，该“游”的时候就顺着路、径、廊漫步游览，该“停”的时候就停下来细细观赏。

第二节 中国古典园林的构成要素和造园艺术

一、叠山

为表现自然，叠山是造园的最主要的因素之一。它的根本目的是起到一个登高望远、扩大空间的作用。园林中的假山一般有石山、土山和土石混合三种。叠山的石材主要有两种：一是黄石，因其质地坚硬，不易受风雨的侵蚀，用于假山的基础部分，称叠脚。二是太湖石，因其具有皱、瘦、漏、透四大特点，置于假山的上部，供游人玩赏品味，称收顶。此外，还有宣石、灵璧石等。苏州环秀山庄的假山是江南私家园林叠山的典型代表，为清代叠山大师戈裕良所做。假山既有危崖、峭壁，又有溪涧、飞梁，连园林专家也惊叹："造园者未见此山，正如学诗者不知李杜。"被称为"江南三大奇石"的上海豫园的玉玲珑、苏州留园的冠云峰、杭州竹素园的绉云峰，都是假山中的佼佼者。

二、理水

为表现自然，理水也是造园最主要的因素之一。不论哪一种类型的园林，水都是最富有生气的因素，无水不活。自然式园林以表现静态的水景为主，以表现水面平静如镜或烟波浩渺的寂静深远的境界取胜。人们或观赏山水景物在水中的倒影，或观赏水中怡然自得的游鱼，或观赏水中芙蕖睡莲，或观赏水中皎洁的明月……自然式园林也表现水的动态美，但不是喷泉和规则式的台阶瀑布，而是自然式的瀑布。池中有自然的矶头、矶口，以表现经人工美化的自然。

正因如此，园林一定要凿池引水。古代园林理水之法，一般有以下三种。

一为掩。以建筑和绿化，将曲折的池岸加以掩映。临水建筑，除主要厅堂前的平台，为突出建筑的地位，不论亭、廊、阁、榭，皆前部架空挑出水上，水犹似自其下流出，用以打破岸边的视线局限；或临水蔬蒲苇岸、杂木迷离，造成池水无边的视觉印象。

二为隔。或筑堤横断于水面，或隔水浮廊可渡，或架曲折的石板小桥，或涉水点以步石。正如计成在《园冶》中所说："疏水若为无尽，断处通桥。"如此则可增加景深和空间层次，使水面有幽深之感。

三为破。水面很小时，如曲溪绝涧、清泉小池，可用乱石为岸，怪石纵横、犬牙交错，并配植以细竹野藤、朱鱼翠藻，虽是一洼水池，也令人有深邃山野风致的审美感觉。

三、植物

植物是造山理水不可缺少的关键因素。花木犹如山峦之发，水景如果离开花木就没有美感。自然式园林着意表现自然美，对花木的选择标准如下：一讲姿美，树冠的形态、树枝的疏密曲直、树皮的质感、树叶的形状，都追求自然优美；二讲色美，树叶、树干、花都要求有各种自然的色彩美，如红色的枫叶，青翠的竹叶、白皮松，斑驳的狼榆，白色的广玉兰，紫色的紫薇等；三讲味香，要求自然淡雅和清幽。最好四季常有绿，月月有花香，其中尤以蜡梅最为淡雅、兰花最为清幽。花木对园林山石景观起衬托作用，又往往和园主追求的精神境界有关。如竹子象征人品清逸和气节高尚，松柏象征坚强和长寿，莲花象征洁净无瑕，兰花象征幽居隐士，玉兰、牡丹、桂花象征荣华富贵，石榴象征多子多孙，紫薇象征高官厚禄等。

古树名木对营造园林气氛非常重要。古木繁花，可形成古朴幽深的意境。所以当建筑物与古树名木不协调时，宁可挪动建筑以保住大树。计成在《园冶》中说："多年树木，碍筑檐垣，让一步可以立根，斫数桠不妨封顶。"构建房屋容易，百年成树艰难。

除花木外，草皮也十分重要，平坦或起伏或曲折的草皮，也令人陶醉于向往中的自然。

四、动物

中国古典园林重视饲养动物。最早的苑囿中，以动物作为观赏、娱乐对象。魏晋南北朝园林中有众多鸟禽，使之成为园林山水景观的天然点缀。唐代王维的辋川别业中养鹿放鹤，以寄托"一生几经伤心事，不向空门何处销"的解脱情趣。宋徽宗所建艮岳，集天下珍禽异兽数以万计，经过训练的鸟兽，在徽宗驾到时，能乖巧地排立在仪仗队里。明清时园中有白鹤、鸳鸯、金鱼，还有天然鸟蝉等。园中动物既可以观赏娱乐，也可以隐喻长寿，还可以借以扩大和涤化自然境界，令人通过视觉、听觉产生无限联想。

五、建筑

园林中建筑有十分重要的作用。它可满足人们生活享受和观赏风景的愿望。中国自然式园林，其建筑一方面要可行、可观、可居、可游；另一方面起着点景、隔景的作用，使园林移步换景、渐入佳境，以小见大，又使园林显得自然、淡泊、恬静、含蓄。这是与西方园林建筑大不相同之处。中国自然式园林中的建筑形式多样，有堂、厅、楼、阁、馆、轩、斋、榭、舫、亭、廊、桥、墙等。

（一）厅堂

厅堂是待客与集会活动的场所，也是园林中的主体建筑。“凡园圃立基，定厅堂为主。”（计成《园冶》）厅堂的位置确定后，全园的景色布局才依次衍生变化，造成各种各样的园林景致。厅堂一般坐北朝南。向南望，是全园最主要的景观，通常是理水和造山所组成的山水景观，使主景处于阳光之中，光影多变，景色显得变幻无穷。厅堂建筑的体量较大，空间环境也相对开阔，在景区中，通常建于水面开阔处，临水一面多构筑平台，如北京园林大多临水筑台、台后建堂。这成为明清时代构园的传统手法，如拙政园的远香堂、留园的涵碧山房、狮子林的荷花厅、怡园的鸳鸯厅等，都采用此法布置厅堂。

（二）楼阁

楼阁是园林中的二类建筑，属较高层的建筑。阁，四周开窗，每层设围廊，有挑出平座，以便眺望观景。楼阁不仅体量较大，而且造型丰富，是园林中的重要点景建筑。可用来观赏风景、储藏书画，还可供佛。例如，宁波的天一阁和北京颐和园的佛香阁。

（三）书房馆斋

馆可供宴客之用，其体量有大有小，与厅堂稍有区别。大型的馆，如留园的五峰仙馆、林泉耆石馆，实际上是主厅堂。斋供读书用，环境当隐蔽清幽，尽可能避开园林中主要游览路线。建筑式样较简朴，常附以小院，植芭蕉、梧桐等树木花卉，以创造一种清静、淡泊的情趣。

（四）榭

建于水边或花畔，借以成景。平面常为长方形，一般多开敞或设窗扇，以供人们游憩、眺望。水榭则要三面临水。在水边架起平台，平台一部分架在岸上，另一部分深入水中。平台临水围绕低平的栏杆，或设鹅颈靠椅供坐憩凭依。

（五）轩

一般指地处高旷、环境幽静的建筑物，小巧玲珑、开敞精致。不讲究对称，室内简洁雅致，室外或可临水观鱼，或可品评花木，或可极目远眺。

（六）舫

舫是仿造舟船造型的建筑，常建于水际或池中。江南和岭南园林常在园中造舫，如南京煦园不系舟，是太平天国天王府的遗物；苏州拙政园的香洲，是舫中的佼佼者。大多将船的造型建筑化，在体量上模仿船头、船舱的形式，既便于与周围环境相协调，也便于内部建筑空间的使用。

（七）亭

一种开敞的小型建筑物。汉代许慎《说文》:“亭，停也，人所停集也。” 主要供人休憩观景。可眺望，可观赏，可休息，可娱乐。亭在园林中还起着 “点景” 与 “引景” 的作用。既可以美化风景，还可以作为游览的向导。亭在造园艺术中的广泛应用，标志着园林建筑在空间上的突破。或立山巅，或枕清流，或临涧壑，或傍岩壁，或处平野，或藏幽林，空间上独立自在，布局上灵活多变。在建筑艺术上，亭集中了中国古代建筑最富民族形式的精华。按平面形状分，常见的有三角亭、方亭、矩形亭、六角亭、八角亭、圆亭、扇面亭、梅花亭、套方亭。按屋顶形式分，有单檐亭、重檐亭、攒尖亭、盝顶亭、歇山亭，攒尖高耸，檐宇如飞，形象十分生动而空灵。按所处位置分，有桥亭、路亭、井亭、廊亭。凡有佳景处都可建亭，画龙点睛，为景色增添民族色彩和气质；即使无佳景，也可从平淡之中见精神，使园林更富有生机和活力。苏州沧浪亭中的沧浪亭，拙政园中的松风亭、嘉实亭都是极为著名的亭。

（八）廊

园林中的廊实际上是带屋顶的路，是我国古代园林中一种既 “引” 且 “观” 的建筑。廊在园林中不仅有交通的功能，更重要的是有观赏的作用。廊是中国园林中最富有可塑性与灵活性的建筑。蜿蜒曲折也好，高低起伏也好，是一种生动活泼颇具特色的民族建筑。廊既可在交通上连通自如，将园林各处连为一体，又可让游人移步换景，仔细品味周围景色。廊既可使游人于烈日之下免受暴晒之苦，又可使游人于风雨之中不遭吹淋之罪，在酷暑风雨之时，仍然可以观赏不同季节和气象时的园林美。廊按结构形式，可分为双面空廊、单廊与复廊。双面空廊两侧均为列柱，没有实墙，在廊中可观赏两边景色；单廊一侧为列柱，一侧为墙。可观赏一边景物，还有一边通常有碑石，可以欣赏书法字画，领略历史文化。复廊是在双面空廊的中间夹一道墙，在分隔墙上开设众多花窗，两边可对视成景，既移步换形增添景色，又扩大了园林的空间。按廊的总体造型及其与地形、环境的关系，可分为直廊、曲廊、爬山廊、水廊、桥廊等。北京颐和园 728 米长的长廊为双面空廊，是我国古建筑和园林中最长的廊。苏州沧浪亭的复廊、拙政园的水廊、留园的曲廊被誉为 “江南三大名廊”。

（九）桥

园林中的桥，一般采用拱桥、平桥、廊桥、曲桥等类型，有石制的，有竹制的，有木质的，极富民族特色。它不但有增添景色之用，而且用以隔景，在视觉上起着扩大空间的作用。同时过了一桥又一桥，也颇增游客兴致。特别是江南类型园林和岭南类型园林，由于多湖泊河川，桥也较多。

（十）园墙

这是围合空间的构件。围墙在园林中起着划分内外范围、分割内部空间和遮挡劣景的作用。精巧的围墙还可以装饰园景。中国的园林都有围墙，且颇具民族特色，比如龙墙，蜿蜒起伏，犹如长龙围院，颇有气派。园中的建筑群又都采用院落式布局，园墙更是不可缺少的组成部分。如上海豫园，有五条龙墙，即伏卧龙、穿云龙（口下有金蟾）、双龙抢珠、睡眠龙，将豫园分割成若干院落。南北园林通常在园墙上设漏窗、洞门、空窗等，形成虚实对比和明暗对比的效果，以使墙面丰富多彩。漏窗的形式有方形、横长、圆、六角形等。窗的花纹图案灵活多样，有几何形和自然形两种。园林中的院墙和走廊、亭榭等建筑物的墙上往往有不装门扇的门孔和不装窗扇的窗孔，分别称洞门和空窗。洞门除供人出入，空窗除采光通风外，在园林艺术上又常作为取景的画框，使人在游览过程中不断获得生动的画面。

六、匾额、楹联与刻石

匾额是指悬置于门楣之上的题字牌，楹联是指门两侧柱上的竖牌，刻石指山石上的题诗刻字。每个园林建成后，园主总要邀集一些文人，根据园主的立意和园林的景象，给园林和建筑物命名，并配以匾额题词、楹联诗文及刻石。园林中的匾额、楹联及刻石的内容，多数是直接引用前人已有的现成诗句，或略作变通，如苏州拙政园的浮翠阁便引自苏东坡诗中的“三峰已过天浮翠”，还有一些是即兴创作的。另外，还有一些园景题名出自名家之手。不论是匾额楹联还是刻石，均能够陶冶情操，抒发胸臆，还能够起到点景的作用，为园中景点增加诗意，拓宽意境。

第三节　中国古典园林的常见构景手段

在人和自然的关系上，中国早在春秋战国时代，就进入亲和协调的阶段，所以在造园构景中运用多种手段来表现自然，以求得渐入佳境、小中见大、步移景异的理想境界，并取得自然、淡泊、恬静、含蓄的艺术效果。构景手段很多，比如讲究造园目的、园林的起名、园林的立意、园林的布局、园林中的微观处理等。在微观处理中，通常有以下几种造景手段，也可作为观赏手段。

一、抑景

中国传统文化重视礼仪，讲究含蓄内敛，所以园林造景也绝不会让人一走进门口就看到最好的景色。最好的景色往往藏在后面，这叫作“先藏后露”“欲扬先抑”。采取抑景的办法，才能使园林显得有艺术魅力。如园林入口处常迎门挡以假山，这种处理叫作山抑。此外，还有树抑、曲抑。杭州花港观鱼东大门的雪松，就是树抑的典型范例。“山重水复疑无路，柳暗花明又一村”是曲抑的体现。

二、添景

当甲风景点在远方，或自然的山，或人文的塔，如没有其他景点在中间、近处作过渡，就显得虚空而没有层次；如果在中间、近处有乔木、花卉作过渡景，景色显得有层次美，这中间的乔木和近处的花卉，便叫作添景。如当人们站在北京颐和园昆明湖南岸的垂柳下观赏万寿山远景时，万寿山因为有倒挂的柳丝作为装饰而生动起来。又如在杭州白堤观赏雷峰塔远景时，西湖美景往往因为近处盛开的桃花和倒挂的柳丝作为过渡景而更显生动。

三、夹景

当甲风景点在远方，或自然的山，或人文的建筑（如塔、桥等），它们本身都很有审美价值，如果视线的两侧大而无当，就显得单调乏味；如果两侧用建筑物或树木花卉屏障起来，便使甲风景点更显诗情画意，这种构景手法即为夹景。如在颐和园后山的苏州河中划船，远方的苏州桥主景为两岸起伏的土山和美丽的林带所夹峙，构成了明媚动人的景色，便是夹景。

四、对景

在园林中，或登上亭、台、楼、阁、榭可观赏堂、山、桥、树木……或在堂、桥、廊等处可观赏亭、台、楼、阁、榭，这种从甲观赏点观赏乙观赏点，从乙观赏点观赏甲观赏点的方法（或构景方法）叫对景。如杭州西湖北面的保俶塔与南面重建的雷峰塔，就是一组绝妙的对景。

五、框景

园林中建筑的门、窗、洞，或乔木树枝抱合成的景框，往往把远处的山水美景或人文景观包含其中，使人产生风景如画的感觉，这便是框景。

六、漏景

园林的围墙上，或走廊（单廊或复廊）一侧或两侧的墙上，常常设以漏窗，或雕以带有民族特色的各种几何图形，或雕以民间喜闻乐见的葡萄、石榴、老梅、修竹等植物，或雕以鹿、鹤、兔等动物，透过漏窗的窗隙，可见园外或院外的美景，这叫作漏景。杭州三潭印月有雕以梅、兰、竹、菊，分别喻义春、夏、秋、冬的一组漏窗，用的就是漏景法。

七、借景

大至皇家园林，小至私家园林，空间都是有限的。在横向或纵向上让游人扩展视觉和联想，才可以小见大，最好的办法便是借景。所以计成在《园冶》中指出，“园林巧于因借”。借景有远借、邻借、仰借、俯借、应时而借之分。借远方的山，叫远借；借邻近的大树叫邻借；借空中的飞鸟，叫仰借；借池塘中的鱼，叫俯借；借四季的花或其他自然景象，叫应时而借。

八、障景

任何园林中，总有一些不足之处，或者是必须遮挡之物。用山、石、花木加以掩盖和处理，也可以形成一种美景，这叫障景。如上海豫园鱼乐榭有一上实下空的墙，遮挡了原来流水较近的短处，产生了源远流长的效果，这是障景的神来之笔。

第四节　中国盆景艺术

园林、盆景均为自然景观的缩影。盆景是微观的园林。盆景中树木、山石、配件在配置位置、布局章法等艺术手法上所体现的对立统一的艺术美同园林是基本一致的，其景物之精粹，虽由人作，却宛若自然。

一、缩龙成寸的室内艺术

盆景是用木本植物、草本植物或水、石等，经过艺术加工，种植或布置在盆中，使之成为自然景物缩影的一种陈设品。盆景由景、盆、几（架）三个要素组成。盆景从取材方面，可分为植物盆景和山水盆景两大类。植物盆景的材料主要取自可栽于盆缸中的植物，其中以树桩为多；山水盆景则以石料为主，兼以竹、草、木等综合构成。

二、盆景的发展历史

盆景是在盆栽的基础上发展起来的。我国盆栽的出现可追溯到新石器时代。从出土文物来看，唐朝出现经过艺术加工而成的盆景，唐代文人也喜爱盆景，如王维、白居易皆以赏玩盆景为快事。唐代还出现了“盆山”，即将具有山形的山石的底磨平放入水盆，从中领略山水之美。宋代盆景艺术得到发展，盆景所用的植物品种显著增多，树的形态也趋向多样化，盆景布局方法亦不拘一格。杜绾的《云林石谱》，记载了近 120 种石品；赵希鹄的《洞天清录》，介绍了水石盆景的制作法。及至元代，盆景制作已有较高水平，艺术风格与今天大致相同。明清时代，盆景与绘画艺术的结合更加紧密，盆景制作常以名画为范本。这一时期形成了各具地方色彩和独特风格的流派。

中华人民共和国成立后，盆景艺术得到了继承和发展。盆景制作技术不断提高，盆景艺术也更加完美。

我国的盆景技术在历史上曾对一些国家的园艺界产生过影响。盆景制造早在宋元时期就已传入日本。中华人民共和国成立后，曾先后在德国、加拿大、荷兰、丹麦、意大利等国家参加展出，颇受当地人民的欢迎和好评，被誉为“无声的诗、立体的画、有生命的艺雕”。

三、盆景的类型

（一）树木盆景

树木盆景又称树桩盆景，以树木为主体材料，经造型取景而成。树姿力求古朴、秀雅、苍劲、奇特，色彩要丰富，风韵要清秀，是树木盆景造型艺术的基本要求和技巧，不同于一般“盆栽”。

（二）山水盆景

山水盆景以各种山石为主要材料，经精细选择和加工造型而成。模仿真山真水的天然景色，装饰于咫尺盆中，展现悬崖绝壁、险峰幽岫、翠峦碧洞等山水风光，犹如立体的山水画。

四、盆景的流派

因地理气候条件、植物资源、山石种类、风物人情和文化熏陶的差异，又经各地历代盆景艺术家的精心培育和不断创新，逐步形成了很多风格各异的流派。中国盆景的五大流派指岭南派、川派、苏派、海派及扬派。

(一)岭南派

以广州为中心，常用树种有榔榆、雀梅、九里香、福建茶和榕树等，根据岭南画派的画理，技法以“截干蓄枝”为主，形成枝干苍劲、叶片错落的自然形态，以自然飘逸见长。

(二)川派

以成都为中心，常以金弹子、罗汉松、贴梗海棠等为素材，川派盆景重虬曲古朴。通过棕丝蟠扎展现虬曲姿态，讲究悬根露爪，盘根错节，古雅奇美。

(三)苏派

以苏州为中心，常以雀梅、榔榆、石榴、黄杨等为素材，苏派盆景讲求精细修剪，采用粗扎细剪的技法。喜用野生古树桩进行精心修剪、培育，具有苍老挺拔、古朴典雅的特色。

(四)海派

以上海为中心，常以松类、柏类、阔叶类树木为素材，采用金属丝加工盆景。海派盆景追求形式自由，不拘一格，博采众长，具有明快流畅、雄健精巧的特点。

(五)扬派

以扬州为中心，常以松、柏、榔榆等为素材，善于制作工整云片，独创“一寸三弯”技法，枝叶修剪成水平云片状，体现“层次如工笔画”的装饰美感。造型严谨庄重。

第五节　中国现存的著名园林

中国现存著名的古典园林大多是明、清时期的遗物。中国古典园林的精华集中在江南。河北承德避暑山庄、北京颐和园、江苏苏州拙政园与留园，被称为我国四大园林。

一、皇家园林

(一)颐和园

颐和园是我国现存大型皇家园林中最为完整、最为典型的一个，也是世界著名园林之一。

颐和园位于北京海淀区。金贞元元年（1153 年）完颜亮设为行宫。明朝由皇室改为好山园。清乾隆十五年（1750 年）改为清漪园。咸丰十年（1860 年）为英法联军所毁。光绪十四年（1888 年），慈禧太后挪用海军经费重建，始改名为颐和园，取“颐养太和”之意。颐和园占地共290公顷。根据皇家园林建园的用途和特点，可将颐和园景区分为政治活动区、帝后生活区、风景游览区三部分。政治活动区以仁寿殿为中心组成，帝后生活区以玉澜堂、宜芸馆、乐寿堂、德和园为主体组成，风景游览区由昆明湖、万寿山组成。风景游览区是颐和园的核心，分万寿山前山、昆明湖、后山后湖三部分。万寿山前山有很多重要的景观建筑，佛香阁为全园景色的构图中心。昆明湖水面浩渺，以长堤划分湖面，湖中设岛，景深而开阔。后山湖水曲折、山谷幽深。著名建筑还包括长廊、石舫、大戏楼、十七孔桥等。颐和园造园艺术高超，巧借天然山水，高度表现出中国皇家园林壮丽、恢宏的气势。1998年年底被列入《世界遗产名录》。

（二）承德避暑山庄

承德避暑山庄位于承德市北部。原为清代皇帝避暑和从事各种政治活动的场所。始建于清康熙四十二年（1703年），至乾隆五十五年（1790年）竣工。总面积564万平方米，周围石砌宫墙长达10千米，古建筑100余处。楼台亭阁，巍峨秀丽；湖光山色，错落有致，有南秀北雄之美。它是我国现存最大的皇家园林。山庄分宫殿区和苑景区两部分。宫殿区在山庄南部，包括正宫、松鹤斋、万壑松风、东宫（现已无存）四组建筑。宫殿全为青砖素瓦，原木本色，淡雅庄重，简朴适度，与北京故宫庄严豪华迥然不同。苑景区包括湖区、平原区、山区三部分。有七十二景之说。湖区是山庄风景的中心，显示一派江南风光。湖区以北是平原区，著名的“万树园”为当年的赛马场。山区约占全区面积的4/5，分布在山庄西北部。登上山巅，外八庙历历在目。外八庙为清代建筑，寺庙依山而建，形式各异，如众星捧月，环绕山庄，象征民族团结和中央集权。普宁寺的“大乘之阁”有一尊高23.5米的千手千眼观世音菩萨，是我国最大的木雕佛像。承德避暑山庄是我国现存占地面积最大的帝王宫苑，1994年12月被列入《世界遗产名录》。

（三）北海公园

北海公园位于北京西城区，故宫的西北。始建于辽代，是我国现存历史悠久而规模宏大的皇家花园，已有800余年的历史。主要景点有：琼华岛、白塔、五龙亭、太液池、濠濮涧、静心斋、九龙壁，其中尤以白塔、九龙壁著称。

二、私家园林

（一）苏州园林

苏州园林甲天下，不出城郭而获山水之怡，身居闹市而得林泉之趣。这是苏州市旅游的最大特色。苏州在东晋时已有私园。据《苏州府志》记载，苏州园林在明代共217处，清代有130多处。现存苏州名园大都是明清时始建。苏州园林是中国风景园林集艺术、自然、构思之美而营造出和美宁静意境的杰作，1997年12月被列入《世界遗产名录》。2000年增扩艺园、耦园、沧浪亭、狮子林、退思园五座园林。苏州四大历史名园是沧浪亭（宋朝）、狮子林（元朝）、拙政园（明朝）、留园（清朝），分别代表宋、元、明、清四个朝代的园林艺术风格。

1. 拙政园

位于苏州市娄门内，系苏州四大名园之一。始建于明代。由明代御史王献臣回乡后拓建而成。取晋代潘岳《闲居赋》中“灌园鬻蔬，以供朝夕之膳……此亦拙者之为政也”句意，将此园命名为“拙政园”。王献臣曾请吴门画派的代表人物文徵明为其设计蓝图，形成一个以水为主、疏朗平淡、近乎自然风景的园林。由中（拙政园）、西（补园）、东（归田园居）三部分组成。拙政园布局采取分割空间、利用自然、对比借景的手法，吸收传统的绘画艺术，因地造景、景随步移，具有典型的江南水景园林特色。园中水池面积较大，有聚有分，山光水影，颇有朴素自然的景色和淡泊恬静的情趣，为江南古园之杰作，居苏州四大名园之首，是苏州现存最大的园林。拙政园主要建筑有远香堂、雪香云蔚亭、留听阁、十八曼陀罗花馆、卅六鸳鸯馆等。

2. 留园

留园位于苏州城东北阊门外，是苏州四大名园之一。原是明嘉靖时徐泰时的东园。清嘉庆时刘恕改建成寒碧庄，也称刘园。光绪初年为盛旭人所得，修葺拓建，易名留园。留园以建筑布置精巧、奇石众多而著称。园内布局分东、西、中、北四部。中部以山水景色为主，是全园的精华所在，池水明洁，峰峦环抱；东部以建筑院落为主，重檐叠楼，曲院回廊，并有名石冠云及瑞云、岫云三座石峰；西部系光绪时扩建的土山枫林，富有山林野趣；北部是田园风光。四景区间以曲廊相连，廊长700余米，依势曲折，通幽度壑，使园景深奥，堪称我国造园艺术佳作。

3. 网师园

网师园地处苏州旧城东南隅，始建于南宋，旧为侍郎史正志的“万卷堂”故址，花园名为“渔隐”。清乾隆年间，光禄寺少卿宋宗元购得此园并重建，定园名为“网师园”。网师乃渔夫、渔翁之意，又与“渔隐”同意，含有隐居江湖的意思，网师园便意为“渔父钓叟之园”。园内的山水布置和景点题名蕴含着浓郁的隐逸气息。网师园面积仅5300平方米，但小中见大，布局严谨，主次分明又富于变化，园内有园，景外有景，精巧幽深之极。建筑虽多却不见拥塞，山池虽小却不觉局促。全园清新有韵味，陈从周先生誉其为“苏州园林小园极则，在全国园林中亦居上选，是以少胜多的典范”。

（二）扬州的个园与何园

1. 个园

个园位于江苏省扬州市东关街。原为清代画家石涛故居寿芝园旧址，清嘉庆、道光年间大盐商黄应泰修建为住宅花园。此园布局紧凑，以叠石立意、气势雄浑著称。园主特别爱竹，园内翠竹成林，故取袁枚“月映竹成千个字”之句命名。个园以叠石艺术著名，假山堆叠精巧，采取分峰叠石的方法，笋石、湖石、黄石、宣石叠成的春夏秋冬四季假山，融造园法则与山水画理于一体，被园林泰斗陈从周先生誉为“国内孤例”。

2. 何园

何园，又名寄啸山庄，位于江苏省扬州市东南徐凝门街。原是清乾隆时双槐园旧址，清光绪年间（1875—1908 年）道台何芷舠改建。何园在住宅后面，分东、西两部分。西部为主园，地阔景深；东部以船厅为主景。南北二厅相对。此园东部紧凑，西部开敞，以复道廊与假山贯穿分隔，上下衔接，山水建筑浑然一体，有城市山林之誉，为扬州住宅园林的典型。

（三）无锡的寄畅园与上海的豫园

1. 寄畅园

寄畅园位于无锡市西郊惠山东麓，是江南名园。由嘉靖初年曾任南京兵部尚书的秦金（号凤山）所建，名“凤谷山庄”。取“取欢仁智乐，寄畅山水阴”句中的“寄畅”两字命名。寄畅园是中国山麓别墅园的代表。全园运用各种造园艺术，体现山林野趣、清幽古朴的园林风貌。巧妙运用借景，将惠山、锡山秀色揽入园内，以有限的空间营造无限的意境。清康熙、乾隆二帝曾多次游历此处。乾隆时，在北京的清漪园（今颐和园）内仿建惠山园（今谐趣园），可见寄畅园影响之大。

2. 豫园

豫园位于上海市城隍庙地区，始建于明代。园主潘允端曾任四川布政使。据其《豫园记》所说，为“豫（愉）悦老亲”而建。整个园林规模宏伟，景色秀丽，兼有明清两代南方园林建筑风格，被誉为“奇甲秀于东南”。全园可分东、西、南、北四部分，黄石假山、砖雕、圆雕、龙墙为其特色。五条龙墙将全园 40 余处亭、台、楼、阁分割为各具特色的六大景区，以有限的空间表现无穷宇宙的意境，体现了中国古典园林“壶中天地”的境界。玉华堂前的太湖石“玉玲珑”

为“江南三大名石”之冠。

（四）广东四大名园

广东四大名园指顺德的清晖园、番禺的余荫山房、东莞的可园及佛山的梁园。下面介绍一下清晖园和余荫山房。

1. 清晖园

清晖园位于广东省佛山市顺德区大良镇。原为明末状元黄士俊所建的黄氏花园，后被乾隆年间进士龙应时购得，经龙家数代人经营方入晚清名园之列。现存建筑主要建于清嘉庆年间。园取名“清晖”，意为和煦普照之日光，喻父母之恩德。清晖园是岭南园林的代表作。清晖园的造园艺术有其独到之处，不仅总体布局能因地制宜，配置得体，而且在建筑设计方面也独具匠心。为适应南方炎热气候，形成前疏后密、前低后高的独特布局，疏密得当，建筑造型轻巧灵活，开放通透。园内所有装饰图案无一雷同，并且大都以岭南佳果为题材，富有岭南特色。此外，园中还种植了许多珍贵的花木，包括玉堂春、百年紫藤、龙眼、银杏等。

2. 余荫山房

余荫山房位于广州市番禺区。为清代举人邬彬的私家花园，始建于清同治年间。占地面积约 1598 平方米，吸收了苏杭庭院建筑的艺术风格，整座园林布局以灵巧精致的艺术特色著称。它以“藏而不露”和“缩龙成寸”的手法，在面积并不大的山林里，浓缩了园林的主要设施和景致，为有限的空间注入了幽深广阔的无限佳境。余荫山房是广东“四大园林”中原貌保存最好的古典园林。

第六节　中国现代园林艺术

一、中国现代园林概述

园林，在中国古籍里根据不同的性质也称作园、囿、苑、园亭、庭园、园池、山池、池馆、别业、山庄等。园林是一种特定培养的自然环境和游憩境域，通过改造地形、种植树木花草、营造建筑和布置园路等途径创作而成的美的自然环境和游憩境域。现代的生活方式和生活环境对于园林有着迫切的功能性和艺术性要求。

中国现代园林泛指适合我国现代化进程的当代园林，一般而言，指的是中华人民共和国成立到当下这段时期的园林建设活动。即通过精巧的设计构思营造而成的户外环境，具体来说，就是在一定的地段范围内，利用并改造天然山水地貌或者人为地开辟山水地貌、结合植物的栽植和建筑的布置，从而构成的供人们观赏、游憩、居住的环境。现代园林具有多元的、类型丰富的内容，多样的尺度，主要包括居住区景观、街角绿地、城市广场、都市公园、风景名胜区、国家公园、自然保护地等专业内容。

中国古典园林历经千年的发展而日益成熟，并以其独特的审美风格和艺术魅力而成为世界园林中的瑰宝。

现代园林指后来由西方传入的，有别于中国原有的传统造园形式，主要采用与现代建筑相匹配的对称和几何形状等方式，以注重理性和科学分析为特征，以现代城市广场、道路、公园和居民住宅小区等现代建筑为服务对象，讲究人工改造的造园理论和实践。

中国现代园林与古典园林有千丝万缕的联系，既有继承，也有创新。一方面要继承和吸收古典园林的创作理念，包括现代园林的形式、空间、精神内涵和自然观念；另一方面要结合现代工艺和手法根据现代人的行为模式和欣赏水平，在园林的内涵和思想方面下功夫，创造出人、自然、建筑彼此和谐的，具有丰富内涵的城市开放空间。包括在现代园林的格局、功能、尺度和价值等方面有所突破。

二、中国现代园林的特点

中国进入现代社会后，人们的需求和文化的交融影响了园林设计，区别于古典园林的现代园林获得迅速发展。园林建设与人们的审美观念、社会的科学技术水平有关，更多地凝聚了当时当地人们对正在或未来生存空间的一种向往。在当代，园林选址更加广泛，已不拘泥于名山大川、深宅大院，还包括街头、交通枢纽、住宅区、工业区以及大型建筑的屋顶，使用的材料也从传统的建筑用材与植物扩展到了水体、灯光、音响等综合性的技术手段。现代园林的时代特点主要依靠其内在功能承载，这些功能主要体现在公共性、生态性、审美性、系统性、国家性五个特性上。

（一）公共性

以人为本是现代园林设计的一个重要原则。古典园林为皇家或者大臣巨贾等有权有势的人服务；现代园林设计面向的是大众，园林的使用者和服务的重点都是人民大众。所有公民都有自由享受空间的基本权利，从而赋予现代园林以公共服务的基本属性。人是城市环境的主体，城市园林服务的对象不仅包括城市居民，也包括外来的旅客、农民工、学生等，还包括老人、儿童和残疾人等弱势群体。

（二）生态性

主要从人与自然关系的角度出发，营造一种可持续性和生物多样性的循环系统。以生态学为指导进行绿地系统建设，塑造人与自然和谐共生、互惠互利的生态环境。从生态保护、改造城市生态环境入手，进行园林景观设计规划。园林应当既满足当代人的需要，又能够满足后代人生存和发展的需要，以维护和再造“金山、银山”为己任。

（三）审美性

指的是现代园林应当为大众提供一种视觉优美、身心愉悦的自然之景，且满足观赏的需求。园林规划中对自然地形、水体、植物、山石、建筑等造园要素进行科学的艺术组合而创造出来的园林美，是自然美、社会美与艺术美的高度统一。特别是新材料的发展，提高了现代材料在景观设计中的利用率，并带来崭新的外观。

（四）系统性

现代园林范围广泛，包括城市公共游园、街头绿地、居住区绿地、城市带形绿地、各个建筑附属绿地等。园林设计实现了多学科的综合交叉，包括生态学、植物学、地理学、经济学等，这也是现代园林的发展趋势。要注重不同空间结构之间的连通性，将绿地、公园、区域景观联系起来，从而形成一个相互联系和贯通的网络系统。用城市的建筑、城市道路、广场等城市设施，与城市绿地共同构筑一个整体性的城市大园林，实现“城市即园林，园林即城市”的构思。

（五）国家性

现代园林需要将中国的民族特征和独特的地理环境作为建设的指导原则。民族传统文化是随着历史发展流传下来的一种文化形式，其具有较强的适应性，应用在园林景观设计中，能够在提高美观性的同时，与人们内心产生共鸣，发挥园林景观建设的价值。民众可以在园林景观中培育基本的生态伦理意识，确认和重塑自身的国家认同感。

三、中国现代园林的代表案例

北京 CBD 现代艺术中心公园　位于北京市商务中心区西北区中部，规划总面积为 2.88 公顷。位于绿廊的中心地段，东对北京财富中心，西接世贸天街，北靠新城国际，南临以太广场、光华国际中心，是 CBD 四个大型城市公园之一。借鉴国内外 CBD 的发展规律，强调公共艺术成为一种成熟的标志，一种可以提升品质和档次的途径。其功能定位为现代艺术，分段陈列不同时期和风格的现代艺术雕塑作品。北京 CBD 现代艺术中心公园虽处闹市，却保持着独有的风度和气质。其营造主要以公共性为目标，是一处都市居民休闲和交往的公共空间。

哈尔滨群力公园　群力城市湿地公园位于哈尔滨市，占地面积约为 34.2

公顷，是一个集观赏、观测、科普教育、科学研究等多种功能于一体的生态公园。为了防止城市中噪声、车辆、人群对湿地内生命物种栖息的干扰，工作人员设计在人工湿地公园外种植林带，屏蔽外来干扰；在原生态湿地外围，防护林带内修建一系列人工湿地，为原生态湿地提供“养分”，并对原生态湿地进行局部地势的修整，补种部分湿地植物，补充多种生物物种。这座公园以生态性为基础性理念，营造自然的生境。杭州的江洋畈生态公园，也是运用木材和茅草等自然材料来进行园林营造的。

杭州花港观鱼公园　位于西湖风景名胜区，为西湖十景之一。花港观鱼公园内拥有220余种木本植物，约2万株。全园分为红鱼池、牡丹园、雪松大草坪、密林区、港湾区五个区域。特色景点是牡丹园，也是花港观鱼观赏春景的主要景点。这座公园是中华人民共和国成立后建造的第一批城市园林，设计师在继承古典园林精髓的基础上进行设计，营造出一座具有诗情画意的现代园林。北京的奥林匹克公园，也是按照中国的山水结构进行营造的现代园林，是融休闲、运动、集会为一体的审美空间。

深圳绿道规划　深圳高度注重城市空间与自然生态环境的有机融合，深圳市政府计划构建“区域、城市、社区”三级绿道的网络体系。包括300千米区域绿道、500千米城市绿道、1200千米社区绿道。整体形成衔接有序、连接便捷的“四横八环”型绿道网络结构。

2022年12月14日，深圳印发实施《深圳市公园城市建设总体规划暨三年行动计划（2022—2024年）》，作为指导深圳公园城市建设的纲领性文件。该行动计划提出，打造“一脊一带二十廊”的全市魅力生态骨架，形成蓝绿廊道织网的公园城市总体布局结构。这充分体现了现代园林所具有的系统连通性。

三江源国家公园　位于中国的西部，青藏高原的腹地，青海省南部，包括长江源、黄河源、澜沧江源三个园区，被誉为“中华水塔”。2021年国务院批复同意设立三江源国家公园。三江源国家公园建设是生态文明制度建设的重要内容，是实现人与自然和谐共生的现代化的具体实践。三江源国家公园的建立，集中体现了国家代表性和全民性的特征。

随堂练

经典图片

考点速记

第七章 中国饮食文化

【学习目标】

了解饮食文化发展历史、风味流派。熟悉中国风味特色菜——宫廷菜、官府菜、江湖菜、素席的特点和代表菜品。掌握鲁菜、川菜、粤菜、淮扬菜的形成、特点及代表性菜品，中国传统名茶、名酒的相关知识。

中国烹饪是中国对人类文明的巨大贡献。当今世界上中国烹饪、法国烹饪和土耳其烹饪，被认为是三大烹饪流派的代表，而中国烹饪由于历史最悠久、特色最丰富、文化内涵最为博大精深、使用人口最多等特点而首屈一指。中国饮食文化源远流长。在漫长的历史发展过程中，用火加工食物是人类饮食文化的起点；陶器的发明是烹饪技术的第一次飞跃，人类真正进入烹饪时代。中国烹饪经历了夏商周的“铜烹时期”、西汉以后的“铁烹时期”，发展到现在，烹饪工艺不断改进和完善，形成了富有中国特色的风味体系。不少菜系和菜品在对外交流中走向世界。四川成都、广东顺德、江苏扬州、江苏淮安、我国澳门特别行政区五座城市被联合国教科文组织创意城市网络（UCCN）先后授予“美食之都”称号。作为导游人员，应了解各地富有地方特色的菜肴，并能在旅游活动中讲解好中国饮食文化，宣传好中国饮食文化。

第一节　中国饮食文化概述

一、中国烹饪概述

（一）烹饪的概念

“烹饪”一词，是由“烹”和“饪”二字组成的。在古汉语里，“烹”作“烧煮”

解释，"饪"指食物烧煮到一定程度，"烹饪"通常理解为运用加热方法制作食品。我国最早的古籍之一《周易·鼎》中，就出现了"烹饪"一词。约在唐代出现"料理"一词，宋代出现"烹调"一词，两词之义与烹饪基本一样。此后，"料理"一词弃置（今时仍用）；"烹调"一词在实际应用中逐步分化出来，成为专指制作各类食品的技术与工艺的专用名词，也称为烹饪工艺；烹饪则被赋予广泛得多的内容，包含烹调及烹调制作的各类食品、饮食消费、饮食养生以及由烹调和饮食衍生的众多文化（狭义）现象。

（二）中国烹饪的特点

中国烹饪的特点从大的方面来讲是优选原料，精细加工，讲究火候，讲求风味，合理膳食。具体到每道菜肴，则讲究色、香、味、形均为上等。

所谓色美，指菜肴色彩多样，和谐美观。中国菜除特意保持食物本来的颜色外，还注意针对不同原料的色泽和性质，通过加色使食物原来的色泽变好，通过配色使不同食物的多种颜色彼此衬托，通过缀色使朴素单调的菜品显得鲜美活泼，通过润色使菜品色泽更加明亮或强烈，引起食者的食欲。

所谓香，指吃时感到鲜香、脆香等。它一方面通过烹制加热，将食物固有的香味激发出来；另一方面是外加的，如加茴香、八角等香料，在菜里放点香菜、葱花，或用有香味的气体熏制要吃的食品，或将菜料用有香气的材料（如荷叶之类）包裹起来加热，使香气透入菜料之中。

所谓味，指尝到的酸味、甜味、辣味、咸味等。这是中国菜肴进入艺术境界的核心。食用中国菜肴讲究"吃味"，即欣赏一种微妙的味觉美感，从而使人在生理、心理两方面均得到极大的满足。

所谓形，指烧成的菜肴花色繁多，外形美观。中国菜讲究形状美观，主要表现在切制成形、摆布匀称、衬托得当等几方面：片是片，丝是丝，块是块，大小适度，加上摆布整齐或摆成一定图案，从而给人带来美好的印象。菜肴盛具，亦加选择，目的在于使菜品看起来更加美观。

二、中国烹饪风味流派的划分

从不同的角度出发，可以划分出不同类型的风味流派。

（一）从地域角度划分

可划分为山东风味、四川风味、广东风味等。清代出现"帮口""帮口菜"的名称，有如"扬帮""川帮""扬帮菜""川帮菜"的叫法。20 世纪 50 年代出现"菜系"一词，代替了原来的叫法，始有"四大菜系"之说，即山东（鲁）、淮扬、四川（川）、广东（粤）菜系。又有“八大菜系”之说，即“四大菜系”再加上浙江（浙）、安徽（徽）、湖南（湘）、福建（闽）四个菜系。还有“十大菜系”之说，即“八大菜系”再加上北京（京）、上海（沪）两个菜系。还有“十二大菜系”之说，即“十大菜系”再加上河南（豫）、陕西（陕、秦）两个菜系。

（二）从民族角度划分

中国 55 个少数民族就有 55 个少数民族风味流派。

（三）从原料性质划分

可以分为素食风味和荤食风味两个流派。

素食从南朝梁开始形成流派，到清代形成宫廷、寺院、民间三大派别。

（四）从功用划分

有保健医疗风味和普通食品风味之分。

（五）从生产者主体划分

有市肆风味、食堂风味、家庭风味之分。

（六）从时代划分

有仿古风味和现代风味之分。前者如仿宫廷、仿官府、仿唐、仿宋、仿“红楼”、仿随园等风味。

第二节　中国主要菜系

一、鲁菜（山东风味）

鲁菜的形成最早可以追溯到春秋战国时期，南北朝时山东风味已初具规模，明清时已形成流派。山东风味影响所及，有黄河中下游、华北东部以及东北地区，是我国北方历史悠久、影响最大的一个菜系，有“北方代表菜”之称。鲁菜对宫廷菜、京菜的形成有重要影响。现代北京的仿膳菜仍具有鲁菜特色。

以济南菜、胶东菜为主。孔府菜也自成体系。

鲁菜的特点是注重以当地特产为条件选料，精于制汤和以汤调味，烹调技法以爆、扒独特而见长。味型以咸鲜为主，善于用葱香调味，具有鲜、嫩、香、脆的特点。

代表菜有：油爆双脆、葱爆海参、清汤燕菜、糖醋鲤鱼、清蒸加吉鱼、九转大肠（九转形容加工工序复杂，采用多种烹调法）、锅塌豆腐（塌，即将原料挂糊后煎制并烹入汤汁使回软，再将汤汁收尽）、熘肝尖、德州扒鸡、炸蛎黄、油爆海螺、原壳鲍鱼、海米珍珠笋、燕窝四大件等。

二、川菜（四川风味）

川菜起源于古代的巴国和蜀国，历史悠久。西汉两晋时，四川风味已初具雏形。明清之际，川味因辣椒的传入进一步形成稳定的味型特色，影响到西南云贵以及周边省、区临界地带风味的形成，蜚声海内外，有“食在中国，味在四川”之说。

川菜包括重庆、成都和乐山、内江、自贡等地方菜，主要分为蓉派（成都、乐山）、渝派（重庆、达州）和盐帮（自贡、内江）菜三类。

川菜的特点是用料广博，味型多样，菜肴适应面广。技法中以小炒、小煎、小烧、小烽糙（浓缩汤汁，使其附着于主料表面）、干烧、干煸见长，味型丰富，其中尤以味型多样、变化巧妙而著称。川味调料多用三椒（辣椒、花椒、胡椒）和蒜姜、豆瓣酱等。一菜一格，百菜百味，以麻辣、鱼香、怪味等擅长。菜肴适应面广。

代表菜肴有：宫保（创制人官职名称）鸡丁、麻婆（创制人）豆腐、鱼香肉丝、水煮肉片、锅巴肉片、樟茶鸭、怪味鸡块、干烧岩鱼、干煸牛肉丝、夫妻肺片、回锅肉、灯影牛肉、酸菜鱼、毛血旺、辣子鸡、水煮鱼等。

三、淮扬菜（江苏风味）

春秋战国时吴地风味已初现端倪，唐宋时已成为“南食”的重要组成部分，元代已具规模，明清完全形成流派。

淮扬菜主要由淮扬（扬州、淮安）、京宁（镇江、南京）、苏锡（苏州、无锡）、徐海（徐州、连云港）四大部分组成。以淮扬菜为代表。

主要特点是取料不拘一格而物尽其用，重鲜活。特别讲究刀工、火工和造型，擅长炖、焖、煨、焐。调味重清爽、鲜淡、平和（徐海以咸鲜为主）。追求本味，清鲜平和，适应性强；菜品风格雅丽，形质均美。

代表菜肴有：清炖狮子头（蟹粉猪肉大丸子，形似狮头）、大煮干丝（鸡汤煮制干豆腐丝）、叫花鸡（外用黄泥裹鸡煨烤而成，相传为乞丐所创）、松鼠鳜鱼、香松银鱼、水晶肴蹄、炒软兜（鳝段）、霸王别姬（甲鱼、鸡为主料）、羊方藏鱼（大块羊肉中嵌鲫鱼烹成）、碧螺虾仁、响油鳝糊、太湖银鱼、三套鸭、盐水鸭等。

四、粤菜（广东风味）

南宋以后，广东风味始具雏形，有“南烹”“南食”之称。清中叶后，形成“帮口”，清末有“食在广州”之说。广东是我国最早对外通商的口岸之一，在长期与西方的经济往来和文化交流中，汲取了外来的各种烹饪原料和烹饪技艺，使粤菜日渐完善。加之旅居海外的华侨把欧美、东南亚的烹调技术传回家乡，进一步丰富了粤菜菜谱的内容，促进了粤菜的发展。

由广州、潮州、东江三部分组成。

主要特点是取料广博奇杂而重“生猛”，对鱼虾、禽畜、野味烹调均有专长，尤其对“蛇”的制作有独到之处。烹调方法多而善于变化，长于炒泡、清蒸、煲，尤其独擅焗、焗、软炒等。调味重清脆鲜爽嫩滑而突出原味。口味清淡，重汤菜。

代表菜有：油泡鲜虾仁、白云猪手（猪前蹄）、脆皮乳猪、东江盐焗（用粒盐为传热介质煨制之法）鸡、潮州冻肉、爽口牛丸、香芋扣肉、白焯螺片、太爷鸡、大良炒牛奶、瓦罉焗（中火长时间炖制）水鱼、脆皮炸海蜇、龙虎斗、白灼海虾、黄埔炒蛋、炖禾虫、五彩炒蛇丝等。

第三节　中国风味特色菜

一、仿古风味菜肴

（一）宫廷菜（御膳）

宫廷菜原指历代皇宫内由御厨制作的专供皇帝、后妃们食用的菜肴。其特点是华贵珍奇、配菜讲究典式规格，具体表现在以下几个方面。

（1）选料考究，配料严格。可以广收博取天下万物中的稀世之珍，并对之有严格的要求。

（2）烹调细腻，讲究刀工。要求原料的规格不大不小、不多不少、入口恰好。刀法运用上除要根据原料的特性进行造型外，还要注意烹调时使原料便于入味。

（3）造型美观，寓意吉祥。在造型手段上主要运用“围、配、镶、酿”等工艺方法使菜肴的外形更加完整饱满，滋味更加醇郁鲜美。宫廷菜的菜名寓意吉祥且具有丰富的文化内涵。使用的餐具色彩华丽、造型古雅各异。

由于明朝以前的宫廷菜我们只能见到一些零星的文字记载，真正流传至今的可谓凤毛麟角，唯有清代的宫廷菜较为完整地流传下来。清代宫廷菜主要是在山东风味、满族风味和苏杭风味这三种各具特色的风味菜的基础上发展而来的。清宫菜以满族食风为主，既有山东、江南、四川等各地方的风味，也包括蒙、回各民族的风味，选料严格，制作精致，色形美观，擅长熘、炒、蒸、炸，口味以清、鲜、酥、嫩著称。

清代宫廷菜有：熘鸡脯、凤凰扒窝、燕窝贺字锅烧鸭子、荷包里脊、鱼藏剑、炸佛手卷、龙须驼掌、炒豆腐脑、烧鹿筋、抓炒鱼片、金银鹿肉、雪花桃泥、荷花鱼丝、罗汉菜心、炒胡萝卜酱等。

仿宫廷菜（仿膳）是指仿制历代帝王皇宫内由御膳房御厨制作的专供皇帝、后妃等用膳的菜肴，为仿古菜之首。清亡后，原清宫御膳房中的几位老御厨走出紫禁城，于1925年在北海公园内开设了“仿膳斋”（仿膳饭庄的前身），专门经营仿清宫风味。现在西安、开封、杭州等地在挖掘试制仿唐菜和仿宋菜。

北京的仿膳宫廷菜保留了清代宫廷菜的传统风味。北京北海公园仿膳饭庄、颐和园听鹂馆所经营的宫廷菜肴包括凤尾鱼翅、金蟾玉鲍、一品官燕、油攒大虾、宫门奉鱼、金鱼鸭掌、熘鸡脯等名菜以及豌豆黄、芸豆卷、小窝头、肉末烧饼等名点。此外，西安仿唐菜有辋川小样、驼蹄羹、遍地锦装鳖等，开封仿宋菜有两色腰子、东华鲊、水晶脍等，杭州仿宋菜有东坡脯、莲花鸡签、蟹酿橙等。

（二）官府菜

官府菜是古代官宦之家所制的馔肴，以清淡、精致、用料讲究而闻名。过去北京官府多，府中讲求美食，并各有拿手好菜，以招待同僚或比自己职位高的官员。官府菜在规格上不得超过宫廷菜，而又与庶民菜有很大的区别。

1. 孔府菜

孔府菜又称府菜，是山东曲阜市孔府里的菜肴，是经千百年的发展演变而形成的典型的官府菜。自西汉以来，随着孔子后裔政治地位的提升，皇帝朝圣及祭祀活动频繁。皇室成员每次到曲阜，必以盛宴接驾。高官要员纷至沓来，孔府也要设高级宴席接风。孔府内眷多来自各地的官宦之家，他们之间的礼尚往来，使众家名馔佳肴得以荟萃一堂，各呈特色，互为补益。孔府菜的烹饪技艺和风味特色，对我国的烹饪文化，特别是对鲁菜的形成和发展都有着重大的影响。

孔府菜可以分为两部分：一是衍圣公及其府内家人日常饮食的菜肴，由“内厨”负责烹制，称为家常菜；二是为来孔府之帝王、贵胄、名族和官宦祭孔、拜访而举办的各种宴请活动的菜肴，由“外厨”负责烹制。

孔府菜具有以下特点：①选料精而广。高到山珍海味、低到山林野菜，都可烹制出美味。②制作精细、烹调技法全面、注重营养、善于调味。③命名极为讲究，寓意深远，有些系沿用传统名称，有的取名古朴典雅、富有诗意。

孔府的名菜名点繁多，数以千百计。筵席菜有孔府一品锅、燕菜一品锅、诗礼银杏、怀抱鲤鱼、御笔猴头、白扒通天翅子、八仙过海等。

自 1947 年第 77 代衍圣公离开孔府后，厨房停火，厨师离散。20 世纪 80 年代中后期，山东济南和北京先后开办了孔膳堂饭庄，对外经营仿孔府菜。

2. 谭家菜

谭家菜出自清末官僚谭宗浚家中。谭宗浚，字叔裕，广东南海人，同治十三年（1874 年）考中榜眼，在翰林院供职。谭宗浚一生酷爱珍馐美味，热衷于与同僚相互宴请，宴请时他总要亲自安排，将肴馔整治得精美可口，因此清末时已颇具名声。谭宗浚之子谭瑑青，讲究饮食过于其父。谭家的女主人都善烹调，不断吸收各派名厨之长，久之则成功地将南方菜（特别是广东菜）同北方菜（特别是北京菜）相互融合，成为独创一派的家庭风味菜肴。后来谭家败落，便变相经营谭家菜以补贴家庭开支，自 20 世纪 30 年代起对外营业，取名谭家菜。由此逐渐流传到北京市场上，以其独树一帜的家庭风味流传百余年而不衰。

谭家菜有四大特点：一为甜咸适口，南北均宜；二为讲究原汁原味；三为选料精，加工细；四为火候足、下料重，菜肴软烂，易于消化，特别适合老年人食用。

谭家菜共有 200 余种佳肴，尤以海味菜最为有名。在烹制海味中，又以燕窝和鱼翅的烹制最为出名。

谭家菜的名菜有：清汤燕窝、黄焖鱼翅、红烧鲍鱼、扒大乌参、草菇蒸鸡等。

1950 年，烹制谭家菜的三位厨师离开谭家，在北京西城区果子巷经营谭家菜。1958 年，在周恩来同志的建议下，谭家菜全部并入北京饭店，成为北京饭店四大菜（川、粤、淮扬、谭家）之一。

3. 随园菜

随园菜是因《随园食单》而得名的清代官府菜。袁枚，字子才，号简斋、随园老人，浙江钱塘（今杭州）人。乾隆进士，曾任江宁等县知县。40 岁告退后筑园于南京小仓山下，名曰“随园”。

《随园食单》全面总结了历代烹饪技术的经验和教训，收录了苏、浙、皖等地菜肴，也涉及京、鲁、粤等地方菜，尤其是官府菜的名馔和风味点心 300 余种，堪称官府菜谱代表作。随园菜也属官府菜的典范。用袁枚自己的话说，即“每食于某氏而饱，必使家厨往彼灶觚，执弟子之礼，四十年来，颇集众美”“余都问其方略，集而存之”。

随园菜有五大特点：一为十分讲究原料的选择，二为加工、烹调精细而卫生，三为讲究色香味形器，四为注重筵席的制作艺术，五为严格而科学的要求。

仿随园菜是南京金陵饭店原膳食部根据《随园食单》这部烹饪著作挖掘研制而成的，现已成为金陵饭店的膳食特色之一。

随园菜的品种繁多，已研制成功的仿随园菜有 40 多种，如素燕鱼翅、鳆鱼炖鸭、鳆鱼豆腐、白玉虾圆、雪梨鸡片等。

4. 红楼菜

红楼菜是根据《红楼梦》所记述的贾府的肴馔饮食所研制的菜肴，具有官府菜的特点。

红楼菜的研制始于 20 世纪 80 年代初。研制方法大体分为三类：①书中写有具体做法的菜，如茄鲞，照法仿制。②只列有菜名或原料名而无做法的菜，如海参、鹿筋等，则结合现代烹饪技艺加以研制并定名。③依据作者的名号和个别故事情节，创制新菜，如雪底芹芽、怡红祝寿等。红楼菜的代表名菜有糟鹅掌、火腿炖肘子、乌龙戏珠、炸鹌鹑、老蚌怀珠、怡红祝寿等。1983 年，北京中山公园的来今雨轩率先经营红楼菜，到 1991 年已有北京、扬州、南京、上海、河北等地的 10 余家饭店、餐馆相继推出红楼菜。扬州厨师研制的红楼宴，曾应邀到新加坡表演展示。北京的来今雨轩曾以红楼盛宴宴请出席首届中国饮食文化国际研讨会的近 200 位海外来宾，得到很高的评价。

二、江湖菜

江湖菜是指相对于正宗菜而言的菜式，主要指地方流行的风味菜。东西南北的餐饮市场都在流行地方风味菜，只是叫法不一，口味略有差异。在重庆称为江湖菜，在江浙、上海等地被称作家常菜，在武汉名为迷宗菜，在广东界定为大众菜，在北方则被戏称大嫂菜。它根植于民间，以某种菜系为基础，师出多家，不拘常法地重复加工，复合调味，中菜西做，老菜新做，北料南烹，看似无心，实乃妙手天成，从而达到出奇制胜的效果。

重庆江湖菜最大的特点是“土”“粗”“杂”。“土”是指江湖菜具有极其浓厚的乡土气息。“粗”是指江湖菜具有粗犷豪放的气质，在烹调上不拘常法，在形式上不拘小节。“杂”是指江湖菜具有兼收并蓄的“杂交”手法，用各种不同的烹饪技巧。

重庆江湖菜味重刺激，以麻、辣、鲜、香为主，调味宁过勿缺，油重料厚。

重庆江湖菜代表菜有：来凤鱼、重庆火锅、江津酸菜鱼、歌乐山辣子鸡、水煮鱼、香辣蟹、毛血旺等。

来凤鱼是重庆“江湖菜”流行之鼻祖，起源于来凤镇。来凤镇的厨师在继承川菜传统烹制手法的基础上，大胆创新，以草鱼为原料，以豆瓣、辣椒、胡椒、大葱、大蒜等为配料，烧制出以“麻、辣、烫、嫩”为主要特征的来凤鱼。

辣子鸡本是一道经典的川菜，重庆沙坪坝歌乐山镇餐厅的麻辣鸡外焦里嫩，麻辣下饭，非常好吃。歌乐山镇因此形成了辣子鸡一条街。辣子鸡的主要食材是鸡腿肉。切块后，用料酒、盐、胡椒粉和生抽腌制，加淀粉锁住水分。用油炸鸡块，炸好后捞出。锅中放油，将葱、姜、蒜、豆瓣酱、干辣椒、花椒等炒出香味，加入炸好的鸡块翻炒，放点食盐、白糖、十三香、芝麻、鸡精等，炒匀即可。辣子鸡成菜色泽棕红油亮，麻辣味浓，口味劲爆。

酸菜鱼源自重庆市，以草鱼为原料，配以泡菜等食材煮制而成。口味酸辣可口，鱼肉鲜嫩爽滑。

毛血旺源于重庆瓷器口，以鸭血和毛肚杂碎为主料，辅料有豆芽、鳝鱼、猪肉、黄花菜等，调料有辣椒面、豆瓣酱、花椒、生姜等。麻辣鲜香，味浓味厚，开胃下饭，促进食欲。

三、素席

素席是以各种素材组成的筵席。中国的素席源于春秋战国时期，主要用于祭祀和重大典礼。随着佛教的传入，汉族僧侣“持斋吃素”，寺院素食烹饪发展起来，继而推动了民间的素食风俗，使素席发展起来。因席上所有菜肴均以豆制品、面制品、蔬菜、果品等为原料，用植物油烹制而成，又称全素席。其特点是花色品种繁多，可用豆制品、面筋等原料仿制成鸡、鸭、鱼、肉和山珍海味类菜肴。素席是在素菜的基础上产生和发展的。

素菜通常指用植物油、蔬菜、豆制品、面筋、竹笋、菌类和干鲜果品等植物性原料烹制的菜肴。

中国的素菜素食，历史悠久。素菜的特征主要有：第一，原料全素，以时鲜为主，清爽素净；第二，花色繁多，制作考究；第三，富含营养，健身疗疾。

素菜以其食用对象分为寺观素菜、宫廷素菜、民间素菜。

寺观素菜主要是指用蔬菜（含菌类）、果品和豆制品、面筋等制作的素菜。善用竹笋、豆芽等吊制的素高汤增鲜。起初只限于寺观内部食用，后来香客渐多，需就地进餐，有些较大的寺庙香积厨就经营素菜。寺观素菜多就地取材，一般烹制简单，品种不繁，但质量求精。时至今日，驰名的寺观素菜仍不少，如厦门南普陀寺、杭州灵隐寺、成都宝光寺、湖北武当山等。

宫廷素菜是素席中的精品，制作精致，配菜典式有一定规格。一些专做素菜的御厨技艺精湛，他们以面筋、豆腐等为原料，能做出 200 多种风味独特的素菜。如散烩八宝、炒豆腐脑等著名素菜曾得到慈禧太后的赞赏。中国历代宫廷均设有专司饮食机构，到了清代，御膳房下设素局，专门烹制素菜，主要供帝王斋戒时食用。

民间素菜主要以素菜馆为代表。素菜馆源于宋代，到了清代有了较大的发展。素菜馆创制出许多风味独特的菜肴。现在仍享有盛誉的素菜馆有天津的真素园、上海的功德林、北京的全素斋等。

第四节　名茶与名酒

一、名茶

茶叶是以茶树新梢上的芽叶嫩梢（称鲜叶）为原料加工制成的产品。

中国是茶树的原产地，又是最早发现茶叶功效、栽培茶树和制成茶叶的国家。茶叶自古以来就是我国的三大特产之一，也是世界三大饮料（茶叶、咖啡、可可）之一。唐代“茶圣”陆羽的《茶经》是中国也是世界第一部茶叶科学专著，它记述了茶的起源、品质、种植方法、产地、采制、烹饮及器具等。

（一）茶叶的分类

茶叶按初加工工艺可分为绿茶、红茶、乌龙茶（青茶）、黑茶、黄茶、白茶六大类。

再加工茶类有压制成型的紧压茶和鲜花窨制的花茶。紧压茶主要以黑茶或红茶或绿茶为原料，经过蒸压处理，加工成茶块，保留了古代的形态，深受西北、西南少数民族的喜欢，也称边销茶。花茶出现于宋代，以精制后的茶叶和香花为原料，经过窨花工艺制成，尤受我国北方人民的喜爱。

根据商业习惯，茶叶又可分为绿茶、红茶、乌龙茶、白茶、紧压茶和花茶六大类。

（二）中国传统名茶

1. 绿茶

绿茶是最古老的茶叶品种。绿茶是不发酵的茶叶。初制时采用高温杀青，以保持鲜叶原有的嫩绿，多酚类全部不氧化或微氧化，叶绿素未受破坏，香气清爽，味浓，收敛性强。绿叶绿汤，色泽光润，汤澄碧绿，清香芬芳，味爽鲜醇。绿茶产量大，品种多，其中以浙江省杭州市西湖龙井茶、江苏省苏州市太湖碧螺春茶、安徽省黄山市黄山毛峰茶最为著名。

西湖龙井　因产于浙江省杭州市西湖龙井村及其附近而得名。其中尤以狮子峰所产为最佳，被誉为“龙井之巅”。每年清明节前采摘的芽茶称“明前茶”，也称为“莲心”，极为名贵。龙井茶具有外形扁平挺直、大小长短匀齐、色泽绿中透黄、茶香清高鲜爽的特点，宛如茉莉清香，味甘而隽永，泡在玻璃杯中，清汤碧液，可见茶芽直立，世人誉为“色绿、香郁、味甘、形美”四绝。以虎跑泉水冲泡龙井茶，号称杭州“双绝”。

太湖碧螺春　产于江苏省苏州市太湖上的洞庭山区，又名洞庭碧螺春。原名为“吓煞人香”。后经康熙皇帝改名为“碧螺春”茶。其特点是条索纤细，卷曲成螺，茸毛密布，清香幽雅。

黄山毛峰　产于安徽省黄山市，是毛峰茶中之佳品。其特点是芽叶肥壮，大小均匀，银毫形如雀舌，油润光滑，绿中微黄，冲泡入口，醇香鲜爽，回味甘甜，沁人心脾。特级黄山毛峰，又称黄山云雾茶，产量极少。

2. 红茶

红茶出现于清朝，用全发酵法制成。制作关键是渥红（发酵）以促进酶活性，使多酚类物质充分氧化。红叶红汤，香甜味醇，具有水果香气和醇厚的滋味，还具有耐泡的特点。红茶多以产地命名，以安徽省祁红、云南省滇红尤为出众。

祁红即祁门红茶，是祁门工夫红茶的简称。主要产于安徽省黄山市祁门县及附近的黟县与池州市的东至县等县。1875 年，黟县人余干臣从福建罢官回原籍经商，便仿效福建“闽红”制法，在至德县（今东至县）尧渡街设立茶庄试制红茶，成功后扩大红茶经营，别人亦效仿之。于是很快祁红声誉超过闽红，1915 年获巴拿马国际博览会金奖。祁红条索紧细秀长，色泽乌润，毫色金黄，汤色红艳透明，叶底鲜红明亮，入口醇和，回味隽厚，味中有浓郁的既似果香又似兰花香的香气，清鲜持久，国外誉为“祁门香”。祁红在国际市场上与印度大吉岭茶、斯里兰卡乌伐茶齐名，并称为世界三大高香名茶。滇红，云南红茶的统称，采用优良的云南大叶种茶树鲜叶，经萎凋、揉捻或揉切、发酵、烘烤而制成，分滇红工夫茶和滇红碎茶两种。滇红工夫茶是条形茶，滇红碎茶是颗粒形碎茶。前者滋味醇和，后者滋味强烈。滇红工夫茶中，品质最优的是“滇红特级礼茶”。成品茶芽叶肥壮，色泽乌黑油润，汤色红浓透明，滋味浓厚鲜爽，香气高醇持久，叶底红匀明亮。

3. 乌龙茶

乌龙茶也称青茶，属半发酵茶，介于红茶与绿茶之间。始出现于清朝。制作采用独特的“做青”工序，使鲜叶不充分氧化。特点是叶色青绿，汤色金黄，绿叶红镶边，香气芬芳浓醇，既具有红茶的醇厚，又不失绿茶的清香。乌龙茶的产地主要集中在福建省、广东省、台湾省一带，名品有福建省南平市武夷山市的武夷岩茶、铁观音，广东省的凤凰单枞，台湾省的冻顶乌龙等。

武夷岩茶　因产于福建省南平市武夷山市的武夷山岩崖之间而得名，属条形乌龙茶。清朝末期创制。具有外形条索肥壮匀整、紧结卷曲，叶背呈蛙皮状小白点，色泽绿润带宝光，肉质香气馥郁隽永，滋味醇厚回甘，润滑爽口，汤橙黄透亮的特点，冲泡三四次而色不褪，叶底柔软匀亮，绿叶红镶边，饮后齿颊留香，喉底回味甘甜。人们常用“蜻蜓头，蛤蟆背，砂绿润，品具岩骨花香，带有一香二清三甘四活的岩韵”来概括武夷岩茶的独特风味。按产品划分，武夷岩茶可分为大红袍、名枞、肉桂、水仙、奇种五类。

铁观音　产于福建省泉州市安溪县。因树种而得名，也称为安溪铁观音。铁观音属于半发酵茶。茶叶色泽褐绿，重实如铁，香气特异。传说是观音菩萨所赐，便取名铁观音。铁观音冲泡后呈螺旋形，滋味纯浓，香气馥郁持久，有天然的兰花香，俗称“观音韵”。

4. 黄茶

加工过程中采用杀青、焖黄方法，使鲜叶进行非酶性氧化。黄叶黄汤，香气清悦醇和。黄茶按芽叶嫩度分为黄芽茶、黄小茶和黄大茶。著名品种有湖南省君山银针等。

君山银针　产于湖南省岳阳市洞庭湖中君山岛。该茶的特点是，芽头茁壮紧实，挺直不曲，长短大小匀齐，茸毛密盖，芽身金黄，称为“金镶玉”。汤色浅黄，叶底明亮，滋味甘醇，香气清雅。若以玻璃杯冲泡，可见芽尖冲上水面，悬空竖立；下沉时如雪花下坠，沉入杯底，状似鲜笋出土，又如刀剑林立；再冲泡再竖起，能够三起三落。

5. 白茶

白茶白色茸毛多，色白如银，汤色浅淡、素雅，初泡无色，滋味鲜醇，毫香明显。白茶分两大类：一类是用白茶树鲜叶直接制成、完全未发酵的茶，如浙江安吉白茶、太湖白茶。另一类是采用萎凋、轻微发酵制成的茶，如白毫银针、白牡丹等。主要产于福建省的南平市政和县、宁德市福鼎市等地，名品有白毫银针、白牡丹等。白茶茶性寒凉，有退热祛暑之功效。

白毫银针　又名银针白毫，也简称银针或白毫。因色白如银，形状似针而得名。具有外形美观，芽肥壮，茸毛厚，芽长近寸，富光泽，汤色碧青，香味清淡，滋味醇和等特点。冲泡时，“满盏浮茶乳”，银针挺立，上下交错。白毫银针的形、色、质、趣是名茶中绝无仅有的。白毫银针性寒凉，有健胃提神之效、祛湿退热之功，常作药用。产于福建省东北部。

白牡丹　以绿叶夹银色白毫，芽形似花朵；冲泡之后，绿叶托着嫩芽，宛若蓓蕾初开，故名白牡丹。白牡丹两叶抱一芽，叶态自然。白牡丹汤色杏黄或橙黄，叶底浅灰，叶脉微红，汤味鲜醇。有退热祛暑的功效，是夏日佳饮。产于福建。

6. **黑茶**

因成品茶的外观呈黑色，故得名。黑茶属于后发酵茶，随时间的不同，发酵程度会发生变化。黑茶制茶工艺一般包括杀青、揉捻、渥堆和干燥四道工序。干茶颜色为青褐色；冲泡后，汤色橙黄或褐色，有陈香，滋味醇厚回甘。黑茶花色品种丰富，茶性温和，可久藏不坏，耐煮泡。黑茶主要分布在湖南、四川、云南、湖北等地，是压制紧压茶的主要原料。名品有云南普洱茶。

普洱茶　因产于云南普洱而得名。以云南大叶茶种晒青毛茶为原料，经过发酵加工成散茶和紧压茶。普洱茶茶汤橙黄浓厚，香气持久，香型独特，滋味浓醇，经久耐泡。"越陈越香"被公认为是普洱茶区别于其他茶类的最大特点。普洱茶还有一定的减肥降脂功效。

二、名酒

酒是用高粱、麦、米、葡萄或其他水果等原料经糖化、发酵制成的含有食用酒精等成分的饮料。

中国是世界上最早酿酒的国家之一，早在5000年前就已开始酿酒。商周时期便出现了制曲方法、酿酒职官和酿酒工艺。南北朝贾思勰的《齐民要术》中记录了9种酒曲的制作法、39种酒的酿造法和2种药酒的配制法。宋代出现了较全面的酿酒专著——朱翼中的《北山酒经》，详细记述了制曲酿酒的方法。

（一）中国酒的分类

根据酿酒方法分类，有蒸馏酒、发酵酒和配制酒。

根据酒中酒精含量分类，有高度酒（一般在40度以上）、中度酒（20度至40度）和低度酒（在20度以下）。

根据商业习惯，酒可分为白酒、黄酒、葡萄酒、啤酒、果酒、露酒和药酒。

（二）中国国家名酒

1. **白酒**

白酒也称"烧酒"，是以各种含淀粉或糖分的原料、辅料、酒曲、酒母、水等，经过糖化发酵后，用蒸馏法制成的40度至65度的高浓度酒。白酒，尤其是国家名酒，由于酿酒原料、生产工艺、设备等条件的不同，形成不同香型和风味特点。白酒中的名酒是按香型评定的，分为酱香型、浓香型、清香型、米香型、兼香型等。

（1）香型

①酱香型，又称茅香型。在白酒中，酱香型酒为数很少，除贵州省茅台酒为代表外，四川泸州市古蔺县郎酒、湖南省常德市武陵酒也属此香型。其特点为：酱香突出，幽雅细致，酒体醇厚，回味悠长，甚至盛过酒的空杯仍留有香气。

②浓香型，以四川省泸州市泸州老窖特曲、五粮液酒为代表。该香型比较适合全国广大消费者口味，因此在白酒中所占比例最大。其特点为：窖香浓郁，绵柔甘洌，香味协调，尾净余长。四川宜宾市五粮液、安徽省亳州市古井贡酒、贵州省贵阳市贵阳大曲、贵州省习水县习水大曲、江苏省宿迁市泗阳县洋河镇洋河大曲也属此香型。

③清香型，以山西省吕梁市汾阳市杏花村汾酒为代表，比较适合北方消费者的口味。其特点为：清香醇正，口味协调，微甜绵长，余味爽净，甘润爽口。具有传统的老白干风格。还有湖北省武汉市特制黄鹤楼酒、河南省平顶山市宝丰县宝丰酒也属此香型。

④米香型，以广西壮族自治区桂林市三花酒为代表。其特点为：蜜香清雅纯和，入口柔绵，落口爽洌，回味怡畅。

⑤兼香型，指具有两种以上主体香型的白酒，又称为复香型或混合香型酒，如贵州省遵义市董酒、陕西省宝鸡市凤翔区西凤酒。

（2）名酒

1952—1988 年五届全国评酒会评出国家名酒白酒共 17 种，即茅台酒、泸州老窖特曲、汾酒、西凤酒、五粮液、古井贡酒、董酒、全兴大曲、剑南春、洋河大曲、双沟大曲、特制黄鹤楼酒、郎酒、武陵酒、宝丰酒、宋河粮液、沱牌曲酒。

①贵州茅台酒，产于贵州省遵义市仁怀市茅台镇。茅台镇产名酒，与其独特的自然条件、赤水河水和优良的高粱做原料密不可分，所以至今酿不出“异地茅台”。色泽晶莹透明，口感醇厚柔和，无烈性刺激感，入口酱香馥郁，回味悠长，饮后余香绵绵，持久不散。自 1952 年以来，在历届全国评酒会上，连获“国家名酒”称号，为国内国际市场上的“酒中明珠”，素有“国酒”之誉。

②泸州老窖特曲，产于四川省泸州市。泸州古称江阳，自古有“江阳尽道多佳酿”之美誉。泸州最老的酒窖，明万历年间所建，已被列入全国重点文物保护单位。酒液晶莹清澈，酒香芬芳飘逸，酒体柔和纯正，酒味协调适度，具有窖香浓郁、清洌甘爽、饮后留香、回味悠长等独特风格。1915 年获得巴拿马万国博览会金奖。自 1952 年以来，在历届全国评酒会上连续入选国家名酒。

③五粮液酒，产于四川省宜宾市。以高粱、大米、糯米、小麦、玉米五种粮食为原料，经古法工艺配方酿造而成。其香气浓郁，醇厚甘美，回味悠长。多次

荣获“国家名酒”称号。

④汾酒，产于山西省吕梁市汾阳市杏花村镇。早在南北朝北齐时期就以酿制“汾清”而著称于世。酒液晶莹透亮，清香雅郁，入口绵柔、甘洌，余味净爽，有色、香、味三绝之美。作为我国白酒类的名酒，山西汾酒可以说是我国历史上最早的名酒。1915 年获得巴拿马万国博览会金奖。自 1952 年以来，在历届全国评酒会上连续获得“国家名酒”称号。

⑤桂林三花酒，产自广西壮族自治区桂林市。以优质大米为原料，加入精选的酒曲，采用清澈澄碧的漓江水酿造而成。酒酿成后，还要存放到岩洞内，过一两年方可分装出厂，使酒质愈加醇和芳香。被誉为“米酒之王”。

⑥贵州遵义董酒，产自贵州遵义市。以优质高粱为原料，加入酒曲，采用贵州大娄山脉地下泉水酿造而成。既有大曲酒的浓郁芳香，又有小曲酒的柔绵、醇和、回甜，还有淡雅舒适的“百草香”的植物芳香。为国内“董香型”白酒的典型代表。

⑦陕西西凤酒，产自陕西省宝鸡市凤翔区柳林镇。以优质高粱为原料，以大麦、豌豆制曲，配以甘美的柳林井水，经发酵、蒸馏、贮存、勾兑而成。需贮存 3 年。西凤酒醇香芬芳，清而不淡，浓而不艳，集清香、浓香之优点于一身，风格独特。属于复合型的大曲白酒。

2. **黄酒**

黄酒是中国最古老的饮料酒，也是中国特有的酿造酒。多以糯米为原料，也可用粳米、籼米、黍米和玉米作原料，蒸熟后加入专门的酒曲和酒药，糖化、发酵后压榨而成。酒度一般 16%~18%，含糖、氨基酸等多种成分，具有相当高的热量，是营养价值很高的低度饮料。因酒色黄亮或黄中带红而得名。黄酒主要产于中国长江下游一带，以浙江省绍兴市的产品最为著名。

1952—1984 年，在四届全国评酒会上被评为国家名酒的黄酒有：浙江省绍兴市加饭酒和福建省龙岩市沉缸酒。

绍兴加饭酒产于浙江省绍兴市，古称越酒、山阴甜酒。本品酿造历史悠久，为我国乃至世界上最古老的饮料酒黄酒中的最名贵者，其有 2300 余年的制作历史。以糯米为原料，使用鉴湖的水酿制而成，具有酒色黄而莹澈，香气浓而沉郁，味道醇厚，越陈越香，久藏不坏等特点。1952 年以来，采用喂饭法工艺酿制的绍兴加饭酒连续被评为“国家名酒”。

龙岩沉缸酒是福建省龙岩市的特产。历史悠久，相传起源于 195 年，现找到有文字可考的是 1796 年。龙岩沉缸酒是一种特甜型酒，入口甘甜。酒度在 14%~16%，总糖可达 22.5%~25%。其工艺独特，精心酿制，营养丰富，滋补健身。

3. 果酒

果酒是以果品为原料经发酵酿制而成的低度饮料酒，如梅子酒、葡萄酒、苹果酒等。尤以葡萄酒最为著名。葡萄酒是以葡萄为原料酿造的一种果酒。

葡萄酒原产于西亚地区，汉代经“丝绸之路”传入中原。

我国用葡萄酿酒的历史悠久。汉代西域地区就以酿葡萄酒驰名。唐代我国西北地区已用葡萄蒸制葡萄烧酒，饮葡萄酒之风非常兴盛。中国最早的近代葡萄酒酿造企业是1892年华侨张弼士创建的山东省烟台市张裕葡萄酒厂。

葡萄酒有以下三种分类方法：按加工方法分为酿造葡萄酒（又称原汁葡萄酒，或静止葡萄酒）、加香葡萄酒、起泡葡萄酒和蒸馏葡萄酒；按糖分含量分为干葡萄酒（＜0.5%，口感无甜味）、半干葡萄酒（0.5%~1.2%，有极微弱甜味）、半甜葡萄酒（1.2%~5%，口感较甜）和甜葡萄酒（＞5%，口感很甜）；按色泽分为红葡萄酒、桃红葡萄酒和白葡萄酒。

山东省烟台市张裕葡萄酒厂生产的红葡萄酒、味美思、雷司令和金奖白兰地，在1915年美国旧金山举行的巴拿马国际博览会上一举拿到四块金质奖章。1952—1984年四届全国评酒会上，烟台红葡萄酒、味美思、金奖白兰地连续获得“国家名酒”称号。

4. 啤酒

啤酒是以大麦芽和啤酒花为主要原料，再加上水、淀粉、酵母等辅料，经酵母发酵而制成的一种含二氧化碳的低度酒精饮料，也叫麦酒。它具有营养丰富、高热量、低酒度的特点，有“液体面包”的美誉。啤酒是近代从欧洲传入的。先由外国商人在中国的山东省青岛市、黑龙江省哈尔滨市、辽宁省沈阳市、上海市等地设厂酿造。1904年、1915年在哈尔滨市、北京市中国人先后办起东北三省啤酒厂、双合盛五星啤酒汽水厂。

（1）分类

啤酒有如下三种分类方法：根据是否杀菌，可分为鲜啤酒（生啤酒）和熟啤酒；根据麦汁浓度、酒精含量（质量）不同，可分为低浓度啤酒（2.5°~8°，0.8%~2.2%）、中浓度啤酒（9°~12°，2.5%~3.5%）和高浓度啤酒（13°~22°，3.6%~8%）三种；根据颜色深浅，可分为黄啤酒（淡色啤酒或浅色啤酒）和黑啤酒（浓色啤酒或绿色啤酒）。

（2）名酒

1963—1984年，在三届国家评酒会上被评为国家名酒的啤酒有：山东省青岛市的青岛啤酒等。

青岛啤酒，产于山东省青岛市。该厂前身为1903年始建的英德啤酒公司。

青岛啤酒以浙江、江苏等省所产二棱大麦为原料，配以自产优质啤酒花，用崂山泉水为酿造水，采用德国传统工艺精心酿制而成。酒液呈淡黄色，清澈透明，有光泽，二氧化碳充足，泡沫洁白、细腻，有显著的啤酒花香和麦芽清香，口感柔和，清爽纯净，略带啤酒花特有的苦味，令人感到愉快。属中浓度淡色熟啤酒，原麦汁浓度在 12° 以上，酒精含量为 3.5%(质量)。1962 年以来连续获得“国家名酒”称号和质量金奖。

随堂练

第八章 中国传统工艺美术

经典图片

考点速记

【学习目标】

了解中国陶器、瓷器发展概况，中国文房四宝、年画、剪纸和风筝的主要产地和特色。熟悉中国陶器、瓷器、漆器、玉器的主要产地和特色，中国传统四大刺绣及其代表作。掌握唐三彩、龙泉青瓷、宋代五大名窑、青花瓷、德化白瓷、彩瓷（斗彩、粉彩）的特点，景泰蓝工艺等。

第一节 中国陶瓷器

一、陶瓷器概述

陶瓷器是陶器制品和瓷器制品的总称。

陶器是用黏土成型，经700℃~800℃的炉温焙烧而成的无釉或上釉的日用品和陈设品。陶器的发明，是人类历史上最早通过火的作用使一种物质改变成另一种物质的创造性活动。陶器的出现，标志着新石器时代的开始，使人类的定居生活更加稳固。

我国陶器制造历史悠久，早在七八千年前的新石器时代，我国的先民就已经制造和使用陶器。由于当时的社会生产力极其低下，主要有红陶和灰陶。这一时期的陶器具有粗糙、古朴的制作特点。在新石器时代晚期的仰韶、河姆渡、大汶口等文化遗址中出土了大量的灰陶、彩陶、黑陶和印纹陶等。原始陶器的彩绘纹饰多以几何图形出现，手法粗糙，构图新颖，表现出当时中国制陶的工艺水平。

仰韶文化彩陶 仰韶文化是距今6000年的新石器文化，因最早发现于河南省渑池县仰韶村而得名。由于遗址中发现了非常精美的彩陶，故被称为“彩陶文化”。从考古发现来看，各部落都掌握了相当成熟的经验，包括选用陶土、塑坯造型、烧制火候等一系列技术和绘画、贴塑装饰的工艺。陶器造型有盆、罐、钵、尖底瓶等，表面用红彩或黑彩画出绚丽多彩的几何形图案和动物形花纹。仰韶文化内涵丰富，分布地域辽阔，形成不同的文化类型。其中半坡类型以西安半坡村和临潼姜寨遗址出土的彩陶为代表。器型为圆底或平底的盆、小口长颈大腹壶、圆唇直口鼓腹罐。风格朴实厚重，彩绘纹样包括动物纹（人面纹、鱼纹、鱼鸟结合纹、鹿纹）、几何纹（写实纹饰、抽象几何纹）、编织纹。人面鱼纹彩陶盆是半坡类型彩陶的珍品。庙底沟类型以河南省三门峡市陕州区庙底沟和陕西省渭南市华州区泉护村出土的彩陶为代表。器型为大口小底曲腹盆和碗，曲腹是庙底沟陶器的一大特色。大多为红陶黑彩，风格挺秀饱满、轻盈而稳重。纹样多为两端相交组成的新月形、叶形、花瓣形纹（植物纹）以及弧线与直线相交而构成的三角形纹（几何纹），还有少量的动物纹和编织纹。代表作品有彩陶花瓣纹盆、鹳鱼石斧缸等。

龙山文化蛋壳黑陶　龙山文化是距今 4000 多年前中国新石器时代晚期的一种文化。因首次发现于山东省济南市章丘区龙山街道的城子崖，所以称“龙山文化”。它以黑色陶器为其特征，故称为“黑陶文化”。黑陶是陶胎较薄、胎骨紧密、漆黑光亮的黑色陶器。它在龙山文化陶器中制作最为精美。黑、薄、光、纽为黑陶的四大特点。其中有一种薄胎黑陶，漆黑乌亮，薄如蛋壳，称蛋壳陶，代表着这一类型陶器的杰出成就。蛋壳黑陶杯“黑如漆，亮如镜，薄如纸，硬如瓷”，被考古界誉为“四千年前地球文明最精致之制作”。

商朝陶器大体上继承了新石器时代的样式，种类上也没有多大的发展。只是白陶在商代晚期得到了高度发展，成为当时占陶器比例不大却十分名贵、重要的一个陶器品种。同时还出现了用高岭土作胎，施青釉的原始瓷器。

周代是陶器发展的重要阶段，陶器大量被应用到建筑上，如板瓦、筒瓦、瓦当、瓦钉、阑干砖等。两汉时期，釉陶大量替代铜质日用品，使陶器得到了迅速发展。东汉时釉陶已发展到了较高水平，陶器开始向瓷器过渡。

瓷器是在陶器的基础上制成的器物，具有以下特点：第一，瓷器胎料的成分主要是高岭土，瓷胎烧结后，胎色白，质地致密，胎体吸水率不足 1%，具有透明或半透明性，叩之发出清脆悦耳之声。第二，瓷器的烧成温度必须在 1200℃以上，胎釉经高温烧结后，不易脱落。瓷器是中国古代的伟大发明，早在商代就烧出原始瓷器，东汉时期烧制出真正的瓷器。东汉青瓷常见的器形有碗、盘、盏、耳杯、钵、洗、壶、盆、钟、瓿、罍（léi）、坛、斗、唾盂、砚、五联罐等。西晋时期，越窑青瓷的烧造技艺又有了提高。

隋唐时期是我国封建社会经济文化高度繁荣的时期，陶瓷业也进入了一个迅猛发展的阶段，形成了以浙江越窑为代表的青瓷和以河北邢窑为代表的白瓷两大瓷窑系统，概称为“南青北白”。唐代的瓷器以单色釉为主，但陶器的色彩丰富绚丽，唐三彩就是其标志。它是一种低温铅釉陶器，因经常使用黄、绿、褐三种色彩而得名。一般作为陪葬品，分为器皿、人物、动物，是我国古代陶瓷工艺的精品。

宋元明清，我国制瓷业进入兴盛时期。

宋代五大名窑 宋代是中国制瓷业极其辉煌的时期。这一时期涌现出许多驰名中外的瓷窑，其中以五大名窑——汝、官、哥、钧、定最为著名。宋代五大名窑之说，始于明代皇室收藏目录《宣德鼎彝谱》。汝窑居于五大名窑之首，因窑址位于宋时河南汝州境内而得名。在中国陶瓷史上素有“汝窑为魁”之称。汝窑专为宫廷烧制御用青瓷器，烧造工艺达到了中国陶瓷史上的极致。汝瓷造型古朴大方，以名贵玛瑙为釉，色泽独特，随光变幻，其釉色如雨过天晴，釉质细润，器表呈蝉翼纹细小开片，被世人称为“似玉、非玉，而胜玉”。汝窑传世品极少，被人们视为稀世之珍。官窑专为宫廷烧制瓷器，其风格规整对称，宫廷气势，高雅大气，一丝不苟。瓷器造型古朴庄重，胎土含铁量高，胎土呈深黑褐色，后称“紫口铁足”。釉面沉重幽亮，釉厚如堆脂，温润如玉。哥窑瓷器釉质莹润，造型端庄古朴，传世者弥足珍贵。其重要特征是釉面开片。其通体釉面以粗深或细浅的两种纹线交织切割，俗称“金丝铁线”。钧窑以烧制乳浊釉瓷为主，以其“入窑一色，出窑万彩”的神奇“窑变”而闻名。定窑以烧造白瓷而著称，以装饰见长。

宋瓷在工艺上取得较高成就，形成品种丰富多彩、造型简洁优美、装饰方法多种多样的特点。

元代由于战乱一度限制了制瓷业的发展，但制瓷工艺仍有创新，出现了青花瓷和釉里红技法。明代以前陶瓷釉色以青为主，明代以后则以白瓷为大宗，为瓷器的装饰创造了物质条件，尤其在康乾盛世，我国制瓷工艺达到了历史顶峰，制瓷技艺持续进步，凡是明代已有的工艺和品种，大多有所提高或创新。元、明、清瓷器的主流是青花瓷，但清代涌现出了缤纷多彩的彩瓷，包括康熙时的素三彩、五彩，雍正、乾隆时的粉彩、珐琅彩，都是闻名中外的精品。最终形成青花瓷类、色釉瓷类、彩瓷类三大系列。彩瓷是器物表面加以彩绘的瓷器，带有色彩装饰。历史悠久，品种繁多。主要有釉下彩瓷和釉上彩瓷两大类。釉下彩指彩色纹饰呈现在瓷器表面釉的下面，始于三国时期，其特点是彩色画面处于透明釉的覆盖下，不暴露于外界，使瓷器在使用过程中不会被磨损和腐蚀，也不致有沾污或污染的危害；釉上彩指彩色纹饰呈现在瓷器表面釉的上面，始于明清时期，其特点是在装饰上由简单到复杂，彩色由一种到多种，色彩光亮，装饰艺术性强。明清时期是彩瓷发展的盛期，以景德镇窑成就最为突出。五彩瓷成熟于明代，以红、黄、蓝、绿、紫五种彩料为主，在瓷器釉面上按照花纹的需要施彩，入窑二次低温焙烧而成。颜色丰富，装饰风格多样。斗彩创烧于明代，是釉下青花和釉上彩相结合的一种工艺。先用青花在白色瓷胎上勾勒出所绘图案的轮廓线，罩釉高温烧成，再在釉上填入不同的彩料，入窑低温烧成。绚丽多彩，又不失沉稳典雅。明成化斗彩鸡缸杯便是一件绝世佳品。粉彩瓷创烧于清代，是景德镇窑创制的新品种。关于其发展素有“始于康熙、精于雍正、盛于乾隆”之说。粉彩瓷是在烧好的胎釉上施含砷物的粉底，涂上颜料后用笔洗开，由于砷的作用，其颜色产生粉化效果。色调粉润柔和，图案秀丽雅致。

陶瓷是中国著名的三大特产之一。唐宋以来，中国瓷器大量远销世界各地，瓷器制作技艺也随之传到东、西方各国。中国素有“瓷国”之称。

我国当代陶器以江苏省无锡市宜兴市、广东省佛山市石湾镇、安徽省阜阳市界首市、山东省淄博市、湖南省长沙市铜官镇、云南省红河哈尼族彝族自治州建水县、甘肃省天水市、河北省唐山市等地所产最为著名。

现代最著名的“瓷都”是江西景德镇。湖南醴陵市、福建德化县、浙江龙泉市、山东淄博市和河北唐山市等地也是中国瓷器的主要产地。

二、中国著名陶瓷器

宜兴紫砂器 江苏省无锡市宜兴市的紫砂器创始于宋代，至明清时期已有很大发展，享有天下“神品”之称。紫砂器是用质地细腻、含铁量高的特殊陶土制成的无釉细陶器，呈赤褐、浅黄或紫黑色。紫砂茶具胎壁无釉多孔，有较强的吸附力，泡茶数天后仍能保持茶香；传热慢，不烫手，耐热性能好，严寒天用沸水泡茶不必担心炸裂；造型美观，色彩古朴、淡雅，是精致的手工艺品。

洛阳仿唐三彩 唐三彩是盛行于唐代的一种低温釉陶器。唐三彩釉色的主要成分为硅酸铅，釉色呈绿、蓝、黄、白、赭、褐等色彩，以黄、绿、褐等色为常见，故名。唐三彩精品多出于洛阳地区，仿唐三彩首产于河南省洛阳市。唐三彩的复制和仿制工艺在洛阳已有上百年的历史，经过历代手艺人的研制，“洛阳唐三彩”的工艺技巧艺术水平达到了一定的高度，唐三彩的制作工艺也得以继承和发展。在国际市场上，唐三彩已成为极其珍贵的艺术品，曾在有 80 多个国家和地区参加的国际旅游会议上被评为优秀旅游产品，被誉为“东方艺术瑰宝”。

淄博美术陶瓷 山东省淄博市陶瓷生产历史悠久，汉代已能生产翠绿、栗黄、茶黄、淡绿四种颜色的釉陶。现以生产传统的名贵色釉——雨点釉、茶叶末釉等的美术陶瓷著称。雨点釉又名油滴瓷，在黑色的釉面上均匀地布满了银白色的小圆点。圆点小如米粒，盛茶时金光闪闪，盛酒则银光熠熠，映日视之，晶莹夺目。在日本称“天目釉”，是茶道中的精品。茶叶末釉系在橄榄色的釉面上，均匀地布满茶叶末似的细微晶粒而得名。古人称赞说：“茶叶末，黄杂绿色，娇嫩而不俗，艳于花，美如玉，最养目。”用这种釉制作的各种文具、瓶、罐等，釉色纯正，古朴典雅。

景德镇名瓷 江西省景德镇市是我国的“瓷都”。所产瓷器素有“白如玉、薄如纸、明如镜、声如磬”的美誉。早在汉代（前206—220年）这里就生产陶器，魏晋南北朝（220—589年）时，逐步发展到生产瓷器。唐代（618—907年）出现了有“假玉器”之称的白瓷。宋代景德年间（1004—1007年），设置官窑，“应官府之需，命陶工书建年‘景德’于器”，景德镇遂由此得名。影青刻花瓷就是这时诞生的。明清两代（1368—1911年）以来，景德镇瓷器造型优美，色彩绚丽。青花瓷、青花玲珑瓷、粉彩瓷和高温颜色釉瓷，称为景德镇的四大传统名瓷。其中的青花瓷，烧造历史最为悠久，位居四大名瓷之首，享有“瓷国明珠”之美誉。其主要工艺是以色料在胚胎上描绘纹样，然后上透明釉，施釉后经1300℃左右高温一次烧成。釉色晶莹，透彻素净，明净雅致。

醴陵釉下彩瓷 醴陵釉下彩瓷是湖南省株洲市醴陵市烧制的餐具日用瓷。它是醴陵日用瓷中具有独特艺术风格的传统产品。起源于清雍正年间，迄今已有250多年的历史。该瓷器釉面犹如罩上一层透明的玻璃罩，无铅毒、耐酸碱、耐摩擦，洁白如玉，晶莹润泽，虽长期存放花纹却始终保持原来色彩。

德化白瓷 福建省泉州市德化县是我国白瓷的著名产地，与江西省景德镇市、湖南省株洲市醴陵市并列为中国三大瓷都。德化县瓷土资源丰富，水源充足，交通运输方便，是烧制瓷器的理想之地。德化窑是我国古代南方著名瓷窑，所产白瓷千姿百态，遍布世界，被誉为“中国白”。在世界陶瓷史上“中国白”一词也成了德化白瓷的代名词。明嘉靖、万历年间，德化著名民间雕塑艺人何朝宗擅长雕塑观音，仪态生动，面容秀丽，端庄慈祥，有“何来观音”的美誉。

龙泉青瓷 产于浙江省丽水市龙泉市，由于釉色多呈青色，故称为“青瓷”。南北朝时期，浙江龙泉人利用当地优越的自然条件烧造龙泉青瓷。在南宋时达到高峰。其烧制出的龙泉瓷产品具有“青如玉、明如镜、薄如纸、声如磬”的特点。现代的龙泉青瓷忠实地继承了中国传统的艺术风格，2009 年，龙泉青瓷传统烧制技艺被列入《人类非物质文化遗产代表作名录》。龙泉青瓷产品有两种：一种是白胎和朱砂胎青瓷，称“弟窑”。“弟窑”釉色以粉青、梅子青为最，豆青次之，被誉为民窑之巨擘。“弟窑”青瓷釉层丰润，釉色青碧，光泽柔和，晶莹滋润，胜似翡翠。另一种是釉面开片的黑胎青瓷，称“哥窑”。“哥窑”瓷器特点是“胎薄如纸，釉厚如玉，釉面布满纹片，紫口铁足，胎色灰黑”。“哥窑”以瑰丽、古朴的纹片为装饰手段，如冰裂纹、蟹爪纹、牛毛纹、流水纹、鱼子纹、膳血纹、百圾碎等，加之其釉层饱满、莹洁，与釉面纹片相映，更显古朴典雅。此类产品以造型、釉色及釉面开片取胜，因开片难以人为控制，裂纹无意而自然，天工造就，更符合自然朴实、古色古香的审美。

第二节　中国四大刺绣及其代表作

刺绣属于织绣工艺品，是以蚕丝为原料的纺织品和刺绣品的总称。刺绣起源于中国，是中国著名的三大特产之一。汉代之后，经丝绸之路远销中亚、西亚和地中海沿岸各地。刺绣是用针引线在绣料上穿刺出一定图案和色彩花纹的装饰织物。明代上海顾名世家的刺绣品顾绣尤其闻名。江苏省苏州市的苏绣、湖南省湘绣、广东省粤绣、四川省蜀绣，既继承古老的优良传统，又有所创新，各具特色，被誉为我国四大名绣。

一、苏绣

苏绣主要产于江苏苏州、南通一带，因产地苏州而得名。苏绣始于春秋时期，清代是苏绣的全盛时期，真可谓流派繁衍，名手竞秀。苏绣具有图案秀丽、构思巧妙、绣工细致、针法活泼、色彩清雅的独特风格，地方特色浓郁。其色彩文雅浓艳，针法活泼多变。绣技具有“平、齐、细、密、和、光、顺、匀”的特点，被誉为“东方明珠”。最能体现苏绣艺术特征的是“双面绣”，可供人两面观赏。双面绣《猫》是苏绣现代作品的典型代表。绣猫要应用各种精巧针法，使猫身上的毛茸茸的毛丝形象逼真。最重要的部位是眼，常用一根丝线的 1/24，进行眼睛的镶色和衬光，使眼睛发亮有神。

二、湘绣

湘绣是湖南省长沙市一带绣品的总称。已有 2000 多年的历史。它是在湖南民间刺绣工艺的基础上，汲取了苏绣和粤绣的精华而发展起来的刺绣工艺品，进而形成了自己独特的风格，强调写实，质朴而优美，形象生动。湘绣以着色富有层次，绣品如画为特色。湘绣在配色上善于运用深浅灰及黑白色，加上适当的明暗对比，增强了质感和立体感，结构上虚实结合，善于利用空白，突出主题，形成了湘绣水墨画般的素雅品质。湘绣的传统题材是狮、虎、松鼠等，特别是以虎最为多见。民间有"苏猫、湘虎"之说，湘绣狮虎毛纹刚健直竖，双目有神，几可乱真，今已发展到异色、异形、异面的双面全异绣。

三、粤绣

粤绣产于广东省广州市与潮州市，起源于唐代。粤绣构图丰满，繁而不乱；图案工整，富于夸张；色彩艳丽，对比强烈；针法多样，善于变化。粤绣题材广泛，其中以龙、凤、博古等题材最具特色，充分体现了当地人民的审美情趣。金银线垫绣是粤绣中具有特色的工艺之一。粤绣的一个独特现象就是绣工多为男工。粤绣的代表作有《百鸟朝凤》，形象逼真，富丽夺目，生机盎然。

四、蜀绣

蜀绣是四川省成都市的传统刺绣工艺品。蜀绣历史悠久，东晋以来与蜀锦并称"蜀中瑰宝"。以软缎和彩丝为原料，有 100 种以上的针法绣技。蜀绣技艺讲究施针严谨、针脚精细，掺色柔和，虚实得体，图案美观。以构图精巧、刻画细腻、形神兼备、色彩明丽而著称。蜀绣品种繁多，主要有高级艺术绣屏。蜀绣的代表作有《蜀宫乐女演乐图》挂屏、《水草鲤鱼》座屏、《熊猫》座屏和陈列在北京人民大会堂四川厅的巨幅作品《芙蓉鲤鱼》等。

第三节　漆器、玉器及景泰蓝工艺

一、漆器

漆器是用漆涂在各种器物的表面上所制成的日常器具及工艺品、美术品等。生漆是从漆树上割取的天然液汁，主要由漆酚、漆酶、树胶质及水分构成。用它作涂料，有耐潮、耐高温、耐腐蚀等特殊功能，又可以配制出不同色漆，光彩照人。生漆自古盛产于中国，漆器制作始于六七千年以前，历经商周直至明清，中国的漆器工艺不断发展，达到了相当高的水平。明隆庆年间，新安（今安徽歙县）著名漆工黄大成，将绝技传之吴越，开该地漆作之先声，并著成《髹饰录》一书，对漆器制作工艺的阐述极为精辟。以推光、雕填、彩绘、镶嵌玉石和螺钿等技法，制作出各种精美的工艺品。

当代漆器主要分布于北京市、福建省福州市、江苏省扬州市、四川省成都市（雕嵌填彩）、山西省晋中市平遥县（推光）、贵州省毕节市大方县（皮胎）、甘肃省天水市（雕填）等地。

（一）北京雕漆

北京市雕漆、江西省景德镇市瓷器和湖南省长沙市湘绣，被称为中国工艺美术三长。北京雕漆不同于一般漆器，它是在涂刷成几毫米到 20 多毫米厚的漆层上，加工雕刻的工艺品，是我国漆器艺术中的一个独特品种。始于唐代，兴于宋、元，盛于明、清。在史书上雕漆又可称为“剔红”，这是习惯性的叫法，因为在古代的雕漆制品中，以红、绿颜色为主，还有剔黑、剔黄等。目前北京雕漆以剔红、剔黑为主，其他如红底黑花、黑底红花、黄底红花、绿底红花以及黄、绿、红三色的剔彩也比较常见。北京雕漆造型古朴庄重，纹饰精美考究，色泽光润，形态典雅，并有防潮、抗热、耐酸碱、不变形、不变质的特点。雕漆工艺是中国漆工艺的一个重要门类，也是北京传统工艺美术的精华之一。它体现了我国工艺美术家的高超技艺和聪明才智，是中华民族传统工艺的瑰宝。

（二）福州脱胎漆器

产于福建省福州市，已有 180 多年的历史。福州脱胎漆器是具有独特民族风格和浓郁地方特色的艺术珍品，与北京的景泰蓝、江西的景德镇瓷器并称为中国传统工艺的“三宝”，享誉国内外。脱胎漆器以泥土、石膏等塑成胚胎，以大漆为黏剂，然后用夏布（苎麻布）或绸布在胚胎上逐层裱褙，待阴干后脱去原胎，留下漆布雏形，再经过上灰底、打磨、髹漆研磨，最后施以各种装饰纹样，便成了光亮如镜、绚丽多彩的脱胎漆器成品了。脱胎漆器的特点是，质地轻巧坚牢、造型雅致大方、色泽鲜艳古朴、做工精细，还具有耐热、耐酸、耐碱等优点。福建脱胎漆器多年来一直是我国著名的国际礼品和重要的出口产品，被誉为“真正的中国民族艺术”。

（三）扬州镶嵌漆器

江苏省扬州市漆器历史悠久，早在战国时代就已出现，在明朝时达到全盛，成为全国漆器制作中心。其产品以镶嵌螺钿最具特色，造型古朴典雅，做工精巧细致，纹样优美多姿，色彩和谐绚丽，五彩缤纷。

二、玉器

玉雕，又称玉器，是我国的特种工艺品之一。中国素有“玉石之国”的美誉。距今约 7000 年的新石器时代晚期就有玉质工具，玉器是由玉质工具发展而来的。

广义的玉器是指以硬玉、软玉、碧玉、蛇纹石、水晶以及珊瑚等为原料而制作的工具、装饰品、祭器和陈设品等。玉有软玉、硬玉之分。软玉是中国传统的玉料。软玉硬度一般为 6.5 度，韧性极佳，呈半透明到不透明，纤维状晶体集合体。硬玉是指产于缅甸的翡翠，质地坚硬，密度较高，硬度 6.5~7 度，呈半透明到不透明（但有的质量好的也接近透明体），粒状到纤维状集合体，致密块状，具有玻璃光泽。

中国的玉石主要产于新疆维吾尔自治区和田市、河南省南阳市的独山、辽宁省鞍山市的岫岩满族自治县等地。中国“四大名玉”是指新疆的和田玉、河南南阳的独山玉、辽宁岫岩满族自治县的岫岩玉和陕西蓝田的蓝田玉。

和田玉，产于新疆维吾尔自治区和田市。因其采自塔里木盆地南缘的昆仑山中，古称昆山玉，简称昆玉。该玉属软玉，有韧性，质地细腻，光泽柔润。尤其是被称为羊脂玉的白玉，为和田玉中极品。和田玉块型大，北京团城的元朝大玉瓮《渎山大玉海》和故宫的清朝《大禹治水图》，都是用整块和田玉雕琢而成的。

中国的玉石雕刻的原材料还有很多，如江苏省连云港市东海县和海南省水晶以及台湾省和海南省珊瑚等。

东海水晶的储量、产量和质量均位居全国第一。东海县素有“水晶之乡”“水晶王国”之称。所产水晶杂质少、品种全，故有“东海水晶甲天下”的美誉。

珊瑚产于热带海洋中，它既可作贵重陈设品，也可制成首饰或者工艺美术品。台湾珊瑚，产于台湾周围海域，以桃红色珊瑚品种为最优。目前全省产量占世界产量的 80%，有“珊瑚王国”之誉，澎湖占全省产量的 70%，有“珊瑚之乡”的美称。

玉雕大致可分为件活（炉、瓶、茶具、人物、花卉等）和零碎活（或称小活，包括别针、戒指、印章、烟嘴等）两类。

玉雕的主要产地是北京市、江苏省、上海市、广东省、甘肃省、新疆维吾尔自治区、辽宁省、黑龙江省等地。

中国的玉雕作品在世界上享有很高的声誉。第一批和第二批国家级非物质文化遗产名录中都列入了玉雕项目。

北京玉雕 产于北京市。以北京市玉器厂为代表。系采用贵重而坚硬的玉石材料雕琢而成。元代，出现了南北不同风格的玉作。南玉以苏州、扬州为中心，北玉以北京为中心。清代不断有南方匠人到北京传艺，有些高手到北京落户，因此北京玉雕集南北技艺之长，形成了自己的独特风格。所作产品造型古朴典雅，结构严谨，章法得体，生动传神，用色绝俏，工艺精湛，呈现出一种高贵典雅的气质和悠然洒脱、落落大方的京城风貌。如动物形圆雕，大都丰满圆润，刻画得敦实健壮。器皿类则为厚重、平稳。其价值以每件作品玉质优劣、作品质量的高低以及市场的需求而定，故有“金银有价玉无价”之谓。

扬州玉雕 产于江苏省扬州市，系选用优质白玉、翡翠、珊瑚、芙蓉石及岫岩石等为原料制成。制作技艺上讲究立雕、浮雕、镂空雕相结合，因材施艺，度势造型，制成的成品雄浑古朴，圆润典雅，且秀丽精细，玲珑剔透。其总体风格为：以“南方之秀”为主，兼具“北方之雄”的独特形式。扬州地理位置优越，一向经济繁荣，百业兴旺。早在夏商时期匠人已能识别玉石、雕琢成器。至隋唐，波斯大食的胡商携来宝石、玛瑙、象牙、猫眼等商品进行交易，更为当地琢玉技艺增辟材料来源；元代又创山子雕，将三雕技术融为一体；清乾隆年间定玉雕为“扬州八贡”之一，供宫廷享用，如《会昌九老图》《大禹治水图》等均为当年扬州玉雕珍品，有着“天下玉，扬州工”之说。扬州玉雕尤以“山子雕”及“链子活”技艺独具一格，显示了扬州玉雕艺人精湛的技艺。

苏州玉雕 产于江苏省苏州市，因其加工精巧，历史悠久，素以“苏帮”著称。早在原始社会新石器时代，先民就能制作十分精良的玉器。唐、五代时期，苏州就有琢玉的工场和名艺人了。历宋元明清数代，均作为贡品进献皇室。“良玉虽集京师，工巧则推吴郡。”至晚清时期，当地玉器作坊达 800 余家。苏州玉雕沿用传统技艺，选材严密，设计强调因材施艺，量料取材，循其规律，讲究造型。有炉瓶、花卉、人物、禽兽、杂件等品种。苏州工匠善雕琢中小件，以“小、巧、灵、精”出彩。“巧”是构思奇巧，特别是巧色巧雕尤其令人叫绝；“灵”是灵气，作者有灵气，作品有灵魂；“精”是一刀一琢皆精雕细琢。特别是苏州的薄胎器皿件，充分运用圆雕、浮雕、镂空雕、阴阳细刻、打钻掏膛技术、制口琢磨技术等不同的雕刻工艺，使其更加华美而精巧，成为“苏作”细作工艺的扛鼎之作。

三、景泰蓝工艺

北京景泰蓝是驰名中外的工艺美术品之一。诞生于元末明初，盛于明朝景泰年间，又多用宝石蓝、孔雀蓝等蓝色珐琅釉料，因此称之为景泰蓝。由于北京景泰蓝是一种铜和珐琅相结合的工艺品，故又称“铜胎掐丝珐琅”。距今已有 600 多年的历史。

景泰蓝有五道主要制作工序：首先把紫铜片拼焊成胎，再用镊子把扁铜丝掐成各种纹样黏焊在胎上，即“掐丝”，接着把各色釉料按设计填充上去，即“点蓝”，然后放进炉火中反复烘烤烧结，即“烧蓝”，最后进行磨光和镀金。景泰蓝是最具北京特色的传统手工艺品之一，被称为国宝“京”粹。

景泰蓝的品种数以千计，由于工艺造型优美，纹样丰富，色泽深厚，富丽堂皇而蜚声中外。它和福建省福州市脱胎漆器、江西省景德镇市瓷器并称中国传统工艺“三绝”。明清时期的景泰蓝制品都是供皇宫御用，直到清朝后期才作为商品出现在市场上，从道光年间开始出口。1904 年圣路易斯世博会，中国景泰蓝“宝鼎炉”荣获头等奖，从此景泰蓝在五洲四海声名大振，受到了各国人民的喜爱和称赞。2006 年，景泰蓝制作技艺被列入第一批国家级非物质文化遗产名录。

第四节　文房四宝、年画、剪纸和风筝

一、文房四宝

笔墨纸砚俗称文房四宝，湖笔、徽墨、宣纸、端砚，被称为文房四宝之首。

（一）湖笔

产于浙江省湖州市善琏镇。古属湖州府，故称湖笔。湖笔自元代以后取代了宣笔的地位。湖笔选料讲究，工艺精细，品种繁多，粗的有碗口大，细的如绣花针，具有尖、齐、圆、健四大特点。尖，指笔锋尖如锥状；齐，笔锋撮平后，齐如刀切；圆，笔头圆浑饱满；健，笔锋挺立，富有弹性。湖笔分羊毫、狼毫、兼毫、紫毫四大类；按大小规格，又可分为大楷、寸楷、中楷、小楷四种。湖笔选料严格，制作讲究，一般要经过浸、拔、并、梳等 70 余道工序。湖笔被赞为“笔中之冠”。

（二）徽墨

徽墨产于安徽省黄山市歙县和休宁县等地，因历史上属于徽州，故名。徽墨创始人是河北易州制墨名家奚氏。唐末五代奚超携子奚廷珪来到歙州，利用当地茂密的松林，总结了北方制墨的经验，改进捣松、和胶、配料等技术，制出了“丰肌腻理，光泽如漆”的好墨，南唐后主李煜赐其国姓李。宋宣和二年（1120 年）歙州改称徽州，“徽墨”之名从这年始定。明代徽墨制造形成了以歙州地区为中心的“歙派”和以休宁地区为中心的“休派”两大派系。自清代初年开始，形成了清代墨界的四大家。道光以后唯胡开文一家，独领墨艺风骚，从此徽墨

驰名天下。其特点是色泽黑润，经久不褪，素有“落纸如漆，万载存真”之美誉。徽墨有高、中、低三种规格。高档墨有超顶漆烟、桐油烟、特级松烟等。

（三）宣纸

产于安徽省宣城市泾县，因历史上属宣州府，故名。始产于唐代，它的原料是青檀皮。清代才掺和稻草，改变了用料比例。宣纸分生熟两种：生宣渍水渗化，作写意画最好；熟宣经过胶矾浸染，不渗化，宜于工笔，细描细写，为书画最理想的用纸。宣纸具有纸质柔韧，洁白平滑、细腻匀整，不起皱、不掉毛，不怕舒卷，抗老化、久不变色、不蛀不腐、卷折无损等特点。便于收藏，因此有“纸寿千年”的说法。安徽宣纸造纸技艺已被列入《人类非物质文化遗产代表作名录》。

（四）端砚

产于广东省肇庆市，因隋在肇庆设端州府，故称端砚。端石是一种水层岩，开采于唐，宋代已为世所重。其特点是石质细，易发墨，墨汁细稠而不滞，不易干涸。端石以紫色为主，名贵的石品有青花、鱼脑冻、蕉叶白、苏青、冰纹等。端砚贵有石眼，它是天然生长在砚石上的石核形状的眼，人们利用石眼花纹雕刻的砚台尤为名贵，有“端石一斤，价值千金”之说。端石块大的不多，故多随形雕刻，追求气韵。端砚、歙砚、洮砚、澄泥砚被誉为中国四大名砚，端砚为四大名砚之首。

二、木版年画

年画是我国传统的民俗艺术品。木版年画出现于雕版印刷术发明之后的宋代，明代中叶起已成为一种独立的艺术形式，著名年画产地应运而生，清乾隆年间更为盛行。内容大多含祝福新年的意思，也有描绘农事场面等。中国的雕版印刷技艺已被列入《人类非物质文化遗产代表作名录》。

著名年画产地主要有：天津市杨柳青、江苏省苏州市桃花坞、山东省潍坊市杨家埠、四川省德阳市绵竹市（以上被誉为中国四大木版年画产地）、河南省开封市朱仙镇、广东省佛山市等地。

（一）杨柳青年画

杨柳青木版年画，产于天津市杨柳青地区。始于明崇祯年间，到清中后期最为风行，有“家家会刻版，人人善丹青”之誉。这里的年画是木刻水印和手工彩绘相结合，保留了民间绘画的技法，并受到清代画院的影响。多取材于旧戏剧，形象有美女、胖娃娃等，构图丰满，线条工整，色彩艳丽，人物的头脸多粉金晕染，极富装饰性。与南方著名的苏州桃花坞年画并称“南桃北柳”。

（二）桃花坞年画

苏州桃花坞木版年画，产于江苏省苏州市城内桃花坞一带，创始于明末，盛行于清雍正、乾隆年间，是我国南方流传最广、影响最大的一种民间木刻画。桃花坞年画以木版雕刻，用一版一色传统水印法印刷，色彩鲜艳夺目，构图精巧，形象突出，主次分明，富于装饰性，形成了一种优美清秀、严密工整的独特风格。主要表现吉祥喜庆、民俗生活、戏文故事、花鸟蔬果和驱鬼辟邪等汉族民间传统审美内容。民间画坛称之为“姑苏版”。

（三）杨家埠年画

山东省潍坊市杨家埠木版年画，产于潍坊市杨家埠，兴起于明代，清代达到鼎盛。

杨家埠年画生产分绘画、雕刻、印刷、装裱等几道工序，每道工序都极为精细准确。做法是先将画稿勾出黑线稿，贴到刨平的梨木或棠木板上，雕刻出主线版。待印出主线稿后，再分别用不同颜色，刻出色版，套色印刷，最后修版装裱而成。杨家埠木版年画构图完整、饱满、匀称，造型夸张、简练、粗犷、朴实。

（四）绵竹年画

四川绵竹年画起源于北宋，兴于明代，盛于清代。绵竹年画以彩绘见长，具有浓厚的民族特点和鲜明的地方特色。绵竹年画构图讲求对称、完整、饱满，主次分明，多样统一；色彩上采用对比手法，设色单纯、艳丽，强烈明快，构成红火、热烈的艺术效果；题材内容广泛，归纳起来有辟邪迎祥、风俗习惯、生活生产、戏曲故事、历史人物、神话传说、讽刺幽默、花鸟虫鱼等。

三、剪纸

（一）概述

中国剪纸是用剪刀或刻刀在纸上剪刻花纹，用于装点生活或配合其他民俗活动的一种民间艺术。始于北朝。唐代剪纸已处于大发展时期，南宋时期已经出现了以剪纸为职业的行业艺人。明、清时期剪纸手工艺术走向成熟，并达到鼎盛。在中国，剪纸具有广泛的群众基础，融于各族人民的社会生活，是各种民俗活动的重要组成部分。其传承赓续的视觉形象和造型格式，蕴含了丰富的文化历史信息，表达了广大民众的社会认知、道德观念、实践经验、生活理想和审美情趣，具有认知、教化、表意、抒情、娱乐、交往等多重社会价值。2006年5月，剪纸艺术遗产被列入第一批国家级非物质文化遗产名录。2009年10月，中国剪纸项目被列入《人类非物质文化遗产代表作名录》。

（二）分类

从具体用途看，剪纸大致可分为四类。

（1）张贴用，即直接张贴于门窗、墙壁、灯彩、彩扎之上作为装饰，如窗花、墙花、顶棚花、烟格子、灯笼花、纸扎花、门笺。

（2）摆衬用，即用于点缀礼品、嫁妆、祭品、供品，如喜花、供花、礼花、烛台花、斗香花、重阳旗。

（3）刺绣底样，用于衣饰、鞋帽、枕头，如鞋花、枕头花、帽花、围涎花、衣袖花、背带花。

（4）印染用，即作为蓝印花布的印版，用于衣料、被面、门帘、包袱、围兜、头巾等。

窗花是用于贴窗户上作装饰的剪纸。以北方最为普遍。北方农家窗户多是木格窗，有竖格、方格或带有几何形花格，上面糊一层洁白的“皮纸”，逢年过节便更换窗纸并贴上新窗花，以示辞旧迎新。窗花的形式有装饰窗格四角的角花，也有折枝团花，更有自由的各式适合花样，如动物、花草、人物，还有连续成套的戏文或传说故事窗花。

喜花是婚嫁喜庆时装点各种器物用品和室内陈设用的剪纸。一般是将剪纸摆衬在茶具、皂盒、面盆等日用品上，还有的贴在梳妆镜上。喜花图案题材多是强调吉祥如意、喜气洋洋的寓意。色彩为大红，外形样式有圆形、方形、菱花形、桃形、石榴形等，配置以各种吉祥的纹样如龙凤、鸳鸯、喜鹊、花草、牡丹等。

礼花是摆附在糕饼、寿面、鸡蛋等礼品上的剪纸。在广东潮州一带称作“糕饼花”“果花”，浙江平阳一带称作“圈盆花”。礼花题材多取吉祥喜气的图案。在山东为庆贺生子的“喜蛋”上贴剪纸，或将蛋染红露出白色花纹。在福建农村互相馈赠寿礼用乌龟图案以象征长寿。既有龟形糕饼，也有龟形剪纸。

鞋花是用作布鞋鞋面刺绣底样的剪纸。其形式一般有三种：一是剪成小团花或小散花，绣于鞋头，称“鞋头花”；二是配合着鞋面的形状剪成月牙形，称“鞋面花”；三是由鞋头花的两端延伸至鞋帮，称“鞋帮花”。鞋花布局一般多疏朗，题材有花草、小鸟等。

门笺又称“挂笺”“吊钱”“红笺”“喜笺”“门彩”“斋牒”。一般用于门楣上或堂屋的二梁上。其样式多为锦旗形，天头大、两边宽，下作流苏。多以红纸刻成，也有其他颜色的或套色的。图案多作几何纹或嵌以人物、花卉、龙凤及吉祥文字的，如“普天同庆”“国泰民安”“连年有余”“风调雨顺”“金玉满堂”“喜鹊登梅”“福、禄、寿、喜、财”“五业兴旺”等。张贴时或一张一字，或一张一个内容，成套悬挂，一般以贴五张为多。贴门笺除有迎春除旧之意外，也有祈福辟邪之意。

斗香花是一种套色剪纸，多作为祭祖祀神等汉族民俗活动时的装饰，剪纸的题材多选用戏文、历史故事、民间传说、花卉、人物等吉祥图案。配色一般用金色和大红、桃红、绿、蓝、橘黄、淡黄、黑等蜡光纸组成，颜色丰富，效果十分强烈。

（三）流派

剪纸可分为南方派、江浙派、北方派。

扬州是中国剪纸流行最早的地区之一，早在唐代，扬州已有剪纸迎春的风俗。立春之日，民间剪纸为花、春蝶、春钱等，或悬于佳人之首，或缀于花木之下，相观以取乐。据传，嘉庆、道光年间，著名艺人包钧的剪纸，花、鸟、鱼、蝶无不神形兼备，故有“神剪”之称。扬州剪纸线条清秀流畅，构图精巧雅致，形象夸张简洁，技法变中求新，为中国南方民间剪纸艺术的代表之一。扬州剪纸作品以素色为主，清新素雅。其表现手法和中国画白描的手法有异曲同工之妙。白描是以线为表现手段，依靠线本身的变化来表现各种物象。而扬州剪纸整幅作品就是由线条组成，可以说是用剪刀代替毛笔，剪出流畅的线条。扬州剪纸的构图精巧雅致，流畅变化的线条使整体作品充满了跳跃的节奏和韵律感，整个画面极具装饰感。扬州剪纸题材广泛，有人物花卉、鸟兽虫鱼、奇山异景、名胜古迹等，尤以四时花卉见长。中华人民共和国成立后，扬州剪纸得到了国家和地方政府的重视。2006 年，扬州剪纸被列入第一批国家级非物质文化遗产名录。

浙江剪纸始于五代。浙江省的窗花剪纸各地都有，风格各有不同，用途亦各异。金华地区多为窗花和灯花，乐清的细纹刻纸主要用于装饰龙盘灯，平阳一带送礼时放在礼物上的“圈盆花”最有特色。各地均有用以衣裙、鞋帽的花样。浙江剪纸中的戏曲窗花也有独到之处，其善取戏中典型的场面情节，充分体现人物的身段之美。在大的影像轮廓中剪出细阴线，使形象结构与画面的节奏都增添成色。

河北蔚县剪纸源于明代，其制作工艺在中国众多剪纸中独树一帜，这种剪纸不是“剪”，而是“刻”：它是以薄薄的宣纸为原料，拿小巧锐利的雕刀刻制，再点染明快绚丽的色彩而成。蔚县剪纸题材广泛，意味深长，生活气息浓郁。构图朴实饱满，造型生动优美逼真，色彩对比强烈，带有浓郁的乡土气息。2006 年，蔚县剪纸被列入第一批国家级非物质文化遗产名录。

总体来说，山西剪纸的风格具有北方地区粗犷、雄壮、简练、淳朴的特点。但是，因地域环境、生活习俗、审美观念的不同，各地剪纸又各有差异。如晋南、晋中、晋东南、晋西北、吕梁山区的剪纸，多为单色剪纸，风格质朴、粗犷。而流行于雁北地区的染色剪纸，则婉约典雅、富丽堂皇，尤以“广灵剪纸”为代表。山西剪纸的体裁格式，根据各地民俗与实用需要因物、因事制宜。最常见的是窗花，它的大小根据窗格的形状来定。如晋北一带窗户格式有菱形、圆形、多角等样式，窗花也随窗而异，小的寸许，大者有四角、六角、八角呼应的“团花”。而忻州一带，欢庆春节或操办婚事都要贴“全窗花”。

陕西剪纸有“活化石”之称，它较完整地传承了中华民族阴阳哲学思想与生殖繁衍崇拜的观念，如古老的造型纹样“鱼身人面”“狮身人面”，与周文化相似的“抓髻娃娃”，与汉画像相似的“牛耕图”等。陕西剪纸因地区不同而风格各异。陕北剪纸淳厚、粗壮，线条有力，剪纹简洁；定边、靖边剪纸较细致，线条多取直线，流利奔放；宜川剪纸线条粗而曲线多；关中剪纸线条细似针尖，风格别致。总的来说，陕西剪纸造型古拙、风格粗犷、寓意明朗、形式多样，包含着浓郁的泥土气息和鲜明的地域特色。

佛山剪纸在宋代已有流传，盛于明清时期。佛山剪纸艺术在制作上有剪、刻两大类，风格金碧辉煌、苍劲豪放，结构雄伟奔放，用色夸张富丽，具有独特的地方风格。刻纸利用佛山名特产铜箔和色纸做主要原料，色彩丰富、苍劲豪放。从明代起，佛山剪纸产品销往省内及中南、西南各省，并远销南洋各国。

四、风筝

风筝是以线牵拉、借助风力升空的传统玩具与艺术欣赏品。相传山东省为中国风筝的发源地。早在 2000 年前鲁国公输般借此侦察敌情，至唐以后转实用为娱乐，到了宋代，风筝的流传更为广泛。由于文人的加入，风筝在扎制和装饰上都有了很大的发展，制作风筝成为一种专门的职业。明清时期是中国风筝发展的鼎盛时期，清乾隆年间已遍及城乡。大约 12 世纪，中国风筝传到了西方，此后经过不断发展，逐渐形成各具特色的东西方风筝文化。近年来，中国风筝事业得到了长足的发展，放风筝开始作为体育运动项目和健身娱乐活动普及开来。

中国风筝有着悠久的历史和高超的技艺。中国风筝的技艺概括起来只有四个字，即扎、糊、绘、放，简称“四艺”。也就是扎架子，糊纸面，绘花彩，放风筝。“扎”要扎得对称，使风筝左右两侧的受风面积相当；“糊”要保证整体平整，干净利落；“绘”要做到远眺清楚，近看真实；“放”要依据风力调整提线角度。风筝的种类主要分为“硬翅”和“软翅”两类。“硬翅”风筝翅膀坚硬，吃风大，飞得高。

“软翅”风筝柔软，飞不高，但飞得远。在样式上，除传统的禽、兽、虫、鱼外，近代还发展出了人物风筝等新样式。

山东省潍坊市被世界各国人民称为“风筝的故乡”，在清乾隆、嘉庆年间形成盛大风筝集市。潍坊风筝创作构思源于生活而不拘泥于生活，具有浓郁的东方艺术风格和强烈的乡土气息。最能代表潍坊风筝特点的是“蜈蚣”风筝，现已发展成许多品种。在 2010 年首届中国非物质文化遗产博览会上，以“龙头蜈蚣”为代表的潍坊风筝制作技艺获得金奖。

从 1984 年开始，每年在潍坊举行“国际风筝节”。2006 年，潍坊风筝被列入第一批国家级非物质文化遗产名录。

广东省阳江市是南国风筝之乡，1993 年被国家体委授予“全国风筝之乡”的称号。阳江风筝已有 1400 多年的历史。阳江风筝种类繁多，造型美观，技术精巧，形神兼备，栩栩如生。阳江风筝放飞效果好，具有极高的实用价值、欣赏价值和收藏价值。重阳日，秋高气爽，正是纸鸢放飞的最佳时节。阳江风筝在全国比赛中多次获奖。1990 年，在第七届国际风筝会上，阳江市取材于民间传说《白蛇传》扎制的“灵芝”风筝被评为世界风筝十绝之一。

此外，北京市风筝（“风筝哈”）、天津市风筝（“风筝魏”）也很著名。

随堂练

经典图片

第九章 中国民族与宗教知识

【学习目标】

了解佛教、基督教和伊斯兰教的基本概况。熟悉中国各民族的基本概况和地理分布、中华民族共同体意识的形成与发展；佛教的传入、在中国的发展及主要宗派；道教的产生、发展及主要派别。掌握著名宗教旅游景观的相关知识。

民族泛指基于历史、文化、语言、宗教或行为，与其他人群有所区别的群体。狭义的民族概念，是指人们在一定的历史发展阶段形成的具有共同语言、共同地域、共同经济生活，以及表现于共同的民族文化特点上的共同心理素质的稳定的共同体，如汉族、壮族等。广义的民族概念认为，“民族”一词的含义包括处于不同社会发展阶段的各种人们共同体，如古代民族、现代民族；或者用以指一个国家或一个地区的各民族，如中华民族是中国境内 56 个民族的总称。现代发展的民族概念主要指文化的概念，而淡化了语言、历史、宗教的因素。比如，同一个民族有不同的宗教信仰，同一个民族可以有不同的历史渊源；反过来，不同的民族也可以使用相同的语言，不同的民族也可以在后期融合成新的民族。

民俗是指一个民族或者一个社会群体在长期的生产实践和社会生活中逐渐形成并世代相传、较为稳定的文化事项，可以简单概括为民间流行的风尚、习俗。

第一节　中国民族与宗教概况

一、中国的民族概况

中国自古以来就是一个多民族的国家。中华人民共和国成立后，正式确定的民族有 56 个，即汉族、壮族、满族、回族、苗族、维吾尔族、彝族、土家族、蒙古族、藏族、布依族、侗族、瑶族、朝鲜族、白族、哈尼族、哈萨克族、黎族、傣族、畲族、傈僳族、仡佬族、拉祜族、东乡族、佤族、水族、纳西族、羌族、土族、锡伯族、仫佬族、柯尔克孜族、达斡尔族、景颇族、撒拉族、布朗族、毛南族、塔吉克族、普米族、阿昌族、怒族、鄂温克族、京族、基诺族、德昂族、乌孜别克族、俄罗斯族、裕固族、保安族、门巴族、鄂伦春族、独龙族、塔塔尔族、赫哲族、高山族、珞巴族。2020 年第七次人口普查的数据显示，汉族人口比重最大，占全国总人口的 91.11%；其他 55 个民族的总人口只占全国总人口的 8.89%，故称为少数民族；55 个少数民族中人口最多的是壮族。

中国民族的地理分布特点是大杂居，小聚居，相互交错居住。汉族聚居地区有少数民族居住，少数民族聚居地区也有汉族人居住。人口分布呈现东南密、西北疏的格局。汉族分布在全国各地，主要聚居在黄河、长江、珠江三大流域的中下游和东北平原。其他少数民族虽然所占的人口比例很小，但分布的地区却很广，呈“C”字形分布在从东北、内蒙古到华北、西北、西南的广大边疆地区，占全国总面积的 60% 以上。

二、中国的宗教概况

我国当前各民族信仰的宗教主要有佛教、道教、伊斯兰教和基督教，被称为中国四大宗教。中国文化主张以和为贵，求同存异、兼容并蓄，社会对宗教持包容态度。中国各宗教在发展过程中历来与中华优秀传统文化相融合、与社会发展现实需求相适应。今天，中国宗教界坚持宗教中国化方向，践行社会主义核心价值观，弘扬中华民族优秀文化传统，积极探索符合中国国情的宗教思想。

第二节　中华民族共同体

中华民族共同体意识是国家统一之基、民族团结之本、精神力量之魂。我国是统一的多民族国家，在漫漫历史长河中形成了多元一体的中华民族。我们辽阔的疆域是各民族共同开拓的，我们悠久的历史是各民族共同书写的，我们灿烂的文化是各民族共同创造的，我们伟大的精神是各民族共同培育的。我国各族人民同呼吸、共命运、心连心的奋斗历程是中华民族强大凝聚力和非凡创造力的重要源泉。一部中国史，就是一部各民族交融汇聚成多元一体中华民族的历史，就是各民族共同缔造、发展、巩固统一的伟大祖国的历史。

一、“中华民族”概念的起源和演变

梁启超最早提出“中华民族”的概念，并进行了深入研究。他在《历史上中国民族之观察》一文中，指出中华民族是我国境内所有民族从千百年历史演变中形成、大融合的结果，汉满蒙回藏等民族融合为一家，是多元混合的统一大民族。自梁启超之后，杨度、章太炎、孙中山等人曾多次使用“中华民族”一词。孙中山于 1912 年 1 月 5 日发布《对外宣言书》，首次以政府文件的形式肯定“中华民族”的称谓。

1962 年，考古学家夏鼐首次提出“中华民族共同体”的概念。他在《新中国的考古学》一文中提出：“现在全国的少数民族还很多，他们虽和汉族不同，但各兄弟民族的祖先在悠久的历史过程中，与汉族的祖先建立起日益紧密的联系，今日大家一起构成了中华民族共同体。”

1988 年，费孝通提出“中华民族多元一体格局”的观念，认为“中华民族”的凝结过程是由许许多多分散孤立存在的民族单位，经过接触、混杂、联结和融合，同时有分裂和消亡，形成一个你来我去、我来你去，我中有你、你中有我，而又各具个性的多元统一体。“中华民族”一词不断在中国特色社会主义建设中获得新生命力和凝聚力，成为中国特色民族理论的重要成果之一。

内向型的地理环境、历史上统一的经济基础、多元一体的政治制度为中华民族共同体的形成奠定了良好的基础。中华民族多元一体是先人们留给我们的丰厚遗产，也是我国发展的巨大优势。党的十八大以来，以习近平同志为核心的党中央高度重视民族工作，着眼培育中华民族共同体意识，创新推进民族团结进步创建，取得显著成绩。各民族交往、交流、交融广泛拓展，中华民族共同体意识不断增强，平等、团结、互助、和谐的社会主义民族关系不断巩固和发展。党的十九大报告中，习近平总书记还明确提出了三个“共同体”意识：“人与自然是生命共同体”“铸牢中华民族共同体意识”“推动构建人类命运共同体”。三个“共同体”意识是新时代中国共产党领导中国人民推动世界和平与发展的价值理念。这种价值理念深植于中华传统价值理念的肥沃土壤之中，是对中华优秀传统文化的继承与发展，是对人类价值理念的重要贡献。历史和现实充分表明，中华民族是一个命运共同体，一荣俱荣、一损俱损。民族团结是我国各族人民的生命线，各民族共同团结进步、共同繁荣发展是中华民族的生命所在、力量所在、希望所在。

二、深刻认识铸牢中华民族共同体意识的重大意义

“铸牢中华民族共同体意识，就是要引导各族人民牢固树立休戚与共、荣辱与共、生死与共、命运与共的共同体理念。”在中央民族工作会议上，习近平总书记站在党和国家事业发展全局的战略高度，深入阐明铸牢中华民族共同体意识的重大意义，强调必须以铸牢中华民族共同体意识为新时代党的民族工作的主线，推动各民族坚定对伟大祖国、中华民族、中华文化、中国共产党、中国特色社会主义的高度认同，不断推进中华民族共同体建设。

当今世界正经历百年未有之大变局，我国正处于实现中华民族伟大复兴的关键时期。面对复杂的国内外形势，我们更要团结一致、凝聚力量，确保中国发展的巨轮胜利前进。铸牢中华民族共同体意识是维护各民族根本利益的必然要求，是实现中华民族伟大复兴的必然要求，是巩固和发展平等、团结、互助、和谐社会主义民族关系的必然要求，是党的民族工作开创新局面的必然要求。要深刻认识到，只有铸牢中华民族共同体意识，构建起维护国家统一和民族团结的坚固思想长城，各民族共同维护好国家安全和社会稳定，才能有效抵御各种极端、分裂思想的渗透颠覆，才能不断实现各族人民对美好生活的向往，才能实现好、维护好、发展好各民族根本利益；只有铸牢中华民族共同体意识，才能有效应对实现中华民族伟大复兴过程中，民族领域可能发生的风险挑战，才能为党和国家兴旺发达、长治久安提供重要思想保证；只有铸牢中华民族共同体意识，才能增进各民族对中华民族的自觉认同，夯实我国民族关系发展的思想基础，推动中华民族成为认同度更高、凝聚力更强的命运共同体；只有顺应时代变化，按照增进共同性的方向改进民族工作，做到共同性和差异性的辩证统一、民族因素和区域因素的有机结合，才能把新时代党的民族工作做好做细、做扎实。

习近平总书记强调：“党的民族工作创新发展，就是要坚持正确的，调整过时的，更好保障各民族群众合法权益。”做好新时代党的民族工作，铸牢中华民族共同体意识，重点要把握好几方面的关系：正确把握共同性和差异性的关系，增进共同性、尊重和包容差异性是民族工作的重要原则；正确把握中华民族共同体意识和各民族意识的关系，引导各民族始终把中华民族利益放在首位，本民族意识要服从和服务于中华民族共同体意识，同时要在实现好中华民族共同体整体利益进程中实现好各民族具体利益，大汉族主义和地方民族主义都不利于中华民族共同体建设；正确把握中华文化和各民族文化的关系，各民族优秀传统文化都是中华文化的组成部分，中华文化是主干，各民族文化是枝

叶，根深干壮才能枝繁叶茂；正确把握物质和精神的关系，要赋予所有改革发展以彰显中华民族共同体意识的意义，以维护统一、反对分裂的意义，以改善民生、凝聚人心的意义，让中华民族共同体牢不可破。

在中华民族大家庭中，各民族只有像石榴籽一样紧紧抱在一起，手足相亲、守望相助，民族复兴伟大梦想才能顺利实现，民族团结进步之花才能长盛不衰。深刻认识铸牢中华民族共同体意识的历史必然性、极端重要性和现实针对性，以铸牢中华民族共同体意识为主线，推动新时代党的民族工作高质量发展，我们就一定能汇聚起实现民族复兴的磅礴力量，开创中华民族更加灿烂的未来！

第三节　汉族及其传统节日

一、汉族概述

汉族是中国的主体民族，是上古时期黄帝和炎帝部落的后裔，人称“炎黄子孙”。汉族旧称“汉人”是因中国的汉王朝而得名的，汉朝以前称“华”“夏”“华夏”。

汉族以“华夏”为核心，在秦汉时形成了统一、稳定的民族，又经秦汉以来2000多年的繁衍生息，并不断吸收其他民族的血统与文化，得以发展成为拥有灿烂的古代文明、人口众多的民族。汉族不仅是一个历史从未中断过的悠久的民族，也是世界上人口最多的民族。截至2021年，汉族人口约为12.8亿人，约占世界总人口的19%，分布于世界各地。在中国大陆，汉族占总人口的91.11%；在中国台湾地区，汉族占总人口的98%；在中国香港和中国澳门特别行政区，汉族分别占总人口的95%和97%。除中国大陆、港澳台地区外，汉族在东南亚、北美洲和西欧也有较多分布。汉族语言简称汉语，属汉藏语系。用于书写汉语的文字称为汉字，又称中文字、中国字、国字，属于表意文字的词素音节文字，是世界上迄今为止连续使用时间最长的主要文字。现代汉字分为规范字和繁体字。祖国大陆主要使用规范字，中国香港、澳门、台湾地区主要使用繁体字。

汉族自古对各种宗教信仰采取兼容并蓄的态度。天命崇拜和祖先崇拜是汉族宗教的主要传统观念。几千年来，提倡以“仁”为中心，重视伦理教育，由孔子、孟子思想体系形成的儒家学说对汉族产生着深刻的影响。汉族的图腾由龙与凤组成，代表了世间阴阳、男女平和、吉祥如意等。

饮食上，汉族以稻米、小麦为主，辅以蔬菜、肉食和豆制品，茶和酒是汉族的传统饮品。稻米的吃法以米饭为主，另有粥、米粉、米糕、汤圆、粽子、年糕等各种不同的食品；小麦则有馒头、面条、花卷、包子、饺子、馄饨、油条、春卷、炸糕、煎饼等吃法。汉族人讲究烹饪，追求色、香、味、形、器、意的完美结合。不同地区的汉族以炒、烧、煎、煮、蒸、烤和凉拌等烹饪方式，形成了不同的地方风味。汉族菜一般被分为川、粤、闽、皖、鲁、湘、浙、苏八大菜系。

服饰上，汉族曾经有着自己的华美服饰，称为汉服。汉服在式样上有上衣下裳和衣裳相连两种基本形式，大襟右衽是汉服始终保留的鲜明特点。各个朝代，因为崇尚不同的服饰颜色，形成了汉服中的夏黑、商白、周赤、秦黑、汉赤、唐黄、明赤的讲究。汉服随着 1644 年清军入关而逐渐消亡，因此汉族也成了世界上唯一没有自己民族服装的古老民族。

居住上，因为汉族分布地区广大，其传统住房也因地区的不同而形成不同的样式、不同的地域文化特征。居住在华北平原的汉族住房多为砖木结构的平房，院落多为四合院式，如北京四合院；居住在东北的汉族，为了保暖，其平房的墙壁和屋顶都很厚实；居住在陕北的汉族，则根据黄土高原的特点建窑洞；居住在南方的汉族，建房则讲究飞檐重阁和榫卯结构。由于南方各地习俗和自然条件不同，在住房建筑布局上也有差异。如丘陵山地的楼房依山而建，江浙水乡则注重前街后河，福建的土楼庞大而美观，苏州的楼阁小巧而秀丽；另有以马头墙、小青瓦为特色的徽派民居，中西建筑艺术相融合的上海石库门民居等。

社会生活上，汉族历来以勤劳、富于创造精神著称。汉族无论是在政治、经济、军事、哲学、文学、史学、艺术等诸多方面，还是在自然科学领域，都创造出了许多中华文化辉煌的业绩。

二、汉族的主要节日习俗

根据国务院令，从 2008 年 1 月 1 日起，除春节外，清明节、端午节、中秋节等传统节日也成为全国性法定节日。

（一）春节

春节俗称“新年”，即农历正月初一。古称“正旦”“朔旦”“元旦”（民国时期，将公历引入中国，称公历的 1 月 1 日为“元旦”，农历的正月初一改称“春节”），是中国最隆重的传统节日。除汉族外，蒙古、壮、布依、朝鲜、侗、瑶等族也过此节。

春节起源于原始社会的腊祭。我国古代居民在岁尾年初之际，用一年的收获物来祭祀众神和祖先，并歌舞戏耍，举行各种娱乐活动，便逐渐形成了新春佳节。

春节活动从腊月二十三祭灶、过小年开始，经过除夕、春节，直到正月十五元宵节结束。春节活动因时因地而异，主要有以下内容：操办年货、做新衣、祭灶、掸尘、贴春联、挂年画、祭祖、迎神、吃团圆饭、守岁等。节日期间，人们还互相拜年、放爆竹、吃年糕（寓意“年年升高”）、吃饺子（寓意“更岁交子”，表达了人们对美好生活的向往）、吃元宵（寓意“团团圆圆”）、舞狮、踩高跷、扭秧歌、玩花灯等。

除夕之夜，即年三十晚，家家团聚，吃团圆饭，闭门团坐待旦，谓之守岁。

贴春联、挂年画起源于古代的桃符。

拜年是我国民间的传统习俗，人们相互走访祝贺春节，是辞旧迎新的一种形式。

闹元宵。正月十五日为每年第一个望日（月圆之夜），称为上元节，也称元宵节，是春节活动的又一次高潮和结束。在元宵节之夜有赏灯、猜灯谜、吃元宵（南方称汤圆、汤团）等活动和习俗，象征团团圆圆、幸福美满。元宵耍灯起源于汉代，后来逐渐演变成为民间的盛大节日，各地区、各民族因地制宜，形成了具有地方特色和民族风格的活动。

（二）清明节

清明节又称鬼节、冥节、踏青节，它与七月十五中元节、十月初一寒衣节合称为中国三大鬼节。它是汉族民间传统节日，流行于全国各地。除汉族外，彝、壮、布依、满、侗、瑶、白等族皆过此节。节期在农历三月，冬至日后的第105天，公历4月5日前后。

清明原是二十四节气之一，后来演变为节日。清明节前两天为寒食节，所以人们常合并称为清明寒食节。

清明节的民俗活动主要有扫墓、烧“包袱”、插柳、踏青、射柳、放风筝、荡秋千等。其中扫墓在秦代以前已有，唐代成为定俗，宋代得到沿袭，一直延续至今。踏青又叫春游，古时叫探春，起源于唐代。清明时节荡秋千的习俗盛行于唐代。

（三）端午节

农历五月初五是端午节。端午节又称端阳节、重五节、天中节、女儿节、五月节等，是汉族民间传统节日，也是中国传统三大节日之一，流行于全国大多数地区。除汉族外，蒙古、回、藏、苗、彝、壮、布依等族也过此节。端午节已被联合国教科文组织列入《人类非物质文化遗产代表作名录》。

关于端午节的起源，各地说法不一，其中以纪念爱国诗人屈原说最为广泛。相传屈原于农历五月初五投汨罗江而死。

节日期间，主要的习俗活动有赛龙舟、吃粽子、挂钟馗像、佩香囊香袋、饮雄黄酒（以避五毒。五毒：蛇、蜈蚣、蝎子、壁虎和蟾蜍）、插菖蒲、采药、避毒除害等。赛龙舟是端午节中一项重要的活动，主要流行于我国南方水乡之地。端午节吃粽子的风俗，魏晋时已很盛行，到了唐宋粽子已成为端午节的名食。钟馗原是岁暮时张挂的门神，清代成为端午之神。

（四）七夕节

农历七月初七，是牛郎织女鹊桥相会之日，有“中国情人节”之喻。

（五）中秋节

中秋节又名团圆节、仲秋节及八月节，是汉族民间的传统节日。除汉族外，蒙古、回、彝、壮、布依、朝鲜等族也过此节。农历八月十五恰值三秋月正中，故名中秋或仲秋。中秋节是仅次于春节的第二大节日。关于中秋节的起源有三种说法：一是起源于古代对月亮的崇拜；二是起源于月下歌舞觅偶的习俗；三是起源于古代秋季拜土地神的习俗。

中国古代帝王有春天祭日、秋天祭月的礼制。祭月赏月活动始于周代，北宋始定为中秋节，南宋成为普遍的活动，明清以后盛行不衰。北京城中的皇家祭月场所是月坛。中秋节的吉祥物是兔爷（月亮中玉兔的象征）。节日期间，民间有祭月、拜月、赏月、吃月饼、吃团圆饭、舞龙灯、赏桂花、斗蟋蟀等活动。另外，中秋节前后也是钱塘观潮的最佳时节。

（六）重阳节

重阳节，又称重九节、晒秋节、老人节，是汉族的传统节日。古人认为“九”为阳数之极，九月九日，日月并阳，双九相重，故曰重阳。

重阳节的主要习俗有郊游赏景、登高远眺、观赏菊花、饮菊花酒、吃重阳花糕、插茱萸等活动。1989 年，我国将农历九月九日重阳节定为老人节。

第四节　佛　教

一、印度佛教的创立与发展简史

佛教约创立于公元前 6 世纪。在世界各大宗教中，佛教创立的时间最早。创始人名悉达多，姓乔答摩，佛教徒尊称其为“释迦牟尼”（意即“释迦族的圣人”）。释迦牟尼生活的年代大约与中国孔子同时。他是古印度迦毗罗卫国（今尼泊尔南部提罗拉科特附近）净饭王的太子，其母是摩耶夫人。相传他诞生于蓝毗尼花园。释迦牟尼长大后深感人间的苦恼，所以 29 岁时出家苦修 6 年。35 岁时他发觉苦行并不是达到解脱之路，于是弃而至菩提伽耶的一棵菩提树下打坐，静思人生真谛，终于在一天晚上大彻大悟而成道。得道后，他在鹿野苑初转法轮，弘扬佛教。传教45年后，80岁时在拘尸那迦圆寂（涅槃）。释迦牟尼出生地蓝毗尼花园（今尼泊尔境内）、成道地菩提伽耶、初转法轮地鹿野苑、涅槃地拘尸那迦是举世闻名的佛祖四大圣迹。

佛教在其发祥地印度的发展，从公元前6世纪至公元12世纪大约有1800年的历史，大致可分为四个时期三个600年。初600年为原始佛教时期及部派佛教时期；中600年为大乘佛教时期；后600年为密乘佛教时期。

（一）原始佛教时期及部派佛教时期（前6世纪—1世纪中叶）

这一时期前200年为原始佛教阶段，后400年为部派佛教阶段。前200年为释迦牟尼创教及其弟子传教阶段。释迦牟尼涅槃后，其弟子们有过多次集会，对原始佛教教义、戒律发生争议。后分裂为两大派系：较为传统的一派称为上座部佛教；主张改革的一派称为大众部佛教。

（二）大乘佛教时期（1世纪中叶—7世纪）

这一阶段从大众部演化而成的大乘佛教在印度急剧发展，教化地区亦随之扩张。原上座部佛教被贬称为小乘佛教（“乘”原为“车辆”之意）。

大乘佛教认为十方世界都有佛，修行果位分为罗汉、菩萨、佛三级，修行的最终目的在于成佛。该教派弘扬菩萨和“菩萨行”（寓意自我解脱于救苦救难、普度众生的践行之中）。

小乘佛教又名上座部佛教，在理论和实践的基础体系上仍接近于原始佛教。小乘佛教认为世上只有一个佛，即佛祖释迦牟尼。教义重自我解脱，修行的最高果位为罗汉。“小乘”原为大乘佛教对其的贬称，近代学者习惯上也沿用大乘、小乘的称呼，但已不具有褒贬之意。

（三）密乘佛教时期（7—12世纪）

这一阶段密宗在印度佛教中占统治和主导地位。印度密教是大乘佛教部分派别吸收婆罗门教（印度教）及民间信仰诸神因素而形成的特殊宗教形态。它以高度组织化的咒术、仪轨、世俗信仰为其特征。密宗自称受法身佛大日如来深奥秘密教旨传授，为“真实”言教，故名密教。相对而言，其他大乘教派被称为显宗（显教），即受应身佛释迦牟尼所说种种经典的传授。

12世纪末至13世纪初，随着伊斯兰教的侵入，佛教基本上被逐出了印度国境。

二、佛教的传播

(一)佛教在世界的传播

从世界范围来说，佛教的传播分为三条路线。

1. 北传佛教

从古印度向北传入中国，再由中国传入朝鲜、日本、越南等国。以大乘佛教为主，也包括密乘佛教。其经典主要属于汉语，也称汉语系佛教。

2. 南传佛教

从古印度向南，传入斯里兰卡、缅甸、泰国、老挝、柬埔寨等南亚、东南亚国家以及中国云南傣族等中国少数民族地区。以小乘佛教(上座部佛教)为主。其经典主要属于巴利语，亦称巴利语系佛教。

3. 藏传佛教

主要是印度密乘佛教与藏区本教融合而形成的具有西藏地方色彩的佛教。流传于中国的藏、蒙古、裕固、纳西等民族地区以及不丹、尼泊尔、蒙古和俄罗斯的布里亚特等国家和地区。近年来，在欧美地区也流传很广。它的经典属于藏语，故亦称藏语系佛教。

(二)佛教在中国的传播与发展

中国佛教包容了北传佛教、南传佛教和藏传佛教三大体系，全面继承了印度三个时期的佛教。世界上完整的佛教在中国，世界上完整的佛教经典也都在中国。可以说，佛教诞生在印度，发展在中国。

1. 汉族地区佛教

西汉哀帝元寿元年(公元前 2 年)，大月氏王使臣伊存向中国博士弟子景卢口授《浮屠经》，佛教开始传入中国。史称这一佛教初传的历史标志为“伊存授经”。1998 年是佛教传入中国 2000 年。

佛教在中国的发展大致经历了译传、创造和融合三个阶段。

(1)两汉之际、魏晋南北朝时期为译传阶段。中国先后译出大量的佛教经典，研究佛教的风气成为一时之盛。

(2)隋唐两代是中国佛教的创造阶段和鼎盛时期。中国僧人分别以一定的印度佛教经典为依据，开宗立派，创构了自己的理论体系，形成三论宗、天台宗、华严宗(贤首宗)、法相宗(慈恩宗)、律宗、净土宗、禅宗、密宗(真言宗)八个主要宗派，号称中国佛教的鼎盛时期。这一时期，中国佛教各宗充分发挥了中国人的创造性和佛教内部各派的协调性，但与中国固有的思想协调不够，出现佛教与儒道对峙有余、相融不足的局面。

（3）宋、元、明、清四朝中国佛教处于融合阶段。佛教在这 900 年间空前广泛、深入地与中国的文化全面结合。一方面，佛教与儒道融合，成为“三教合一”历史背景下的佛教；另一方面，佛教借助文学、绘画、雕塑、建筑等艺术形式，成为民间风俗习惯、民族心理与思维，乃至语言素材构成的重要有机成分。元、明、清三代，汉地精英佛教停滞衰退，而大众佛教取得长足发展，出现“家家观世音，户户阿弥陀”的局面。这一阶段从教派上说，主要流行禅宗和净土宗，其他各宗逐渐衰落。

净土宗以口念“南无阿弥陀佛”为修行方式，以往生西方极乐世界（教主阿弥陀佛，其左胁侍为观世音菩萨，右胁侍为大势至菩萨）为宗旨，是最简便的法门，故在民间影响最大。禅宗是纯粹中国化的佛教，它以觉悟众生心性的本源（佛性）为主旨。禅宗奉菩提达摩为初祖。五祖弘忍创建“东山法门”，为禅宗的实际创始人。弘忍门下出神秀、慧能两大弟子，分成南、北两宗。北宗神秀一系不久衰落。南宗慧能一系成为禅宗主流，后发展成临济、沩仰、曹洞、云门、法眼五家，合称禅门五宗。禅宗是我国支派最多的佛教宗派，也是中国佛教史上流传最久远、对中国文化思想影响最广泛的宗派。

近代汉地佛教，除少数律寺（律宗）和讲寺（天台宗）外，几乎都是禅宗丛林。而禅寺中绝大多数属临济宗，少量属曹洞宗。在修持方面，禅僧又都“禅净双修”，禅宗和净土宗的界限已十分模糊。

2. **云南上座部佛教**

云南上座部佛教主要分布在西双版纳、德宏、思茅、临沧和保山等地州，为傣、布朗、德昂、阿昌、佤等族部分群众信仰。

上座部佛教传入云南有两大路线。大致来说，西双版纳的小乘佛教受泰国佛教的影响较大，德宏地区的小乘佛教受缅甸佛教的影响较大。西双版纳的小乘佛教大致兴起于隋唐时期，宋代得到较大发展，元、明、清三代是鼎盛时期。德宏地区的小乘佛教大约于 16 世纪中叶后由缅甸传入。

上座部佛教保持如法如律、精进修学的早期佛教传统，崇拜佛牙、佛塔、菩提树等释迦牟尼的纪念物，又特别重视禅定和早期佛教的一些戒律。

上座部佛教对傣、布朗、德昂、阿昌等民族的文化、政治生活和习俗都有深刻影响。

3. **藏传佛教**

佛教没有传入西藏以前，藏民信奉原始的本教。藏传佛教在其发展过程中出现两次大高潮，即前弘期和后弘期。7 世纪中叶到 9 世纪中叶的 200 年间为前弘期，佛教从印度、汉地两个方向传入西藏地区，为藏传佛教的形成时期。

841 年藏王朗达玛废佛，佛教传播中断 136 年。10 世纪末叶到 15 世纪初的 400 多年间为后弘期，这一阶段佛教再次从印度传入，是藏传佛教的大繁荣时期，产生许多互不隶属的各种教派。

藏传佛教源于印度，但吸收了原始本教一些神祇和仪式。在教义上，是大、小乘兼容而以大乘为主；大乘中显密共修，先显后密，并以无上瑜伽密为最高修行次第，形成藏密。咒术性、对喇嘛异常的尊崇、活佛转世思想和宗教与政治的结合，是藏传佛教的四大特色。

活佛转世制度为藏传佛教所特有。所谓“活佛”系汉族称谓，藏语为“朱古”，意谓神佛化现的肉身。按藏传佛教说法，一个活佛圆寂后，其灵魂转移，化身为另一肉体的人，即转世灵童。在清代顺治、康熙年间，清政府先后正式册封宗喀巴的再传弟子为达赖喇嘛和班禅额尔德尼，从此正式形成两大活佛转世制度。历代转世，必须经中央政府批准。

藏传佛教现在有四大教派，即宁玛派，因该派僧人穿戴红色袈裟、僧裙、僧帽，俗称红教；萨迦派，因该派寺院围墙涂有象征文殊、观音和金刚手菩萨的红、白、黑三色花纹，俗称花教；噶举派，因该派僧人穿白色僧裙和上衣，俗称白教；格鲁派，因该派僧人戴黄色桃形僧帽，俗称黄教。再加上当地原始宗教本教，因该派僧人穿黑色僧衣，俗称黑教，合称西藏五大教派。格鲁派（黄教）是 15 世纪初宗喀巴创立的教派，其后世弟子形成达赖和班禅两大活佛转世系统。由于明清两朝的册封、扶持，格鲁派成为藏区执掌政权的教派，势力最大。

三、汉地佛教寺院的主要殿堂

中国佛寺建筑，原与印度相同，没有殿堂，建塔藏舍利。为表示敬重，塔位于寺的中央，作为寺的主体，四周围以僧房。后来佛像供奉于殿堂，殿堂与塔并重，塔一般仍在殿堂之前。唐宋时期，禅宗已不再风行建塔，佛寺发展为以殿堂为主的布局。完整的寺院一般皆为伽蓝七堂。伽蓝为梵语，即僧园或僧院。七堂，专指寺院的主要建筑，是佛寺建筑平面布局的一种制度。伽蓝七堂随宗派的不同而各自相异。以禅宗为例，七堂指山门、佛殿、法堂、僧堂、厨库、浴室、西净（厕所）。中国佛寺殿堂带有明显的民族特色，由数进四合院组成，具有中轴线，两偏殿对称，大型的寺院还有廊院。主要殿堂往往采用庑殿式或歇山式，其他殿堂也皆为中国传统的建筑屋顶形式。一般常见的殿堂包括以下几个。

山门（或三门） 因为寺院大多居于山林之处，故又称山门殿。现已成为专门名词，即使在平原也称山门。因有空门（中）、无相门（东）、无作门（西），象征三解脱，所以又称“三门”。通常空门两侧立有二王尊。

钟楼 位于天王殿左（东）前侧，悬有洪钟。有的寺院钟下供奉地藏菩萨，道明为其左胁侍，闵公为其右胁侍。

鼓楼 位于天王殿右（西）前侧，置有大鼓。有的寺院供有伽蓝神关羽，关平为其左胁侍，周仓为其右胁侍。

天王殿 正中供奉大肚弥勒，两侧供奉四大天王，其背后供奉韦驮天王。

大雄宝殿 为佛寺正殿，又称“大殿”。有供奉一佛、三佛、五佛、七佛等情况。以三佛同殿居多。供一佛常见的为“释迦三圣”或“释迦三尊”，即释迦牟尼佛、左胁侍文殊菩萨、右胁侍普贤菩萨，也有的大殿供奉“西方三圣”或“华严三圣”。三佛同殿，常见的有“三方佛”“三时佛”和“三身佛”，也有的供奉“弥勒佛—释迦牟尼佛—阿弥陀佛”。供五佛（密宗的五方五佛）和七佛（释迦牟尼佛以前的六佛加上释迦牟尼佛）的较少，多为历史久远的寺院。释迦牟尼佛像背面一般为海岛观音壁塑图。大殿东西两侧，常供奉十六罗汉或十八罗汉。

东西配殿 大雄宝殿两侧常有东西配殿，其供奉对象随教派不同而有变化，有设“三圣殿”（供奉西方三圣）的，有设“祖师殿”的（多为禅宗），有设“伽蓝殿”的，等等。

法堂（亦称讲堂） 一般在大殿之后，是演说佛法、皈戒集会之处。法堂内除一般性安置佛像外，另设法座、讲台、钟鼓。

禅堂 是僧众打坐禅修之处。一般不对游客开放。

罗汉堂 自唐代开始，一些大型寺院就修建五百罗汉堂。全国现存具有成组五百罗汉像的寺院在30所以上，其中著名的有北京碧云寺罗汉堂、苏州西园罗汉堂、苏州寒山寺左右配殿（存有宋代樟木雕刻五百罗汉，为雕塑中佳品）、五台山殊像寺文殊阁（为悬塑五百罗汉）、成都宝光寺罗汉堂、武汉归元寺罗汉堂、昆明筇竹寺天台来阁（为清民间雕塑艺术佳作）、北京雍和宫法轮殿（系用金、银、铜、铁、锡五种金属铸造）、四川乌龙寺五百罗汉堂等。

方丈室 佛寺住持（方丈）居住、说法与接客之处，有的叫华林丈室（净土宗佛寺），有的叫般若丈室（禅宗寺院）。

藏经楼 供奉佛教经典《大藏经》之处。

四、佛教常用的称谓

（1）一般有“四众弟子”“出家四众”“出家五众”“七众”之称。比丘、比丘尼为出家男女二众，优婆塞、优婆夷为在家男女二众，此为“四众弟子”。比丘、比丘尼、沙弥（俗称小和尚）、沙弥尼（俗称小尼姑），即为“出家四众”。如加上式叉摩那（学戒尼），则称为“出家五众”。出家五众加在家二众则称

“七众”。

（2）对较高水平的僧人，则根据具体情况称“法师”（通晓佛法僧人）、“经师”（通晓经藏或善于诵读经文的僧人）、“论师”（精通论藏的僧人）、“律师”（通晓律藏的僧人）、“三藏法师”（精通经、律、论三藏的僧人）。“大师”，一般用以尊称著名僧人；“高僧”，对德行高的僧人的尊称。

（3）还有以职务相称的，如住持（方丈）、监院（当家和尚）等。现在一般称和尚为师父，称尼姑为师太。

五、佛教常用的礼仪

合掌 这是佛教徒的普通常用礼节。亦称合十。左右合掌，十指并拢，置于胸前，以表由衷的敬意。

绕佛 围绕佛而右转，即顺时针方向行走，一圈、三圈或百圈、千圈，表示对佛的尊敬。

五体投地 也称五轮投地。“五体”（或称五轮）指两肘、两膝和头。五体都着地，为佛教最高礼节。先正立合掌，然后右手撩衣，接着两膝着地，接着两肘着地，接着头着地，最后两手掌翻上承尊者之足。礼毕，起顶头，收两肘，收两膝，起立。藏传佛教的五体投地幅度很大。

六、佛教之旅

（一）佛教四大名山

山西五台山、浙江普陀山、四川峨眉山、安徽九华山合称佛教四大名山（又称四大道场），为明代以来禅僧和一般佛教徒集中参拜的地方。明代有“金五台，银普陀，铜峨眉，铁九华”之说，以区别四山在信徒心目中的不同地位。

文殊菩萨道场——五台山 位于山西五台县。自北魏创建大孚灵鹫寺后，即佛寺林立。元、明、清三代，藏传佛教传入五台山。五台山是我国唯一兼有汉地佛教和藏传佛教道场的佛教圣地。青庙与黄庙并存，显教与密教竞传，是500年来五台山佛教的最大特色。现在，五台山存有40余座寺庙。显通寺、塔院寺、菩萨顶寺、殊像寺和罗睺寺并称为五台山五大禅林。显通寺的前身是建于北魏的大孚灵鹫寺，因而是五台山历史最悠久、最负盛名的寺院，属全国重点文物保护单位。塔院寺内的大白塔，通高75.3米，为尼泊尔阿尼哥设计的藏式白塔，为五台山的象征标志。菩萨顶寺系传说中的文殊菩萨居住处，为五台山黄庙（藏传佛教寺院）之首。

位于台外的南禅寺，建于唐建中三年（782年），其大雄宝殿是我国现存最古老的木结构建筑，属于全国重点文物保护单位。位于台外的佛光寺，其东大殿建于唐大中十一年（857 年），亦是我国现存最古老的佛寺之一，建筑年代仅次于南禅寺，属全国重点文物保护单位。

观音菩萨道场——普陀山 是浙江省舟山群岛中的一个小岛。自五代开始建佛寺“不肯去观音院”。现有寺院 70 余座，其中的普济寺、法雨寺、慧济寺并称为普陀三大寺。普济寺是普陀山规模最大的寺院和佛教中心，为供奉观音大士的主刹。普陀山在法系上，自南宋以来一直以禅宗为主。每逢观音菩萨的节日，普陀山都有香会，来自国内、日本、韩国和东南亚的佛教徒络绎不绝，成为近代中国佛教最大的国际性道场。

普贤菩萨道场——峨眉山 位于四川峨眉山市。自东汉开始创建道观，唐宋以后成为佛教名山。现有主要寺庙和风景区 10 余处。其中重要的有山下第一寺院报国寺、入山第一大寺伏虎寺、山上最大寺院万年寺、山顶（金顶）名寺普光殿。

报国寺位于山脚，为峨眉山出入门户，寺内高 2.4 米的明代彩釉瓷佛为稀世珍品。伏虎寺以屋瓦终年无败叶积落著称于世，康熙皇帝曾题额“无垢园”。万年寺内的拱顶无梁殿，供奉北宋铸普贤骑白象铜像，是峨眉山最著名的佛像和“镇山之宝”，被列为全国重点文物保护单位。金顶附近的睹光台，为观看峨眉山三大奇观（日出、云海、佛光）之地。峨眉山在法系上以禅宗为主。

地藏菩萨道场——九华山 位于安徽池州市青阳县。传说唐代时，被视为地藏菩萨化身的新罗国王宗室金乔觉曾栖止九华山，九华山乃成为地藏菩萨道场。现有寺庙 80 余座。其中化城寺是九华山的开山寺、总丛林。祇园寺、百岁宫（又名万年寺）、东崖寺和甘露寺并称为九华山四大丛林。此外，位于老爷岭上的月（肉）身宝殿因殿内有地藏墓塔（金乔觉墓塔）而闻名。化城寺于唐至德二年（757 年）建寺，传为金地藏居处。祇园寺系九华山规模最大的寺院，也是九华山唯一宫殿式建筑的寺院。九华山在法系上以禅宗为主。

（二）著名佛教石窟和摩崖造像

遍布于我国各地的佛教石窟寺和摩崖造像群拥有极其丰富的石雕、泥塑和壁画，它们是我们民族的艺术宝库。我国佛教石刻有三个高潮时期。第一个高潮时期是北朝，这个时期的代表是山西大同云冈石窟和河南洛阳龙门石窟中的北魏窟。第二个高潮时期是盛唐，这个时期的代表是龙门石窟中的唐代龛窟。第三个高潮时期是两宋时期，这个时期的代表是重庆大足石刻中的宋代造像。

敦煌石窟 位于甘肃敦煌。敦煌石窟以莫高窟规模最大、内容最丰富、最为著名，保存有自北凉、北魏至元朝各代的壁画（4.5 万平方米）和彩塑（2000

多尊)，是我国也是世界上现有规模最大的佛教艺术宝库，已被联合国教科文组织列入《世界遗产名录》。敦煌石窟尤以唐代壁画艺术著称于世。

云冈石窟 位于山西大同。存有北魏时期石造像5.1万余尊。其艺术风格既继承了秦汉以来的石刻传统技法，又有较多印度犍陀罗式、笈多式雕刻的影响。以造像粗犷古朴、气魄雄伟、内容丰富多彩著称。云冈石窟以昙曜五窟最为著名，其中第20窟露天大佛(释迦牟尼像)是云冈石窟最宏伟的雕像，也是云冈石窟的象征。

龙门石窟 位于河南洛阳。存有北魏至隋、唐、北宋石造像9.7万余尊。以盛唐石造像为代表。其盛唐石造像，艺术风格逐渐脱离印度影响，向民族化、世俗化发展；造像身躯健美，丰满端庄。龙门石窟以奉先寺石窟最著名。奉先寺中的卢舍那大佛为龙门石窟最大造像，也是龙门石窟的象征。

大足石刻 位于重庆市大足区境内。存有晚唐、五代、两宋摩崖造像5万多尊，分布于40多处。以两宋石造像为代表。大足宋代石刻，其造像审美意趣完全汉化、世俗化，造像典雅、精致、秀丽，肌体很少裸露，穿着较厚重的汉化衣裳。大足石刻以北山和宝顶山最为集中。北山的转轮经藏窟(原称心神车窟)为宋代石刻的精华和代表。宝顶山在南宋时期是佛教密宗成都瑜伽本尊教的总持寺院。宝顶山摩崖造像构成密宗瑜伽部体系，也有禅宗造像，以经变故事的连环组雕为其特色。

克孜尔千佛洞 位于新疆阿克苏地区拜城县克孜尔镇东南。为古代龟兹佛教艺术的典型代表，是新疆地区规模最大、保存最好的佛教石窟群。约开凿于公元3世纪，在唐代吐蕃时期废弃。克孜尔千佛洞以74个窟尚存的精美壁画著称于世，有"戈壁明珠"之誉。克孜尔石窟呈现许多与汉地佛教石窟显著不同的特点，主要表现在：壁画内容反映了小乘佛教经典内容；出现了大量裸体人物形象，女性比重尤大，且丰乳肥臀；其建筑形制与壁画艺术受到印度、希腊、(波斯)萨珊王朝等外来文化的全面影响。

麦积山石窟 位于甘肃天水市。保存有北魏至清各代洞窟。以数以千计的敷彩泥塑造像著称于世，有"塑像馆"之誉。

乐山大佛 位于四川乐山市东。系唐代依山岩凿成的一尊弥勒坐像，通高70.7米，是我国也是世界最大的石刻佛像。

(三)汉地佛教其他重要名寺

法门寺 位于陕西扶风县。为唐代皇家密宗内道场。1987年4月，考古工作者在法门寺真身宝塔地宫发掘出土释迦牟尼佛指舍利和举世仅存的唐密佛骨舍利供养曼荼罗(坛场)。这是具有世界意义的两项极为重要的发现。

白马寺 位于河南洛阳。传说创于东汉永平十一年(68年)，为中国第一座佛教寺庙，历来有“释源”之誉。史载东汉明帝于永平七年（64 年）派蔡愔、秦景西行求佛经。蔡愔等偕印度僧人摄摩腾、竺法兰入华，以白马驮佛经等至洛阳。永平十一年敕建白马寺供西僧寓此译经。史称这一事件为“永平求法”，并与“伊存授经”同为佛教初传中国的两大历史事件。

（四）著名藏传佛教寺院

1. 藏传佛教格鲁派（黄教）六大寺

甘丹寺 是“拉萨三大寺”之一。为格鲁派创始人宗喀巴兴建。是格鲁派第一座寺院和祖庭。以宗喀巴肉身灵塔最为著名。属全国重点文物保护单位。

哲蚌寺 是“拉萨三大寺”之一，现为藏传佛教规模最大的寺院，也是中国最大的寺院。属全国重点文物保护单位。

色拉寺 是“拉萨三大寺”之一。属全国重点文物保护单位。

扎什伦布寺 位于西藏日喀则，为后藏佛教中心，历世班禅驻锡之地。属全国重点文物保护单位。

拉卜楞寺 位于甘肃夏河县，为我国西北地区藏、蒙古等民族的宗教中心，对其社会生活产生过十分重大的影响。属全国重点文物保护单位。

塔尔寺 位于青海西宁市湟中区，系黄教创始人宗喀巴的诞生地，为我国西北地区藏、蒙古等民族的宗教中心。酥油花、堆绣和壁画为塔尔寺的“艺术三绝”。属全国重点文物保护单位。

2. 五当召

位于内蒙古包头市，是内蒙古地区现有唯一完整的藏传佛教寺院。

3. 雍和宫

位于北京，是北京地区藏传佛教活动中心，我国内地城市中最大的一座藏传佛教寺院。原为清代雍亲王胤禛的府邸，雍正即位后改为雍和宫，乾隆九年（1744 年）正式改为喇嘛寺。属全国重点文物保护单位。寺内五百罗汉山、檀木大佛和金丝楠木佛龛并称“雍和宫三绝”。

（五）云南上座部佛教著名寺塔

云南上座部佛寺与佛塔从结构到造型，既受泰国、缅甸和内地风格的影响，又有本地区、本民族的特点。大型佛寺一般由大殿（只供奉释迦牟尼佛像）、僧舍、藏经室、戒堂（佛亭）、鼓房等几部分组成。

西双版纳总佛寺 位于云南西双版纳州景洪市，是西双版纳佛教信徒拜佛朝圣的中心。

曼阁佛寺 位于云南西双版纳州景洪市春欢公园内。约建于傣历 960 年（1598 年），距今已有 400 余年。近年来，党和人民政府拨出专款，将曼阁佛寺修茸一新，这座古建筑更加金碧辉煌、雄伟壮丽，吸引着国内外众多的游客。

曼飞龙佛塔 位于云南西双版纳州景洪市，建于1204年，为金刚宝座塔，由中心笋塔和8座小笋塔组成，为西双版纳地区最著名的佛塔，属全国重点文物保护单位。

景真八角亭 位于云南西双版纳州勐海县城西景真山上，为当地扎滩寺戒堂。亭座和亭身呈折角多边形；亭顶为木结构，呈锥形多层屋檐。是傣族佛教建筑艺术精品，属全国重点文物保护单位。

广允缅寺 位于云南临沧市沧源县城，又称学堂缅寺，建于清道光初年。主殿为三重檐歇山式木结构，殿前亭阁两侧外形呈五重檐结构，属全国重点文物保护单位。

第五节 道 教

一、道教的创立和发展简史

(一)原始道教阶段

以“五斗米道”和“太平道”为代表。东汉末年，即东汉顺帝时(126—144年)，在蜀中鹤鸣山(今四川省大邑县境内)，张陵(又称张道陵)倡导五斗米道，因信徒入教必须交五斗米，故名。张陵之孙张鲁继续弘扬其教，奉老子为教主，以《老子五千文》为主要经典，并亲自作《老子想尔注》解释《老子五千文》。因老子宣扬“道”，所以“五斗米道”即为早期的道教。后来，倡导道教的张陵被称为张天师，被尊为道教的创始者。稍后的张角创太平道也属于早期道教。

(二)道教上升为理论化阶段

以东晋道士葛洪、北朝嵩山道士寇谦之、南朝宋庐山道士陆修静、南朝齐梁间茅山道士陶弘景为代表。

(三)道教形成两大派系阶段

金元以来至今，全国道教形成全真道与正一道两大教派。

全真道为金初创立的道教宗派。主要创派人为王重阳。全真道以《道德经》(道经)、《般若波罗蜜多心经》(佛经)和《孝经》(儒经)为主要经典，主张道、佛、儒三教合一。在修行方法上，重内丹修炼，不尚符箓，不事黄白之术(冶炼金银之术)，以修身养性为正道。全真道士必须出家住宫观，不得蓄妻室，并制定严格的清规戒律。全真道仿佛教建立了丛林制度，各地全真道士云游至全真十方丛林，均可栖息学道。在元代，王重阳的七大弟子又分别开创全真道七个支派，其中以长春子丘处机开创的龙门派势力最大，至今全真道仍以龙门派人数最多。

正一道是元代形成的道教宗派。元成宗大德八年（1304 年）授江西龙虎山三十八代天师张与材“正一教主，主领三山符箓”。三山符箓，指江南的龙虎山（正一派本山）、閤皂山（灵宝派本山）和茅山（上清派本山）等以符箓为主的道教三大宗。正一道的形成，事实上就是江南道教的统一命名，统归龙虎山天师府的领导，并以此与北方的全真道相对。正一道集符箓派之大成，以行符箓为主要特征（画符念咒，驱鬼降妖，祈福禳灾），奉持的主要经典为《正一经》。道士可以有家室，可不出家，不住宫观，清规戒律也不如全真道严格。

目前全国道教宫观大部分属全真道，正一道主要流行在江南和台湾地区。

二、道教道观的主要殿堂

道观的名称有宫、观、庙、道院等。称“宫”的为有特殊地位的道观。道观主要殿堂有山门殿、灵官殿、三清殿、玉皇殿、三官殿等。

山门殿　一般供奉青龙神和白虎神，相当于佛寺的二王尊。有的道观山门殿即为灵官殿。

灵官殿　相当于佛教的天王殿。供奉王灵官。

三清殿　相当于佛教的大雄宝殿。供奉道教最高神三清。

玉皇殿　供奉玉皇大帝，有的供奉四御。

三官殿　供奉天官、地官、水官。

三、道教主要称谓

（1）男教徒称道士、乾道，又称道士先生，可称方士、道人、羽人、羽客、羽衣、黄冠，又可尊称为天师、炼师等。

（2）女教徒称道姑、坤道，也可称女冠。

（3）全真道道观的最高负责人为方丈，正一道道观的最高负责人为住持。方丈（住持）之下有监院，负责宫观的实际事务。

（4）教外人对道士、道姑一般都可统称为道长。

四、斋醮

即供斋醮神，是道教常见的一种法事，有日常的持诵和忏法。所谓持诵，即受持而咏读之，俗称念经。所谓忏法，即拜忏的方法与仪式，用以忏悔。斋醮常配有烛灯和音乐吹打，颇具民族特色。

五、道教之旅

(一)道教发祥地

青城山 位于四川都江堰市西南，为蜚声海内外的道教名山。相传道教创始人张道陵在四川鹤鸣山得道后至青城山传五斗米道，降魔治鬼，造福于人，故青城山为道教发祥地之一。常道观、祖师殿和上清宫为青城山主要道观。常道观为青城山道教中心，观后的天师洞相传为张道陵在青城山结茅传道之处。青城山道教属全真道。

终南山 位于陕西西安市南，为北方道教名山。山内有楼观、老子墓、重阳宫等道教圣迹。楼观位于周至县终南山北麓，相传西周康王时，关令尹喜在今楼观处建草楼观，老子在说经台上为之口授第一部道教经典《道德经》。故这里被视为道教发祥地之一，草楼观亦成为中国第一座道观，楼观遂有“道观之祖”之美誉。重阳宫在西安鄠邑区祖庵镇北终南山下，是全真道创始人王重阳的埋骨处。金代在该处建重阳宫，与北京白云观、山西芮城永乐宫并称为全真道三大祖庭。

(二)符箓派三名山

龙虎山 位于江西贵溪市，为正一道祖庭。它是道教创始人张道陵最初修道炼丹肇基之所。龙虎山天师府是第四代后历代张道陵子孙起居之所。龙虎山上清宫是历代张天师的道场和祀神之处。

阁皂山 位于江西樟树市，为灵宝派祖庭。宫观在元以后大多毁于兵火，现仅存遗迹多处。

茅山 位于江苏句容市，为上清派祖庭。道教称西汉时有茅盈、茅固、茅衷三兄弟先后至大茅峰、二茅峰、三茅峰修炼得道成仙，合称三茅真君。以后此地改称三茅山，简称茅山。茅山道观都把三茅真君作为主神奉祀，取代三清地位，为他处少见。抗日战争期间茅山道观大部分被毁，近年修复了元符万宁宫和九霄万福宫。元符万宁宫始建于唐，为上清派茅山宗开山祖、南朝道教大师陶弘景修道处。

(三)丹鼎派名山

道教中以炼丹(外丹)求长生成仙的一派叫丹鼎派。

葛仙岭和抱朴道院 位于浙江杭州，为东晋葛洪结庐炼丹处。葛洪是中国道教史上的著名炼丹家、医药学家、气功师和养生家，其代表作《抱朴子》为道教重要经典。抱朴道院始建于唐代，为供奉葛仙翁道院，道院内外有葛洪炼丹台、炼丹井等古迹。

罗浮山和冲虚古观 位于广东博罗县。相传东晋葛洪晚年在罗浮山结庐炼丹，最后在此羽化升仙。冲虚古观相传为葛洪初建，是他修道炼丹之所。罗浮山被视为岭南道教圣地。

（四）道教神仙祖庭

武当山 位于湖北丹江口市西南。为道教真武大帝道场。武当山主要有6宫2观。其中明代建的紫霄宫为武当山现存规模最大的道观，属全国重点文物保护单位；金殿（俗称金顶）是铜铸仿木建筑，属全国重点文物保护单位。武当道派后划归全真道。

平都山 位于重庆丰都县。道教传为冥府阴王酆都大帝世居之地，故平都山成为酆都大帝祖庭和鬼国都城。山上有阴间天子殿、钟馗殿、奈何桥、孟婆茶楼等建筑。现为长江三峡重要旅游景点。

（五）其他道教名山大观

北京白云观 是全真道第一丛林，全真道最大派别龙门派祖庭，全真道三大祖庭之一。观内丘祖殿下埋有龙门派创始人、元代道士丘处机遗骨。现为中国道教协会所在地。

崂山 位于山东青岛市东，为全真道随山派祖庭，全真道第二丛林。主要宫观有太清宫和太平宫。

成都青羊宫 位于四川成都市郊。始建于唐，为成都最大、最古老道观。汉扬雄《蜀王本纪》称："老子为关令尹喜著《道德经》，临别曰：'子行道千日后，于成都青羊肆寻吾。'"故后世视青羊宫为老子圣迹。

苏州玄妙观 位于江苏苏州。始建于东晋，南宋重建，历来是正一道的主要道观。主殿三清殿是江南一带现存最大的宋代木构建筑，属全国重点文物保护单位。

沈阳太清宫 始建于清康熙二年（1663年），是我国东北地区最大的道观。为全真龙门派十方丛林之一。

广州三元宫 传东晋葛洪的妻子鲍姑曾在越秀山结庐修道行医，后羽化。当地人民建鲍仙姑祠纪念。明代加建三元殿供奉三官，并改祠为三元宫。清代为全真道丛林之一。三元宫是岭南香火最盛、信众最多的道观。

武汉长春观 始建于元代。传全真龙门派祖师丘处机（号长春子）曾于此修道，所以观名"长春"。为全真道著名丛林之一。

台北指南宫 位于台北市指南山，是台湾道教大本山。

第六节　基督教

一、基督教的创立与发展简史

基督为“基利斯督”的简称，意指上帝所差遣的救世主，为基督教对耶稣的专称。所谓基督教，即信奉耶稣基督为救世主之各教派的统称。该教与佛教、伊斯兰教并称为世界三大宗教。1 世纪由巴勒斯坦拿撒勒人耶稣创立。相传耶稣是上帝的独生子，为圣灵降孕童贞女玛利亚生养成人。传说耶稣掌握许多神术，使盲人复明、跛子行走、死人复活，因得罪当权者而被钉死在十字架上。据传死后第三天复活，显现于诸门徒，复活后第 40 日升天。据称，其将来会再度下降人间，审判世界，在地上按上帝的意志拯救人类。耶稣的受难是因十二门徒中犹大的出卖造成的，受难之日为星期五。最后的晚餐连耶稣有 13 人，所以有些西方人忌讳数字“13”，并将 13 日与星期五视为凶日。

在基督教发展的历史上，发生过两次大的分裂，因而形成三大教派。

第一次分裂由争夺教权而引发，发生在 11 世纪中叶，分裂为西部的天主教和东部的正教（东正教）。天主教又称公教、加特力教。

第二次分裂由宗教改革而引发，发生在 16 世纪。从天主教内部脱离出新的宗派——抗罗宗，我国称为新教。新教反对教皇的绝对权威，不接受教皇支配，不承认天主教的某些教义。在中国又称为基督教（狭义）。

二、基督教传入中国简况

历史上有基督教四传中国之说。

（一）基督教一传中国

指流行于中亚的基督教聂斯脱利派从波斯来华传教，时逢唐朝“贞观之治”。获得“景教”之名的聂斯脱利派很快取得“法流十道”“寺满百城”的成功。之后在 845 年唐武宗崇道毁佛的风云中，被作为“胡教”与其他外来宗教一起遭到厄运。

（二）基督教二传中国

指景教在元朝的复兴和罗马天主教来华传教。被蒙古人称为“也里可温”（意即“有福缘之人”）的基督教，主要是对蒙古民族产生了文化影响。随着元朝的灭亡，其传播也迅即消失。

（三）基督教三传中国

指明清之际以天主教耶稣会士为首的西方传教士在华展开的广泛而深入的传教活动。利玛窦等耶稣会士努力向中国文化“趋同”，主张将中国的孔孟之道和宗法敬祖思想与天主教的教义体系相融合，以求基督教文化在中国的生存与发展，于是引起其他恪守天主教传统的教士的反感，天主教会内部爆发“中国礼仪之争”。后因罗马教皇和康熙皇帝的各自干预，导致双方的直接冲突，并产生康熙宣布禁教、驱逐传教士的结局。

（四）基督教四传中国

指鸦片战争后西方基督教各派传教士蜂拥来华，在不平等条约的保护下强行传教，并取得成功。

中华人民共和国成立后，基督教（新教）倡导自治、自传、自养的“三自”爱国运动；天主教和东正教也倡导自主自办的爱国活动；东正教成立中华东正教会。从此基督教各教派走上健康发展的道路。

三、基督教之旅

（一）著名天主教教堂和遗迹

北京南堂　是北京最古老的天主教堂。明万历三十三年（1605 年）意大利耶稣会传教士利玛窦始建经堂。清顺治七年（1650 年）德国耶稣会传教士汤若望改建大堂。北京南堂为朴素的巴洛克式建筑。现为中国天主教北京主教座堂。

北京北堂　又名西什库天主教堂。清康熙年间原建于府右街，光绪年间迁建现址，是北京地区最大的天主教堂，属哥特式建筑。

利玛窦墓　位于北京车公庄大街北京市党校院内。利玛窦为意大利耶稣会著名传教士，于明万历十年（1582 年）来华，后任在华耶稣会会长。1610 年死于北京，明神宗诏以陪臣礼葬。利玛窦墓两侧分别有汤若望和南怀仁的墓及碑。汤若望为德国耶稣会著名传教士，明天启年间（1621—1627 年）来华，曾任钦天监监正。南怀仁系比利时耶稣会著名传教士，清顺治年间（1644—1661 年）来华，曾任工部右侍郎。

天津老西开教堂　天津最大天主教堂，天津天主教会中心。由总堂（建于 1914 年）和大教堂（建于 1917 年）组成，为法国罗曼式建筑，故又名法国教堂。

上海徐家汇天主堂　1847 年上海天主教耶稣会将主院安置于徐家汇。1851 年兴建希腊式圣依纳爵堂。1905 年兴建法国哥特式大教堂，成为上海地区最大教堂，也是远东地区最大教堂之一。现为天主教上海教区主教座堂。

上海佘山圣母大教堂　位于上海松江佘山。1871 年天主教耶稣会在佘山顶初建。其外部为以罗马风格为主的折中式，内部则为哥特式。因教区原有“全大赦”的规定（教徒按仪规来佘山朝圣可赦免灵魂上的所有罪孽），故上海天主教徒素有“五月佘山朝圣”的习俗宗教活动，当地人涌如潮。

广州圣心大教堂　又名“石室”。始建于清同治二年（1863 年），由法国普行善会建造，属法国哥特式建筑，高 58.5 米，是国内最大的哥特式教堂之一。

（二）著名新教教堂

历史上，上海一直是基督教新教中心，故著名新教教堂亦集中在上海地区。

上海国际礼拜堂　建于 1924 年，为上海地区最大新教教堂，属德国哥特式建筑。由于教徒来自新教不同教派，故原名协和礼拜堂，后称国际礼拜堂。

上海沐恩堂　原名慕尔堂。建于 1929—1931 年，属美国学院哥特式风格，为典型的“社交堂”。第一次世界大战后，美国教会发起社交堂运动，教堂除星期日礼拜外，天天敞开大门，供教徒进行各种社会活动。慕尔堂曾另有小学、幼儿园、女子宿舍、女校、夜校、操场、阅览室、健身房等设施，其宗教和社交活动在上海基督教徒中产生了深远影响。

上海圣三一堂　1848 年英国圣公会建造，供英侨礼拜用，是英国在华建造的最大教堂。1875 年由英国坎特伯雷大主教直接掌管，大大提高了圣三一堂的地位。该堂的哥特式钟塔，建于 1891 年，由当时驰名世界的教堂建筑师司考特爵士设计，故为闻名远东的著名建筑。

上海景灵堂　原名景林堂，建于 1923 年。景灵堂建筑设施并不出色，但因与宋氏家族的关联而著名。宋庆龄之父宋耀如曾任此堂牧师，故宋氏家族都在该堂做礼拜。现为上海沪东地区新教徒活动中心。

（三）著名东正教教堂

东正教传入我国后，传教中心分别在北京、哈尔滨、上海、天津和新疆地区。现存东正教堂主要集中在哈尔滨和上海。

哈尔滨圣索菲亚教堂　始建于 1907 年，是哈尔滨现存最大的东正教堂，属俄罗斯拜占庭式建筑，也是哈尔滨著名景点。此外，哈尔滨还有圣母帡幪教堂。

上海圣母大教堂　位于上海襄阳北路，建于 1933 年。当时为东正教上海教区主教座堂，是俄侨的礼拜处，属俄罗斯拜占庭式建筑。1965 年随主教病故，上海东正教宗教活动自然结束。

此外，上海尚存新乐路圣母大教堂及皋兰路分堂两座，属俄罗斯拜占庭式东正教堂，但已做他用。

第七节　伊斯兰教

一、伊斯兰教的创立和传播

（一）伊斯兰教的创立

“伊斯兰”为阿拉伯语的音译，本义为“顺服”，即顺服唯一的安拉。中国曾称“清真教”“天方教”“回教”等，其教徒称穆斯林；“穆斯林”为阿拉伯语的音译，本义为“顺服者”，即顺服安拉意志的人。伊斯兰教与佛教、基督教并称为世界三大宗教，创建于 7 世纪初，创始人为穆罕默德。穆罕默德是一位宗教家、思想家、政治家和军事家，生于阿拉伯半岛麦加，40 岁时开始传教。622 年他迁往麦地那，建立政教合一的宗教公社。630 年，他亲自率领穆斯林大军攻克麦加城，并以麦地那为中心，统一了阿拉伯半岛，建立了政教合一的国家。632 年 6 月 8 日，穆罕默德于麦地那归真（逝世），葬于该城清真寺。

（二）伊斯兰教在世界的传播

伊斯兰教主要分布在西亚、北非、西非、中亚、南亚和东南亚等地区，在伊朗等国被定为国教。

（三）伊斯兰教在中国的传播

伊斯兰教传入中国的路线有两条。

香料之路（海路）　即唐永徽二年（651 年）从大食（今阿拉伯），经印度洋，到天竺（今印度），经马六甲海峡，到东南沿海广州和泉州等地，沿着香料之路而传入。

丝绸之路（陆路）　即 9 世纪末 10 世纪初从大食（今阿拉伯），经波斯（今伊朗），过天山南北，穿过河西走廊，进入中原，沿着丝绸之路而传入。

（四）伊斯兰教主要派别

主要分为两大派。

逊尼派　伊斯兰教中人数最多的一派，中国穆斯林大多属于逊尼派。

什叶派　伊斯兰教中人数较少的一派，主要分布在伊朗、伊拉克、叙利亚、巴基斯坦、印度、也门等地。中国新疆塔吉克族穆斯林属于什叶派。

二、清真寺建筑

清真寺是穆斯林举行宗教仪式、传授宗教知识的寺院的通称，也称礼拜寺。中国清真寺建筑有中国传统式建筑和阿拉伯风格建筑两种。

中国传统式建筑清真寺分几进四合院，有明显中轴线，主要建筑有起脊式大殿（礼拜正殿）、经堂、浴堂（作大、小净用）等。少数大型清真寺有望月楼（斋月观察新月用，以定斋月起讫的确定日期）和楼阁式宣礼楼（又名“邦克楼”，是宣礼员按时登高召唤穆斯林进行每日五次礼拜的地方）。依照伊斯兰教规定，不管清真寺中轴线朝向如何，礼拜正殿和殿内壁龛（圣龛）必须背向麦加（在中国为背向西方），以示跪拜朝向。清真寺建筑内部不得设偶像，也不以动物形象作装饰，多以阿拉伯文经文和花草为饰。

阿拉伯式建筑清真寺没有明显的中轴线，大多有圆形拱顶的正殿和尖塔式宣礼楼，另有望月楼、经堂、浴堂等建筑。正殿也必须背向麦加。

三、伊斯兰教之旅

泉州清净寺 位于福建泉州。又名“圣友寺”“麒麟寺”，与广州怀圣寺、杭州真教寺、扬州仙鹤寺合称为中国沿海伊斯兰教四大古寺。清净寺建于北宋大中祥符年间（1008—1016年），是我国现存最古老的典型阿拉伯式清真寺，也是沿海清真古寺中规模最大的一座。属全国重点文物保护单位。

广州怀圣寺 又名“狮子寺”，俗称“光塔寺”。始建年代尚无定论（部分历史学家认为是南宋时期建筑）。该寺尤以高36.6米的仿阿拉伯式邦克塔“光塔”著称于世。属全国重点文物保护单位。

杭州真教寺 因原建筑群布局状似凤凰，故又名“凤凰寺”。南宋时已建此寺，元、明、清历经重修。以现存元代大殿著称于世。大殿为砖砌，顶作穹隆式，俗称无梁殿。属全国重点文物保护单位。

扬州仙鹤寺 传南宋时期，教主穆罕默德十六世孙普哈丁来扬州传教时兴建，明清时重建。寺院属中国传统式建筑，按仙鹤形布局以体现寺名。

北京牛街清真寺 始建于966年，元、明、清均有续建。是北京市规模最大、历史最悠久的清真大寺，也是中国北方最古老的清真寺之一。明代奉敕赐名“礼拜寺”。为我国传统式建筑的清真寺，属全国重点文物保护单位。

西安化觉寺 位于陕西西安化觉巷，原名“清修寺”，俗称“东大寺”。始建年代无定论，一说建于明初。该寺为中国传统式建筑，规模宏大，是我国现存规模最大、保存最完整的清真寺，属全国重点文物保护单位。

随堂练

喀什艾提尕尔清真寺 位于新疆喀什。相传始建于1426年，系阿拉伯式建筑，是新疆地区最大的清真寺。

经典图片

考点速记

第十章 中国旅游景观

【学习目标】

了解中国自然与地理基础知识。熟悉中国主要地貌类型及代表性地貌景观；山、水、动物、植物、天象等自然景观知识。掌握常见自然景观的地质成因。

第一节 中国旅游地理概况

一、中国旅游地理环境

中国是一个地域辽阔和历史文化悠久的国家，在这块古老而广袤的国土上，自然旅游资源和人文旅游资源都十分丰富，是我国发展旅游业的物质基础。

（一）自然地理环境

我国位于欧亚大陆东部，太平洋西海岸，拥有 960 万平方千米的陆地国土面积和 473 万平方千米的海洋国土面积。地势西高东低，大致呈三级阶梯状分布。山地、高原和丘陵约占陆地面积的 67%，盆地和平原约占陆地面积的 33%，珠穆朗玛峰海拔 8848.86 米，为世界第一高峰。中国地貌种类的多样、典型，是世界其他国家难以相比的，有着四大高原：青藏高原、内蒙古高原、黄土高原、云贵高原；四大盆地：塔里木盆地、准噶尔盆地、柴达木盆地和四川盆地；三大平原：东北平原、华北平原、长江中下游平原；三大岛屿：台湾岛、海南岛、崇明岛。

在祖国富饶的土地上，山河湖海无比壮丽，飞瀑涌泉数不胜数，气候复杂多样，天气景观千变万化，既有地带性的森林、草被和动物，又有珍稀树木、花草和珍禽异兽……造就了千姿百态、丰富多彩的自然美景和遍布全国的风景游览地。

（二）人文地理环境

我国有 23 个省、5 个自治区、4 个直辖市和 2 个特别行政区。5000 年的文明史，保留下来的历史文物浩如烟海，它们生动地记载着我国从史前直到近现代各个历史时期所发生的重大历史事件以及各民族人民生活、生产活动的艺术成就和文化结晶。

二、中国旅游景观的类型

按照旅游资源的属性，中国旅游景观主要分为自然旅游景观和人文旅游景观两大类。

（一）自然旅游景观

自然旅游景观是由自然地理环境各要素组成的，如地貌、水体、动植物、气象气候、天象等，常被称为旅游的第一环境。自然地理环境所具有的地带性和复杂、多样性的特点，也反映在自然旅游景观的各方面，使其在分布上具有地带性和地域性的特点，在景观组合上具有复杂多样的特性。

自然旅游景观具有自然美的形态、绚丽的色彩、悦耳的声响及动态等美感，为人们提供了观赏、游览、探险猎奇、避寒避暑，以及各种娱乐消遣活动的场所和条件，从而使旅游者感受到大自然的壮美、神奇，开阔视野，增长知识，丰富情感，身心得到更好的休息。

（二）人文旅游景观

人文旅游景观是自人类出现之日起，由人类活动所产生，经过开发达到引起旅游者兴趣和滞留目的的一切景物。它包括的范围很广，涉及面很宽，类型多样。归纳起来，大致可分为历史文物古迹、古代与现代建筑、民族民俗、宗教建筑及遗存、文化艺术等。它们具有很强的历史性和时代性，以及民族风格和地方特色。通过人文旅游景观的欣赏，可以使中国文化走向世界，让世界人民更具体、形象地了解古代东方文明，为旅游业发展开辟一个更广阔的天地。

鉴于人文旅游景观大多已在其他章节中有了详细介绍，本章重点介绍中国的自然旅游景观。

第二节　地貌旅游景观

一、常见地貌类型

（一）花岗岩地貌

按照地质成因的不同，地球上的岩石可分为岩浆岩（火成岩）、沉积岩（水成岩）和变质岩。

花岗岩属于岩浆岩中的深层侵入岩，一种由火山爆发的熔岩在受到相当压力的熔融状态下隆起至地壳表层，岩浆不喷出地面，而在地底下慢慢冷却凝固后形成的构造岩，岩性坚硬，岩体造型丰富。花岗石以石英、长石和云母为主要成分。花岗岩地貌是指在花岗岩石体的基础上，各种外动力形成的形态特殊的地貌类型。

花岗岩地貌大多具有山体挺拔、沟谷深邃、岩石裸露、多球状岩块、多弧形岩壁、多崩块的特征。一般来说，花岗岩垂直节理发育，名山常有群峰簇拥、峭拔危立、雄伟险峻的特点。花岗岩易发生球状风化，形成巨大的“石蛋”造型或浑圆多姿的巨石兀立形态。

花岗岩地貌常见的景观一般有以下几种。

石蛋及其垒砌造型 花岗岩球状风化形成的石蛋，虽近于球状，但形态各异，分布于山巅溪涧，给人以广阔的想象空间，成了旅游区的重要景观和神话、传说的源泉。如黄山顶部的猴子观海、华山西峰顶的劈山救母石、福建平潭岛南寨石景区的骆驼石、神龟石、鸳鸯石以及厦门的日光岩和海南岛的鹿回头等。石蛋垒砌造型，也是花岗岩地貌旅游景区的重要景观，如鸡公山顶的雄鸡、碴岈山的八戒醉酒和双猴望月、平潭岛上的海潭天神等。

石柱、孤峰及峰林 当花岗岩出露地表并处于强烈上升时，流水沿垂直节理裂隙下切，形成石柱或孤峰，石柱、孤峰丛集成为峰林，如黄山的妙笔生花。花岗岩峰林显得极为雄伟壮观。如黄山切割深达500~1000米，形成高度在千米以上的山峰就有70多座。华山则是东西南北中五峰对峙的局面。另外，天柱山的天柱峰和九华山的观普峰也都是非常典型的花岗岩峰林地貌。

绝壁、陡崖 花岗岩体中或边缘发育有断裂构造时，由于断裂带岩石破碎，抗风化能力变弱，或由于断裂的抬升，在花岗岩体的周边或内部产生悬崖绝壁。另外，流水沿直立节理冲刷，也会产生高差较小的陡崖。绝壁和陡崖为花岗岩地貌增添了险峻的美感。这一点在华山体现得最为明显。华山之险，名冠群山，是因为华山四周均是绝壁，从东峰沿长峰至石楼峰更是构成了一个巨大的崖壁，被称为“华山仙掌”。

一线天 当流水沿花岗岩体中近于直立的剪切裂隙冲刷下切时，形成近于直立的沟壑，沟壑越来越深，形成两壁夹峙，向上看蓝天如一线，这就是一线天。黄山、九华山、华山、太姥山、天柱山、碴岈山、千山和平潭岛的将军山等，都有一线天景观。

洞穴、石窟 花岗岩是不易溶解的岩石，因此不能形成在石灰岩地区常见的溶洞。但雨水沿花岗岩体内断裂冲刷，断裂上盘岩块的崩塌，能形成不规则的堆石洞。另外，石蛋地貌发育的地区，石蛋间的空隙也可以构成岩洞。如黄山的水帘洞、莲花洞、鳌鱼洞，崂山的白云洞、明霞洞，太姥山的璇矶洞，罗浮山的朱明洞，碴岈山的万人洞等。

（二）丹霞地貌

丹霞地貌是在巨厚的红色砂砾岩层上，由内外营力作用形成的顶平、身陡、麓缓的方山、石墙、石峰、石柱等奇特的地貌形态，这种地貌因发现于广东省仁化县丹霞山而得名，具有丹山碧水、精巧玲珑的特点。

我国著名的丹霞地貌景观有广东丹霞山、福建武夷山、江西龙虎山、浙江江郎山、安徽齐云山、湖南崀山、贵州赤水、甘肃张掖等。

丹霞地貌的形成一般需要以下三个条件。

红层盆地 红层盆地是指以红层分布为主的地面相对沉降地区，红层则一般为红色砂砾岩地层及第四纪红土，常多砂砾，岩性固结、坚硬、易透水，下层含不透水泥质岩系，致层内水的侵蚀作用强烈，易于成景；垂直节理发育明显，多倾角平缓岩层，易风化剥蚀与崩塌，如武夷山红色岩层倾角多在 20 度；含有一定量碳酸钙，为加速风化与形成洞穴创造条件（如武夷山九曲溪沿岸高悬的“悬棺”洞穴）。

构造抬升 形成丹霞地貌的主要内力作用是地壳的上升作用，把红色砂砾岩抬升到离当地侵蚀基准面以上高度，使流水侵蚀、风化崩塌等外力作用获取一定势能，以进行下切。如广东仁化丹霞山位于粤北上升区，安徽齐云山位于黄山西侧皖南上升区，江西龙虎山位于武夷山北麓上升区。

温暖湿润气候 热带或亚热带温暖湿润季风气候，气温高、湿度大，为红色砂砾岩流水侵蚀、风化剥蚀与崩塌提供充分的外力条件，使得我国在秦岭—大别山一线以南丹霞地貌分布很广，发育典型。

（三）岩溶地貌

岩溶地貌又称喀斯特地貌，是指地下水和地表水对以碳酸岩为代表的可溶性岩石进行破坏和改造而形成的地貌。喀斯特地貌有各种类型，一般可以分为地表喀斯特和地下喀斯特两种，喀斯特景观有峰林、峰丛、石林、溶洞、峡谷、天坑、天生桥、地表钙华堆积、桌山等。中国是世界上喀斯特地貌分布最广泛、发育最充分、类型最齐全的国家，以广西、云贵高原最为集中。代表性景观有广西桂林山水，云南石林，贵州织金洞、贵州荔波喀斯特，重庆武隆喀斯特、重庆金佛山、重庆奉节天坑—地缝景观，四川九寨沟、黄龙，湖南张家界黄龙洞，北京石花洞等。

1. **地表喀斯特地貌**

（1）石芽和溶沟

地表流水沿岩石表面和裂隙流动时所溶蚀出来的石质小沟，称为溶沟；突出于溶沟之间的石脊称为石芽，如广西西江河桂林段溶蚀平原广泛发育石芽和溶沟连成一片的石芽地貌。一般分为裸露石芽、半裸露石芽、埋藏石芽，其中裸露于地面的石芽因形态不同可以分成山脊式、石林式及车轨式和棋盘式。

①山脊式石芽：高度不大，一般高 1~2 米，但分布普遍，形态非常尖锐，呈尖刀状或小山峰状。

②石林式石芽：比较高大，高度可达 10 米以上，形态呈笋状、柱状、剑状、菌状等。它是在厚层、质纯、倾角平缓和具有较疏的垂直节理的石灰岩，以及湿热气候条件下形成的。它们挺拔林立，方圆数十里，蔚为奇观。石林式石芽以云南路南石林发育最为典型，高达 30 余米，如树林般矗立，蔚为壮观。

③车轨式和棋盘式石芽：呈平行或方格状排列。它们是水流沿着平行的或斜交的构造裂隙上溶蚀冲刷而成，多分布在山坡上。

（2）孤峰、峰林和峰丛

当石灰岩出露地表，一方面受到地表水和地下水的强烈溶蚀与切割作用，形成众多溶斗、溶蚀洼地与谷地、盲谷与干谷，相对坚硬部分形成山峰形态；另一方面在可溶性岩与非溶性岩接触地带，石灰岩等可溶性岩石不断侵蚀，产生一系列漏陷地貌（如溶斗、落水洞及洼地），邻近非溶性岩在流水的强烈侵蚀与切割作用下，高度迅速降低，致使石灰岩体相对突起成为山峰，主要包括孤峰、峰林和峰丛三种形态。

①孤峰：指散立在溶蚀谷地、溶蚀平原或溶蚀高原上的低矮山峰，它是石灰岩体长期在喀斯特作用下的产物，如桂林的独秀峰、伏波山、骆驼山等。

②峰林：它是成群分布的石灰岩山峰，山峰基部分离或微微相连。峰林是在地壳长期稳定下，石灰岩体遭受强烈破坏并深切至水平流动带后所形成的山峰。我国的峰林地貌以桂林、阳朔等地较为著名。

③峰丛：峰丛是一种连座峰林，顶部山峰分散，基部连成一体。当峰林形成后，地壳上升，原来的峰林变成了峰丛顶部的山峰，原峰林之下的岩体也就成了基座。此外，峰丛也可由溶蚀洼地及谷地等分割岩体而成。

2. **地下喀斯特地貌**

溶洞是地下水沿着各种构造面（层面、节理面或断裂面）逐渐溶蚀和侵蚀而开拓出来的地下洞室，如桂林的七星岩就是由三层高度不同的水平溶洞组成。世界上最大的溶洞是北美阿巴拉契亚山脉的猛犸洞，位于美国肯塔基州境内，洞深 64 千米，所有的岔洞连起来的总长度达 250 千米。洞里宽的地方像广场，窄的地方像长廊，高的地方有 30 米高，整个洞平面上迂回曲折，垂向上可分出三层。在溶洞形成过程中，碳酸钙和其他物质不断沉积，所以就产生了洞穴堆积。沉积物按其形态、规模及洞穴水流性质，可分为以下五类。

（1）渗滴水流沉积物

①石钟乳、石竿。

钟乳石 地下水沿着细小的孔隙和裂隙从洞顶进入溶洞，遇到温度升高和压力降低，水中碳酸氢钙变得饱和，碳酸钙就围绕着水滴的出口沉淀下来，并逸出二氧化碳，因而在溶洞顶面形成一条条下垂的钟乳石。其中呈乳状的为石钟乳，上下粗细均等呈棒状的称为石竿。

②石笋、石墩、石柱。

石笋 是由于水滴从钟乳石上滴到洞底时散溅开来，使水滴中的二氧化碳进一步扩散，剩余的碳酸氢钙再进行分解，因而在洞底沉淀出一根根石笋；整个形态上尖下大，往往表面形成类似竹笋表皮形状。

石柱 钟乳石自洞顶向下延伸，石笋自洞底向上生长，上下相连，就成了石柱；往往表面不平整，上下粗细不均等，主要由间歇性水滴与滴水位置稍变造成的，许多石柱表面常形成“雕龙盘柱”的壮观景象。

（2）片状水流沉积物

沿洞顶裂隙和洞壁上水平裂隙溢流出的片状水流形成的互相连接的帘状或幔状沉积物。分为：

①石幔、石帘。沿洞顶裂隙或紧贴于洞壁发育，沉积物面积较大，形成舞台幕帘状，且多垂直褶皱，称为“石帘或石幔”；沉积物面积较小，则形成旗帜状，称为“石旗”。

②石流、堤坝、石田。往往片状水流沿底板顺地势流动形成堤状堆积物，高度不大，约数厘米到数十厘米，似梯田土埂，排列在洞底缓慢倾斜的地面，由上而下呈阶梯状下降，每一阶梯都做堤状突起，并且呈弧形向外弯曲，堤内积水成池，称为石田或边石池。

③石带、石瀑布。往往为水流沿洞壁水平裂隙或节理渗出，二氧化碳迅速逸散而呈片状石灰岩堆积，表面具有弯曲流纹，高度可达数十米，十分壮观。

（3）滴溅水沉积物

水滴洞底后，水花再飞溅于洞壁或其他沉积物上，形成表面光滑、半透明的珠状、球状沉积物，如石球、石莲、石珍珠。

(4)间歇水流沉积物

因洞底不平，出现一些水洼。坑水满后外溢，沉积物在周边堆积，状如微型梯田，故称石田。若洞底坡度较大，水流流速较快，则形成较平的石灰华层，称为流石。

(5)凝结水流沉积物

溶洞内因气温湿度变化而产生凝结水，对石灰岩和石灰华进行溶解后，就地蒸发，并逸出二氧化碳，迅速结晶，重新构造成多种形态的沉积物。如石珊瑚、石葡萄、雪珠(在石葡萄顶部，表面上生成绒毛状细小晶体，使葡萄球粒变成绒毛状者)。

(四)流纹岩地貌

流纹岩也是一种岩浆岩，是火山的酸性喷出岩石，其化学成分与花岗岩相同，因岩石上有海浪一样的波纹而被称为流纹岩。流纹岩地貌是火山喷发出的岩浆、火山灰等在流动冷却过程中形成的流纹状构造。在岩体节理和裂隙特别发育的部位，易形成奇峰异洞、峭壁幽谷等丰富奇特的造型地貌。随着旅游者步移景迁，同一景物从不同角度呈现出多种不同的形象特征。

我国流纹岩山地以浙江省为最多，著名的有雁荡山、会稽山以及西湖附近的宝石山等。

流纹岩地貌一般具有以下两个特征。

1. 流纹状构造

流纹岩作为酸性喷出岩，在其流出地表后的冷凝成岩过程中，形成了具有不同颜色的流纹状构造。

2. 变幻造型

流纹岩岩体多节理和裂隙，经过构造上升，河流下切，重力崩塌，常常造成造型奇特的微地貌。如奇峰、异洞、幽谷、峭壁、石柱和石礅等。这些造型不仅丰富逼真，而且同一景物从不同时间、不同角度观看，还会步移景换，呈现多种不同的形态特征。比如，浙江雁荡山的著名造型峰岩灵峰，在不同时间不同角度，可变幻成双手相合、雄鹰展翅、夫妻幽会等形象，因此又有合掌峰、雄鹰峰和夫妻峰等名称。

(五)石英砂岩峰林地貌

石英砂岩峰林地貌是在夹有薄层砂质页岩的石英砂岩地层中，由于地壳稳定上升，岩石垂直节理发育，经长期风化和重力作用而发生断裂和崩塌，同时充沛的地表流水又对其进行强烈的侵蚀而形成的密度和规模很大、千姿百态的砂岩石峰。

石英砂岩由于流水的侵蚀和重力崩塌，加上物理风化、化学风化和生物风化，造就了峰林、峰柱、方山、石林、峡谷、嶂谷、幽谷等奇特的砂岩峰林地貌景观。湖南张家界是世界上最典型的石英砂岩峰林峡谷地貌，景区内有形态各异的数千座岩峰。

（六）海岸地貌

海岸地貌旅游资源按照海岸的形态和性质划分，可分为山地海岸、平原海岸和生物海岸。在山地海岸地段，构成海岸的地貌基础为山地或丘陵，海岸线曲折，海蚀地貌发育，可观赏海蚀崖、岩柱、海蚀平台、海蚀洞穴、海蚀拱桥等景观。构成平原海岸的地貌基础为平原，组成海岸的物质为松散细颗粒碎屑物，海岸线比较平直，海水浅，海积作用较强。生物海岸是主要由生物构建的海岸，以珊瑚、红树林等生物为主导因素发育而成的海岸最为典型。世界上最著名的珊瑚礁岛是澳大利亚东海岸的大堡礁。我国著名的海岸地貌景观有台湾野柳、海南东寨港红树林、山东成山头、河北昌黎黄金海岸等。

海岸地貌旅游资源按海岸地貌景观的成因划分，有海蚀地貌景观和海积地貌景观。由海蚀作用形成的海蚀地貌景观主要有海蚀洞、海蚀崖、海蚀拱桥、海蚀柱等。普陀山的潮音洞是海蚀洞的代表，海南天涯海角的“南天一柱”便是海蚀地貌。海积地貌景观是在波浪、潮汐和沿岸流的搬运和沉积作用下形成的、由沙和砾石堆积而成的沙滩、砾石、沙嘴、连岛沙洲等地貌景观。如大连金石滩、秦皇岛北戴河和南戴河、青岛海滨、海南三亚湾等。世界著名的海滩分布在地中海和夏威夷等地区。

（七）风沙地貌

风沙地貌景观是指分布于大陆内部的干旱和半干旱地区，主要由于风沙的磨蚀、侵蚀、堆积作用而形成的地貌景观，包括风蚀地貌景观和风积地貌景观。

风蚀地貌景观由风沙吹扬和磨蚀作用形成，典型的风蚀地貌景观包括雅丹和风蚀城堡等景观。雅丹是干旱荒漠中一种最具观赏价值的风景地貌景观，它是中生代或新生代早期河湖相岩层经风力“雕琢”形成的大片险峻崎岖地形。雅丹地貌以新疆罗布泊洼地最典型，“风蚀城堡”以准噶尔盆地的乌尔禾“风城”和将军戈壁滩上的“魔鬼城”最为著名。

风积地貌景观以沙丘链和金字塔最具景观美学价值。定向风把沙粒从上风处吹来堆积成沙包，沙包背风坡所产生的回旋风使坡底沙粒旋转到两翼而形成“新月”形沙丘。多条新月形沙丘相互衔接便形成形似巨蟒的沙丘链，长达几十千米，极为壮观。流沙区在多向风作用下形成的多棱面汇聚成的高大锥体沙丘，形似埃及金字塔，成为沙漠中的奇观。一些沙丘，每当风吹流沙或游客从沙坡滑下时，流沙能发出一种如飞机掠顶的轰鸣声，被称为“会唱歌的沙子”。内蒙古鄂尔多斯市的银肯、宁夏中卫的沙坡头、甘肃敦煌月牙泉的鸣沙山，均有鸣沙现象。

（八）冰川地貌

冰川地貌景观主要指冰川侵蚀和堆积作用形成的地貌景观，是高山和高纬度地区具有的特殊形态特征的地貌景观，分为冰川侵蚀地貌景观和冰川堆积地貌景观。冰川侵蚀地貌景观一般分布在雪线以上位置，包括冰斗、角峰、羊背石等；冰川堆积地貌景观则大多分布在雪线以下，包括冰瀑、冰塔林等。

我国已开发的冰川风景区有四川贡嘎山的海螺沟冰川、新疆阿尔泰山的喀纳斯冰川湖、云南丽江的玉龙雪山冰川等。

二、山地旅游景观

（一）东岳泰山

泰山位于山东省泰安市境内，古称“岱山”“岱宗”。泰山主要为片麻岩和花岗岩组成的山体，主峰玉皇顶海拔 1545 米。泰山与衡山、恒山、华山、嵩山合称为五岳，因地处东部，故称东岳，以雄伟著称。历代诸多帝王把泰山看成国家统一、权力的象征，常到泰山封禅祭祀，使得泰山享有“五岳独尊”“五岳之首”的盛誉。泰山是优美的自然风光和人文景观巧妙融合的风景名胜区。既有旭日东升、晚霞夕照、黄河金带、云海玉盘四大自然名景，又有众多人文奇观，以岱庙、石刻最具代表性。岱庙旧称“东岳庙”，又叫泰庙，主祀“东岳泰山之神”，也是古代帝王来泰山封禅告祭时居住和举行大典的地方。与北京故宫、山东曲阜三孔、河北承德避暑山庄并称为我国四大古建筑群。其中天贶殿同北京故宫的太和殿、曲阜孔庙的大成殿并称为中国古代三大宫殿式建筑。泰山石刻可以说是中国文化史中的一朵奇葩。历代帝王到泰山祭天告地，儒家释道传教授经，文化名士登攀览胜，留下了琳琅满目的碑碣、摩崖、楹联石刻，泰山摩崖石刻居各名山之最。它不仅是中国书法艺术品的一座宝库，而且是中华民族的文化珍品。

（二）西岳华山

华山位于陕西省华阴市境内，为花岗岩山体，由中（玉女）、东（朝阳）、西（莲花）、南（落雁）、北（五云）五个山峰组成，南峰海拔 2154.9 米，是华山最高主峰，也是五岳最高峰。华山壁立千仞，群峰挺秀，以险峻著称，自古以来就有“华山天下险”“奇险天下第一山”等说法，凌空架设的长空栈道，三面临空的鹞子翻身，以及在峭壁绝崖上凿出的千尺幢、百尺峡、老君犁沟等，都是闻名天下的险峻之道。华山的名胜古迹也很多，道观神庙、亭台楼阁、雕像石刻随处可见。华山上比较著名的古迹有玉泉院等景点。华山西岳庙是古时祭祀西岳华山神的庙宇，有“陕西故宫”之称。

（三）南岳衡山

衡山位于湖南省衡阳市境内，又名“寿岳”，为花岗岩山体，72 峰挺拔巍峨，祝融峰是衡山最高峰，海拔 1300.2 米。衡山古木参天，终年苍翠，以秀丽著称。南岳四绝是“祝融峰之高，方广寺之深，藏经殿之秀，水帘洞之奇”。南岳是一座天然的植物园和动物园，动植物种类丰富，多稀有物种。这里有神庙建筑群南岳庙，女道士魏华存修道成仙的黄庭观，佛寺丛林祝圣寺等。衡山历史上是读书人聚集讲学之地，先后在此出现了邺侯书院、文定书院、集贤书院等 10 余所书院。

（四）北岳恒山

恒山位于山西省浑源县境内，为高压麻粒岩山体，有天峰岭与翠屏峰东西两大山峰，天峰岭最高，海拔 2016.1 米。恒山具有扼关带水、地险山雄的特殊地理环境，成为历代兵家必争之地。恒山上怪石争奇，古树参天，苍松翠柏间散布着楼台殿宇，以幽静著称。文物古迹星罗棋布。悬空寺为恒山景观之最，高于地面约 50 米，其建筑特色可以概括为“奇、悬、巧”三个字。明代大旅行家徐霞客称悬空寺为“天下巨观”，三教殿内，释迦牟尼、老子、孔子共居一室，耐人寻味，堪称中国宗教史上的一段佳话。

（五）中岳嵩山

嵩山位于河南省登封市境内，群峰挺拔，气势磅礴，景象万千，以峻著称，主峰峻极峰海拔 1491.7 米，古有“峻极于天”之说。嵩山岩石演变完整，岩浆岩、沉积岩、变质岩的出露，构成了中国最古老的岩系——“登封杂岩”，是世界上稀有的自然地质宝库。主体由坚硬的石英岩构成，花岗岩、片麻岩和石灰岩等呈局部分布。嵩山除优美的自然风光外，更以星罗棋布的名胜古迹、亭台楼阁著称。著名的有北魏嵩岳寺塔、汉代嵩山三阙、元代观星台、少林寺、中岳庙、嵩阳书院等。

（六）黄山

黄山位于安徽省南部黄山市境内，秦时称黟山。相传轩辕黄帝曾来此炼丹，唐玄宗敕改黟山为黄山。黄山主要为花岗岩山体，莲花峰、光明顶、天都峰为黄山三大主峰，其中莲花峰最高，海拔 1864.8 米。黄山集名山之长，兼有泰山之雄伟、华山之险峻、衡山之烟云、庐山之飞瀑、雁荡山之巧石、峨眉山之清凉，尤以奇松、怪石、云海、温泉“四绝”著称于世。明代旅行家、地理学家徐霞客留下“五岳归来不看山，黄山归来不看岳”的赞誉。

（七）武夷山

武夷山位于福建省武夷山市，属典型的丹霞地貌，素有“碧水丹山”“奇秀甲东南”之美誉。曲折萦回的九曲溪贯穿于丹崖群峰之间，如玉带串珍珠，人称“三三秀水清如玉，六六奇峰翠插天”，构成了奇幻百出的武夷山水之胜。武夷山西部是全球生物多样性保护的关键地区，分布着世界同纬度带现存最完整、最典型、面积最大的中亚热带原生性森林生态系统；东部山与水完美结合，人文与自然有机相融，架壑船棺、书院遗址、摩崖石刻、寺院宫观镶嵌于武夷山的溪畔山涧、峰麓山巅、岩穴崖壁，给人以浑然天成的和谐美感。

（八）庐山

庐山位于江西省九江市境内，又称匡山、匡庐。庐山是一座地垒式断块山，主峰大汉阳峰，海拔 1474 米。庐山素有“匡庐奇秀甲天下”之美誉。巍峨挺拔的青峰秀峦、喷雪鸣雷的银泉飞瀑、瞬息万变的云海奇观、俊奇巧秀的园林建筑，一展庐山的无穷魅力。庐山尤以盛夏如春的凉爽气候为中外游客所向往，是国内久负盛名的风景名胜区和避暑游览胜地。主要旅游景点有美庐别墅、庐山会议会址、花径、仙人洞、含鄱口、三叠泉、五老峰等。

（九）三清山

三清山位于江西省上饶市境内，因有三峰如道教三清神列坐其巅，故名。主峰玉京峰海拔 1819.9 米。三清山为花岗岩山体，不同成因的花岗岩微地貌密集分布，形成了世界上已知花岗岩地貌中分布最密集、形态最多样的峰林，出现了世界罕见的司春女神、巨蟒出山等山岳奇观；2000 多种高等植物、1700 多种野生动物，构成了东亚最具生物多样性的环境；1600 余年的道教历史孕育了丰厚的道教文化内涵，按八卦布局的三清宫古建筑群，被誉为“中国古代道教建筑的露天博物馆”。

（十）武陵源

武陵源位于湖南省西北部张家界市境内，由各具特色的四大风景区组成，分别是张家界国家森林公园、索溪峪自然保护区、天子山自然保护区、杨家界自然保护区。武陵源独特的石英砂岩峰林在国内外均属罕见，素有“奇峰三千，秀水八百”之称。这里的风景没有经过任何的人工雕琢，到处是石柱石峰、断崖绝壁、古树名木、云气烟雾、流泉飞瀑、珍禽异兽。“奇峰、幽谷、秀水、深林、溶洞”被称为武陵源“五绝”。

（十一）九寨沟

九寨沟位于四川省九寨沟县境内，以有 9 个藏族村寨而得名。九寨沟海拔在 2000 米以上，遍布原始森林，沟内分布有 108 个湖泊。九寨沟以高原钙华湖群、钙华瀑群和钙华滩流等水景为主体，其水景规模之巨、景型之多、数量之众、形态之美、布局之精和环境之佳等指标经综合鉴定，位居中国风景名胜区水景之冠。"黄山归来不看山，九寨归来不看水。"翠海、叠瀑、彩林、雪峰、藏情、蓝冰被称为"九寨沟六绝"。

（十二）黄龙

黄龙风景区位于四川省松潘县境内，地表钙华是黄龙景观的最大特色。黄龙钙华景观类型齐全，钙华石坝彩池、钙华滩、钙华扇、钙华湖、钙华塌陷湖坑，以及钙华瀑布、钙华洞穴、钙华泉、钙华台、钙华盆景等一应俱全，是一座名副其实的天然钙华博物馆。巨型的地表钙华坡谷，呈梯田状蜿蜒于天然林海和石山冰峰之间，宛若金色巨龙腾游天地。黄龙以彩池、雪山、峡谷、森林"四绝"著称于世，有着"圣地仙境，人间瑶池"的美誉，是中国唯一保护完好的高原湿地。

（十三）桂林山水

桂林山水位于广西东北部，桂林至阳朔的漓江两岸是世界上规模最大、风景最优美的岩溶风景区。几百座石峰呈现出"平地涌千峰"的景观，是我国喀斯特峰林和峰丛地貌发育最典型的地区，象鼻山、骆驼山等孤峰造型逼真，沿江洞穴 300 余处，石灰岩沉积物琳琅满目，可谓山清、水秀、洞奇、石美，素有"桂林山水甲天下"之誉。唐朝诗人韩愈的"江作青罗带，山如碧玉簪"这一诗句，是桂林山水的最佳写照。

（十四）天山

天山是位于中亚东部的一条大山脉，是世界上最大的独立纬向山系，也是世界上距离海洋最远的山系和全球干旱地区最大的山系，最高峰托木尔峰海拔 7443 米。天山横贯新疆中部，处于我国地形第二阶梯，在塔里木盆地和准噶尔盆地之间拔地而起。天山集中展现了独特的地质地貌、植被类型、生态系统、植物多样性的自然美。著名景点有博格达峰、托木尔峰、天山天池、汗腾格里冰川等，还有迷人的夏季牧场，以及天山雪莲等特产。

（十五）长白山

长白山位于吉林省东南部，为东北山地最高部分，由粗面岩组成，夏季白岩裸露，冬季白雪皑皑，终年常白，是多次火山喷发而成。主峰白云峰海拔 2691 米。以长白山天池为代表，集瀑布、温泉、峡谷、地下森林、火山熔岩林、高山大花园、地下河、原始森林、云雾、冰雪等旅游景观于一身，构成了一道亮丽迷人的风景线，有“关东第一山”之誉。

（十六）雁荡山

雁荡山位于浙江省温州市东北部海滨，小部在台州市温岭南境。因山顶有湖，芦苇茂密，结草为荡，南归秋雁多宿于此，故名雁荡。素以独特的奇峰怪石、飞瀑流泉、古洞畸穴、雄嶂胜门和凝翠碧潭扬名海内外，被誉为“海上名山，寰中绝胜”，史称“东南第一山”。其中，灵峰、灵岩、大龙湫三个景区被称为“雁荡三绝”；灵峰夜景、灵岩飞渡是其两大特别景观。

（十七）苍山

苍山位于云南洱海之西，是云岭山脉南端的主峰。苍山，又名点苍山，因其山色苍翠，山顶点白而得名，是欧亚板块和印度板块碰撞隆起的杰作，独特的高原山岳地貌景观，是一本孕育了 20 多亿年的“天然地质天书”，也是大理石和大理冰期的命名地。经夏不消的苍山雪，是素负盛名的大理“风花雪月”四景之一，也是苍山景观中的一绝。

（十八）阿里山

阿里山位于台湾省嘉义市东北，主峰大塔山海拔2663 米，高山铁路、森林、云海、日出及晚霞，号称阿里山五奇。有“阿里山神木”之称的一株红桧树有 3000 多年的树龄，约生于周公摄政时期，故被称为“周公桧”。每年 3 月中旬至 4 月中旬的樱花把阿里山装点成一片美丽、缤纷、醉人的花海世界，美不胜收。

（十九）历史文化名山

因拥有丰富的文化景观与历史遗迹而闻名遐迩的名山，往往兼具自然与人文景观之美，承载着大量的文物古迹，拥有厚重的历史底蕴，具备独特的历史、文化、宗教等多方面价值。例如素有“革命摇篮”之称的井冈山，因莫高窟的开凿而声名远扬的甘肃鸣沙山，以“佛宗道源、山水神秀”之美誉在海内外享有盛誉的浙江天台山，还有以宗教文化为核心所形成的佛教四大名山以及道教四大名山等。

第三节　水体旅游景观

我国水域面积广阔，构成水体旅游资源的海滨、河流、湖泊、瀑布、泉等水体类型齐全、内涵丰富，是旅游资源中一道亮丽的风景。

一、海滨

我国海岸线总长度约 3.2 万千米，其中大陆海岸线北起中朝边境的鸭绿江口，南到中越边境的北仑河口，全长 1.8 万千米；岛屿海岸线 1.4 万千米。海滨处于海陆之间，属于陆地的延伸部分。蓝天、阳光、沙滩、海水（Sky、Sun、Sand、Sea，4S）被称为最具吸引力的旅游资源。我国各地的海滨充满了特有的风韵。

（一）大连海滨—旅顺口海滨

大连海滨—旅顺口海滨位于辽东半岛南端，包括大连海滨和旅顺口风景区。大连依山濒海，景色秀丽，气候宜人，是著名的海滨疗养、旅游和避暑胜地，是一处以山、海、礁、岛自然景观为主的风景名胜区。旅顺口是我国历史上的海上门户，著名的军港，是进行爱国主义教育的课堂。旅顺口外礁岛棋布，其中以距离旅顺区 20 多海里、面积 0.8 平方千米的蛇岛最为著名。

（二）北戴河海滨

北戴河海滨地处河北省秦皇岛市中心的西部。这里气候宜人，10 千米长、曲折平坦的沙质海滩，以滩缓、沙细、浪小、潮平著称。海蚀地貌发育，各种形态的岩石栩栩如生，是著名的海滨避暑胜地。

（三）青岛海滨

青岛海滨位于山东半岛南部，城市依山就势，“青山、碧海、绿树、红瓦”，鳞次栉比的优美建筑成为青岛独占鳌头的风光特色，因此，青岛海滨也成为享誉海内外的著名旅游胜地。曾作为第 29 届奥运会帆船比赛的举办地。

（四）舟山群岛

舟山群岛位于浙江省东北部海域，是中国第一大群岛，是中国第一个以群岛建制的地级市，也是国务院批准的中国首个以海洋经济为主题的国家战略层面新区。著名景观有海天佛国普陀山、海上雁荡朱家尖、海上蓬莱岱山等。

（五）厦门海滨

厦门位于福建东南沿岸，是一座风姿绰约的“海上花园”，“城在海上，海在城中”。厦门空气清新，栖息着成千上万的白鹭，形成了厦门独特的自然景观，又因为厦门的地形就像一只白鹭，所以它被称为“鹭岛”。岛、礁、岩、寺、花、木相互映衬，侨乡风情、闽台习俗与异国风情建筑融为一体，四季如春的气候更为厦门锦上添花。

（六）三亚海滨

三亚海滨位于海南岛最南端，由海棠湾、亚龙湾、大东海、天涯海角、落笔洞、大小洞天等景区组成。亚龙湾海滨有“东方夏威夷”之称。椰林、波涛、渔帆、鸥燕辉映点衬，形成南国特有的“椰风海韵”热带海滨风光。

二、河流

河流具有独特的观光价值。河流与沿岸景观共同构成立体画廊似的河流风光；河流两岸易形成丰富的人文景观资源；河流最利于游客做舒缓的走廊式游船观光。中国是世界上河流最多的国家之一，有许多源远流长的大江大河。其中流域面积超过1000平方千米的河流就有1500多条。中国的河流绝大多数是外流河，河流水量占全国河流总水量的95%以上，汇入太平洋、印度洋和北冰洋，其中长江是第一长河，黑龙江流域面积最大。塔里木河是中国第一大内流河。

（一）长江

中国第一长河，世界第三长河，全长6300多千米。它发源于青藏高原唐古拉山的主峰各拉丹冬雪山，干流所经省级行政区总共有11个，自西至东依次为青海、四川、西藏、云南、重庆、湖北、湖南、江西、安徽、江苏和上海，注入东海。长江支流和湖泊众多，旅游景观十分丰富。位于万里长江第一湾的虎跳峡是世界上落差最大的峡谷之一，具有“狂涛卷地、飞瀑撼天”的雄伟气势。

长江在重庆奉节以下至湖北宜昌为雄伟险峻的三峡江段，自西向东分别是瞿塘峡、巫峡、西陵峡。瞿塘峡是三峡中最短的一个，以雄伟险峻著称，有“夔门天下雄”之称。巫峡绵延曲折，奇峰突兀，峭壁屏列，以幽深秀丽著称，特别是巫山十二峰，千姿百态，留下了许多神奇的传说。西陵峡是长江三峡中最长的峡，整个峡区由高山峡谷和险滩礁石组成，以滩多水急著称。世界最大的水利枢纽工程三峡工程就位于西陵峡中段。三峡景区保留了众多的历史名胜古迹，如白帝城、古栈道遗迹、巴人悬棺、屈原故里、昭君故里、三游洞等。长江下游，特别是三角洲地区，湖荡棋布，城镇毗连，是有名的水乡泽国和鱼米之乡。

（二）黄河

黄河是中国第二长河，发源于青海巴颜喀拉山，全长5464千米。其干流贯穿9省、自治区，自西向东依次是青海、四川、甘肃、宁夏、内蒙古、陕西、山西、河南、山东，注入渤海。由于河流中段流经中国黄土高原地区，因此挟带了大量的泥沙，使它成为世界上含沙量最高的河流。沿着黄河旅游，可以领略到大河磅礴的气势和黄土高原的独特风光。黄河中游的晋陕大峡谷长达725千米，壁立千仞，浊浪排空，是我国最美的峡谷之一。峡谷下段有著名的壶口瀑布，有“黄河之水天上来”之势。由于泥沙量大，黄河下游河段长期淤积抬升形成举世闻名的“地上悬河”。黄河是中华民族的母亲河，历史上黄河流域长期是中国的政治、经济和文化中心，保留了众多的古代文化遗存，包括古人类遗址、古都城遗迹、帝王陵墓、宗教圣迹等，是发展历史文化旅游的理想之地。

（三）三江并流

三江并流指金沙江、澜沧江和怒江这三条发源于青藏高原的大江在云南省境内自北向南并行奔流 170 多千米，穿越在崇山峻岭之间，形成世界上罕见的“江水并流而不交汇”的奇特自然地理景观。其间澜沧江与金沙江最短直线距离为 66 千米，澜沧江与怒江的最短直线距离不到 19 千米。奇特的三江并流，雄伟的高山雪峰，险要的峡谷险滩，秀丽的林海雪原，幽静的冰蚀湖泊，少见的板块碰撞，广阔的雪山花甸，丰富的珍稀动植物，独特的民族风情，旅游景观十分丰富。

（四）京杭大运河

京杭大运河是世界上里程最长、工程量最大、最古老的运河，全长约 1794 千米，北起北京，南到杭州，途经北京、天津、河北、山东、江苏、浙江六省、市，沟通了海河、黄河、淮河、长江、钱塘江五大水系。大运河始凿于春秋时期。隋朝大运河以洛阳为中心，北达涿郡（今北京南），南至余杭。元朝翻修时弃洛阳而取直至北京。历史上，京杭大运河对中国南北地区之间的经济、文化发展与交流，特别是对沿河地区工农业的发展起到了巨大的作用。

（五）钱塘江

钱塘江是浙江省第一大河，发源于安徽省黄山市休宁县境内，流经安徽、浙江二省，古名“浙江”，亦名“折江”或“之江”，河流全长 688 千米。钱塘江潮被誉为“天下第一潮”，是世界一大自然奇观，它是天体引力和地球自转的离心作用，加上杭州湾喇叭口的特殊地形等诸多因素所形成的特大涌潮。

钱塘江干流各段都有着别名，其中最著名的是建德市梅城镇下至萧山区闻家堰段，因景色秀丽，被认为是锦绣中华的代表，而被命名为富春江。

（六）珠江

又名粤江，是一个由西江、北江、东江及珠江三角洲诸河汇聚而成的复合水系，发源于云贵高原乌蒙山系马雄山，流经云南、贵州、广西、广东、湖南、江西六省（区）和越南的北部，在下游从 8 个入海口注入南海。珠江全长 2214 千米，居全国第四位。年径流量 3300 多亿立方米，居全国江河水系的第二位，仅次于长江。珠江流域旅游资源丰富，著名的黄果树瀑布、桂林山水都在珠江流域。

（七）黑龙江

黑龙江是中国第三长河，因河水含腐殖质多，水色发黑而得名。黑龙江位于亚洲东北部，流经蒙古、中国、俄罗斯。中国古称羽水、黑水、浴水、望建河、石里罕水等，蒙语称哈拉穆河，俄语称阿穆尔河。2004 年，中华人民共和国和俄罗斯联邦签署最后边界协定，将两国国界以黑龙江为基本界线划清。

（八）塔里木河

塔里木河位于新疆维吾尔自治区塔里木盆地北部，在维吾尔语里意为“无缰之马”和“田地、种田”。发源于天山山脉及喀喇昆仑山，沿塔克拉玛干沙漠北缘，穿过阿克苏、沙雅、库车、轮台、库尔勒、尉犁等县（市）的南部，最后流入台特玛湖。塔里木河是南疆地区的母亲河，天山以南的绿洲基本都是靠塔里木河水灌溉。

三、湖泊

湖泊是陆地表面洼地积水形成的比较宽广的水域，表面敞露在空气之中，水面没有倾斜，不与海洋相接，却可以通过小河小溪与海洋相连。湖泊与其他水体，如河流、溪流相区别的最大特征便是湖泊没有明显的倾斜水面。中国湖泊众多，共有湖泊 24 800 多个，其中面积在 1 平方千米以上的天然湖泊就有 2759 个。湖泊数量虽然很多，但在地区分布上很不均匀。总的来说，东部季风区，特别是长江中下游地区，分布着中国最大的淡水湖群；西部以青藏高原湖泊较为集中，多为内陆咸水湖。

（一）湖泊类型

中国的湖泊按成因可分为海迹湖（包括潟湖、残迹湖等）、构造湖、火山口湖、堰塞湖、溶蚀湖、冰蚀湖、风成湖、河迹湖、人工湖等。

海迹湖　由于泥沙沉积使得浅水海湾与海洋分割而成，如杭州西湖、太湖。

构造湖　由地壳运动产生断裂凹陷经储水而成，如鄱阳湖、洞庭湖、滇池、洱海、日月潭。

火山口湖　由火山喷口休眠以后积水而成，湖岸陡峭，湖水深不可测，如长白山天池平均水深 204 米，最深处达 373 米，为我国第一深水湖泊。

堰塞湖　由火山喷出的岩浆、地震引起的山崩或泥石流引起的滑坡体等壅塞河床，积水成湖，如五大连池、镜泊湖等。

溶蚀湖　由碳酸盐类地层经流水的长期溶蚀形成岩溶洼地，积水成湖，如贵州省威宁县的草海。

冰蚀湖　由冰川刨蚀形成的凹地积水成湖，如新疆喀纳斯湖、青藏高原区的巴松错、帕桑错等。

风成湖　沙漠中低于潜水面的丘间洼地，经其四周沙丘渗流汇集而成，如敦煌的月牙泉。

河迹湖 由于河流摆动而形成的湖泊，如湖北境内长江沿岸的湖泊等。

人工湖 由人工修筑的蓄水区域，如千岛湖。

（二）风景名湖

1. 青海湖

青海湖位于青海省境内，古称“西海”，是我国第一大内陆湖泊，也是我国最大的咸水湖。四周雪山高耸，草原如茵，拥有山、湖、草原相映成趣的壮美风光和绮丽景色。青海湖鸟岛是我国重要的鸟类自然保护区。

2. 鄱阳湖

鄱阳湖位于江西北部，是我国最大的淡水湖，与湖南洞庭湖、江苏和浙江相邻的太湖、江苏洪泽湖、安徽巢湖习惯上并称为我国五大淡水湖。鄱阳湖上烟波浩渺、水草丰美，名山秀屿，比比皆是。湖中有大量长江流域的珍贵鱼类，每年还有许多珍贵的鸟类栖息在这里，被称为“白鹤世界”“珍禽王国”。

3. 杭州西湖

西湖位于浙江省杭州市西面，是中国大陆主要的观赏性淡水湖泊之一，也是现今《世界遗产名录》中少数几个和中国唯一的湖泊类文化遗产。“杭州西湖文化景观”是文化景观的一个杰出典范，极为清晰地展现了中国景观的美学思想，对中国乃至世界的园林设计影响深远。

4. 泸沽湖

泸沽湖为川滇两省界湖，青山环抱，湖岸曲折，水清岛美，有“高原明珠”的美称。泸沽湖将自然景观和人文景观融为一体，尤其是以摩梭人独特的文化和民族风俗而具有独特、丰富的内涵。

5. 洱海

洱海位于云南大理郊区，为云南省第二大淡水湖。洱海是大理“风花雪月”四景之一“洱海月”之所在，据说因形状像一只耳朵而取名为“洱海”。洱海水质优良，水产资源丰富，也是一个有着旖旎风光的风景区。洱海，虽然称为海，但其实是一个湖泊，据说是因为白族人没有见过海，为表示对海的向往，称之为洱海。

6. 镜泊湖

镜泊湖位于黑龙江省牡丹江市，是中国最大的火山堰塞湖。镜泊湖以湖光山色为主，兼有火山口地下原始森林、地下熔岩隧道等地质奇观，以及以唐代渤海国遗址为代表的历史人文景观。吊水楼瀑布是镜泊湖一道亮丽的风景。

7. 五大连池

五大连池位于黑龙江省五大连池市境内。5 个互相连通的火山堰塞湖如串珠般排列，五大连池也因此而得名。五大连池是一处著名的火山景观和以矿泉为特色的疗养胜地，这里拥有世界上保存最完整、分布最集中、品类最齐全、状貌最典型的新老时期火山地质地貌，14 座新老时期火山，喷发年代跨越 200 多万年，被誉为“天然火山博物馆”和“打开的火山教科书”。

8. 喀纳斯湖

喀纳斯湖位于新疆阿勒泰地区，是典型的冰川湖泊。湖面海拔 1375 米，湖形如弯月，最深 188 米。湖面碧波万顷，群峰倒映，还会随着季节和天气的变化而时时变换颜色，是有名的“变色湖”。这里是我国唯一的南西伯利亚区系动植物分布区，既具北国风光之雄浑，又具江南山水之娇秀。

9. 纳木错

纳木错为藏语，意即“天湖”，位于西藏中部，为断陷构造湖，并具冰川作用的痕迹。湖面海拔 4718 米，为世界上海拔最高的大型湖泊。纳木错湖水清澈透明，湖面呈天蓝色，水天相融，与四周雪山相映，远离现代文明的污染，保持着自然原始的生态，是朝圣者心目中的圣地。

10. 长白山天池

长白山天池坐落在吉林省东南部，是中国和朝鲜的界湖，还是松花江、图们江、鸭绿江三条大江的源头。长白山天池位于长白山主峰火山锥体的顶部，海拔2100多米，是我国最大的火山口湖，也是中国最深的湖泊。湖周峭壁百丈，群峰环抱。这里气候多变，常有蒸汽弥漫，瞬间风雨雾霭，宛若缥缈仙境。

四、瀑布

瀑布在地质学上叫跌水，水平流动的河水在遇到悬崖等陡峭地势时会垂直跌落，形成的垂直水流就叫作瀑布。

关于瀑布的大小，一般可以从宽度、落差、水量、流经长度等多种方法进行比较。

（一）黄果树瀑布

黄果树瀑布位于贵州省安顺市。周围岩溶广布，河宽水急，重峦叠嶂。黄果树瀑布以其雄奇壮阔的大瀑布、连环密布的瀑布群而闻名海内外。它是由 18 个风韵各异的大小瀑布组成的，享有“中华第一瀑”之盛誉。

（二）壶口瀑布

壶口瀑布位于陕西省宜川县和山西省吉县之间的黄河之上，滚滚黄河水至此，300 余米宽的洪流骤然被两岸所束缚，上宽下窄，在 50 米的落差中翻腾倾涌，河水似从巨大无比的壶中倾出，故名“壶口瀑布”。它是我国水流量最大的瀑布。

（三）吊水楼瀑布

吊水楼瀑布，又称镜泊湖瀑布，它位于黑龙江省宁安市西南部，镜泊湖北端。瀑布幅宽 70 余米，雨水量大时，幅宽达 300 余米。落差 20 米。瀑布下边的水潭深 60 米，名“黑龙潭”。每逢雨季或汛期，水声如雷，激流呼啸飞泻，水石相击，白流滔滔，水雾蒸腾出缤纷的彩虹。它的形状好像加拿大尼亚加拉大瀑布，是世界最大的玄武岩瀑布。

（四）九龙瀑布

九龙瀑布位于云南省罗平县，因发源于九龙河而得名。瀑布分 10 级跌落，各级瀑布瀑姿各异，或雄浑，或险峻，或秀丽，景色随着季节和水流大小变幻无穷，各级瀑布之间以浅滩或深潭相连，有“九龙十瀑，南国一绝”之美誉。周围群山环绕，阡陌纵横，一派田园风光。

（五）蛟龙瀑布

蛟龙瀑布位于我国台湾省嘉义县梅山乡，是一座因断层形成的瀑布，是台湾最高的瀑布，也是中国落差最大的瀑布。蛟龙瀑布高 800 米，雄伟壮观、气势磅礴，在雨水丰沛的夏季，如千军万马直泻而下，又似白玉巨柱擎天，或若白龙冲天入云，为旷世奇观。

（六）德天瀑布

德天瀑布位于中越边境广西大新县，为亚洲第一大跨国瀑布。瀑布三级跌落，最大宽度200多米，落差70余米。德天瀑布雄奇瑰丽，变幻多姿，碧水长流，蔚为大观。

五、泉

泉是地下水天然出露至地表的地点，或者地下含水层露出地表的地点。根据水流状况的不同，可以分为间歇泉和常流泉。如果地下水露出地表后没有形成明显水流，称为渗水。根据水流温度，泉可以分为温泉和冷泉。

（一）温泉

习惯上，人们把泉口水温超过 20℃或显著高于当地年平均气温的泉称为温泉。温泉终年具有舒适的沐浴、游泳与保健等康乐度假旅游功能。台湾、广东、福建、云南、西藏等地温泉较多。著名温泉有云南安宁温泉、西安华清池温泉、黄山温泉、台湾北投和草山温泉、广东从化温泉等。福州市区温泉群占地 5 平方千米，有“温泉城”之称。

（二）冷泉

冷泉一般以水质清醇甘洌而供人们饮用或作为酿酒的水源。历史上有“天下第一泉”之称的四大名泉：镇江中冷泉（唐刘伯刍）、庐山谷帘泉（唐陆羽）、北京玉泉（清乾隆帝）、济南趵突泉（清乾隆帝）。此外，无锡惠山泉、杭州虎跑泉、苏州观音泉也都在名泉之列。济南有七十二泉，“家家泉水，户户垂杨”，有“泉城”之誉。

（三）奇特泉

景观奇特、具有观赏价值的泉称为奇特泉。如云南大理的蝴蝶泉、安徽寿县的喊泉、四川广元的含羞泉、广西桂平的喷乳泉、台湾省台南的水火泉。

第四节　气象、气候和天象旅游景观

气象、气候和天象本身就是一项旅游资源，它们有直接造景的旅游功能，如吉林雾凇、黄山云海、峨眉佛光、日食月食等。

一、气象、气候景观

太阳辐射是气候带形成的基本因素。太阳辐射在地表的分布，主要取决于太阳高度角。太阳高度角随纬度增加而递减，不仅影响地表温度分布，还影响气压、风系、降水和蒸发，使地球气候呈现出按纬度分布的地带性。中国幅员辽阔，跨纬度较广，距海远近差距较大，加之地势高低不同，地貌类型及山脉走向多样，因而气温、降水的组合差别很大，形成了各地多种多样的气候。从气候类型上看，东部属季风气候（又可分为热带季风气候、亚热带季风气候和温带季风气候），西北部属温带大陆性干旱气候，青藏高原属高寒气候。从温度带划分看，有热带、亚热带、暖温带、中温带、寒温带和青藏高原气候区。

（一）云雾、云海景观

云雾是大气中一种水汽凝结景象。当气温下降时，空气中所含的水蒸气凝结成小水滴，浮在靠近地面的空气中称为雾。云雾在名山胜景中极为奇妙，当潮湿气流沿山坡上升到一定高度时，水汽冷却凝结形成坡地雾，形成云雾景观，它与山景相映成趣，使群山富有生命，使游人心潮起伏。

云海是指在一定条件下形成的云层，并且云顶高度低于山顶高度，当人们在山顶俯瞰漫无边际的云，如临大海之滨，波起峰涌。我国著名的云海景观有黄山云海、庐山云海、峨眉云海、衡山云海。

（二）雾凇、雨凇景观

雾凇俗称“树挂”，是雾气在低于 0℃时附着在物体上面直接凝华生成的白色絮状凝结物。它集聚包裹在附着物外围，漫挂于树枝、树丛等景物上。我国雾凇出现最多的是吉林省吉林市。

雨凇是在低温条件下，小雨滴附着于景物之上冻结的半透明、透明的冰层与冰块。雨凇的产生，必须是低层空气有逆温现象，小水滴从上层气温高于 0℃的空气中下降至下层气温低于 0℃的空气中，处于过冷却状态，过冷却水滴附着在寒冷的物体表面，立即冻结成雨凇。我国峨眉山雨凇最多，庐山雨凇被誉为“玻璃世界”。

（三）冰雪景观

冰雪是纬度较高地区的寒冷季节或海拔较高的高山地区才能见到的气象景观。我国江南在冬季寒潮来临之际才可能降雪，断桥残雪是西湖胜景之一。降雪往往使大自然形成银装素裹的冰雪世界，如果配以高山、森林等自然景观，可构成奇异的冰雪风光，如东北“林海雪原”、关中“太白积雪”、长沙“江天暮雪”等。冰雪运动有“白色旅游”之称。素有“冰城”之称的哈尔滨，每年冰雪节都举办大型冰雕、冰灯、雪雕的展出活动。

（四）烟雨景观

烟雨是指像烟雾那样的细雨，在特定地理环境和人们的心境下，观赏和品味降雨过程也有无穷韵味，如诗如梦。我国著名雨景有江南烟雨、巴山夜雨等。江南烟雨是指江南地区春秋季降落的丝丝细雨，呈细雨霏霏、烟雾缭绕景象。“巴山夜雨”现象是指渝陕交界大巴山地的山间谷地，气温高、湿度大，谷地中湿热空气不易扩散，夜间降温后湿热的空气上升使水汽凝结而出现的细雨蒙蒙的景象。

（五）佛光景观

佛光是自然界的一种光学现象，是光线衍射作用中产生的一种特殊自然景观。佛光的出现必须具备阳光、云雾和地形三个条件。佛光一般出现于中低纬度地区及高山上茫茫云海之中，人站在山上，若光线从背后射来，当太阳、人与云幕在一条直线上时，会在前面云幕上出现人影或头影，其外围绕彩色光环，似佛像头上的光圈，故称佛光。峨眉山佛光出现次数最多，因峨眉山多云雾，且湿度大、风速小，故峨眉山佛光最精彩，有“峨眉宝光”“金顶祥光”之誉。著名佛光景观地还有庐山、泰山、黄山、五台山等。

（六）蜃景景观

蜃景也称海市或海市蜃楼。蜃景成因是气温在垂直方向剧烈变化，使空气密度在垂向上出现显著差异，从而产生光线折射和全反射现象，导致远处景物在眼前呈现出奇幻景观。它有上现蜃景与下现蜃景之分。一般上现蜃景多出现在海滨地区，下现蜃景多出现在沙漠地区。其中以山东蓬莱蜃景出现次数最多。

二、天象景观

（一）日出日落景观

著名观景地有泰山日观峰、峨眉山金顶、北戴河鹰角亭等。日出日落均有霞景相伴，霞景有朝霞和晚霞。“夕阳无限好”也是美好享受，如西湖“雷峰夕照”、泰山“晚霞夕照”，庐山天池亭是夕阳景观最佳观赏之地。

（二）月色景观

在我国诗词歌赋中，对月亮的描写不胜枚举，无论中秋圆月还是弯弯残月，文人雅士都赋予它生命。如西湖十景中的“平湖秋月”“三潭印月”、岳阳的“洞庭秋月”、避暑山庄的“梨花伴月”、无锡的“二泉映月”，都以月亮为主题，除让游人欣赏月色迷人的自然美景外，还反映了造园者寄情山水日月之情。

（三）极光景观

极光是高纬度地区高空出现的一种发光现象。它是太阳发出的高速带电微粒子流，发射到地球磁场势力范围时，受地球磁场影响，从高纬度进入地球高空稀薄大气层时，使高层空气分子或原子被激发而造成的发光现象，多呈带状、弧形等。在我国黑龙江漠河和新疆阿尔泰都有极光出现。

（四）日食、月食景观

日食和月食都是罕见的天象奇观，引起了人们的普遍关注。日食是月球遮掩太阳的一种天象。只有朔日，地球才可能位于月球的背日方向，因此日食只发生于朔日。月食是地球遮掩太阳后，月球因没有可被反射的阳光而失去光明的一种天象。只有望日，月球才可能位于地球的背日方向，因此月食只发生于望日。

第五节　动植物旅游景观

动植物作为自然界的生命现象，既是人类生存最重要的自然物质基础，也是美化、活化、净化人类环境的主角。

一、植物旅游景观

植物是山水的肌肤，风景的容颜。除了美化环境外，植物还以其独特的魅力吸引着游客。植物旅游资源有的是在自然保护区、植物园的基础上被旅游开发利用，还有一些具有地方特色植物的游览地更为游客所喜爱。

（一）北京香山红叶

每到秋天，北京香山漫山遍野的黄栌树叶红得像火焰一样。这些黄栌树是清代乾隆年间栽植的，200 多年来，逐渐形成了拥有 94 000 株的黄栌树林区。每年的 10 月中旬到 11 月上旬是观赏红叶的最好季节，红叶延续时间通常为一个月左右。

（二）杭州满陇桂雨

满陇桂雨，新西湖十景之一。满觉陇位于西湖之西南，植有7000多株桂花，有金桂、银桂、丹桂、四季桂等品种，每当金秋季节，香飘数里，沁人肺腑。人行桂树丛中，沐“雨”披香，别有一番意趣，故名为“满陇桂雨”。

（三）蜀南竹海

翠甲天下的蜀南竹海，位于四川南部的宜宾市境内。蜀南竹海可谓是竹的海洋，7 万余亩翠竹覆盖了 27 条峻岭、500 多座峰峦。这里生长着 15 属 58 种竹子。除盛产常见的楠竹、水竹、慈竹外，还有紫竹、罗汉竹、人面竹、鸳鸯竹等珍稀竹种。这里不仅是一个天然的大氧吧，而且可以欣赏到竹根雕、竹簧雕、竹编、竹制家具等品种繁多、技艺精湛的竹工艺品，品尝到竹荪、竹笋、竹海豆花、竹熏腊肉等天然绿色食品。除此之外，各地各类园艺博览会、花会、花展同样吸引着众多观赏的游人。

二、动物旅游景观

我国动物资源十分丰富，不乏具有观赏价值的珍禽异兽。我国重要的珍稀动物保护区和著名的海洋公园有以下几处。

（一）四川卧龙

卧龙国家级自然保护区位于中国四川省汶川县西南部，区内建有相当规模的大熊猫、小熊猫、金丝猴等国家保护动物繁殖场；有世界著名的“五一棚”大熊猫野外观测站；建有大熊猫博物馆。卧龙自然保护区以“熊猫之乡”享誉中外，是国家和四川省命名的“科普教育基地”“爱国主义教育基地”。

（二）黑龙江扎龙

扎龙国家级自然保护区位于齐齐哈尔市东南，扎龙自然保护区内芦苇沼泽广袤辽远，湖泊星罗棋布，鱼虾肥美，为众多水鸟尤其是丹顶鹤提供了栖息繁殖的优良环境，是我国以鹤类等大型水禽为主的珍稀水禽分布区，是世界上最大的丹顶鹤繁殖地。每年 4—5 月，约 300 只丹顶鹤来此处栖息繁衍，白枕鹤、白鹤、白头鹤、蓑羽鹤、灰鹤等水禽亦云集于此。它们飘逸的姿态，与芦花一道为扎龙湿地描绘了一幅优雅的图画。

（三）青海湖鸟岛

青海湖国家级自然保护区西北角的鸟岛，因岛上栖息着数以万计的候鸟而得名。面积不足 1 平方千米。每年 4 月来自中国南方云贵一带及印度洋岛国的斑头雁、鱼鸥、棕头鸥等 10 多种候鸟在此筑巢栖息。每年的 5 月是观鸟的最好季节。届时，各式各样的鸟巢密密麻麻，五光十色的鸟蛋遍地皆是，令人眼花缭乱，群鸟翩然飞翔，遮天蔽日，甚为壮观，可谓天下一奇。

（四）西双版纳野象谷

西双版纳野象谷位于西双版纳傣族自治州景洪市以北 36 千米处，是我国最大的亚洲象聚集地。区内河谷纵横，森林茂密，一片热带雨林风光，生长着亚洲野象、野牛、绿孔雀、猕猴等珍奇动物。

（五）大连老虎滩极地海洋馆

这里有世界最大的展示极地海洋动物及极地体验的场馆——极地馆；在这里，白鲸、海豚、海狮等大型海洋哺乳类动物将为您奉上精彩表演；这里还有亚洲最大的以展示珊瑚礁生物群为主的大型海洋生物馆——珊瑚馆，在表演场中，可以欣赏到精彩的水中芭蕾、水下梦幻婚礼等多项表演。

（六）青岛极地海洋世界

这里是目前国内拥有极地海洋动物品种最全、数量最多的场馆之一。馆内主要展示南、北极海洋动物，游客可以在模拟极地环境中观赏到白鲸、海象、海狮、海豹、北极海獭、北极熊、企鹅、北极狼等珍稀的极地动物，还可以欣赏这些大型海洋哺乳类动物的精彩表演。

（七）香港海洋公园

位于香港港岛南区黄竹坑。这里拥有全东南亚最大的海洋水族馆及主题游乐园，凭山临海，旖旎多姿，是访港游客最爱光顾的地方。在这里不仅可以看到趣味十足的露天游乐场、海豚表演，还有千奇百怪的海洋生物、高耸入云的海洋摩天塔，更有惊险刺激的越矿飞车、极速之旅，堪称科普、观光、娱乐的完美组合。

此外，各地的野生动物园、动物园等，都是吸引游客的亮丽风景线。

随堂练

经典图片

第十一章
中国主要客源国（地）和目的地国（地）概况

【学习目标】

了解世界性旅游组织、世界旅游日。熟悉中国主要旅游客源国（地）和目的地国（地）的基本情况、风俗习惯、主要城市与景点。

第一节 世界性旅游组织

一、世界旅游组织与世界旅游日

（一）世界旅游组织

世界旅游组织（World Tourism Organization，UNWTO）是联合国系统的政府间国际组织，是旅游领域唯一的政府间国际组织，担负全球旅游业的领导作用。其前身是1925年在荷兰海牙成立的国际官方旅游组织联盟（IUOTO）。2003年11月成为联合国的专门机构。现有156个正式会员国和6个联系成员。总部设在西班牙马德里。

该组织的宗旨是促进和发展旅游事业，使之有利于经济发展、国家间相互了解、和平与繁荣。其主要工作是收集和分析旅游数据，定期向成员国提供统计资料、研究报告，制定国际性旅游公约、宣言、规则、范本和研究全球旅游政策。

该组织确定每年的9月27日为世界旅游日。为不断向世界普及旅游理念，形成良好的发展环境，促进世界旅游业的不断发展，还每年都推出一个世界旅游日的主题口号。出版的刊物有《世界旅游组织消息》《旅游发展报告（政策与趋势）》《旅游统计年鉴》《旅游统计手册》《旅游及旅游动态》。

1975年5月，世界旅游组织承认中华人民共和国为中国唯一合法代表。

我国于 1983 年 10 月 5 日加入该组织，成为其第 106 个正式成员国。1987 年 9 月，在第七次全体大会上，中国首次当选为该组织执行委员会委员，并同时当选为统计委员会委员和亚太地区委员会副主席。1991 年，再次当选为该组织执委会委员。2003 年 11 月，该组织的第十五次代表大会在北京召开。此后，该组织的高级官员（包括秘书长）多次应邀来我国出席有关旅游庆祝活动。此外，我国还与该组织开展了若干技术合作项目，如聘请该组织的国际专家参与制订西藏、云南、贵州、四川的中、长期旅游发展规划，资助建立天津中国旅游管理干部学院等。

（二）世界旅游日

世界旅游日（World Tourism Day）为每年的 9 月 27 日，是旅游工作者和旅游者的节日。1979 年 9 月 27 日，世界旅游组织第三次代表大会正式确定 9 月 27 日为世界旅游日，1980 年开始实行。1980 年起，世界旅游组织的各成员国围绕该组织制定的当年世界旅游日主题开展纪念活动，如发行纪念邮票、开辟旅游新线路等。设立世界旅游日，意义在于纪念世界旅游组织成立章程的通过，引起公众对旅游事业的重视，促进旅游的宣传工作和各国在旅游方面的交流与合作。

二、太平洋亚洲旅游协会

太平洋亚洲旅游协会（Pacific Asia Travel Association，PATA），成立于 1951 年 1 月。它是一个民间性、行业性、地区性的非政府间的国际旅游组织，总部在泰国曼谷（原设在美国旧金山），下面设有两个分部：一个设在菲律宾的马尼拉，分管该组织中东亚地区事务，另一个设在澳大利亚的悉尼，分管南太平洋地区事务。

该组织以“发展、促进和便利世界其他地区的游客前来太平洋地区各国旅游以及太平洋地区各国居民在本地区内开展国际旅游”为宗旨。

作为非政府间组织，该组织的成员既有国家旅游组织和本地区各国的各种旅游协会，也有旅游企业和与旅游相关的组织团体。

我国于 1993 年 3 月正式加入该组织，成为其官方会员。

三、世界旅行社协会联合会

世界旅行社协会联合会（Universal Federation of Travel Agent’s Association，UFTAA）于 1966 年在意大利罗马成立，总部设在比利时布鲁塞尔。它是世界上最大的民间性国际旅游组织之一，属专业性和技术性组织。其正式成员是世界各国的旅行社协会，每个国家只能有一个全国性的旅行社协会代表该国参加。

该组织的宗旨是：团结和加强各国旅行社协会和组织，并协助解决会员间在专业问题上可能发生的纠纷，在国际上代表旅行社行业同旅游及有关的各组织与企业建立联系，进行合作，确保旅行社业务在经济、法律和社会领域内最大限度地得到协调、赢得信誉、受到保护及得到发展，向会员提供所有必要的物质上、业务上、技术上的指导和帮助，使其能在世界旅游业中占有适当的地位。

1995 年 8 月 1 日，中国旅游协会正式加入该组织及其所属亚太地区联盟（UAPA）。

四、世界旅游城市联合会

世界旅游城市联合会成立于 2012 年 9 月 15 日。它是一个旅游领域的非政府、非营利性国际组织，也是首个总部落户中国、落户北京的国际性旅游组织，是全球第一个以城市为主体的国际旅游组织。

世界旅游城市联合会以“旅游让城市生活更美好”为主旨，是世界旅游城市互利共赢合作发展的平台。联合会将致力于推动会员城市间的交流合作，共享旅游业发展经验，探讨城市旅游发展问题，加强旅游市场合作开发，提升旅游业发展水平，促进世界旅游城市经济社会协调发展。

成立大会上公布了《北京宣言》，提出：“城市是人类文明的结晶，旅游是和平与友谊的使者。城市是旅游的首要目的地，又是重要的客源地。”宣言明确，世界旅游城市联合会将致力于实践“旅游让城市生活更美好”的核心理念。

五、世界旅游联盟

世界旅游联盟（WTA）是由中国发起成立的全球性、综合性、非政府、非营利国际旅游组织。联盟以“旅游让世界和生活更美好”为宗旨，以旅游促进和平、旅游促进发展、旅游促进减贫为使命，致力于在非政府层面推动全球旅游业的互联互通和共享共治，总部和秘书处设在中国杭州，世界旅游联盟有 89 个创始会员单位，来自中国、美国、法国、德国、日本、澳大利亚、马来西亚、巴西等 29 个国家和地区，包括中国香港和中国澳门企业成员单位在内的 60 个境外会员单位的占比超过 60%。

六、国际山地旅游联盟

国际山地旅游联盟是由中国贵州省发起成立的全球第一个以山地旅游为主题定位的非营利性国际组织，由世界主要山地国家和地区的民间旅游机构、团体、企业自愿组成。总部和秘书处设在贵州省贵阳市。国际山地旅游联盟以保护山地资源、传承山地文明、发展山地经济、造福山地民众为宗旨，致力于山地旅游资源的保护与利用，促进旅游业的国际交往和业务合作，总结推广发展山地旅游的成功经验，促进山地经济繁荣，推动山地和生态旅游可持续发展。国际山地旅游联盟的诞生，属于新生事物，不仅标志着一个新的国际组织总部在中国的落户，也意味着中国在旅游领域增加了一个新的通往世界的合作交流平台。

第二节　亚洲主要客源国（地）和目的地国（地）概况

一、日本

（一）简况

[国名]日本国。

[面积]37.8 万平方千米。

[国旗国花]国旗为太阳旗，国花是樱花。

[人口]1.2344 亿人（2025 年 3 月）。①

[民族]主要为大和族。

[语言]日语为官方语言。

[宗教]神道教和佛教。

[首都]东京。

[行政区划]一级行政区为都、道、府、县，全国共分 1 都（东京都）、1 道（北海道）、2 府（大阪府、京都府）、43 县（省）。

（二）政治制度

国家政体为议会内阁制，或称议会君主立宪制。天皇为国家象征，无权参与国政。内阁总理大臣（首相）为政府首脑。内阁由首相、副首相和各部国务大臣组成，对国会负责。立法机关为国会，由众议院和参议院组成。

---

① 相关国家和地区统计数据来自外交部官网。

（三）经济

［经济概况］是仅次于美国和中国的世界第三大经济体，西方七大经济强国之一。日本工业高度发达，是国民经济的主要支柱。电子工业为日本第一大产业，汽车制造业为第二大产业。

［货币］日元。

（四）文化

［文学艺术］日本独特的文学形式有"和歌""俳（pái）句""川柳"等诗歌。1968 年川端康成以《雪国》《古都》《千只鹤》三部代表作荣获了诺贝尔文学奖。日本独特的艺术形式有"大和绘"（富有日本民族风格的绘画）、"浮世绘"（庶民的绘画及版画）、"歌舞伎"（为反映宫廷及武士生活的历史剧目）、"猿乐"（日本古典滑稽剧）、"田乐"（为插秧祈祷丰收的讲事文艺）、"能乐"（古典歌舞剧）、"书道"（书法）、"茶道"（品茶之道，以专为茶道制作的具有观赏价值的茶具、品位极高的茶叶、主人的进茶方法及客人品茶的行为而被称道，为日本人招待宾客的一种特殊礼仪）、"花道"（亦称"插花""生花"，即把适当剪下的树枝或花草经过艺术加工后插入花瓶等器皿中的方法和技术；古代随佛教从中国传入日本，江户时代被命名为花道）。书道、茶道和花道并称为日本传统文化"三道"。

［著名高等学府］世界著名大学有东京大学、早稻田大学、庆应义塾大学、京都大学、筑波大学。

（五）民俗

日本人最忌讳数字"4"（与"死"同音），因此房号、层号、宴会桌号、车号、礼品数等应尽量避免用"4"开头或结尾。连 4 个一组包装的商品也难销售。"42"的发音是死的动词形，所以医院一般没有 4 和 42 的房间和病床，用户的电话也忌讳用"42"。日本人也忌讳数字"9"（与"苦"同音）、"6"（是强盗的标记）和"13"（因等于"4"加"9"）。在颜色方面，最忌讳绿色（不祥之色）。不喜欢紫色（悲伤色调）。遇不幸事送礼，惯用黑色或灰色。日本人喜欢红色（象征吉祥）和黄色（视为阳光色），也喜欢红白相间或金银色相间的颜色。在图案方面，忌讳荷花图案（用于祭奠），讨厌狐、獾、金眼猫或银眼猫图案。不喜欢淡黄色或白色的花卉和花卉图案。常人不得使用菊花图案（皇室专用）。他们喜欢樱花、乌龟、仙鹤图案，也喜欢松竹梅图案。忌送夕阳风景国画。

日本人的见面礼是脱帽鞠躬。日本成年人都有名片。首次见面应带足名片，循职位高低、资历深浅顺序与日本人交换名片。交换名片应行鞠躬礼并说客套话。接到名片应仔细读后再收藏。与日本人相处，切忌有伤他们面子的言语和动作。他们不轻易流露自己的感情，视恼怒和急躁的言行举止为粗野。交谈中不宜评论日本国内政治问题和男女平等等问题。与日本人合影，不可三人一起合影（视左右被人夹着为不幸预兆）。

在饮食方面，日本的主食是大米，主菜是鱼，生鱼片、寿司最受欢迎。日本人一般不吃肥肉和猪内脏，也有人不吃羊肉和鸭子。忌讳客人吃饭一碗就够（象征无缘）。忌讳用餐时整理头发。他们的口味偏爱甜、酸和微辣味。喜爱中国京、沪、粤、闽、淮扬菜以及不太辣的川菜。日本人最爱喝啤酒，日本清酒可以热喝或冷喝。对绍兴酒及茅台酒极感兴趣。

日本人注重等级。如在公开场合送礼，必须每人一份，但礼品应有档次区别。收到礼品不当面打开。

（六）著名景点

东京　是日本的首都，古称江户。东京的重要旅游景点有银座、东京塔、东京迪士尼度假区、上野公园、浅草寺等。相扑、歌舞伎、能剧是其最重要的传统技艺。

富士山　位于本州中南部。是日本第一高峰，世界著名火山及风景游览区。日本人民视其为圣山，已成为日本象征。

京都　建于 794 年，从建立起到 19 世纪中叶一直是日本的帝国首都，享有“千年古都”之称，是日本著名的旅游观光城市。其代表景点有清水寺、金阁寺、岚山、京都御苑等。

桂离宫　位于京都市东北。初建于 1620 年，1883 年成为皇室行宫。桂离宫的建筑和庭园，堪称日本民族建筑的精华，不少人认为它是“日本之美”的代表。

比叡山　位于京都市东北，为琵琶湖国立公园一部分。该山是日本佛教天台宗总本山，山上有建于 785 年的名寺延历寺。

岚山　位于京都西南，为世界著名风景游览区。四季景色各异，尤以秋天红叶和春天樱花景色驰名。1980 年日本人民在岚山建周恩来总理纪念诗碑，上刻周总理 1919 年写的《雨中岚山——日本京都》诗全文。

奈良市　710 年，仿效中国唐代的长安城而创建的日本古都之一，是日本佛教文化的中心。

唐招提寺　位于奈良市。759 年由唐代高僧鉴真和尚创建，为日本佛教律宗总本山。寺内开山堂供奉鉴真的干漆夹纻坐像，系在他圆寂前仿其影像塑造。唐招提寺的建筑和众多佛像被日本定为国宝。

东大寺　位于奈良市。初建于 7 世纪中叶，是日本佛教华严宗总寺院。寺内的戒坛院系为鉴真大师传戒而建。

箱根 位于福冈和神奈川县交界处。为日本东部地区最大的温泉群，著名温泉疗养地。

北海道 位于日本最北部。夏季气候凉爽，是著名的避暑胜地。冬季冰封千里，可观赏冰雪节、流冰和滑雪。夏天的薰衣草节和冬季的札幌冰雪节是北海道著名的旅游节庆活动。

江户城遗址 位于东京。江户城始建于15世纪中叶，为日本国家“特别史迹”。江户城西部的皇宫，现为日本天皇居所。

（七）著名特产

电子产品世界闻名。清酒系日本国酒，老字号“月桂冠”是日本皇室指定御用酒。此外，樱花图案商品、薰衣草商品（包括干燥花、精油、蜡烛、香皂、浴球、香水、花草茶等）、充满日本风的小巧挂链、和服娃娃绢人等都是著名旅游纪念品。

二、韩国

（一）简况

[国名]大韩民国。

[面积]10.329万平方千米。

[国花]木槿花。

[人口]约5100万人。

[民族]与朝鲜为同一民族，韩国称之为韩族。

[语言]与朝鲜使用同一种语言，韩国称之为韩国语。

[宗教]基督教（天主教和新教）为韩国第一大教（教徒约900万人，占宗教人口的56.6%），在韩国政治、社会、文化等领域有很大势力。佛教徒近300万人。儒教徒约127万人（设有230多所儒教学校）。产生于韩国的教派有天道教、大宗教、圆佛教等。

[首都]首尔。

[行政区划]一级行政区为特别市（首都）、广域市、道。

（二）政治制度

国家政体为总统内阁制。总统为国家元首兼政府首脑。内阁由总理、副总理及各部部长组成。总理由总统任命，为仅次于总统的行政首脑，协助总统指挥、监督政府各部门工作。最高立法机构为国会，采取一院制。

（三）经济

[经济概况]20世纪80年代以来经济发展迅速，为亚洲“四小龙”之一。

韩国创造的经济繁荣被称为“汉江奇迹”。韩国是世界造船大国，主要工业部门还有钢铁、汽车、电子、化学和纺织。韩国矿产资源较少，工业原料大部分靠进口。目前主要大企业集团有三星、现代汽车、SK、LG 等。

[货币]韩元。

（四）文化

[传统文艺形式]戏剧有假面剧、歌剧（又称唱剧）、木偶剧、曲艺等。舞蹈有宫廷舞、民俗舞（乡土舞）、假面舞和仪式舞。音乐分宫廷音乐和民间音乐两大类。宫廷音乐又分雅乐（儒教祭祀音乐）、唐乐（宫中宴庆音乐）和乡乐（地方特色音乐）。民间音乐又称俗乐。

[著名高等学府]汉城大学、延世大学、高丽大学、梨花女子大学等。

（五）民俗

韩国人忌讳数字“4”（与“死”同音），在社会生活各方面尽量避免用到“4”。他们喜欢单数，不喜欢双数。数字“7”被认为是幸运数字。红色和黄色象征着幸福。送礼不用绿色、白色和黑色纸包装。

韩国素称“礼仪之邦”“君子之国”，客人进门前必问“有人吗”并在屋外脱鞋。见面与分手时行鞠躬礼。男子也行握手礼，但女性一般不与男子握手。韩国受儒教影响较深，重男轻女；出门、上车时妇女让男子先行；聚会致辞以“先生们、女士们”开头；在宴会等社交场合，男女分开活动。两人在过道交谈，应让第三者从两人中间通过。韩国人特别尊重长者，在长者面前抽烟要获允许，与长者谈话要摘去墨镜甚至一般眼镜。在正式场合不应叉腿坐。女子发笑时要掩嘴。进入住宅或韩式饭店时要换拖鞋。与韩国人交谈，应回避韩国国内政治、与朝鲜关系、与日本关系、男主人妻子等话题。但韩国人喜欢询问个人情况。

韩国食物以泡菜文化为特色，一日三餐都离不开泡菜，韩国的主食是大米，传统名菜有烤肉、泡菜、冷面。韩国人口味喜爱辣、香、蒜味。最喜欢中国川菜。一般不爱吃羊肉、肥猪肉和鸭子，厌恶香菜，厌油腻。熟菜中不喜欢放醋，也不爱吃放糖或花椒的菜肴。韩国人宴会礼仪较多。用餐要请长辈先吃。对主人头一两次敬菜要推让，第三次才接受。宴会主人则要坚持敬三次菜。他们喜欢相互斟酒、喝交杯酒。年轻人要先向老人和长辈斟酒。妇女要给男子斟酒，不给其他妇女斟酒。为人斟酒，要右手持酒瓶，左手托前臂。受酒者应举起自己酒杯。拒喝别人的酒是不礼貌的表现，如不胜酒力，可在杯中剩点酒。他们原谅喝醉酒的人。吃饭时不能把菜盘吃光（否则意味主人准备不足）。饭后喜欢唱歌，邀请唱歌时不应拒绝。接受礼品不当面打开。不要用外国烟作为礼品（持有或抽吸外国烟要罚款）。

（六）著名景点

首尔 是韩国的首都，有四处世界遗产：昌德宫、水原华城、宗庙神殿和朝鲜王朝的皇家陵墓。崇礼门叫南大门，是首尔乃至韩国的主要地标，也是首尔留存历史最悠久的木质建筑。时差上比北京时间早 1 小时。

昌德宫 是首尔规模最大、最古老的宫殿之一，是韩国封建社会后期的政治中心。

景福宫 位于首尔，建于 1394 年。是李朝（1392—1910 年）时期首尔（汉城）五大宫之一，也是李氏王朝的正宫。拥有 200 多幢殿阁，主要建筑有勤政殿、思正殿、康宁殿、交泰殿、庆会楼、香远亭等。

釜山 是韩国第二大城市和最大的港口城市。釜山观光大致分为海岸观光和内陆观光两部分。海岸观光主要指海水浴场、岛屿、海岸公园等；内陆观光则指釜山市内、历史遗址、金井山城、梵鱼寺、龙头山公园等。釜山电影节也非常有名。

济州岛 是位于朝鲜半岛南端的亚热带岛屿，是韩国第一大岛，著名的避暑旅游胜地。岛中央的汉拿峰是韩国最高峰，也是济州岛的象征。山顶有巨大的火山口湖白鹿潭。岛上还有 45 个火山熔岩洞窟和著名的正房瀑布。济州岛一直以“三多、三无、三丽”著称。“三多”是指石多、风多、女人多；“三无”是指无小偷、无大门、无乞丐；“三丽”也称“三宝”，是指济州美丽的自然、民俗和传统工艺，也指农作物、水产品和旅游三大资源。

石窟庵 位于庆州吐含山，建于 774 年。白色花岗岩石窟内有佛、菩萨、天王、罗汉等石像数十尊，为新罗文化的代表作。已被列入《世界遗产名录》。

佛国寺 位于庆州吐含山，建于新罗王朝时期，被誉为韩国最精美佛寺。已被列入《世界遗产名录》。

海印寺 位于庆尚南道伽耶山。初建于新罗时期。是韩国三大佛寺之一。寺内藏经板库建成于 1488 年，内藏高丽大藏经板 8 万余块，是世界佛教的宝贵文献。高丽大藏经板和藏经板库已被列入《世界遗产名录》。

雪岳山 是太白山脉的最高峰。山上有神兴寺、洛山寺等名胜古迹，又有众多溪谷瀑布等自然景观。雪岳山是韩国著名旅游胜地。

（七）著名特产

韩国的化妆品和家用电器深受游客的青睐。韩国生产的皮革制品，无论是原料还是制造技术都堪称优秀，皮衣、钱夹、腰带、手提包、旅行包等各式各样的皮革制品深受人们欢迎，尤其以鳗鱼皮制品最为著名。韩国的紫水晶、烟水晶等早以其色泽与透明度闻名全球。“高丽人参”几乎是“人参”的代名词，分水参、干参、红参三种，其价格差别很大。

三、新加坡

（一）简况

［国名］新加坡共和国。

［面积］735.2 平方千米（2024 年）。

［国旗国花］国旗为星月旗，国花是胡姬花。

［人口］总人口约 604 万人（2024 年）。

［民族］华人（占 75%），其余为马来人、印度人等。

［语言］英语、华语、马来语、泰米尔语为官方语言。马来语为国语，英语为行政用语。

［宗教］华人、斯里兰卡人多信奉佛教。马来人和巴基斯坦人多信奉伊斯兰教。印度人信奉印度教。此外还有人信奉基督教。

［首都］新加坡市，别称星洲、叻埠。有“花园城市”之称。

（二）政治制度

国家政体为议会共和制。总统为国家元首，同时拥有国家行政权，并可应总理要求解散议会。内阁总理为政府首脑。内阁由总理、副总理、国务资政和各部部长组成。最高立法机构为国会，实行一院制。

（三）经济

［经济概况］属外贸驱动型经济，以电子、石油化工、金融、航运、服务业为主。1960—1984 年经济曾高速增长，成为亚洲经济“四小龙”之一。目前新加坡是世界著名转口港、交通中心、贸易中心和金融中心，也是世界第三大炼油中心。

［货币］新加坡元。

（四）著名高等学府

新加坡国立大学和南洋理工大学。

（五）民俗

新加坡华人的风俗习惯与中国广东接近。新加坡人视数字“4”“6”“7”“13”“37”和“69”为消极数字，尤忌讳“7”。视黑色为倒霉之色，紫色也不受欢迎，偏爱红色。忌讳说“恭喜发财”之类的话。在新加坡，全面禁售、禁食口香糖，在封闭的公共场所吸烟是违法的，随地吐痰、扔垃圾等将受到严厉的处罚。忌讳男人留胡须、长发，认为是不雅的行为。在新加坡，用食指指人，或用紧握的拳头打在另一只张开的掌心上，被认为是极端无礼的动作。双手不要随便叉腰。马来族多为穆斯林，不食猪肉、贝壳类食品，也不饮酒。忌用左手吃东西、传递物品。不可触摸别人头部，不可露出脚心或鞋底。考虑到马来人的习俗，绝大部分新加坡人忌讳猪的图案和猪肉制品。

（六）著名景点

市内主要景点有鱼尾狮公园、新加坡国家博物馆、亚洲文明博物馆、牛车水（新加坡唐人街）、乌节路（购物区）、新加坡金沙娱乐城等。

裕廊飞禽公园　是世界最大鸟类公园之一。拥有500多种、6000多只鸟类，尤以东南亚稀有珍禽著称。

新加坡植物园　有2000多种植物，尤以1.2万多株名贵兰花为特色。

圣淘沙岛　是新加坡最佳度假地。是新加坡本岛以外的第三大岛，被誉为欢乐宝石。有圣淘沙名胜世界、新加坡环球影城、蝴蝶馆、海豚世界、昆虫王国、亚洲村、海底世界等景区及各种娱乐设施。

鱼尾狮塑像　位于新加坡河河口的狮头鱼尾传奇动物塑像，它已成为新加坡的象征。

（七）著名特产

很受外国游客欢迎的特产有兰花做的工艺品、鱼尾狮饰品、锡制精品、马来蜡染花布、胡姬花饰品、鳄鱼皮制品以及美珍香猪肉脯、肉骨茶、杧果干等小零食。

四、泰国

（一）简况

[国名]泰王国。

[面积]51.3万平方千米。

[国花]金链花。

[人口]6790万人。

[民族]泰族（占40%）、老族、华人等30多个民族。

[语言]泰语为国语。

[宗教]泰国有“黄袍佛国”的美名，94%以上人口信奉佛教（国教）。泰族、老族的佛教属上座部佛教。

[首都]曼谷。

[行政区划]一级行政区为直辖市（曼谷）和府。

（二）政治制度

国家政体为君主立宪制。国王为国家元首。总理为政府首脑。内阁由总理、副总理和各部部长组成，对国会负责。最高立法机构称国会，由上议院和下议院组成。

（三）经济

［经济概况］泰国是以农业为主的国家，是世界著名的大米生产国和出口国，稻米出口额约占世界市场交易额的1/3。是亚洲唯一的粮食净出口国、世界五大农产品出口国之一，也是天然橡胶的最大出口国，还是亚洲第三大海洋渔业国，位于日本和中国之后。20世纪80年代以来经济发展迅速，经济结构发生重大变化：农业比重下降，制造业地位上升，第三产业发展迅速，正逐步成为新兴工业国。

［货币］铢。

（四）文化

［舞蹈艺术］泰国以优美典雅的古典舞蹈和丰富多彩的民间舞蹈著称于世。古典舞蹈分“宫内”和“宫外”。宫内舞的演出对象是国王和宫廷，典雅细腻，有严格的规范与程式。宫外舞以平民百姓为观众，比较自由风趣。民间舞蹈有丰收舞、长甲舞（演员戴长指甲和穿古典服装表演）、蜡烛舞等。泰国还流行群众性集体舞。

［著名高等学府］朱拉隆功大学、法政大学、马希敦大学等。

（五）民俗

泰国人写亡人姓名用红色，故忌用红色签名或刻字。紫色、黑色服装为丧礼服装。泰国人见面和分手时，习惯稍低头、行合十礼（对儿童、用人、小贩、服务员、劳工等除外）。商人、知识分子也流行握手礼，但男女间不握手。除和尚外，任何人不能触摸别人头部。切忌左手服务或用左手吃东西，切忌拍打对方肩膀，切忌拿东西从别人头上掠过，切忌用手指人（可用下巴指人）。进门不能踩门槛。泰国家庭一般席地跪坐，不可盘足或两腿叉开。与泰国人交谈要回避政治、王室等话题。公开批评人被视为冒犯行为，私下批评也要讲究艺术。在社交聚会上，不要与已婚妇女谈话过久，以免冒犯其丈夫。

在饮食方面，泰国人最喜欢的食物是咖喱饭。泰国人不喝热茶，忌食牛肉、海参，不喜欢酱油，不爱吃红烧菜肴、甜味菜等。他们偏爱辛辣味，喜欢中国的粤菜、沪菜、京菜、川菜。

泰国以佛教为国教，故切忌对佛教、佛像、寺庙和和尚有不敬言行。路遇和尚应主动让路，乘车应主动给和尚让座，不得向和尚赠现金（触犯戒律）。进入寺庙要脱鞋。泰国和尚绝对不能与女性有任何身体接触，女性在任何情况下都不能触摸和尚，否则会带来很大麻烦。

（六）著名景点

曼谷　泰国首都。意为“天使之城”，是中南半岛最大的城市，东南亚第二大城市。曼谷被誉为“佛教之都”，是“世界佛教联谊会”总部所在地，是世界上佛寺最多的地方，有大小寺院 400 多个，尤以大皇宫、玉佛寺、卧佛寺、金佛寺和郑王庙最为著名。

大皇宫　位于曼谷。是几代泰国国王的宫殿，泰国民族建筑文化的集中体现。现除了用于举行加冕典礼、宫廷庆祝等仪式和活动外，平时对外开放，成为泰国著名的旅游景点。

玉佛寺　位于曼谷。为皇家寺庙，寺中供奉的翡翠玉佛列为三大国宝之一。玉佛寺是泰国唯一没有和尚居住的佛寺。

卧佛寺　是曼谷最古老和最大的寺院。供奉的金箔包裹的卧佛长 46 米，列为三大国宝之一。

金佛寺　位于曼谷。供奉的金佛高 3 米，重五吨半，列为三大国宝之一。

郑王庙　位于曼谷。系供奉泰王郑信坐像的皇家寺庙。郑王是华侨后裔，他于 1768 年驱逐侵占泰国的缅甸军队，复兴了泰国。庙内还有 1809 年建的婆罗门式尖塔（拉玛二世墓塔），高 79 米，为泰国最高之塔。

帕塔亚（芭堤雅）　位于暹罗湾。是泰国最负盛名的海滨旅游胜地，享有“东方夏威夷”之誉，已成为“海滩度假天堂”的代名词。当地著名旅游项目有东芭文化村（热带植物园，有驯象和传统文艺表演）、小人国（微缩景观）、“人妖”表演等。

清迈　是泰国第二大城市，著名的避暑胜地，有“北方玫瑰”之称。清迈曾长期作为泰王国的首都，是佛教圣地，全城有寺庙约 100 座。著名景点有帕烘寺、布帕壤寺、柴迪隆寺、兰花园等。

鳄鱼园　是世界最大的鳄鱼饲养场。这里的驯鳄表演为著名旅游项目。

普吉岛　泰国最大的海岛，泰国境内唯一受封为省级地位的岛屿。被称为“安达曼海上的一颗明珠”，有“珍宝岛”“金银岛”的美称。沿岸海水清澈湛蓝，海底世界美不胜收，还可游泳潜水，品味海产品。岛上有五大海滩，即巴东海滩、加隆海滩、加塔海滩、奈哈恩海滩、拉瓦伊海滩，以“5S”即阳光（Sun）、海洋（Sea）、沙滩（Sand）、服务（Service）、治安（Security）著称，成为泰国南部的世外桃源。

水上市场　位于曼谷以西 100 多千米。已有 100 多年历史，面积达数十平方千米，可容纳近千条小船，是原汁原味的水上交易中心。游客坐在船上，只要一举手，船民就送上你所需要的商品。

（七）著名特产

泰国有价廉物美的手工艺品和丝绸、宝石、服装。此外，泰国著名特产还有鳄鱼皮、鸵鸟皮、蜥蜴皮、蛇皮、珍珠鱼皮制品，燕窝、鱼翅、鳄鱼肉等土产珍品，以及锡制品等。

五、印度

（一）简况

[国名]印度共和国。

[面积]约 298 万平方千米，居世界第七位。

[国花]荷花。

[人口]14.4 亿人（2023 年）。

[民族]有 10 个大民族和几十个小民族。最大民族印度斯坦族占总人口的 46.3%。

[语言]官方语言为英语和印地语。

[货币]卢比。

[宗教]有 80.5% 的居民信仰印度教，13.4% 的居民信奉伊斯兰教。其他宗教有基督教、锡克教、佛教和耆那教。

[首都]新德里。

[行政区划]一级行政区域包括 27 个邦、6 个联邦属地及 1 个国家首都辖区。每一个邦都有各自的民选政府，而联邦属地及国家首都辖区则由联合政府指派政务官管理。

（二）民俗

视数字“1”“3”“7”为不吉利数字，以“0”结尾的数字为消极的。忌讳白色（表示悲哀）。百合花为丧礼用花。印度教徒奉牛为神明，进入印度教寺庙时，身上绝不可穿戴牛皮制造的衣物，如皮鞋、皮带、表带、钱包、手提包等。印度是世界第二大伊斯兰国家（穆斯林人数仅次于印度尼西亚）。穆斯林禁止使用一切猪制品，禁止饮酒，忌食猪肉。印度锡克教徒禁止吸烟。印度耆那教徒忌穿任何皮革和丝绸制品。印度妇女一般不与男人握手，男士可向女士行印度教的合十礼，并微微鞠躬。印度人点头表示不同意。摇头，或者先把头稍微歪向左边，然后立即恢复原状，则表示同意。切忌用左手递东西给印度人（他们认为左手是不洁的），也不宜用左手使用餐具。

印度人饮食口味特点淡而清滑，印度烙饼和咖喱大米饭是印度人喜欢的主食。印度人一般用手抓食。印度教徒忌食牛肉，最忌讳众人在同一盘中取食。

宴请印度朋友宜实行分餐制。印度妇女额头上常点有吉祥痣，表示喜庆、吉祥之意，纱丽是妇女的传统服饰，印度男性则大多包头巾。

（三）著名景点

新德里 印度首都。城区分为历史悠久的旧城区及新规划的新城区。新德里、斋浦尔和阿格拉是印度著名的旅游金三角。

德里印度门 是德里的一个突出的地标建筑，外观上形似法国的“凯旋门”。印度门坐落在国王大道上，许多重要的道路从这里向外放射出去。印度门建于 1921 年，为纪念在第一次世界大战和第三次英阿战争中为英属印度而丧生的英属印度军队士兵。这里时常举行文化活动，许多抗议示威活动也发生在这里。

德里红堡 是典型的莫卧儿帝国风格的红砂岩建筑，修建于 17 世纪中叶，属世界文化遗产。

德里巴哈伊教莲花庙 德里著名的地标式建筑，外貌像一朵盛开的莲花，象征不同宗教的相互包容与共存，故称“莲花庙”。包容性很强的巴哈伊教规定，任何宗教信仰的人，都可以在这里无差别地崇拜自己的神祇。

顾特卜塔 距新德里 15 千米，是世界文化遗产。建于 1193 年，是印度的第一位穆斯林国王为了庆贺战胜当地印度教徒而修建的世界上最高的砖砌高塔。塔由红砂石和大理石建成，高达 73 米，是典型的印度—伊斯兰风格建筑。

新德里贾玛清真寺 位于旧德里古城东北角，是印度最大的清真寺，也是“世界三大清真寺之一”，与沙特阿拉伯的麦加大清真寺和埃及开罗的艾资哈尔大清真寺齐名。

孟买 是印度最大的海港，素有印度“商业首都”和“金融首都”之称，其地位相当于中国的上海。贾特拉帕蒂·希瓦吉火车站是孟买的标志性建筑，也是世界上最漂亮的火车站。建筑属英国维多利亚式风格，被评为“世界文化遗产”。电影《贫民窟的百万富翁》的舞蹈场面曾在此取景。另外，加尔各答是印度最大的城市。班加罗尔有印度“硅谷”和“花园城市”之誉。

泰姬陵 是全印度乃至世界最有名的陵墓，被世人称为“人间建筑的奇迹”，是世界七大奇迹之一。莫卧儿王朝皇帝夏杰汗的爱妃蒙泰姬·玛哈尔娇艳美丽，才华过人，在随同夏杰汗出巡的途中不幸去世，时年 39 岁。为纪念与之形影不离的爱妃，夏杰汗征调 2 万多名民工建造了这座陵墓。泰姬陵始建于 1632 年，到 1653 年才完工，工期长达 22 年之久。

阿姆利则金庙 是印度锡克教最大的一座寺庙，位于印度边境城市阿姆利则市中心。整座金庙的建造共耗费 750 千克黄金。这座建筑被誉为“锡克教圣冠上的宝石”。

恒河 恒河是印度的母亲河。对于印度教徒，恒河是最为神圣的象征。印度教徒一生至少须到恒河净身一次，据说圣水能洗脱其一生的罪孽与病痛，使灵魂纯洁升天。在恒河的岸边诞生了一座又一座的印度教圣城，其中最著名的是瓦拉纳西、阿拉哈巴德和赫尔德瓦尔。

斋浦尔城市宫殿 位于斋浦尔旧城中心，于1728年兴建，是印度保存最为完好的古迹之一。皇宫由多个宫殿组成，建筑奢华。

斋浦尔琥珀堡 始建于1592年，位于斋浦尔北部城郊，是斋浦尔的旧都。由于城堡由奶白、浅黄、玫瑰红和纯白石料建成，远看犹如琥珀，故被称为琥珀堡。

斋浦尔风之宫殿 建于18世纪中叶。粉红的殿墙以及许多窗户，状似精致的蜂巢。建筑高大，气势雄伟，色彩艳丽，设计精巧，是印度建筑史上的杰作。

（四）著名特产

大吉岭红茶（带麝香味）世界闻名；用纱丽布料制作的现代服装和小包，具有印度民族风情；黄色和红色咖喱粉；银饰以及珠宝项链等饰品。

六、马来西亚

（一）简况

[国名]马来西亚。

[面积]约33万平方千米。

[国花]扶桑。

[人口]3420万人（2024年）。

[民族]马来族（69.1%），华人（23%），印度人（6.9%）。

[语言]马来语为国语，通用英语和华语。

[宗教]伊斯兰教为国教。此外还信奉佛教、印度教和基督教。

[首都]吉隆坡。有“世界锡都、胶都”之美誉。

[行政区划]全国被划分为13个州和3个联邦直辖区。

（二）政治制度

国家政体为议会君主立宪制。国家结构为联邦制。最高元首为国家元首、伊斯兰教领袖兼武装部队统帅，由统治者会议选举产生。但最高元首权力仅为象征性，内阁掌握实权。总理为政府首脑。内阁由总理、副总理和各部部长组成。统治者会议：由9个州的世袭苏丹和4个州的州元首组成；职能是在9个世袭苏丹中轮流选举产生最高元首和副元首，对全国性伊斯兰教问题有最终裁决权；凡有关统治者特权地位的法律，未经该会议同意，不得通过。最高立法机构为国会，由上议院和下议院组成。

（三）经济

［经济概况］为亚洲新兴工业国之一。20 世纪 70 年代以来，电子业、制造业、建筑业和服务业发展迅速，是世界上最大的天然橡胶、棕榈油及锡的生产国。

［货币］林吉特，简称马元。

（四）著名高等学府

马来亚大学和国民大学。

（五）民俗

马来西亚的民族构成与新加坡较为类似，尤其是马来人，因为信仰伊斯兰教，民俗与新加坡的马来人基本相同。马来西亚人普遍穿蜡染花布做的“巴迪”服，被称为“国服”。马来人饮食以米饭、椰浆、咖啡为主，马来风味的食物以沙嗲尤为出名。

（六）著名景点

吉隆坡　是马来西亚首都，也是马来西亚最大的城市。其著名景点有雀鸟公园、黑风洞、云顶高原、王宫、双子塔、国家清真寺、独立广场等。

双子塔　是吉隆坡的标志性建筑，共 88 层，高 451.9 米，在第 40~41 层有一座长 58.4 米、距地面 170 米的空中天桥，故又名双峰大厦，是目前世界上最高的双子楼和第四高的建筑物。

国家清真寺　位于吉隆坡。1965 年建成，是东南亚地区最大清真寺，可容 8000 人祈祷。

黑风洞　位于吉隆坡，为印度教圣地。溶洞中有建于 1891 年的印度教庙宇，供奉成百尊彩绘神像。

云顶高原　位于吉隆坡以北 50 千米，为著名度假胜地，有马来西亚唯一合法的赌场。

三宝山　位于马六甲市郊。1406 年三宝太监郑和下“西洋”时曾驻扎此山。山麓有三宝庙，系 1795 年为纪念郑和而建。三宝山又是中国境外最大华人墓地。

青云亭　位于马六甲市。建于 1685 年，为马来西亚最古老的中国庙宇，供奉观音、妈祖等神像。

（七）著名特产

马来西亚最典型的纪念品是风筝。吉打州的手绘陶瓷、球形长瓶，雪兰莪州的白锡制品，都很有特色。沙捞越的迪亚克织品、木雕，远近闻名。半岛东岸的蜡染布品，图案新颖，但质地不一定好。古晋的星期天市集上，到处是森林里采摘来的水果。

七、菲律宾

（一）简况

[国名]菲律宾共和国。

[面积]29.97 万平方千米。

[国花]茉莉花。

[人口]约 1.1 亿人（2020 年）。

[民族]主要民族为马来族（包括他加禄人、邦班牙人、伊洛戈人等），占全国人口 85% 以上。

[语言]国语是以他加禄语为基础的菲律宾语，英语为官方语言。

[宗教]85% 的居民信奉天主教，4.9% 的居民信奉伊斯兰教。

[首都]大马尼拉市。

[行政区划]全国被划分为吕宋、维萨亚和棉兰老三大部分。设 17 个地区，下设 81 个省和 117 个市。

（二）政治制度

国家政体为总统内阁制。总统为国家元首兼政府首脑，但无权解散国会。中央政府由总统、副总统和内阁组成。最高立法机构为国会，由众议院和参议院组成。

（三）经济

[经济概况]主要出口产品为电子零配件、服装、木制家具、矿产品等。

[货币]比索。

（四）著名高等学府

菲律宾大学（1911 年创立）、阿特尼奥大学、东方大学、远东大学、圣托马斯大学（1611 年创立）。

（五）民俗

菲律宾人忌讳数字“13”。忌用左手递物品、吃东西。交谈时要回避菲国内政治纷争、菲近代史、宗教等话题，但他们喜爱打听私人和家庭状况。他们认为对人提出异议是失礼行为，故有不同意见，不宜正面反驳。菲律宾尊重老人，要先向长者问候、让座，不在老人面前抽烟。菲律宾人不强调守时，社交活动守时被认为过分热衷，一般要迟到 15~30 分钟。他们喜欢宴会气氛轻松活跃，讨厌一本正经。宴会后常请客人唱歌，被请人不应拒绝。收到礼品不当面打开。

菲律宾男子的国服叫“巴隆他加禄”，是一种丝质衬衣；女子的国服称为“特尔诺”，是一种圆领短袖连衣裙。菲律宾人口味喜香、甜、微辣。喜爱中国的川菜、淮扬菜。

（六）著名景点

马荣火山　位于吕宋岛东南端，是菲律宾最大的活火山，游览胜地。

塔尔湖　位于吕宋岛西南部，为巨大的火山口湖，面积 244 平方千米。湖中有一小岛，岛上有塔尔火山，是菲律宾避暑和游览胜地。

碧瑶　位于吕宋岛西部。为菲律宾的“夏都”。碧瑶四面环山，以花木繁丽、气候凉爽闻名于世。

椰子宫　位于马尼拉市，系用椰子树建成的大厦。室内地毯、家具、灯具、座钟和各式工艺品均用椰子树材料制成。

（七）著名特产

菲律宾手工艺品雕像、圣像、手制篮子、竹藤和木雕家具很精美，金银珍珠首饰、蛇皮或鳄鱼皮制品、贝壳工艺品也很闻名。马尼拉马比尼街的礼品店较为集中。

八、印度尼西亚

（一）简况

［国名］印度尼西亚共和国（是世界上最大的群岛国，被称为“千岛之国”；境内火山密布，又称“火山之国”）。

［面积］陆地面积 191.4 万平方千米。

［国花］茉莉花。

［人口］2.81 亿人（2024 年 10 月）。

［民族］有 100 多个民族。爪哇族占 45%，巽他族占 14%，马都拉族占 7.5%，马来族占 7.5%。

［语言］印度尼西亚语为官方语言。

［宗教］87% 的人口信奉伊斯兰教，是世界上穆斯林人口最多的国家。巴厘岛居民多信仰印度教。

［首都］雅加达（别称“椰城”）。

［行政区划］共有一级行政区 34 个，包括雅加达首都、日惹和亚齐达鲁萨兰 3 个地方特区和 31 个省。

（二）政治制度

国家政体为总统内阁制。总统为国家元首兼政府首脑。内阁由总统、副总统和各部部长组成。人民协商会议为国家最高权力机构，负责制定、修改、颁布宪法和国家大政方针。人民代表会议为国家立法机构。

（三）经济

［经济概况］农业和油气产业是传统支柱产业。20 世纪 80 年代中期制造业迅速崛起。主要出口商品为石油、天然气、纺织品和成衣、木材等。

［货币］盾。

（四）文化

［巴厘舞蹈］印度尼西亚巴厘岛居民以舞蹈著称于世，被称为“舞之岛”。巴厘舞蹈扎根于印度教信仰，讲究手和指尖的动作，多在寺庙前表演。

［著名高等学府］印度尼西亚大学、艾尔兰加大学、加查玛达大学、万隆理工学院等。

（五）民俗

印度尼西亚绝大多数人信奉伊斯兰教。他们忌讳带有猪、龟图案的物品，忌讳猪制品和酒。但他们崇拜蛇（视蛇为善良、智慧、本领的象征），也偏爱茉莉花（视为纯洁和友谊的象征），喜爱蛇或茉莉花图案的商品。与印度尼西亚人交谈要回避当地政治、社会主义、宗教等话题，但他们喜欢谈论自己家庭，喜欢打听个人情况。他们注重面子，有分歧时不宜公开辩论。与人谈话或进房间时要摘掉墨镜。不能用左手接触别人身体、指点人或物，也不要用左手递送物品。忌用手碰别人头部。拒收别人礼品在当地视为不礼貌，但收礼后不当面打开礼品。受伊斯兰教教义影响，对乞丐不能嫌弃。

什锦黄饭是印度尼西亚人喜欢的一种米饭。印度尼西亚人吃饭不用筷子，喜欢用手抓。同时印度尼西亚人忌食猪肉，不饮酒。一般不喜欢吃带骨刺菜肴。吃饭时不用左手拿餐具或食品。他们的口味喜辛辣、酸甜味，乐意品尝中国川菜。

（六）著名景点

雅加达　印度尼西亚首都。著名景点有中央博物馆、独立广场、水族馆、印尼缩影公园等。

婆罗浮屠佛塔　位于日惹市西北，是世界最大佛塔，与中国万里长城、埃及金字塔、柬埔寨吴哥窟并称为东方四大奇迹。约建于 8 世纪后半期，形似山冈，共分 9 层，按佛教三界规划，为巨大的曼荼罗（坛场）。塔上有大小佛像 505 尊，佛本生故事浮雕 2500 幅。

巴厘岛　岛上风景如画，名胜古迹众多，有“诗之岛”之称。居民大多数信奉印度教，庙宇成千上万，故又称“千庙之岛”。神庙中以百沙基陵庙（祀当地阿贡火山之神）最著名。巴厘舞蹈及手工艺品在世界艺术史上享有独特地位。

茂物植物园　位于茂物市，是世界最大的热带植物园。

三宝庙　位于港口城市三宝垄市，为供奉明朝太监郑和的中国式祠庙。相传郑和出使西洋时，曾在此登岸。印度尼西亚华人每年农历六月十三在此举行盛大庙会纪念郑和。

三色湖　位于弗罗勒斯岛一座火山山巅。按水面颜色，湖分为左湖、右湖和后湖。左湖艳红，右湖碧绿，后湖淡青。

（七）著名特产

印度尼西亚到处有旅游纪念品出售，以木雕和蜡染较为著名。雅加达的沙里那百货公司有许多高档商店，售卖高级时装。竹质家具和藤具价廉而实用。坎帕阿仳的咖啡很多是特级品。

九、土耳其

（一）简况

［国名］土耳其共和国。

［面积］78.36 万平方千米。

［国花］郁金香。土耳其是个“鲜花的王国”，是郁金香的真正原产地。

［人口］8566 万人（2024 年）。

［民族］土耳其族占总人口的 80% 以上，库尔德族占 15%。

［语言］土耳其语为官方语言。

［宗教］99% 的居民信奉伊斯兰教，其中 85% 属逊尼派，其余为什叶派。

［货币］土耳其里拉。

［首都］安卡拉，是土耳其第二大城市，素有“土耳其的心脏”之称。

［行政区划］全国共分 81 个省。

（二）民俗

进清真寺必须脱鞋，男女服饰需遵守各清真寺景点的规定。土耳其菜肴以烤、炸、煎、煮为主，多肉食品。烤全羊是土耳其人招待贵宾的特色菜。大部分土耳其人是穆斯林，禁食猪肉、甲鱼、螃蟹、鳝鱼等。多数人不喝酒。忌讳使用猪制品。忌用左手递东西，忌用左手使刀叉。也不要把左手单独搁在桌上，那是对主人的大不敬。对已婚男女或恋人之间在公共场合的相互亲昵举止极为反感和厌恶。土耳其人在与客人闲谈中不喜欢议论有关塞浦路斯与希腊的冲突等方面的问题。拍照前需要询问被拍照人，得到允许后方可。在公共场合千万不能用手指别人、擤鼻涕、剪指甲等。土耳其人常在自家门口挂上几瓣蒜，用它来逢凶化吉。

（三）著名景点

历史上的土耳其曾经是罗马帝国、拜占庭帝国、奥斯曼帝国的中心，有着前后 13 个不同文明的历史遗产，被称为“文明的摇篮”。人文旅游资源以历史文物古迹和宗教建筑景观为特色。土耳其拥有世界七大奇迹中的两个：阿尔忒弥斯神庙和摩索拉斯陵墓。

伊斯坦布尔 土耳其最大的城市，古代陆上丝绸之路的终点，被称为“寺庙之城”。伊斯坦布尔不仅地理上横跨两洲，而且是东西方思想文化的一个重要交会点，其著名景观包括蓝色清真寺、圣索菲亚大教堂、地下水宫等。

蓝色清真寺 蓝色清真寺是伊斯坦布尔最具代表性的大清真寺，其正式名称为苏丹艾哈迈德清真寺，因寺内墙壁上铺有蓝白两色的伊兹尼克瓷砖作为装饰，故又被称为蓝色清真寺。它有伊斯坦布尔最大的圆顶建筑，30 多座圆顶层层升高，向直径达 41 米的中央圆顶聚拢，浩大而优雅。清真寺四周还建有 6 座细长而高耸的宣礼塔，是世界唯一拥有 6 座宣礼塔的清真寺。此外，清真寺外有由 36 座大小不同的坟墓构成的陵墓，中间一座是苏丹艾哈迈德一世的陵墓。

圣索菲亚大教堂 与蓝色清真寺隔街相望，原是拜占庭帝国东正教的主教堂，是拜占庭式建筑的杰出代表。后被土耳其人占领后改建成清真寺，现为博物馆。这是一座土耳其著名的历史建筑，也是土耳其的象征之一。

地下水宫 教堂地下水宫是位于圣索菲亚大教堂旁的一处地下建筑。它的历史要追溯到公元 6 世纪，由拜占庭皇帝查士丁尼兴建，最早用来为当时旁边的皇宫和建筑物储水。整座水宫长 140 米、宽 70 米，有足球场那么大。336 根高 9 米的粗大科林斯式石柱支撑着巨大的砖制拱顶，柱子上均刻有精美的浮雕。因为其独特的神秘气息，好莱坞电影《007：大破天幕杀机》和成龙的《特务迷城》都曾在这里取景。

棉花堡 位于伊兹密尔以东，是一处非常典型的钙华石地质奇观。走近棉花堡，只见一片乳白色的山梁横亘在蓝天白云之下。

博斯普鲁斯海峡 又称伊斯坦布尔海峡。它北连黑海，南通马尔马拉海和地中海，把土耳其分隔成亚洲和欧洲两部分。它是沟通欧亚两洲的交通要道，是黑海沿岸国家出外海的第一道关口，自古就是兵家必争之战略要地。海峡两岸分布有罗马帝国和奥斯曼帝国遗留下来的巍峨王宫以及中世纪的古堡。

大巴扎 土耳其语就是“有顶棚的市场”。伊斯坦布尔的大巴扎是世界上最大、最古老的巴扎之一，几个世纪以来一直是整个伊斯坦布尔的城市中心。

大巴扎采取全封闭式的设计，室内大约有 65 条街道，4400 多家商店，每天接待来自世界各地的游客。

（四）著名特产

土耳其地毯在国际上享有盛誉。用玻璃或塑料制作的“蓝眼睛”（Blue Eye，又译作“美杜莎之眼”“猫儿眼”“恶魔眼”）是土耳其传统的避邪物，有手链、项链、别针、钥匙圈、耳环等造型，是土耳其最著名的旅游纪念品之一。土耳其海泡石（Lule Tasi）是世界珍贵稀有的矿石之一，海泡石工艺品有烟斗、国际象棋、人物雕像等。土耳其著名的工艺品还有装饰瓷盘、黄铜器皿、金饰品、头巾等。

十、马尔代夫

（一）简况

[国名]马尔代夫共和国。

[面积]总面积 11.53 万平方千米（含领海面积），陆地面积 298 平方千米。

[人口]52.1 万。

[民族]马尔代夫民族比较单一，全部为马尔代夫族。现在的马尔代夫人是历史上从印度、阿拉伯国家以及非洲和其他地区迁移来的各种人种的混血后裔。

[语言]民族语言和官方语言为迪维希语（Dhivehi），上层社会通用英语。

[宗教]马尔代夫是全民伊斯兰国家，伊斯兰教是国教，属逊尼派。

[首都]马累。

[行政区划]全国分 22 个行政区，包括 19 个行政环礁及马累、阿杜、富阿莫拉和库鲁都富士 4 个市。

（二）政治制度

马尔代夫为总统制国家。2008 年 8 月，新宪法正式生效，规定马尔代夫为主权独立和领土完整的伊斯兰教总统内阁制国家，总统为国家元首、政府首脑和武装部队统帅，有权任命内阁成员，但须经议会批准。所有议员通过选举产生，总统不再有任命议员的权力。建立独立的最高法院，总统不再是司法系统的最高长官。立法、行政、司法权分别归属人民议会、总统和法院。总统由全体选民直接选举产生，任期不得超过两届。内阁由副总统、部长和总检察长组成。内阁成员由总统任命，经议会批准。

（三）经济

[经济概况]旅游业、船运业是主要经济支柱。旅游业是第一大经济支柱，

旅游收入对 GDP 的贡献率多年保持在 25% 左右。现有 145 个旅游岛，4.73 万张床位，入住率 62.3%，人均在马尔代夫停留时间 6.3 天。

［货币］卢菲亚。

（四）民俗

马尔代夫人不吃猪肉，不饮酒。鱼是马尔代夫人吃得最多的食物。主食除大米、一定数量的红薯、芋头等淀粉食物外，居民多以木薯和椰子为主食。居民较少吃蔬菜，喜欢吃辛辣食物。水果主要有香蕉、西瓜、木瓜、杧果等。

作为伊斯兰国家，马尔代夫国民每天祈祷 5 次。周五、周六为休息日，周五中午 12∶15 的祈祷最为重要，一般 14∶00 后商店才开始营业（部分商店全天休息）。

马尔代夫严禁走私毒品，严禁携带包括猪肉、酒等各类违禁品入境，严禁私自在岛上钓鱼、采摘或践踏珊瑚，严禁携带鱼翅、珊瑚、贝壳等出境。

（五）著名景点

天堂岛　天堂岛是马尔代夫非常著名的度假海岛，在马尔代夫岛屿分级中属于第六级。天堂岛坐落在北马累北环礁，距离马累国际机场及首都马累大约 9.6 千米。岛的总长度为 931 米，宽为 250 米，走一圈不会超过一小时。电影《日落之后》就是在天堂岛拍摄的。

太阳岛　太阳岛是马尔代夫最大的休闲度假村，距马累需行船 4 小时。这个岛据称有上百万年的历史。

双鱼岛　双鱼岛（Olhuveli）位于马累环礁南部，是 2001 年、2002 年及 2006 年的“最佳海滨奖”得主，拥有长达 2 千米的洁白美丽的海滩，设施现代舒适。该岛位于马累环礁南部，距离机场岛 34 千米，从马累国际机场乘坐高速艇到奥威丽海滩饭店仅需 45 分钟，白天夜晚都可航行。

拉古娜岛　拉古娜岛是电影《青春珊瑚岛》和《重回蓝色珊瑚礁》的拍摄地。拉古娜岛虽遗世独立，但海滨度假小屋的设计细腻精致，保留文明色彩，设备齐全，雅致，给人犹如在自己家里般的舒适感。

玛娜法鲁岛　玛娜法鲁岛是休闲式度假村，拥有着马尔代夫的传统，同时与朴素、高雅的亚洲风情配合得天衣无缝。这个度假村让您在马尔代夫享受到宁静舒适的服务。圆滑、现代、迷人的玛娜法鲁岛海滩度假屋为您提供了一个无比豪华的舒适环境。每一处别墅和套房都提供有私人游泳池和一个私人管家为您提供完善、周到的服务。

白金岛　白金岛（Hudhuran Fushi）位于北马累群岛，距离马累 26 千米，从马累国际机场坐快艇只需 30 分钟。Hudhu 意思是“白色的”，“Ran” 的意思是“金子”。白金岛酒店环绕于茂盛的棕榈树之中，可以看到许多不同种类的热带动物与植物。

阿雅达岛 阿雅达岛坐落在马尔代夫卡夫大鲁环礁上。度假村占地 15 公顷，覆盖着自然原生的植被，长年不断地向游客展现着充满马尔代夫气息的景观。您可以躺在带泳池套房的阳台上和泳池边，静静地饱览这如蓝宝石般闪耀的海洋，身临其境地体验阿雅达岛给您带来的无限意境。

十一、阿联酋

（一）简况

[国名]阿拉伯联合酋长国。

[面积]83 600 平方千米。

[国鸟国花]国鸟是游隼，国花是孔雀草。

[人口]1024 万人。

[民族]阿拉伯人。

[语言]官方语言为阿拉伯语，通用语言为英语。

[宗教]伊斯兰教是阿联酋国教。居民大多信奉伊斯兰教，其中多数（80%）属逊尼派。

[首都]阿布扎比。

[行政区划]阿联酋由 7 个酋长国组成，分别为阿布扎比、迪拜、沙迦、哈伊马角、阿治曼、富查伊拉、乌姆盖万。

（二）政治制度

阿联酋的政体为贵族共和制。联邦最高委员会由 7 个酋长国的酋长组成，是最高权力机构。重大内外政策制定、联邦预算审核、法律和条约批准均由该委员会讨论决定。总统兼任武装部队总司令。除外交和国防相对统一外，各酋长国拥有相当的独立性和自主权。联邦经费基本上由阿布扎比和迪拜两个酋长国承担。

（三）经济

[经济概况]阿联酋以石油生产和石油化工工业为主。政府在发展石化工业的同时，把发展多样化经济、扩大贸易和增加非石油收入在国内生产总值中的比重作为首要任务，努力发展水泥、炼铝、塑料制品、建筑材料、服装、食品加工等工业，重视发展农、牧、渔业；充分利用各种财源，重点发展文教、卫生事业。近年来，大力发展以信息技术为核心的知识经济，同时注重可再生能源研发。首都阿布扎比于 2009 年 6 月成为国际可再生能源署总部所在地。

[货币]迪拉姆。

(四)民俗

阿联酋为伊斯兰教国家，日常生活习俗与禁忌受伊斯兰教影响。

(五)著名景点

哈利法塔 原名迪拜塔，又称迪拜大厦或比斯迪拜塔，是世界第一高楼与人工构造物，高度达 828 米。

朱美拉清真寺 迪拜最大最美的清真寺之一，依照中世纪法蒂玛王朝的建筑传统而修建。

棕榈岛 棕榈岛是建立在迪拜的三座人工群岛的总称。它分为朱美拉棕榈岛、杰贝阿里棕榈岛、迪拉人工岛。世界上最大的陆地改造项目之一。每座岛屿包括三部分:"树干""树冠"和新月形围坝，整座岛屿就是一个巨大的避暑胜地和游玩天堂。

艾恩文化遗址 是阿联酋唯一一个世界文化遗产，全称为"艾恩文化遗址：哈菲特、西里、比达－宾特－沙特以及绿洲"，由一系列遗产所组成，这些遗产拥有大量史前文化遗迹，为人类自新石器时代起就在沙漠地区活动定居这一事实提供了见证。特别是西里的阿夫拉贾精密的灌溉体系是这种源自铁器时代的灌溉体系的最古老例证之一。艾恩文化遗址的遗产是这一地区由狩猎与采集文化向定居文化的过渡的重要见证。

第三节　欧洲主要客源国（地）和目的地国（地）概况

一、英国

(一)简况

[国名]大不列颠及北爱尔兰联合王国。

[面积]24.41 万平方千米。

[国旗国花]英国国旗为米字旗，国花是玫瑰。

[人口]6826.5 万人(2023 年)。

[民族]英格兰人、苏格兰人、威尔士人、北爱尔兰人。

[语言]官方语言和通用语言为英语。威尔士北部还使用威尔士语。苏格兰西北高地及北爱尔兰部分地区仍使用盖尔语。

[宗教]居民多信奉基督教新教，主要教派有英格兰教会和苏格兰教会。英格兰教会亦称英国国教圣公会，成员占英成人的 60%。苏格兰教会亦称长老

会，成年教徒 59 万。另有天主教徒、伊斯兰教徒、犹太教徒、佛教徒等。

[首都]伦敦。

[行政区划]分为英格兰、威尔士、苏格兰、北爱尔兰四部分。伦敦为独立行政区域，称“大伦敦”。英格兰划分为 9 个地区。苏格兰下设 32 个区，包括 3 个特别管辖区。威尔士下设 22 个区。北爱尔兰下设 11 个地方市郡。

（二）政治制度

英国古称日不落帝国，国家政体为君主立宪制。国王为国家元首，但实权在内阁。首相为政府首脑。内阁由首相、副首相及各部大臣组成。最高司法、立法机构由国王、上院和下院组成。上院称贵族院，由王室后裔、世袭贵族、新封贵族、上诉法院法官和教会大主教及主教等世袭或任命组成，在立法方面不享有多大实权，但拥有最高司法权。下院称平民院，议员由普选产生，立法权主要掌握在平民院手中。

（三）经济

[经济概况]目前是世界第五大经济体。英国的纺织、采矿、冶金、机械等传统工业日趋落后，但生物、制药、航空、国防等新兴工业较先进。农业生产水平很高。伦敦为世界金融和商业中心。金融业是促成英国贸易平衡的主力。英国能源资源相对丰富，但主要工业原料依靠进口。

[货币]英镑。

（四）文化

[文学艺术]14 世纪时，杰弗利·乔叟为英国人文主义文学最早代表，“英国诗歌之父”，其代表作是短篇故事集《坎特伯雷故事集》。威廉·莎士比亚是文艺复兴时期最伟大的剧作家和诗人，一生留下《哈姆雷特》《奥赛罗》《罗密欧与朱丽叶》等 37 部戏剧。18 世纪的笛福著有《鲁滨孙漂流记》与《女混混》两部小说，被称为现代小说之祖。19 世纪，出现了浪漫主义诗人拜伦、批判现实主义小说家狄更斯、戏剧家兼评论家萧伯纳等一批文学巨匠。

[著名高等学府]牛津大学：英国最古老的大学，创立于 1168 年，以培养高级政界人士而著称。剑桥大学：创立于 1209 年，以造就著名科学家而蜚声世界。英国其他世界著名大学还有爱丁堡大学、伦敦大学、萨尔福大学。

（五）民俗

英国通行西方礼仪。英国人忌讳数字“13”，不喜欢星期五，尤视“13 日星期五”为不祥日子。他们厌恶墨绿色（纳粹军服色），忌讳黑色（丧服颜色），也不喜欢红色。忌用山羊图案（视为讨厌动物）、大象图案（象征愚蠢）、孔雀图案（视为淫鸟、祸鸟）、黑猫图案（视为不祥之兆）、菊花图案（丧花）、百合花图案

（象征死亡）、蝙蝠图案（象征吸血鬼）。送花时，忌送百合花、菊花和红玫瑰（象征爱情）；枝数和花朵数不能是“13”或双数；鲜花不用纸包扎。英国人崇尚彬彬有礼、举止得体的绅士淑女风度，尤重“女士优先”原则。他们感情不外露，视夸夸其谈、指手画脚、烦躁发火等为缺乏教养的表现。英国人遵守纪律，在公共场合有排队习惯。等候载人电梯，都在右边排队。他们重契约，排日程要求准确，旅游活动中应尽量避免日程的突然变动。公务约会赴约要准时，可迟到几分钟，但不能提前。社交活动最好迟到片刻。英国人见面相互握手、道安，但男子间切忌拥抱。英国人比较内向、寡言，与人交往初期比较矜持。交谈时，双方距离不要太近。忌讳打听个人私事，要回避北爱尔兰问题、君主制、王室等政治色彩较浓的话题。英国人不喜欢被统称为“English”（英格兰人），可将他们称为“British”（不列颠人）。

英国人口味偏重清淡、鲜嫩、焦香，喜爱酸甜、微辣味。不愿吃带黏汁或过辣菜肴，不喜欢用味精调味，也不吃狗肉。他们讲究喝茶，尤爱饮祁门红茶。喜爱中国的京菜、川菜、粤菜。宴会上应注意将主要女宾安排在首席上，斟酒也要先为女宾斟。用餐时切忌碰撒盐瓶（视为朋友口角或断交预兆），切忌刀叉碰响水杯（为不祥预兆）。受到款待后一定要写信表示感谢。炸鱼、薯条和三明治是英国人的发明，也是现代快餐的标志。

（六）著名景点

伦敦 是英国的首都，时差上比北京时间晚 8 小时。伦敦是欧洲最大的都会区，世界三大金融中心之一。它是历代王朝建都之所在，名胜古迹众多。主要景点有白金汉宫、唐宁街 10 号、议会大厦、大英博物馆、圣保罗大教堂、威斯敏斯特大教堂、伦敦塔、伦敦塔桥、大本钟、温莎城堡、格林尼治天文台、中国城、海德公园等。

白金汉宫 位于伦敦。自 1837 年起为英国王宫。宫门前广场每天举行皇家卫队复杂的换岗仪式，为重要观光项目。

唐宁街 10 号 自 1937 年起，为历任首相办公和居住地。

大本钟 也叫伊丽莎白塔或威斯敏斯特宫钟塔，坐落在英国伦敦泰晤士河畔，1858 年建成。大本钟是伦敦的标志性建筑之一，也是英国最大的钟，每 15 分钟响一次。

圣保罗大教堂 位于伦敦。是世界第三高教堂，伦敦主教座堂。初建于 604 年，1675 年重建。为英国古典主义建筑的代表作。

伦敦塔 位于伦敦。是英国罗曼式城堡建筑群，始建于 1078 年。现为英国珍宝馆。已被列入《世界遗产名录》。

威斯敏斯特宫　位于伦敦。又称英国国会大厦。是英国哥特复兴式建筑的代表作，也是世界最大的哥特式建筑群。初建于 11 世纪中期，曾是英国主要王宫。1547 年起为英国国会驻地。已被列入《世界遗产名录》。宫北端的钟塔大本钟高 96 米，为伦敦和英国的标志，其报时的前奏音乐世界闻名。

威斯敏斯特大教堂（西敏寺）　位于伦敦议会广场西南侧，始建于 1050 年，以后历代增建，是英国哥特式建筑的杰作。历代国王在这里举行加冕典礼，王室成员在此举行婚礼。它又是国葬墓地，有 20 多位国王和许多著名文学家、艺术家、政治家、军事家、科学家安葬在这里（如莎士比亚、狄更斯、达尔文、牛顿、丘吉尔等)，故英国人视西敏寺为“荣誉的宝塔尖”。

伦敦塔桥　建于 1894 年，是一座上开悬索桥，横跨泰晤士河，因在伦敦塔附近而得名，也是伦敦的象征。

大英博物馆　位于伦敦。有藏品 800 多万件，它与巴黎罗浮宫、纽约大都会博物馆、圣彼得堡艾尔米塔什博物馆并称为“世界四大博物馆”。大英博物馆以埃及、希腊罗马、东方三个艺术馆的馆藏最著名。

爱丁堡　苏格兰首府。爱丁堡是目前英国第二大金融中心和旅游城市，也是英国著名的文化古城，素有“北方雅典”“欧洲最有气势的城市”之称，2004 年爱丁堡成为世界第一座文学之城。著名景点有爱丁堡城堡、荷里路德宫、圣吉尔斯大教堂、爱丁堡大学等。爱丁堡的旧城和新城一起被列入《世界遗产名录》。

利物浦　英国第二大商港，市内建有欧洲最古老的中国城。利物浦是英国国家旅游局认定的英国最佳旅游城市。利物浦还是令流行乐迷倾倒的披头士乐队的故乡。

汉德里安防御墙　横贯不列颠岛颈部的“长城”，全长 118 千米。系 122 年遵照古罗马帝国皇帝汉德里安旨意建造。除防御墙外，系统还包括驿站、要塞、城堡等。已被列入《世界遗产名录》。

（七）著名特产

苏格兰威士忌（被誉为“液体黄金”）历史悠久，在世界上最负盛名。英国的银器非常华丽，做工精良而复杂，广受各国游客的欢迎。英国的皮革制品表现出稳重、脱俗的绅士气质。其他著名特产有泰迪熊玩具、优质手工烟斗、威治活陶瓷器、英国雪利酒、英国红茶等。

二、法国

（一）简况

［国名］法兰西共和国。

［面积］本土面积 55 万平方千米（不含海外领地）。

［国花］香根鸢尾和欧洲白百合。

［人口］6640 万人（2025 年 3 月）。

［民族］主要民族为法兰西人，还有布列塔尼人、巴斯克人、科西嘉人等。

［语言］官方语言为法语。

［宗教］约 52% 的居民信奉天主教。

［首都］巴黎。

［行政区划］一级行政区为大区。大区下设省和市镇。

（二）政治制度

国家政体为半总统制半议会制共和政体（兼有议会制和总统制的特点）。总统为国家元首，虽然不兼任政府首脑，却掌握行政权和其他重要权力。总理为政府首脑。内阁由总理、部长、部长级代表和国务秘书组成，政府从属于总统。最高立法机构由国民议会和参议院组成。

（三）经济

［经济概况］是世界发达的工业国家之一。钢铁、汽车、建筑为三大支柱产业。在核电、航空、航天和铁路方面居世界领先地位。法国还是欧盟最大的农业生产国，也是世界主要农产品和农业食品出口国。法国是世界第一旅游接待国，旅游业一直名列世界前茅。

［货币］欧元。

（四）文化

［文学艺术］法国文学家、艺术家群星灿烂，为世界人民留下了大量不朽的著作。产生于 11—12 世纪的《罗兰之歌》是中世纪英雄史诗的代表作。文艺复兴时期的人文主义文学代表人物有弗朗索瓦 · 拉伯雷（代表作为小说《巨人传》）、蒙田（为欧洲近代散文的创始人，代表作为《散文集》）。17 世纪文学主流是古典主义。杰出代表有剧作家皮埃尔 · 高乃依（代表作为《熙德》，法国第一部古典主义悲剧）、剧作家让·拉辛（代表作为悲剧《安德洛玛克》和《费德尔》）、莫里哀（欧洲最杰出喜剧家之一，代表作为喜剧《伪君子》《唐璜》）、寓言作家拉·封丹（代表作为《寓言诗》）。18 世纪是法国资产阶级启蒙文学时期，史称“光明世纪”。启蒙运动的杰出代表有伏尔泰、孟德斯鸠、狄德罗、卢梭。博马舍是

法国 18 世纪后期最重要的剧作家，代表作有戏剧《塞维尔的理发师》和《费加罗的婚礼》。19 世纪上半叶的文学艺术以浪漫主义和现实主义为主要标志。这一时期的杰出代表有维克多·雨果（代表作为小说《悲惨世界》《巴黎圣母院》)、亚历山大·大仲马（代表作为小说《三个火枪手》《基督山伯爵》)、司汤达（代表作为小说《红与黑》)、巴尔扎克（他的 90 多部小说冠以《人间喜剧》的总名称)、福楼拜（代表作为小说《包法利夫人》)、乔治·桑（代表作为小说《魔沼》)。19 世纪后半叶的文学有两个主要流派：自然主义和象征主义。重要作家有爱米尔·左拉（代表作为小说《卢贡·玛卡尔家族》)、阿尔丰斯·都德（代表作为《小东西》《磨坊书简》)、莫泊桑（代表作为小说《羊脂球》《米隆老爹》《漂亮的朋友》)、亚历山大·小仲马（代表作为小说《茶花女》)。20 世纪法国名作家有马赛尔·普鲁斯特（“意识流小说”鼻祖之一，代表作为《追忆似水流年》)、安德烈·纪德（被称为“20 世纪法国文学史中首屈一指的人物”，代表作为《背德者》《伪币制造者》)、罗曼·罗兰（代表作为小说《约翰·克利斯朵夫》)、罗歇·马丁·杜·加尔（因长篇小说《蒂波一家》而荣获诺贝尔文学奖）。

法国的世界级绘画大师有马奈、莫奈、雷诺阿、高更、塞尚。享誉世界的法国雕塑艺术家有乌东、罗丹。

德彪西和柏辽兹是闻名世界的音乐大师。

[著名高等学府] 世界著名的大学有巴黎大学（由巴黎第一大学至巴黎第十三大学等 13 所大学组成)、巴黎高等师范学校、巴黎理工学校、法国国立行政学院、巴黎高等矿业学院等。

（五）民俗

法国通行西方礼仪。法国人忌讳数字“13”，不喜欢星期五，尤视“13 日星期五”为不祥日子。他们厌恶墨绿色（纳粹军服色)，忌讳黑色（用于丧礼)，偏爱蓝色（象征宁静、忠诚)、粉红色（表积极向上）等鲜艳颜色。忌用孔雀图案（视为淫鸟)、仙鹤图案（象征蠢汉与淫妇)、菊花图案（为丧花)、蝙蝠图案（象征吸血鬼)，也不喜欢核桃和杜鹃花图案（视为不祥)。给法国人送花，忌送菊花（丧花)、水仙花（表冷酷无情)、金盏花（表悲伤)、红蔷薇（表爱情)、红玫瑰（表爱情)；枝数和花朵数不能是“13”或双数；鲜花不用纸包扎。法国是时尚之都、浪漫之都。法国人的礼节主要有握手礼、拥抱礼、贴面礼和吻手礼，法国是世界上最早公开行亲吻礼的国家，也是使用亲吻礼频率最多的国家。法国人重视“女士优先”原则，以“殷勤的法国人”著称。对穿戴极为讲究。他们纪律性较差，约会经常迟到，但不容忍外国人迟到。法国人厌恶用英语交谈。他们与人交往热情，喜欢高谈阔论，喜欢轻松友好的交际气氛，喜欢在咖啡馆聚会。他们讲话直率，好许诺，少兑现。对法国人不能过分谦虚（视为虚伪）。交谈时，忌打听个人私事。因历史原因，法国人与英国人互有成见，在接待活动中要避免让他们待在一起。

法国人口味偏爱酸甜，讲究菜肴的鲜嫩和质量。不爱吃无鳞鱼，不爱吃过辣菜肴。他们对中餐比较熟悉，喜爱中国的鲁菜、粤菜、淮扬菜。对自助餐和鸡尾酒不以为然。

（六）著名景点

巴黎　法国的首都，从 12 世纪开始就一直是历代王朝的首都。时差上比北京时间晚 7 小时。有“世界花都”“时装之都”“香水之都”之誉称，还是一座“世界会议城”。巴黎的主要景点有巴黎圣母院、凯旋门（是世界上最大的凯旋门）、埃菲尔铁塔、凡尔赛宫、协和广场、香榭丽舍大道等。巴黎圣母院、凯旋门和埃菲尔铁塔是巴黎的三大地标建筑。

凡尔赛宫　位于巴黎西南郊，是建于路易十四、十五时期的皇家宫殿，对 17、18 世纪欧洲建筑产生了决定性影响。凡尔赛宫的园林占地 100 公顷，为欧洲古典主义园林艺术的代表。已被列入《世界遗产名录》。

枫丹白露　位于巴黎大区塞纳－马恩省。自 1737 年起为国王寝宫。系意大利文艺复兴式和法国传统风格交融的宫廷建筑。已被列入《世界遗产名录》。

罗浮宫　位于巴黎。现为世界最大的美术博物馆。收藏各国艺术珍品 40 多万件。其中三件藏品被列为国宝，即萨莫色雷斯的《胜利女神》雕像、米洛斯岛的《维纳斯》雕像和达·芬奇的《蒙娜丽莎》油画。

埃菲尔铁塔　位于巴黎市中心。1889 年建造，是巴黎最高建筑物，也是巴黎和法国的象征。

巴黎圣母院　被称为“法国最伟大的艺术杰作”，始建于 1163 年，是欧洲早期哥特式建筑与雕刻的主要代表，对后来欧美哥特式建筑有重大影响。法国历史上许多重大事件发生在这里。

马赛　位于法国南部，是法国第二大城市和地中海最大的港口。主要景点有伊夫岛、贾尔德圣母院、马赛美术馆、马赛旧港。

伊夫岛　距马赛港 3.2 千米。岛上有法国国王法兰西斯一世于 1524 年建造的城堡，后改为国家监狱。19 世纪法国作家大仲马在其小说《基督山伯爵》中将该城堡作为背景之一，该城堡因此而著名，吸引大量游客参观。

尼斯　位于法国东南部，是仅次于巴黎的法国第二大旅游城市。滨海地带呈月牙形，有多处海滨浴场，是欧洲乃至世界最具魅力的海滨度假胜地之一。尼斯海边有大量豪华别墅，因而被称为“世界富豪聚集的中心”。尼斯有 18 家博物馆，其中最著名的是夏加尔博物馆和马蒂斯博物馆。尼斯老城保存完好，可以看到 17 世纪的建筑。

戛纳 位于法国南部海滨，以其优美的海滩及每年 5 月举办的戛纳电影节闻名于世。戛纳与尼斯和蒙特卡洛并称为南欧三大游览中心。这里气候温和，冬暖夏凉，是欧洲人冬日度假、夏日避暑的首选之地。主要景点有海滨大道、老城区、建于 11 世纪的城堡等。戛纳电影节一年举办一次，它颁发的金棕榈大奖被公认为电影最高荣誉之一。

（七）著名特产

法国有着众多的世界名牌包，是游客去法国购物清单上不可或缺的商品。法国香水驰名世界，又是世界著名的葡萄酒产地。法国的时装引领着全世界的服装潮流。

三、德国

（一）简况

[国名]德意志联邦共和国。

[面积]35.8 万平方千米。

[国花]矢车菊。

[人口]8360 万人，是欧盟人口最多的国家。

[民族]主要是德意志人。有 1091 万外籍人。

[语言]德语。

[宗教]约 30% 的居民信奉基督教新教，约 30% 的居民信奉天主教。

[首都]柏林。

[行政区划]分为 16 个州。

（二）政治制度

国家政体为议会共和制。国家结构为联邦制。联邦总统为国家元首。联邦总理为政府首脑。联邦政府由联邦总理、联邦副总理及联邦部长组成。最高立法机构由联邦议院和联邦参议院组成。

（三）经济

[经济概况]是高度发达的工业国。被称为“欧洲经济的火车头”，经济总量居欧洲首位，世界第四位。工业偏重重工业，且属外向型。汽车和机械制造、化工、电器等部门是工业的支柱产业，是全球最大的汽车生产国之一。农业发达，机械化程度很高。除煤、盐外，自然资源比较贫乏。

[货币]欧元。

（四）文化

［文学艺术］德国素有“诗人和哲人的国度”之誉称。莱辛是杰出的剧作家。歌德、席勒、海涅是享誉世界的伟大诗人。歌德的代表作有小说《少年维特之烦恼》，诗歌《浮士德》。席勒的代表作有剧本《强盗》《阴谋与爱情》等。马克思、恩格斯是伟大的哲学家，马克思主义的创始人。康德、黑格尔、费尔巴哈、尼采均是世界著名的哲学家。享誉世界的德国音乐大师有巴赫、贝多芬、舒伯特、门德尔松、舒曼、勃拉姆斯等。贝多芬对近代西洋音乐的发展有着深远影响，主要作品有交响乐 9 部，其中尤以《英雄》（第三）、《命运》（第五）、《田园》（第六）、《合唱》（第九）最为著名。丢勒是欧洲文艺复兴时期最杰出的美术家之一，代表作有油画《四圣图》、木刻组画《启示录》、铜版画《骑士、死神、魔鬼》。

［著名高等学府］世界著名的大学有海德堡大学、波鸿大学、慕尼黑大学、柏林工业大学等。

（五）民俗

德国通行西方礼仪。德国人忌讳数字“13”，视“13 日星期五”为不祥的日子。不喜欢红色、红黑相间色及褐色，尤忌墨绿色（为纳粹军服色）。北方人喜用黑色、灰色，南方人则偏爱鲜明色彩。法律禁用纳粹或其军团的符号图案。德国人讨厌菊花、蔷薇（视为不吉）、蝙蝠图案（象征吸血鬼）。他们还忌讳核桃，不愿见到核桃（视为不祥）。德国人纪律严明，讲究守时，讲究工作效率，重诺言，重认真履行契约（合同、日程、计划等）。任何安排的变动必须事先通知对方，进行协商。德国人特别爱整洁干净，注重衣着，对旅游地的环保质量要求也很严。对德国人忌送核桃、菊花、蔷薇。送花时，支数和花朵数不能是“13”或双数；鲜花不用纸包扎。忌送太个人化物品（服装、化妆品等）。礼品包装纸不用白色、黑色和棕色，也不用彩带系扎。与德国人交谈，不要打听个人私事，要回避德国统一后的国内政治问题。他们不爱听恭维话。忌讳 4 人交叉式谈话。忌讳在公共场合窃窃私语。

德国人口味清淡，喜酸甜味。忌食核桃。不太爱吃鱼虾及海味，不爱吃油腻、过辣的菜肴。喜爱中国的京菜、鲁菜、淮扬菜。对餐具比较讲究。肉类中爱吃猪肉，每年猪肉的消耗量居世界首位。

（六）著名景点

柏林　是德国的首都，四面被勃兰登堡州环绕，是德国“最翠绿”的大都市。时差上比北京时间晚 7 小时。柏林著名景点有勃兰登堡门、国会大厦、波茨坦广场、柏林墙遗迹、柏林大教堂、菩提树下大街等。

勃兰登堡门　位于柏林，为纪念普鲁士在七年战争取得的胜利而建，1791

年竣工，是德国的象征。

慕尼黑 位于德国南部，是巴伐利亚州的首府，德国第三大城市。拥有“欧洲建筑博物馆”“百万人的村庄”之名。慕尼黑的著名景点有新天鹅堡、玛利亚广场、宝马汽车博物馆（慕尼黑是宝马汽车的故乡）、奥林匹克中心、圣母教堂、皇宫及皇宫博物馆等。

科隆 位于德国西部莱茵河畔，是德国最古老、历史最悠久的城市，也是德国第四大城市。香水、狂欢节和教堂被称为“科隆三宝”。著名景点有科隆大教堂、莱茵河、科布伦茨、瓦尔拉特博物馆等。

科隆大教堂 位于科隆市中心，始建于1248年，1880年竣工，历时632年。是世界最大、最高的教堂之一。为中世纪哥特式建筑艺术的代表作。

法兰克福 位于德国西部的黑森州境内。法兰克福国际机场（FRA）是欧洲第三大机场，也是全球最重要的国际机场之一。法兰克福拥有“德国最大的书柜”——德意志图书馆，是世界图书业的中心，也是欧洲最繁忙的展览场所。法兰克福的主要景点有歌德故居、法兰克福大教堂、罗马贝格广场、德国电影博物馆等。

海德堡 位于法兰克福南约80千米处，是德国著名的旅游文化之都。海德堡大学成立于1386年，是德国最古老的大学。海德堡最著名的旅游景点当数位于内卡河畔的红褐色古城堡——海德堡城堡。

亚琛大教堂 位于历史古城亚琛。初建于796年，为查理曼大帝宫廷教堂。它是八角形带圆拱顶教堂，装饰华丽，为中世纪加洛林式建筑艺术杰作。该教堂形制曾为欧洲许多国家模仿。已被列入《世界遗产名录》。

巴登巴登 位于卡尔斯鲁厄市西南的旅游名镇。为世界著名疗养地，有“欧洲夏都”之称。历史上就以矿泉疗养地闻名，19世纪以来逐渐成为富商和达官贵人的消遣乐园与上流社会的社交聚会地。

特里尔古城 这座古罗马城市始建于公元1世纪。293年罗马帝国实行分区治理，特里尔遂成为首都之一。城内存有皇宫、露天剧场、桥梁、公共浴池等大量古罗马文明的遗迹，有“北方罗马”之称。已被列入《世界遗产名录》。

（七）著名特产

德国的不锈钢刀具和皮具系列备受游客推崇。德国的啤酒、巧克力、黑森林巧克力蛋糕和布谷鸟钟也是世界闻名。

四、意大利

（一）简况

[国名]意大利共和国。

[面积]30.1333 万平方千米。

[人口]5885 万人(2024 年 12 月)。

[民族]主要民族是意大利人。

[语言]意大利语。个别边境地区讲法语和德语。

[宗教]大部分居民信奉天主教。

[首都]罗马。

[行政区划]全国被划分为 20 个行政区，101 个省、8003 个市镇。

(二)政治制度

总统为国家元首和武装部队统帅，由参、众两院联席会议选出。总理由总统任命，对议会负责。政府内阁由总理、副总理、总理府国务秘书及各部部长组成。最高立法机构由共和国参议院和众议院组成。两院权力相等，可各自通过决议，但两院决议相互关联。

(三)经济

[经济概况]是发达的工业国家，2015 年经济总量居世界第十位，也是欧洲的第四大经济强国，仅次于德国、法国和英国。经济以机械制造业为主，各类中等技术含量消费品和投资产品在世界市场上占有相当份额，但高科技产品较少。中小企业占企业总数的 98% 以上，堪称“中小企业王国”。意大利的高级时装和鞋类定制在世界上有很高声誉，素有“制鞋王国”之誉。除水果和蔬菜外，意大利是食品和农产品的纯进口国。意大利是世界最大葡萄酒生产国，仅次于法国。拥有全世界最悠久的起泡酒酿造历史。意大利旅游业发达，为世界旅游强国。由于历史原因，意大利南方的经济和社会发展严重滞后，南北差距明显。

[货币]欧元。

(四)文化

[文学艺术]意大利是欧洲文艺复兴运动的发源地。意大利文艺复兴文学三杰：但丁(代表作《神曲》)、彼得拉克(代表作抒情诗集《歌集》)和薄伽丘(代表作短篇小说集《十日谈》)。但丁是意大利最伟大的诗人，与英国的莎士比亚、德国的歌德并称为西欧文学史上三大天才巨匠。意大利文艺复兴盛期美术三杰：达·芬奇(代表画作《最后的晚餐》《蒙娜丽莎》)、米开朗琪罗(代表雕塑作品《大卫》《摩西》)和拉斐尔(代表画作《西斯廷圣母》《圣礼的辩论》)。意大利也是欧洲歌剧艺术的重要发源地。18 世纪末至 20 世纪初意大利相继出现几位伟大的歌剧作曲家：罗西尼(代表作《塞维利亚的理发师》《威廉·退尔》)、威尔第(代表作《弄臣》《唐·卡洛斯》《阿伊达》)、普契尼(代表作《波希米亚人的生活》《托斯卡》《蝴蝶夫人》《图兰朵》)。

[著名高等学府]波伦亚大学、罗马大学、比萨高等师范学院和博科尼大学。

（五）民俗

意大利通行西方礼仪。普遍忌讳数字“13”和“17”，忌讳“星期五”。13日赶上是星期五，人们一般不举行活动。忌讳打一次火给三人点烟。喜爱绿、蓝、黄三色，忌用紫色。因菊花为丧礼用花，故忌讳菊花图案。喜爱猫、狗图案和圣诞花图案。不喜欢中国传统山水图案、仕女图案。意大利人忌讳送十字架形的礼物；忌送手帕，认为手帕是亲人离别时擦眼泪用的不祥之物。意大利人热情好客，待人比较随和，组织性不强，守时观念较差，活动迟到习以为常。意大利人之间喜欢争论，外人切忌介入。与意大利人交谈，不要涉及该国政治问题。国际时事和家庭生活是他们特别爱谈的话题，但不要打听他们的隐私（如宗教信仰、工资收入、政治态度等）。交谈时忌用目光盯视对方。除上班和社交场合外，平时衣着较随意。有的饭店规定穿西装必须打领带，即使夏天也不准穿衬衫入席。到教堂或天主教博物馆参观，无论男士、女士都不得穿短裤、短裙或无袖衬衫。

意大利人喜爱中国的鲁菜、京菜、川菜和湘菜，尤喜中国辣味菜肴。对喝酒比较讲究，主要喝葡萄酒，但很少酗酒，不劝酒。他们常用食指顶住脸颊来回转动表示“好吃”，用手掌在胃部转动表示“饥饿”。他们用餐时常用手抓食，对此不必惊讶。晚饭是主餐，用餐时间很晚，喜欢用餐时长时间喝酒聊天，常到深夜才回房休息。拒绝别人的用餐邀请被视为失礼行为。

（六）著名景点

罗马　是意大利的首都，公元前753年建城，至今已有2700多年历史。因罗马建在7座山丘之上，因此被称为“七丘城”和“永恒之城”。罗马有三多：雕塑多、教堂多、喷泉多。罗马被喻为全球最大的“露天历史博物馆”。万神殿、古罗马竞技场和地下墓穴并称为罗马三大古迹。此外，威尼斯广场、许愿池（又名为“特莱维喷泉”）等也是著名景点。

梵蒂冈城国　位于罗马城西北角的梵蒂冈高地上，面积0.44平方千米，是世界上最小的国家，也是以教皇为首的罗马教廷的所在地。领土包括圣彼得广场、圣彼得大教堂、梵蒂冈宫和梵蒂冈博物馆等。建在耶稣门徒圣彼得墓穴之上的圣彼得大教堂是意大利文艺复兴建筑的最重要代表，是天主教的中心教堂、世界天主教徒的朝圣地，也是世界最大的天主教堂之一。1984年梵蒂冈城被列入《世界遗产名录》。

罗马万神殿　始建于公元前27—前25年，由罗马帝国首任皇帝屋大维的女婿阿戈利巴建造，用以供奉奥林匹亚山上诸神。是至今完整保存的唯一一座罗马帝国时期建筑。

古罗马竞技场 位于罗马市中心，是古罗马时代最伟大的建筑之一，也是保存最好的一座椭圆形竞技场。场内可容纳 107 万名观众。这是当年斗兽、竞技、赛马、歌舞、阅兵和演戏的场地。

古罗马地下墓穴 是用来埋葬死去的基督徒的墓地。根据罗马法律的规定，基督徒是不允许葬在罗马城内的，因此这些墓穴都是在城外发现的。地下墓穴的建造始于公元 2 年，大多数墓穴都有四层，有着一个体系庞大的陈列馆和许多狭窄的通道和阶梯。死者的尸体都放在壁灶里。St. Callistus 的地下墓穴是其中极具代表性的，它被作为第一代罗马主教的墓穴，也是后来很多位主教的墓穴所在地。

佛罗伦萨 位于意大利中部，是世界闻名的文化古城，这里以博物馆、画廊、宫殿和教堂著称，被称为“博物馆之城”，也是世界上文艺复兴时期艺术作品保存最丰富的地区之一。主要景点：花之圣母大教堂（圣母百花大教堂）、市政广场、圣十字教堂、乌菲兹美术馆等。

花之圣母大教堂 又译作“圣母百花大教堂”“佛罗伦萨大教堂”，是佛罗伦萨市最著名的一组建筑，1436 年落成，由大教堂、钟塔与洗礼堂构成，1982 年作为佛罗伦萨历史中心的一部分被列为世界文化遗产。教堂最出名的是它那仿自罗马万神殿的圆顶，是天才建筑师布鲁内莱斯基的绝世之作。

水城威尼斯 意大利东北部港口城市，是驰名世界的旅游中心。由 118 个小岛组成，并以近 180 条大小河道、401 座桥梁连成一体，以舟相通，故有“水上都市”之称，是世界上唯一没有汽车的城市。古老的圣马可广场是城市活动中心，广场周围耸立着圣马可教堂、总督宫、圣马可图书馆等拜占庭和文艺复兴时期的建筑物。1987 年，威尼斯及其环礁湖被列入《世界遗产名录》。建于 16 世纪的阿尔托桥和叹息桥是威尼斯最著名的桥梁。

比萨斜塔 位于意大利托斯卡纳省比萨城比萨大教堂的后面，系大教堂钟楼。钟楼始建于 1173 年，1372 年完工。设计为垂直建造，从地面到塔顶高 55 米，但是在工程开始后不久便由于地基不均匀和土层松软而倾斜，目前的倾斜约 10%，即 5.5°，偏离地基外沿 2.3 米，顶层突出 4.5 米。传说 1590 年，意大利物理学家伽利略曾在比萨斜塔上做自由落体实验。1987 年，比萨城的奇迹广场（包括大教堂、洗礼堂、比萨斜塔和墓园）已被列入《世界遗产名录》。

米兰 位于意大利北部，是意大利第二大城市，有“经济首都”之称，是意大利商业及金融中心，也是世界时装之都，世界所有著名时装都在此设立机构。

蒙特拿破仑街是世界最为著名的奢侈品购物街。市中心的米兰大教堂（又名杜奥莫教堂）是世界第二大教堂，也是米兰的象征，它与罗马的圣彼得大教堂、佛罗伦萨的佛罗伦萨大教堂并称为欧洲三大教堂。1980 年圣玛丽亚感恩教堂被列入《世界遗产名录》，达·芬奇的巨画《最后的晚餐》就画在这座教堂旁的修道院餐厅的墙壁上。米兰的斯卡拉大剧院代表着世界歌剧艺术的最高峰，有“歌剧麦加”之称。

（七）著名特产

乔治·阿玛尼（Giorgio Armani）、菲拉格慕（Ferragamo）、普拉达（Prada）、古驰（Gucci）等都是蜚声世界的意大利奢侈品品牌。意大利的时装设计等在世界上享有盛誉，范思哲时装曾被美国《时代》杂志誉为时尚的艺术品。意大利的皮鞋、皮包等皮革制品也大受游客欢迎。威尼斯的手工花边以精美繁复的图案著称。此外，意大利葡萄红勤酒、意式浓缩咖啡、体育用品、精品文具、佛罗伦萨纸制品等也深受游客青睐。

五、西班牙

（一）简况

[国名]西班牙王国。

[面积]50.6 万平方千米。

[国花]康乃馨。

[人口]4907 万人（2025 年 1 月）。

[民族]主要民族是卡斯蒂利亚人。少数民族有加泰罗尼亚人、加利西亚人和巴斯克人。

[语言]官方语言为卡斯蒂利亚语（西班牙语）。少数民族语言在本地区亦为官方语言。

[货币]欧元。

[宗教]96% 的居民信奉天主教。

[首都]马德里。

[行政区划]全国分为 17 个自治区（大区）、50 个省。在摩洛哥境内有休达和梅利利亚两块飞地（自治市）。

（二）民俗

西班牙通行西方礼仪。西班牙人讲究衣着，游客切忌衣冠不整。西班牙女士出门上街均戴耳环，外国女游客也应入乡随俗。西班牙人个人自尊感、荣誉感比较强烈，游客的言行应注意不伤害他们的面子。西班牙人晚上喜爱和朋友一起泡酒吧，是重要的社交方式。西班牙人习惯在晚上九点以后用晚餐。西班牙的海鲜饭被誉为“西餐三大名菜”之一，西班牙还有三大特色小吃，分别是哈蒙（生火腿）、托尔大（鸡蛋土豆煎饼）和巧里索（肉肠）。西班牙民风奔放热情，以斗牛、弗拉门戈舞蹈、吉他而闻名。斗牛是传统的民族文化，也是西班牙的“国粹”。忌讳大丽花和菊花（是丧花）图案。

（三）著名景点

马德里 西班牙首都。马德里著名的景点有马德里王宫、普拉多博物馆、太阳门广场及圣伊西多罗大教堂等。

马德里王宫 系旧王宫，建于1764年。现在已不是王室的住处。但外国新大使到任或外国领导人来访时，政府会在此举行欢迎仪式，设仪仗队并铺设红地毯。王宫内共有2700间房间。

普拉多博物馆 位于马德里，建于18世纪。这里收藏有3万多件艺术珍品。该博物馆以对提香、博斯、鲁本斯诸大师主要精品的宏富收藏而著称，尤以对西班牙古代美术三杰——埃尔·格列柯、委拉斯开兹和戈雅的全面收藏而著称。

太阳门广场 位于马德里的正中心位置，有10条商业街呈放射状向外延伸，西班牙公路“零千米”标志就设在这里。太阳门广场是著名的商业中心，也是马德里市民集会和抗议的地点。太阳门广场还是西班牙数百年来重大历史事件的见证地。

巴塞罗那 是西班牙第二大城市，位于西班牙东北部地中海沿岸，是加泰罗尼亚自治区首府，是最具欧洲气质的城市，故有“伊比利亚半岛的明珠”之称。巴塞罗那尤以19世纪末20世纪初的现代主义建筑闻名世界，如圣家族大教堂、巴特约之家、米拉之家、古伊尔公园等，这些代表性建筑均被列入《世界遗产名录》。巴塞罗那其他著名景点还有兰布拉大街、毕加索博物馆、奥运村及奥运会主体育场等。

圣家族大教堂 位于巴塞罗那。是西班牙现代主义建筑大师安东尼奥·高迪的毕生代表作。始建于1882年，目前仍在修建中。天主教教皇本笃十六世于2010年11月7日造访此教堂时将其册封为宗座圣殿。

奎尔公园（古伊尔公园） 位于巴塞罗那市北。建于1900—1914年，设计师是西班牙现代主义建筑大师安东尼奥·高迪。公园的精华建筑位于入口处，有两栋造型如童话世界的房子、石阶、马赛克巨蜥和变色龙喷泉、百柱厅及顶上圆形大广场等。已被联合国教科文组织列入《世界遗产名录》。

兰布拉大街 被誉为欧洲最美丽的林荫大道之一，全长1.25千米，是巴塞罗那最热闹的地方，沿街分布花市、鸟市、宠物市等。来自世界各地的流浪艺人云集此地，把所谓的“街头艺术”演绎得淋漓尽致。

阿尔汗布拉宫 位于格拉纳达市。建于13—14世纪，是摩尔人（北非阿拉伯人）在西班牙建立的格拉纳达王国的王宫，是西班牙伊斯兰式建筑瑰宝。已被列入《世界遗产名录》。

托莱多古城 是卡斯蒂利亚·拉曼恰大区的首府，是一座被列入《世界遗产名录》的古城，至今仍保留着中世纪风貌。古城内的著名景点有托莱多大教堂（西班牙天主教中心，是世界最大的哥特式教堂之一）、太阳门、阿尔卡萨尔城堡、白色圣母犹太会堂等。被誉为“三种文化之都”。

（四）著名特产

西班牙是著名的葡萄酒产地之一，其优质葡萄酒可以和法国葡萄酒媲美，以里奥哈（La Rioja）和纳瓦拉（Navarra）两个产区的葡萄酒最著名。雪利酒是安达卢西亚大区赫雷兹（Jerez）产的强化型葡萄酒，是西班牙独有的酒种，味道清新，醇美甘甜。西班牙有“世界橄榄油王国”之誉称，产量和出口量均居世界之首。伊比利亚火腿是西班牙著名美食。西班牙的“飒拉（Zara）”和“杧果（Mango）”是国际知名服装品牌。“看步（Camper）”是享誉全球的西班牙皮鞋品牌。“罗意威（Loewe）”是国际知名的皮革制品品牌，也是西班牙王室的专用品牌。

六、荷兰

（一）简况

[国名]荷兰王国。

[面积]41 528平方千米。

[国花]郁金香。

[人口]807.6万人（2025年4月）。

[民族]主要民族为荷兰族，占总人口的76.8%。另有弗利斯族、摩洛哥人、土耳其人等较大少数族裔。

[语言]官方语言为荷兰语。弗利斯兰省讲弗利斯语。

[宗教]居民中23.7%信奉天主教，15.5%信奉基督教新教。

[首都]阿姆斯特丹。政府所在地海牙。

[行政区划]荷兰本土分为12个省。另有3个海外特别行政区和3个海外属地。

（二）经济

[经济概况]荷兰是发达的资本主义国家，花卉是荷兰的支柱性产业，有

"欧洲花园"的称号。荷兰工业和农业特别发达，是世界主要造船国家之一，是仅次于美国的世界第二大农产品出口国，也是世界主要蛋、乳出口国之一。木鞋、风车、奶酪、郁金香号称"荷兰四宝"，木鞋为四宝之首。

［货币］欧元。

（三）民俗

荷兰人在礼仪方面遵循西方通行礼仪规范。荷兰人喜欢橙色和蓝色的图案，橙色和蓝色是代表荷兰国家的颜色。特别是橙色，在节日里和在包装设计上被广泛使用。荷兰人一般忌讳别人对他们拍照。与荷兰人合影或为他们拍照，应事先征得他们的同意。在荷兰喝酒水，切忌一次将杯子斟满，这被视为缺乏教养的表现。斟酒水一般以倒到杯子的 2/3 为宜。荷兰人办事有精确的日程表，切忌随意变更计划。

（四）主要景点

阿姆斯特丹　是荷兰首都，荷兰最大的城市，西欧著名的海港。城区大部分低于海平面 1~5 米，称得上是一座"水下城市"。阿姆斯特丹的主要景点有阿姆斯特丹运河、水坝广场、荷兰王宫、国立博物馆、凡·高博物馆等。

水坝广场　是阿姆斯特丹人民节庆集会的广场。广场周边重要建筑：王宫（建于 1648 年，是荷兰女王接见外宾之处）、新教堂（建于 15 世纪，多位荷兰女王曾在此举行加冕大典）、方尖碑（为纪念第二次世界大战中丧生的荷兰同胞而建）、杜莎夫人蜡像馆。广场上常有街头艺术家进行表演。

凡·高博物馆　凡·高是荷兰最伟大的印象派画家。博物馆收藏凡·高 200 多幅油画、580 幅素描以及 750 封私人信件。

阿姆斯特丹运河　阿姆斯特丹是公认的"水都"，市内运河交织，搭游船观光是该市观光重点项目之一。

鹿特丹　是荷兰第二大城市，亚欧大陆桥的西桥头堡。搭乘游船畅游港区是重要旅游项目。在鹿特丹的小孩堤防风车村（Kinderdijk），可参观 19 座 1740 年建造的风车，已被列入《世界遗产名录》，是荷兰风景的典型样板。鹿特丹其他景点还有德夫哈芬（集中了古旧建筑的老街），博曼斯美术馆，迄今为止世界最大、最为壮观的防潮工程三角洲工程等。

库肯霍夫花园　位于丽丝。库肯霍夫花展是欧陆知名花展。园内种植 700 多万株植物，以不同品种的郁金香为主。荷兰拥有"郁金香的国度"的美誉。

海牙　虽然海牙并不是荷兰的首都，但它是荷兰中央政府所在地，所有的政府机关与外国使馆都位于此。荷兰王室也在海牙居住和办公。联合国最主要的司法机关国际法庭也位于海牙。

马德罗丹小人国　位于海牙。展示整个荷兰的微缩景观，所有模型均以25∶1的比例复制。

（五）著名特产

荷兰的特色纪念品有荷兰木鞋、木雕郁金香、穿传统服饰的荷兰娃娃、台夫特蓝陶、枫糖饼、米飞兔（Miffy）相关纪念品、性器官造型商品等。此外，印有“Amsterdam×××”图案的纪念品是著名的辟邪物。“×××”其实是阿姆斯特丹的市标，代表这座城市早期经历过的劫难，分别象征驱水、灭火、避黑死病。荷兰又是真正的奶酪王国，以黄波奶酪（Gouda，状似黄色大车轮）和红波奶酪（EAM，世界上唯一保持完美球形的奶酪）最为著名。阿姆斯特丹钻石切工已成为完美切割与高品质钻石的代名词，因此荷兰钻石也成为游客喜爱的商品。

七、瑞士

（一）简况

[国名]瑞士联邦。

[面积]41 291 平方千米。

[国花]高山火绒草。

[人口]907.4 万人。

[民族]讲德语居民占 62.8%，讲法语居民占 22.9%，讲意大利语居民占 8.2%，讲拉丁罗曼语居民占 0.5%。

[语言]德语、法语、意大利语和拉丁罗曼语均为官方语言。

[宗教]信奉天主教居民占 37.2%，信奉基督教新教居民占 25%，信奉其他宗教居民占 7.4%。无宗教信仰的占 24%。

[货币]瑞士法郎。

[首都]伯尔尼。

[行政区划]全国分为 26 个州（其中 6 个州为半州）。

（二）民俗

瑞士人通用西方礼仪。瑞士是高工资、高福利、高消费国家，号称世界上“最富有”的国家。一般来说，瑞士人比较保守，他们认为炫耀财富是不礼貌的行为。瑞士人特别重视环境的美观整洁。瑞士人与客人对话，习惯轻声细语、讲究安静。瑞士人与陌生人相逢时，总要点头问好。行走间也习惯相互让路。主动道歉是瑞士人民的良好传统风尚，若你无意中碰到对方，他可能还会向你微笑地说声：“对不起，我妨碍了你。”他们不爱议论减肥和节食的话题，尤其在就餐之时。瑞士人对妇女极为尊重。在公共场合都有“女士优先”的习惯。

（三）著名景点

瑞士旅游资源丰富，有“世界公园”的美誉。

伯尔尼 是瑞士首都。伯尔尼老城被联合国教科文组织列入《世界遗产名录》。

少女峰 是瑞士人气最旺的观光景点，它还拥有世界最长的阿莱奇冰川，于 2001 年被列入《世界遗产名录》。该地区交通工具以登山火车和缆车为主。

卢塞恩（琉森） 重要景点有美丽的卢塞恩湖；卡贝尔桥（卢塞恩的地标建筑，长 200 米，建于 14 世纪初，是欧洲最古老的木质廊桥，内顶墙壁上有 100 多幅历史画）；狮子纪念碑（纪念 1792 年法国大革命时为保护法国国王路易十六而战死的瑞士士兵）。

日内瓦 位于法瑞边境，是瑞士第二大城市。主要景点有日内瓦湖（雷梦湖）；大喷泉，位于日内瓦湖内，每次喷射高 140 米水柱，是世界最大的人工喷泉；联合国欧洲总部（又名“万国宫”）等。

采尔马特（策马特） 是瑞士著名度假胜地，小山城内有老式的棕色小屋和曲折的小巷。三角形的马特洪峰是瑞士著名地标之一。

苏黎世 是瑞士最大的城市，它不仅是瑞士最大的金融中心，而且是西欧重要的金融中心。这里集中了 120 多家银行，其中半数以上是外国银行，故享有“欧洲百万富翁都市”的称号。西尔波尔特大街和交易所大街都是著名的金融街。班霍夫大街则是著名的购物街，两旁建筑古典优雅，世界名牌商品店林立。苏黎世主要景点有格罗斯大教堂（苏黎世大教堂）、圣母教堂、圣彼得大教堂、瑞士国家博物馆等。格罗斯大教堂始建于 1100 年前后加罗林王朝时期，它以其独特的双塔楼成为苏黎世的城市象征。

（四）著名特产

瑞士有“钟表王国”之称，精美的瑞士手表品种繁多，是游客的首选。瑞士的巧克力品牌齐全，种类繁多，在全世界享有盛名，斯普伦里是全球最古老、最著名的巧克力制造商。瑞士威氏军刀（Victorinox）和八音盒也是游客喜爱的商品。瑞士奶酪采用传统方式制造，以高品质和特殊风味而闻名全球。

八、俄罗斯

（一）简况

［国名］俄罗斯联邦。

［面积］1709.82 万平方千米，是世界上面积最大的国家。

[人口]1.46 亿人。

[民族]有 193 个民族，主要民族为俄罗斯人（占 77.7%）。

[语言]俄语为联邦全境内官方语言。但各共和国有权规定自己的国语，并可与俄语一起使用。

[宗教]主要宗教为东正教，其次为伊斯兰教。

[首都]莫斯科。

[行政区划]现由 85 个联邦主体组成:22 个共和国，9 个边疆区，46 个州，3 个联邦直辖市，1 个自治州，4 个民族自治区。另设有 8 个联邦区。

(二)政治制度

国家政体为总统制。国家结构为联邦制。总统为国家元首，也是国家最高行政首长。联邦政府由总理、副总理、各部部长等组成。联邦政府服从总统，对俄罗斯总统及俄罗斯议会负责。最高立法机构称联邦会议，由联邦委员会（上院）和国家杜马（下院）组成。

(三)经济

[经济概况]经济潜力巨大，工农业都很发达。苏联解体后因转换体制，生产一度呈下降趋势。工业基础雄厚，门类齐全，但侧重于重工业和军事工业，民用工业落后。航空和宇航工业居世界第二位。自然资源十分丰富。

[货币]卢布。

(四)文化

[文学艺术]19 世纪是俄国文学的鼎盛时期，文坛上名家辈出，名著如林。主要作家有普希金（俄国浪漫主义诗人的主要代表，代表作有诗歌《叶甫盖尼·奥涅金》《黑桃皇后》等)、克雷洛夫、奥斯特洛夫斯基（“俄罗斯戏剧之父”，代表作为《大雷雨》)、莱蒙托夫、果戈理、别林斯基、赫尔岑、杜勃罗留波夫、屠格涅夫、车尔尼雪夫斯基、涅克拉索夫、列夫·托尔斯泰（俄国伟大的批判现实主义作家，代表作有《战争与和平》《安娜·卡列尼娜》等)、契诃夫。高尔基是跨越苏俄两个时代的无产阶级作家，苏联社会主义文学的奠基人，主要作品有小说《童年》《在人间》《我的大学》。19 世纪 60 年代以“巡回展览画派”为代表的批判现实主义画派达到了世界高度，这时的著名画家有伊·尼·克拉姆斯科伊（代表作为《荒野中的基督》和《列夫·托尔斯泰》)、伊·叶·列宾（代表作是《小白桦树林》《金色的秋天》和《弗拉基米尔大道》)。19 世纪下半叶是俄罗斯音乐的繁荣期。柴可夫斯基是这一时期最伟大的俄罗斯音乐家，他的传世之作有歌剧《叶甫盖尼·奥涅金》和《黑桃皇后》，芭蕾舞曲《天鹅湖》《睡美人》和《胡桃夹子》，交响幻想曲《罗密欧与朱丽叶》。十月革命后，著名作曲家肖斯

塔科维奇的创作被誉为 20 世纪音乐的高峰之一。他的著名作品是第一、第五、第七、第十一交响曲。俄罗斯的芭蕾舞艺术历来在世界上享有很高的声誉，著名的芭蕾舞剧目有《天鹅湖》《罗密欧与朱丽叶》《吉赛尔》等。

［著名高等学府］国立莫斯科罗蒙诺索夫大学（简称“莫斯科大学”，系俄罗斯第一所大学和规模最大的综合性大学）、莫斯科鲍曼国立技术大学（被称为“工科学校的楷模”）、彼得堡国立大学（位居全俄第二的综合性大学）。

（五）民俗

俄罗斯人忌讳数字“13”，不喜欢星期五，尤视“13 日星期五”为不祥的日子。视“7”为吉祥数字。他们忌讳黑色（象征死亡），喜爱红色。讨厌兔子、黑猫玩具或图案（视为不祥），但喜爱马的图案（能驱邪）。打碎镜子预兆疾病或灾难。打翻盐瓶预兆家庭不和，他们会把盐拾起来撒在头上，以示摆脱凶兆。但打碎盘碟却视为幸福、富贵，因此在喜宴、寿筵等隆重场合，俄罗斯人会特意打碎碟盘表示庆贺。送花时，忌送菊花、杜鹃花、石竹花和黄色的花；枝数和花朵数不能是“13”或双数。他们有“左主凶，右主吉”的传统观念，故切忌用左手递物、进食、握手、抽签。俄罗斯人的见面礼是拥抱、亲吻或握手。他们十分尊重妇女，在各方面都体现“女士优先”原则。十分注重仪表，天热也不轻易脱下外衣。他们习惯守时，约会切忌迟到。与俄罗斯人交谈，不宜打听个人私事，应回避国内政治、经济、民族、宗教、独联体国家关系等话题。

俄罗斯人口味偏重咸、甜、酸、辣、油大。喜欢中国的京菜、川菜、粤菜、湘菜。他们爱喝烈性酒，且酒量很大。伏特加特别受大众欢迎。俄罗斯人对盐十分崇拜，将盐视为珍宝和祭祀用的供品。因此，他们用“面包加盐”的方式迎接贵宾，以示最热烈的欢迎。

（六）著名景点

莫斯科　是俄罗斯的首都。时差上比北京时间晚 5 小时。著名景点有红场、克里姆林宫、圣瓦西里大教堂、列宁墓、克格勃博物馆等。

红场　莫斯科的中心广场。广场西南与克里姆林宫毗连。广场西侧为列宁墓。广场南面耸立着瓦西里·勃拉仁内大教堂，它由 9 个墩式教堂组成，上举形式不同的葱头形穹顶，宛如烈焰腾空，被誉为古代俄罗斯建筑艺术的卓越代表。

克里姆林宫　位于莫斯科，建于 12—17 世纪的宏伟建筑群，曾是历代沙皇的皇宫。十月革命后，苏联和俄罗斯联邦共和国最高苏维埃以及苏联政府均设在这里。现为俄罗斯总统府及国家杜马所在地。主要建筑有大克里姆林宫、圣母升天大教堂、克里姆林大会堂等。东宫墙上的斯巴斯克钟楼是克里姆林宫的主塔，以塔顶的“克里姆林宫的红星”著称于世，为莫斯科和俄罗斯的标志建筑。

圣彼得堡 位于俄罗斯西北部，是俄罗斯第二大城市，彼得大帝创建了这座城市。人口超过 500 万，是世界上人口超过百万的最北端城市，又被称为俄罗斯的“北方首都”。整个城市由 40 多个岛屿组成，多条河流穿越而过，故又有“北方威尼斯”之称。著名景点有冬宫、夏宫、叶卡捷琳娜宫、彼得保罗要塞、彼得保罗大教堂、喀山大教堂、涅瓦大街、普希金村、打响俄国革命（十月革命）第一炮的“阿芙乐尔”号巡洋舰等。其中位于十二月党人广场上的青铜骑士是圣彼得堡市标志性雕塑。

艾尔米塔什博物馆 位于圣彼得堡。由冬宫等 5 座建筑物组成。冬宫原为沙皇皇宫，是十月革命遗址。艾尔米塔什博物馆藏有各国不同时期艺术珍品近 300 万件，是世界四大博物馆之一。

（七）著名特产

俄罗斯商品多且价格便宜。琥珀、黄金、皮毛、精装本的艺术书籍、鱼子酱、国产白兰地和“香槟”、伏特加酒，都值得购买。著名的旅游纪念品还有绘制俗艳的杯子、盘子、勺子、套娃以及制作精良的漆盒。莫斯科的伊兹梅洛夫市场，从战斗机飞行员的头盔、圣像到手工制作的珠宝首饰和传统服装，几乎什么都卖。

第四节 美洲主要客源国（地）和目的地国（地）概况

一、加拿大

（一）简况

［国名］加拿大。加拿大人习惯称自己国家是“从海洋到海洋”的国家。

［面积］998 万平方千米，居世界第二位。

［国树］枫树（枫叶为加拿大民族的象征）。加拿大有“枫叶之国”的美誉。

［人口］4077 万人（2024 年）。

［民族］是一个移民国家。主要民族为英裔居民和法裔居民。法裔居民主要聚集在加最大的省——魁北克省。华人约 177 万人。

［语言］英语和法语同为官方语言。

［宗教］45% 的居民信奉天主教，36% 的居民信奉基督教新教。

［首都］渥太华。

［行政区划］分为 10 个省和 3 个地区。

（二）政治制度

加拿大实行联邦议会制。英国女王为国家元首，女王任命总督为其代表。联邦总理为政府首脑。内阁由总理、副总理和各部部长组成。最高立法机构为议会，由众议院和参议院组成。

（三）经济

［经济概况］是西方七大经济强国之一。制造业和高科技产业较发达。以贸易立国，对外贸依赖很大，经济上受美国影响较深。加拿大地域辽阔，森林和矿产资源十分丰富。多种矿产产量居世界第一、第二位。已探明原油储量居世界第三，仅次于委内瑞拉和沙特。森林面积 4 亿多公顷，居世界第三位。加拿大是世界上最大的钻石生产国之一。

［货币］加拿大元。

（四）著名高等学府

世界著名大学有不列颠哥伦比亚大学、多伦多大学和麦吉尔大学。

（五）民俗

加拿大人忌讳数字“13”，不喜欢星期五，尤视“13 日星期五”为不祥的日子。忌讳黑色（象征死亡），偏爱白色（象征纯洁）。忌讳百合花图案（丧花），喜爱枫叶图案（为国家和友谊的象征）。加拿大人许多习惯与美国相同，但衣着、待人接物均比较正统，也比较守时。与他们交谈，忌打听个人私事；忌将加拿大与美国比较，尤忌拿美优越方面与加比较；忌谈魁北克独立运动问题，忌谈加的英语区和法语区问题；忌称人“老”“白”“胖”（均为负面价值），年长者被称为“高龄公民”，“养老院”称为“保育院”。在人家家里做客，忌谈悲伤之事；忌谈死亡、事故之类话题；不能吹口哨；不能在楼梯下面走；忌打碎玻璃制品；忌把盐弄撒。

加拿大人口味偏清淡，喜甜味，特别喜爱烤制肉食。他们不喜欢过咸、过辣菜肴，不喜欢蒜味、酸辣味调料。忌食动物内脏和脚爪。忌食虾酱、鱼露、腐乳等怪味、腥味食品。他们喜爱中国的淮扬菜、沪菜和鲁菜。进餐时忌在盘里剩食物。妇女有化妆习惯，故不愿用香巾擦脸。

加拿大法裔居民性格特点和习俗与法国人相近。

（六）著名景点

渥太华　是加拿大的首都。时差上比北京时间晚 13 小时。加拿大人特别喜欢冰球运动，渥太华是“冰球之城”。渥太华风景优美，世界遗产里多运河贯穿全城，每年 2 月初，里多运河成为世界上最大的天然滑冰场，吸引着世界各地的滑冰爱好者。国会大厦是渥太华最著名的标志性建筑，也是加拿大的象征。此外，还有加拿大总督府、加拿大文明博物馆等景点。

多伦多 是安大略省省会，加拿大最大城市。多伦多的主要景点有国家电视塔、皇家安大略博物馆、卡萨罗玛城堡、安大略艺术馆、加登纳陶瓷艺术博物馆等。

尼亚加拉大瀑布 世界著名的大瀑布，位于加、美交界的尼亚加拉河上。经山羊岛分流，形成两大瀑布：一个在美国境内，称亚美利加瀑布，宽约 300 米；另一个在加拿大境内，称马蹄瀑布，宽约 800 米。平均落差 51 米。

蒙特利尔 位于加拿大魁北克西南部，是加拿大第二大城市，也是除法国巴黎以外的世界最大的法语城市，故有“小巴黎”之称。蒙特利尔建筑以法式建筑为主，称为“尖塔之城”。主要景点有旧城区、唐人街、圣母大教堂、皇家山公园等。

魁北克 是魁北克省省会，加拿大最古老的城市，也是北美洲唯一一座拥有城墙的城市。魁北克古城区是北美堡垒式殖民城市的完美典型。古城区内有 700 余座古老的民用及宗教建筑。已被列入《世界遗产名录》。

温哥华 是加拿大第三大都会，加拿大西海岸最大的港口、文化中心和国际贸易中心，被誉为加拿大的“西部天堂”。温哥华主要景点有全球最大的城市公园斯坦利公园、狮门大桥、加拿大广场、伊丽莎白女王公园、唐人街、惠斯勒滑雪场（2010 年冬奥会赛场）等。

恐龙公园 位于艾伯塔省。以三大景观著称，即丰富的恐龙化石层、奇特的崎岖地带及沿红鹿河罕见的生态环境。已被列入《世界遗产名录》。

（七）著名特产

最具特色的旅游礼品当数枫糖浆、太妃糖，清香可口，润肺健胃。著名特产还有枫叶茶、冰酒、鲑鱼制品、西洋参制品、钻石、护肤品、印第安人和因纽特人的手工艺品等。

二、美国

（一）简况

[国名]美利坚合众国。

[面积]937 万平方千米。

[国旗国花]国旗是星条旗，国花是玫瑰。

[人口]3.41 亿人。

[民族]是一个移民国家。白人占64%，拉美裔人占16.3%，黑人占12.6%，亚裔占4.7%。

[语言]通用英语。南部许多人讲西班牙语。

[宗教]51.3%的居民信奉基督教新教，23.9%的居民信奉天主教，1.7%的居民信奉犹太教，4%的居民信奉其他宗教。

[首都]华盛顿哥伦比亚特区。

[行政区划]由50个州和首都哥伦比亚特区组成。

（二）政治制度

国家政体是总统内阁制。国家结构为联邦制。总统是国家元首兼政府首脑。内阁由各部部长和总统指定的其他官员组成。内阁只起总统助手和顾问团的作用。最高立法机构为国会，由众议院和参议院组成。

（三）经济

[经济概况]是世界第一经济强国，国内生产总值和对外贸易额均占世界首位。工业门类齐全，汽车、钢铁、建筑业为美国经济的三大支柱。航空和宇航工业居世界首位。以信息、生物技术产业为代表的新经济蓬勃发展。农业高度发达，是世界上最大的农产品出口国。

[货币]美元。

（四）文化

[文学艺术]19世纪末至20世纪初，美国涌现出一大批在国际上享有盛名的文学巨匠和文学巨著。其主要作家和代表作有纳撒尼尔·霍桑的小说《红字》、哈里特·比彻·斯托夫人的小说《汤姆叔叔的小屋》、马克·吐温的小说《哈克贝利·费恩历险记》、杰克·伦敦的小说《铁蹄》。到了20世纪，美国现实主义文学进入全盛时期。很有影响的作家和作品：德莱赛的小说《嘉丽妹妹》《珍妮姑娘》；辛克莱·刘易斯的小说《大街》《巴比特》；欧内斯特·海明威的小说《战地钟声》《老人与海》。1976年黑人作家阿历克斯·哈利发表的小说《根》轰动文坛。1993年托尼·莫里森成为获得诺贝尔文学奖的第一位美国黑人作家，她的主要作品有《所罗门之歌》《宠儿》和《爵士乐》。美国是世界上最著名的电影王国，好莱坞是美国电影业的中心。

[著名高等学府]美国拥有数目众多的世界名校，其中最著名的有哈佛大学、斯坦福大学、麻省理工学院、哥伦比亚大学、耶鲁大学、普林斯顿大学、加州大学伯克利分校、康奈尔大学、芝加哥大学、布朗大学、加州理工学院等。

（五）民俗

美国人忌讳数字“13”，不喜欢星期五，尤视“13日星期五”为不祥的日子。

忌讳黑色（象征死亡），不喜欢红色，偏爱白色（象征纯洁）、黄色（象征和谐）、蓝色（象征吉祥）等鲜亮色彩。忌讳蝙蝠图案（象征吸血鬼）、黑猫图案（象征不祥），偏爱白色秃鹰图案（国鸟）和白猫图案（象征逢凶化吉）。送礼讲究单数。打破镜子预兆大病、死亡。街上走路忌啪啪作响（视为骂娘）。美国人见面与分手时行握手礼。不论男士、女士都应主动向对方伸手（等女士先向男士伸手的习俗在美已过时）。美国人平时穿着随便，但不可露出衬裤、衬裙，女士穿短裤、短裙不能穿高跟鞋。正式社交场合必须按请柬要求着装。业务交往讲究守时，但社交活动往往迟到。美国也盛行“女士优先”原则。与美国人交谈，忌过分谦虚和客套（视为虚伪），忌距离太近，忌打听个人私事，忌称呼长者加“老”字（为负面价值），忌说别人“白”“胖”（美国流行富瘦黑穷白胖的价值观）。

美国人口味喜清淡、不腻、咸中带微甜。不爱吃蒜和过辣食品。不爱吃肥肉、清蒸菜肴和红烧菜肴。忌食动物内脏，不喜欢蛇肉一类特殊食物。他们喜爱中国的淮扬菜、粤菜、川菜。美国人不喜欢在餐碟中剩食物。妇女有化妆习惯，故不愿用香巾擦脸。

（六）著名景点

华盛顿　美国首都，位于美国的东北部，全称为“华盛顿哥伦比亚特区”。时差上比北京时间晚 13 小时。主要景点：国会大厦（位于“国会山”上，是华盛顿的标志性建筑，美国参众两院都在此办公）、国家图书馆（是世界上最大的图书馆之一）、白宫（美国总统的官邸）、“联邦三角”建筑群、五角大楼（美国国防部所在地，是华盛顿面积最大的建筑）、杰弗逊纪念堂、林肯纪念堂等。

纽约　有“美国的门户”之称，是美国最大的城市，也是联合国总部所在地。纽约的旅游景点主要有自由女神像、帝国大厦、时代广场、中央公园、联合国总部大楼、百老汇、华尔街、大都会艺术博物馆等。

自由女神像　位于纽约港入口处的自由岛上。1886 年落成，系法国赠送给美国人民的礼物。为美国东海岸门户象征。已被列入《世界遗产名录》。

大都会艺术博物馆　位于纽约。收藏世界不同时期艺术珍品 36 万余件，是世界四大博物馆之一。

旧金山　又称“圣弗朗西斯科”。旧金山的主要景点有金门大桥（全长 2780 米，是世界最大的单孔吊桥之一，是旧金山市的象征）、伦巴第街、联合广场、渔人码头、中国城（是著名的华人华侨聚集地）等。

洛杉矶　地名的含义是“天使之城”（西班牙语），位于美国加利福尼亚州，是美国第二大城市，有“科技之城”的称号，也是美国西部最大的工业中心和港口。好莱坞和迪士尼乐园是当地著名景点。

拉斯维加斯 是内华达州最大的城市，别称“世界娱乐之都”“赌城”。拉斯维加斯是一座在沙漠上建起的神奇城市，是世界知名的度假胜地之一。

费城国家独立历史公园 在美国历史上首屈一指。公园内的独立厅已被列入《世界遗产名录》，具有世界意义的美国独立宣言（1776年）和美国宪法（1787年）均在这里诞生。

黄石国家公园 位于美国西北部落基山区，占地近9000平方千米，是世界建立最早的国家公园。公园尤以世界奇观间歇喷泉著称于世。间歇喷泉达300余处，占世界同类喷泉总数的一半以上。已被列入《世界遗产名录》。

夏威夷群岛 位于太平洋。地处热带，四季如春。其中的瓦胡岛有环岛沙滩，是世界驰名的海滨度假旅游区。夏威夷是美国最年轻的州。夏威夷拥有全世界最活跃的火山，是现代冲浪、草裙舞和夏威夷地方美食的发源地。夏威夷火山国家公园以冒纳罗亚、基拉韦厄两座活火山著称，奔腾汹涌的火山熔岩是该公园最具特色的景观，已被列入《世界遗产名录》。

大峡谷国家公园 又名科罗拉多大峡谷，位于亚利桑那州西北部。全长443千米，科罗拉多河穿越其间。公园位于峡谷最深、最壮观的35千米长地段，已被列入《世界遗产名录》。

（七）著名特产

美国的电脑产品世界闻名。美国是世界公认的篮球之国，如果你喜欢篮球，你可以在这里买到最新的篮球鞋、篮球背心等。美国花旗参的品质好，药用价值高。纳帕河谷葡萄酒品质优良。美国培育出来的农业特产也非常著名，如新奇士橙、加州红提、甜玉米、蔓越莓、蓝莓、康科特葡萄等。

三、巴西

（一）简况

[国名]巴西联邦共和国。

[面积]851.04万平方千米。

[国花]毛蟹爪兰。

[人口]2.03亿人。

[民族]白种人占53.74%，黑白混血种人占38.45%，黑种人占6.21%，黄种人和印第安人等占1.6%。

[语言]官方语言为葡萄牙语。

[宗教]64.6%的居民信奉天主教，22.2%的居民信奉基督教新教福音派。

[首都]巴西利亚。

［行政区划］全国分为 26 个州和 1 个联邦区。

（二）经济

［经济概况］巴西经济实力居拉美首位，是农牧业大国，咖啡、可可、甘蔗等产量都居全球首位，畜牧牛的数量居世界第二位。巴西矿产资源丰富，是世界铁矿石生产和出口额最大的国家之一。

［货币］巴西雷亚尔。

（三）民俗

巴西的男人一般都喜欢开玩笑，还习惯拍拍打打地同他人谈话，以示亲热。巴西人在社交场合与客人相见时，最常用的礼节是微笑和施握手礼。在相见时，往往以拳礼（先握紧拳头，然后向上空伸出拇指）相互表示问安和致敬。与巴西人交谈时，切忌使用“OK”手势（拇指与食指构成圆圈，其余三指伸开），被视为下流举动。巴西人喜爱别人夸赞自己的孩子。与巴西人交谈，忌说带有种族意识的笑话，也不要谈论阿根廷，还应回避谈论政治、宗教以及其他有争议的话题。进入私人工地或住宅，务必先征得主人的许可。如果主人警告三次以后仍不搭腔，主人有权开枪射击。热带雨林里的印第安人有不把自己的名字告诉陌生人的特有习俗。巴西被称为“足球王国”，在这里，足球不仅是运动，也是一种文化。

（四）著名景点

巴西利亚　巴西首都。20 世纪 50 年代末兴建，1960 年首都正式由旧都里约热内卢迁移至此，因此巴西利亚是南美洲建都时间最短的城市。巴西利亚也是世界上绿地最多的都市。城市按照巴西著名建筑师卢西奥 · 科斯培的“飞机形总体规划图”建设。通过拦河筑坝，建成一个人工湖，而整个城市宛若一架昂首待飞的巨型喷气式飞机。“机头”为三权广场，即议会、法院和总统府的所在地，是巴西标志性建筑；机身是一条 8 千米长、250 米宽的东西向主干大道，其中“前舱”为政府各部广场，两侧排列着各部办公楼，“后舱”是文教区、体育城、国家剧院、电视塔等建筑；“机尾”是为首都服务的工业区；“机翼”是沿人工湖展开的立交道和居民住宅街区。

圣保罗　圣保罗州的首府，巴西第一大城市及最大港口，也是南美第一大城市。市内高楼大厦鳞次栉比，全市 6.4 万条街道纵横交错。意大利大厦高 41 层，顶端建有餐厅和瞭望台，可俯瞰全城景色。其他著名景点还有圣保罗大教堂（是南美洲最大的天主教堂）、伊比拉普埃拉公园、东方街等。

里约热内卢　简称里约，巴西第二大城市，在 1960 年以前为巴西首都，东南濒临大西洋。这里集中了巴西最著名的博物馆、世界最大的足球场以及全国最大的公园。该市主要景点有海滩（绵延 8 千米长，是居民休闲的主要场所，以科巴卡巴纳海滩和依巴内玛海滩最为著名）、面包山（雄踞海湾与大西洋之间，山体陡峭，四壁光滑，高近 400 米，是俯瞰里约市容最佳地点）、耶稣雕像（位于里约科尔科瓦多山上，是该市的标志，也是世界最闻名的纪念雕塑之一）。里约的狂欢节闻名世界，每年的 2 月中下旬，居民欢庆三天三夜。

亚马孙河　全长 6440 千米，是世界第二大河。这里有世界上最大的热带雨林。亚马孙海潮是著名景观，涌潮时游人争相前往。

（五）著名特产

巴西是世界最大的咖啡产地，有“咖啡王国”之称，巴西咖啡最出名的是山多斯咖啡。卡沙萨酒（Cachaca）是巴西的国酒，全国共有 4000 多个品牌。巴西原装天然蜂胶具有强化机体免疫力、消除炎症的功效。蝴蝶标本产自热带雨林，这些美丽的蝴蝶常被用来制作成蝴蝶盘，以蓝蝴蝶最名贵。马黛茶是当地印第安人的饮料，茶内含咖啡因，具有提神醒脑、帮助消化的功效。巴西的宝石饰品众多，如玛瑙手链、蓝水晶手链、红水晶项链、紫水晶戒指等。

第五节　大洋洲、非洲主要客源国（地）和目的地国（地）概况

一、澳大利亚

（一）简况

[国名]澳大利亚联邦。

[面积]768.82 万平方千米。

[国花]金合欢。

[人口]2712 万人（2024 年 3 月）。

[民族]英国及爱尔兰后裔占 74%，亚裔占 5%，土著人占 2.7%，其他民族占 18.3%。

[语言]通用英语。

[宗教]63.9% 的人口信奉基督教（天主教以及英国国教等新教教派）。

[首都]堪培拉。

[行政区划]分为 6 个州和 2 个地区。是世界上唯一一个国土覆盖整个大陆的国家，是世界 6 个大陆中最小的一个。

（二）政治制度

国家结构为联邦制。英国女王为国家元首，任命总督为其代表。总理为政

府首脑。内阁由总理、副总理和各部部长组成。最高立法机构为联邦议会，由英国女王（由总督代表）、众议院和参议院组成。

（三）经济

［经济概况］是发达的资本主义国家。经济以农牧业、采矿业和制造业为主。盛产羊、牛、小麦和蔗糖，又是世界矿产品五大资源国和生产国之一，有“骑在羊背上的国家”“坐在矿车上的国家”和“手持麦穗的国家”之称。

［货币］澳元。

（四）文化

［文学艺术］著名作家帕特里克·怀特获 1973 年诺贝尔文学奖，他的小说创作运用意识流手法，主要作品有《老人树》《沃斯》《活体解剖者》《风暴眼》等。1962 年成立的澳大利亚芭蕾舞团以其高水准闻名于世。

［著名高等学府］世界著名大学有悉尼大学和澳大利亚国立大学。

（五）民俗

澳大利亚通行西方礼仪。忌讳数字“13”，视“13 日星期五”为不祥的日子。忌讳兔子及兔子图案（视为不吉利动物）。喜爱袋鼠、琴鸟和金合欢花图案。忌送菊花、杜鹃花、石竹花和黄颜色的花。澳大利亚人平等意识浓厚，交往时应注意一视同仁，不要厚此薄彼。乘出租车必须有一人与司机并排坐，以示尊重。他们讲究约会守时。他们崇尚自信、自强，交谈时不宜对其国内事务发表议论，也不要说“自谦”的客套话。不可竖大拇指表示赞扬（在当地视为下流动作）。切忌对人眨眼。

鱼和海鲜是澳大利亚美食的特色。澳大利亚人一般不爱辣味，不吃海参；喜欢酸甜味。喜爱中国的淮扬菜、浙菜、沪菜、京菜。

（六）著名景点

堪培拉　是澳大利亚的首都。堪培拉是个纯粹的政治中心，被誉为“大洋洲的花园城市”，主要景点有国会大厦、格里芬湖等。

悉尼　位于澳大利亚东南部，是新南威尔士州的首府，澳大利亚第一大城市，有“南半球的纽约”之称。悉尼是澳大利亚华侨和华人聚居最多的地区。著名景点有悉尼歌剧院、海港大桥、悉尼塔、岩石区、唐人街、维多利亚皇后大厦、中央海岸、霍克伯里河等。

悉尼歌剧院　位于悉尼，三面环海。其建筑外形宛如扬帆出海的船队，又像一组大贝壳。世界公认为 20 世纪最美建筑物之一。已成为悉尼和澳大利亚的标志。

墨尔本　是澳大利亚第二大城市，是维多利亚州的首府。因曾是澳大利亚的首都，保留着许多19世纪维多利亚式建筑，是澳大利亚最具有欧洲韵味的城市，被称为“澳大利亚的伦敦”。重要景点有大洋路、菲利浦岛、墨尔本皇家植物园、皇家展览馆、唐人街、旧国会大厦等。

大堡礁 位于东北部海域，是世界最大、最长的珊瑚礁群，1981年被列入《世界遗产名录》。有2900个大小珊瑚礁岛，其珊瑚绚丽多彩，造型千姿百态。人称“度假天堂”。

黄金海岸 位于昆士兰州东南，靠近热带、亚热带地区。因有一段长42千米金黄色海滩而得名。是澳大利亚人最喜爱的海滨度假旅游地。

（七）著名特产

澳大利亚有许多著名珠宝饰品，如澳宝（澳大利亚的国家宝石）、金佰利（Kimberley）钻石与珍珠。黄金制品也很著名。各种澳大利亚羊毛服装、床上用品、地毯也受到游客的青睐。著名特产还有鳄鱼皮制品、各种保健品（鱼油、葡萄籽等）、澳大利亚本地奶粉、各种本地葡萄酒、土著艺术品和工艺品等。

二、新西兰

（一）简况

[国名]新西兰。

[面积]约27万平方千米。

[国花]银蕨。

[人口]533.8万人（2024年6月）。

[民族]欧洲移民后裔占70%，毛利人占17%，亚裔占15%。

[语言]官方语言为英语和毛利语。

[宗教]近一半居民信奉基督教新教和天主教。

[首都]惠灵顿。

[行政区划]分为11个大区和5个单一辖区。

（二）经济

[经济概况]新西兰是高度发达的资本主义国家，是世界上最大的鹿茸生产国和出口国，羊肉、奶制品和粗羊毛的出口值都为世界第一。

[货币]新西兰元。

（三）民俗

新西兰通行西方礼仪。新西兰人崇尚不干涉主义，绝不说人家坏话，对别人的政治立场、宗教信仰等都采取不闻不问的态度。切忌议论新西兰国内的民族问题或敏感的政治问题。也不要打听他们的个人隐私。

新西兰人的平等意识十分浓厚，即使对一般服务人员也要以礼相待，切忌盛气凌人。新西兰人礼仪文明程度较高，视当众闲聊、吃东西、喝水、抓头皮、紧裤腰带等为失礼举止，外国游客对此要特别注意。忌讳给新西兰毛利人拍照，他们对此十分反感。新西兰人忌讳在国内男女同场活动，即使看戏、看电影也分为男子场和女子场。

（四）著名景点

奥克兰 位于新西兰北岛，是新西兰第一大城市。奥克兰被海洋和火山环抱。市内著名景点有凯利塔顿南极世界（世界第一座海底玻璃展示隧道，观赏企鹅的生态）、昆斯顿街（新西兰最热闹的商业街）、伊甸山（俯瞰奥克兰全景）、云霄塔（又译为“天空塔”，奥克兰的标志性建筑，是南半球第一高塔，高328米）及天空城（新西兰最大赌场）、塘鹅保护区、“美国杯”帆船比赛场（奥克兰有“帆船之都”的美誉）。

罗托鲁阿 位于北岛中部，是新西兰著名观光城市。地热、火山、温泉、湖泊等资源十分丰富。除参观牧场、间歇地热喷泉外，还可参加火山登山、泡温泉、做火山泥浆美容浴等活动。这里也是毛利族历史文化的荟萃之地。

惠灵顿 位于北岛最南端，是新西兰的首都，全国第二大城市，是世界上最南端的首都，有“风城”之称。这里汇集了艺术、时装、饮食及夜生活文化的精华。市内主要景点有旧政府大楼（是全球第二大全木建筑物，因其外形呈蜂窝状，故有“蜂窝巢”之称）、新西兰国会建筑群、惠灵顿钢缆车（是高斜度角钢缆牵引铁路）、蒂帕帕博物馆（南半球最大博物馆，以“地震馆”和“虚拟世界游乐场”最吸引游客）、魔戒的心脏（电影《魔戒》的取景点及后期制作中心）。

克赖斯特彻奇（基督城） 位于南岛东岸，是新西兰第三大城市。城市有浓厚的英国气息，素有“英国以外最有英国风味的城镇”之称。市区花园很多，拥有“花园城市”的美名。主要景点有梦娜维尔花园（是基督城花园中的经典代表）、植物园、格瑞特小屋（建于1920年，现在是著名餐厅）、皮考克喷泉（世界最古老的铁铸喷泉，3层共38个喷口）。乘船或划船在雅芳河上游览也是著名旅游项目。

昆斯敦（皇后镇） 位于南岛南部，是一个依山傍水的美丽小镇，四季景色变化万千、宛如仙境。市区附近的瓦卡蒂普湖是座深而蓝的高山湖泊，长60千米，是新西兰最长的湖泊。昆斯敦又是世界著名的“探险之都”，探险活动包括雪上运动、蹦极、喷射快艇、骑马、滑翔伞、跳伞、水上漂流等。附近的箭镇是曾经的淘金地，留有中国人在此淘金的遗迹——中国村。

（五）著名特产

保健品（蜂王浆、蜂胶、蜂蜜、月见草油、Omega3 鱼油等）、化妆保养品（绵羊油、绵羊霜、火山泥保养品、奇异果保养品、薰衣草保养品等）、羊毛类制品（羊毛被、羊毛衣等）、葡萄酒（品质极佳）、新西兰特色茶巾。

三、南非

（一）简况

[国名]南非共和国。有“太阳之国”之称。

[面积]121.9090 万平方千米。

[国花]帝王花。

[人口]6200 万人（2022 年）。

[民族]黑人（分 9 个部族）占总人口的 80.7%，有色人（是南非一种混血人种）占 8.8%，白人占 8.0%，亚裔（主要是印度人和华人）占 2.5%。

[语言]黑人主要使用班图语，有色人主要使用阿非利卡语，白人语言为阿非利卡语和英语。官方语言有 11 种，英语和阿非利卡语为通用语言。

[宗教]约 80% 的人口信仰基督教。其余信仰原始宗教、伊斯兰教、印度教等。

[首都]比勒陀利亚为行政首都，开普敦为立法首都，布隆方丹为司法首都。

[行政区划]全国分为 9 个省。

（二）经济

[经济概况]南非是非洲经济最发达的国家，有“非洲经济小巨人”之称，南非是世界上矿产最丰富的国家之一。

[货币]南非兰特。

（三）民俗

在社交场合，南非人所采用的普遍见面礼节是握手礼，他们对交往对象的称呼则主要是“先生”“小姐”或“夫人”。

南非黑人非常敬仰自己的祖先，他们特别忌讳外人对自己的祖先言行失敬。跟南非人交谈，有四个话题不宜涉及：其一，不要为白人评功摆好；其二，不要评论不同黑人部族或派别之间的关系及矛盾；其三，不要非议黑人的古老习惯；其四，不要为对方生了男孩表示祝贺。

（四）著名景点

开普敦　位于非洲大陆西南端、好望角北端的狭长地带，是南非第二大城市，被誉为“非洲明珠”。主要景点有好望角（是南大西洋与印度洋的交汇处）、桌山（是开普敦的象征，高 1067 米，山顶如桌子般平坦）、海豹岛、南非企鹅生态保护区、好望角自然保护区等。

约翰内斯堡 是南非最大城市和经济中心，素有“黄金之城”的美誉，是世界上最大的产金中心。市内主要景点有黄金城、兰德精炼厂、克鲁格国家公园、野鸭湖、种族隔离博物馆等。

太阳城 距约翰内斯堡 200 多千米。是一个封闭的度假村，建在一片死火山上，是非洲最著名的度假胜地之一。有非洲的“拉斯维加斯”之称，是全球第二大赌场。有豪华酒店、高尔夫球场、水上乐园、骑马场和多种多样的室内休闲娱乐项目。曾有三次世界小姐选美比赛在这里举行。

克鲁格国家公园 位于南非东部，与莫桑比克接壤，占地约 2 万平方千米，是南非最著名的野生动物园。里面栖息着南非五大野生动物：狮子、大象、猎豹、犀牛和水牛，还有许多其他珍禽异兽。

比勒陀利亚 是南非的政治决策中心兼行政首都。主要观光点有联合大厦（南非政府及总统府所在地）、开拓者纪念堂（为纪念 1838 年逃避英国管辖，建立自己独立的国家而赶着牛车远离开普半岛的布尔人祖先——南非荷兰人而建）、市政厅、教堂广场（南非最有名的广场）、国家剧院等。

（五）著名特产

南非是世界上第五大钻石生产国，且钻石质量高，著名的钻石饰品品牌是“永恒印记”（Forever Mark）。南非是世界六大葡萄酒产区之一，开普敦出产的品乐塔吉（Pinotage）红葡萄酒风靡全球。大象酒（Amarula）是用南非伯尔硬胡桃（Marula）酿造的酒，是南非特有的名酒。鸵鸟工艺品，最受欢迎的是鸵鸟蛋工艺品，包括鸟蛋彩绘、蛋雕和蛋壳灯罩等。此外，用鸵鸟皮加工成的皮包、披肩和服装受到女性游客的青睐。非洲木雕也是著名的旅游纪念品。

四、埃及

（一）简况

[国名]阿拉伯埃及共和国。埃及在阿拉伯语中意为“辽阔的国家”。

[面积]100.1 万平方千米。

[国花]睡莲。

[人口]约 1.04 亿。

[民族]主要民族为东方哈姆族（埃及阿拉伯人、科普特人、贝都因人、柏柏尔人）。

[语言]官方语言为阿拉伯语。

[宗教]伊斯兰教为国教，信徒主要属逊尼派，占总人口的 84%。科普特基督徒和其他信徒约占 16%。

[货币]埃及镑。

[首都]开罗。

[行政区划]全国划分为 27 个省。

(二)民俗

大部分埃及人是穆斯林，忌吃猪肉，也忌讳猪革制品。还厌恶带大熊猫图案或造型的工艺品，因为其外形与猪相似。埃及人宠猫，视猫为神圣的精灵。穆斯林忌讳饮酒(但啤酒除外)。

埃及人忌讳用左手传递物品或食物。忌讳黑色、紫色、黄色、蓝色，视为不祥颜色，他们特别讨厌蓝色，视蓝色为恶魔。埃及人珍爱绿色和白色，视绿色为国家和伊斯兰教的代表色。和埃及人交谈忌谈宗教和中东问题。与埃及人说话千万不要说“针”字，因为“针”字在埃及是骂人的词，向人借针也会受到冷遇。切忌称赞埃及女子身材苗条，因为他们以女性丰腴为美。切忌当着埃及人的面吐唾沫，这是对仇人的诅咒行为。无论埃及人为你做什么事情，都要给他们小费，如给你端杯咖啡、叫辆车、开个车门等。没有小费寸步难行。

进清真寺参观，必须脱鞋，女士服装不可太暴露。

(三)著名景点

开罗　埃及首都，是非洲最大的城市。开罗伊斯兰区共有 800 余座大大小小的清真寺，是伊斯兰文化的精华所在。区内还有许多阿拉伯集市。该区已被列入《世界遗产名录》。开罗著名景点还有开罗塔(建于 1960 年，高 185 米，在观景层可欣赏金字塔、城堡、尼罗河三角洲的风光)、埃及国家博物馆、萨拉丁城堡、阿慕尔清真寺和艾资哈尔大清真寺等。

埃及国家博物馆　位于开罗。藏品达 15 万件之多，几乎涵盖了古埃及各个时期的珍品，尤以图坦卡蒙法老文物展示间最为著名。

吉萨金字塔区　这个区域属于古埃及首都孟菲斯地区法老的墓地，金字塔在埃及共发现 96 座，最大的是开罗郊区吉萨的三座金字塔：胡夫金字塔、卡夫拉金字塔和孟卡拉金字塔。这三座金字塔被列为“世界七大奇迹”之一。其中，胡夫金字塔是历史最久、体形最大的金字塔。位于卡夫拉金字塔正前方的狮身人面像系根据卡夫拉法老的相貌刻造，几乎成为古埃及文明的象征。吉萨金字塔区已被列入《世界遗产名录》。

卡纳卡阿蒙神殿　是古埃及首都底比斯最重要的神殿，属于古埃及中王国和新王国时期法老们的祭祀地点，结合了神坛、列柱、塔门、方尖碑等建筑元素，规模庞大，属世界文化遗产“古底比斯及其陵墓群”的一部分。

卢克索神殿 是古埃及首都底比斯另一个重要圣地，用于祭祀底比斯的三位守护神：阿蒙、穆特、可苏，属世界文化遗产“古底比斯及其陵墓群”的一部分。

国王谷 到了新王国时期，法老不再兴建金字塔，改在这座山谷中开凿陵墓。这片山谷中法老陵墓有 60 余座，规模壮观，属世界文化遗产“古底比斯及其陵墓群”的一部分。

尼罗河 长 6853 千米，是世界上最长的河流，流经非洲东部与北部，自南向北注入地中海。埃及 90% 以上的人口均分布在尼罗河沿岸平原和三角洲地区，因此尼罗河是埃及人的“母亲河”以及“生命之河”。尼罗河的代表性景色就是清澈的河水、三桅帆船、沿岸的绿洲和远处的沙丘。观赏尼罗河最常见的路线是在阿斯旺乘游船，沿尼罗河北上到卢克索。

亚历山大 是埃及的第二大城市和最大的海港，也是埃及最具有欧洲风格的历史名城、避暑胜地。城内最著名的景点是卡特巴城堡，它与开罗古城堡并称为埃及两大中世纪古城堡。卡特巴城堡的前身为世界七大古迹之一的亚历山大灯塔，1435 年灯塔毁坏，1480 年用其石块在原址修筑了卡特巴城堡。

（四）著名特产

纸莎草画是埃及特有的旅游纪念品。埃及是法国香精的主要供应地，香水店众多。土耳其式长衫具有中东风情。埃及的铜盘、铜碟、铜壶、铜制挂灯等铜制品是当地传统手工艺品。

随堂练